Reiner Klingholz
Zu viel für diese Welt

Reiner Klingholz

ZU VIEL FÜR DIESE WELT

Wege aus der doppelten Überbevölkerung

Bibliografische Information der Deutschen Nationalbibliothek

Die Deutsche Nationalbibliothek verzeichnet diese Publikation in der
Deutschen Nationalbibliografie; detaillierte bibliografische Daten sind im
Internet unter http://dnb.d-nb.de abrufbar.

Umschlag: Groothuis, www.groothuis.de
Umschlagsmotiv: Getty Images / smartboy10
Herstellung: Das Herstellungsbüro, Hamburg | www.buch-herstellungsbuero.de
Druck und Bindung: CPI – Clausen & Bosse, Leck
Printed in Germany

ISBN 978-3-89684-286-2

www.edition-koerber.de

Inhalt

KAPITEL 1

Die doppelte Überbevölkerung
Zwischen Bonga und Bielefeld

Die 28-köpfige Großfamilie lebt irgendwo im Waldgebiet nördlich der Straße von Bonga nach Mizan Teferi in Äthiopiens Südwesten. Kaffa heißt die Gegend, sie war einst ein unabhängiges Königreich und von dort stammt der Kaffee. Nur in den Hochland-Regenwäldern Äthiopiens stand einst die wild wachsende Pflanze des *Coffea arabica*, bis arabische Händler im 11. Jahrhundert auf sie aufmerksam wurden und ein paar Exemplare in den heutigen Jemen entführten, um sie dort in bewässerten Gärten zu kultivieren. Sie bauten ein Monopol für Kaffee auf, exportierten das kostbare Handelsgut über den Hafen von Mokka und wurden steinreich. Ein früher Akt der Biopiraterie.

Später kamen die Holländer, klauten ein paar Pflanzen aus den jemenitischen Kaffeegärten und brachten sie in ihre Kolonie nach Indonesien. Von dort aus ging die Reise weiter. Jeder einzelne Kaffeebusch auf sämtlichen Arabica-Plantagen der Welt ist letztlich ein Abkömmling der entführten Urpflanzen aus dem Kaffa-Hochland, wo sich einst dichter Wald ausdehnte.

Heute ist der Forst ein Flickenteppich. Die Bevölkerung wächst rasch und sie hat seit Jahrzehnten Säge und Feuer an die Bäume angelegt. Die äthiopische Regierung hat nach Dürren und

Hungersnöten im Norden und Osten des Landes immer wieder Tausende Familien in die fruchtbaren Hochlandgebiete im Südwesten umgesiedelt. Die Zuzügler kamen aus Trockenzonen und Wald war ihnen fremd. Also weg damit und Platz schaffen für Mais und Hirse. Heute stehen noch ein paar Prozent des einstigen Grüns, das ein Paradies sein könnte, mit regelmäßigen Niederschlägen und angenehmem Klima trotz Äquatornähe.

Tesfaye aus Kaffa

In dem verloren gegangenen Paradies hat sich Tesfaye mit seiner Familie niedergelassen: ein Mann, drei Frauen, 24 Kinder. Ungefähr. So genau kann Tesfaye seine Nachkommen nicht auflisten. Das jüngste Kind ist ein paar Monate alt, das älteste 14 Jahre. Viel Zeit zwischen den Schwangerschaften blieb den Frauen nicht. Sie sind nicht älter als 30 Jahre. Die Kinder sind in schmutzige Tücher gehüllt, stecken in zerschlissenen T-Shirts, eines hat sich einen rosa-schwarzen Ski-Anorak mit Kunstfellkapuze übergeworfen, den vermutlich einmal ein europäisches Kind eine Wintersaison lang getragen hat. Jede der Frauen lebt mit ihren Kindern in einer Hütte, aus dicken Ästen und Bambusstangen grob zusammengezimmert, mit Stroh gedeckt. Diese bietet einen einzigen Raum, ohne Bett und irgendein Möbelstück. Geschlafen wird auf dem nackten Erdboden oder ein paar schmutzigen Bastmatten. Kein Stromanschluss, keine Wasserleitung. In der Ecke brennt ein Holzfeuer, hüllt den einzigen Raum in beißenden Qualm und hält die Mücken fern. Immerhin.

Ein paar der Mädchen schleppen Wasser in Plastikeimern aus dem einige Kilometer entfernten Bach heran, danach geht es zum Brennholzsammeln. Keines der Kinder lacht oder tobt herum. Hühner scharren zwischen den Bananenstauden. Auf einer abgebrannten Fläche hinter den Hütten wachsen ein paar Maispflanzen, Hirse, Bohnen, Kartoffeln. Die Menschen bekommen das, was die Schädlinge ihnen übrig lassen. Viel bleibt nicht für die Kinder, sie sind schmal und klein für ihr Alter, einige haben aufgeblähte Bäuche.

Geld spielt praktisch keine Rolle im Leben von Tesfaye, denn er hätte kaum etwas, was er verkaufen könnte. Manchmal bringt er etwas Mais in die nächste Stadt, verdient ein paar Birr und kann dann vielleicht ein Stück Seife oder eine Flasche Öl zum Kochen mitbringen. Tesfaye hat nie eine Schule besucht, er hatte nie einen Job, höchstens mal als Tagelöhner. Er und die Seinen sind notgedrungen Selbstversorger, sie autark zu nennen, wäre zynisch. Sie leben mehr schlecht als recht von dem, was das Stückchen Land hergibt, das sie bewirtschaften. Sie kommen eben so durch.

Sie fahren kein Auto, haben nie ein Flugzeug aus der Nähe gesehen, kennen keinen Supermarkt und verfügen weder über Radio noch Laptop. Ihnen fehlen die Mittel, größeren Schaden anzurichten. Ihre Treibhausgasbilanz ist praktisch null. Ökologischer Fußabdruck dito. Würden alle Menschen auf der Welt so leben, gäbe es keinen menschengemachten Klimawandel, keine havarierten Öltanker, keine internationalen Müllexporte, keine Plastikstrudel in den Ozeanen.

Aber ist diese Bilanz korrekt? Schon die Generation von Tesfayes Kindern kann dieses Leben nicht mehr führen. Dazu fehlt das Land, um sie und ihre Familien zu ernähren. Sie sitzen in der Falle der armen Subsistenzbauern. Sie haben kaum genug zum Leben, sind aber reich an Kindern. Für sie bedeutet Kinderreichtum Armut – und umgekehrt. Sie haben nicht das Wissen, produktiver zu wirtschaften, kein Kapital, um sich gutes Saatgut oder gar eine einfache Landmaschine zu kaufen. Spielt das Wetter nicht mit und bleibt der Regen aus, fehlt jede Reserve, um die Krise zu überstehen. Die Perspektiven für Tesfayes Kinder sind schlecht. Die Armut pflanzt sich fort und trifft in der nächsten Generation noch mehr Menschen. Und Tesfaye gehört zu den besonders armen.

Tesfaye hätte gerne mehr Kinder. »Wo es keine ökonomische Sicherheit gibt, bedeuten Kinder Sicherheit, Status und Prestige«, sagt die amerikanische Anthropologin Nina Jablonski von der Pennsylvania State University, »und die zeigt man gerne vor. Genau wie der Börsenhändler in New York seine zwei Ferraris gerne vorzeigt«[1]. Für Tesfaye sind Kinder das Einzige, was er hat: »Wer soll sonst bei der Ernte helfen?« Aber die ist so dürftig, dass sie sich auch mit halb so vielen Händen einbringen ließe. Warum so viel Nachwuchs, der vor allem den Frauen zu schaffen macht? »Sie werden mich im Alter versorgen. Und wenn ich einmal sterbe, sollen viele an meinem Grab stehen.«

Meine Begegnung mit Tesfaye ist ein paar Jahre her. Was aus ihm geworden ist, weiß ich nicht. Kaum eines der Kinder dürfte je zur Schule gegangen sein, sie werden irgendwann in die nächste Stadt abgewandert sein, um dort ihr Glück zu suchen. Die wenigsten jungen Menschen in Afrika lassen sich noch für das Leben eines armen Subsistenzbauern begeistern. Sie haben am eigenen Leib erlebt, was das bedeutet. Und sie haben von Alternativen gehört. Gerade in Äthiopien, einem Land, das zwar noch immer zu den ärmsten der Welt gehört, sich aber in den letzten Jahren besser entwickelt hat als die meisten anderen in Afrika. Ob die Kinder je zurückkommen werden, wenn der Vater einmal das Zeitliche segnet, ob sie überhaupt jemals von seinem Tod erfahren?

Tesfaye ist ein Beispiel für Überbevölkerung. Sein Verhalten trägt dazu bei, dass in Äthiopien mehr Menschen heranwachsen, als ausreichend versorgt werden können. Es fehlt an Arbeitsplätzen, an Perspektiven, an Potenzialen für ein menschenwürdiges Dasein. Die vielen Menschen überschreiten die Tragfähigkeit der regionalen Naturräume. Der einstige Urwald schwindet weiter, die landwirtschaftlichen Böden werden überstrapaziert.

Annette aus Bielefeld

Annette* lebt in einer 75-Quadratmeter-Altbauwohnung in Bielefeld, minimalistisch eingerichtet, eine große Ahornplatte auf Stahlgestell als Tisch, schwarze Thonet-Freischwinger, weiße, hohe Wände. Die 38-jährige Wirtschaftsjuristin arbeitet in einer Anwaltskanzlei, verdient gut, hat ein Abo im Flower-Fitnessstudio für Yoga und Pilates, ist Stammkundin im Biomarkt und würde nie einen Kaffee im Pappbecher kaufen, geschweige denn ihn nach Gebrauch in die Natur schmeißen. Annette wählt die Grünen, wie elf Prozent der Bielefelder bei der letzten Bundestagswahl 2017. Sie braucht selten ein Auto, und wenn, dann findet sie schnell einen sparsamen Elektroflitzer bei Share Now. Ihren Partner, einen Software-Entwickler, der im 80 Kilometer entfernten Münster wohnt, sieht sie öfter mal am Abend oder am Wochenende. Mit dem Zug sind es 62 Minuten dorthin. Oft kochen sie zusammen, meistens vegetarisch, auch wenn sie der Meinung ist, vegan sei nachhaltiger, aber auf Käse möchte sie nicht verzichten. Urlaub, na ja, machen sie schon einmal, am liebsten Städtereisen, Barcelona, Lissabon oder London. Auch New York und Sydney haben sie schon besucht.

---

* Name wurde geändert

Annette will keine Kinder. Der Umwelt zuliebe. Sie mag Kinder, kümmert sich manchmal um den Nachwuchs ihrer Schwester, aber in ihrer Lebensplanung finden eigene Kinder keinen Platz. Die Ökosysteme sind überlastet, das Klima spielt verrückt, der Regenwald geht vor die Hunde und jetzt noch Corona. Von allem viel zu viel, vor allem an Menschen.

Das sagt auch Verena Brunschweiger, eine Gymnasiallehrerin aus Regensburg, gut 40 Jahre alt, nach eigenem Bekunden Antinatalistin und Radikalfeministin.[2] Sie findet Familien mit sechs Kindern »nicht besonders ökologisch« und hat gegen die »Fortpflanzungswut« der Menschen zwei Bücher geschrieben.[3] Darin führt sie ethische Argumente für eine Nachwuchsverweigerung auf.[4] Die Entscheidung für ein Kind in der Welt, in der wir heute leben, sei faktisch nicht mehr mit gutem Gewissen zu unterstützen. Ein Kind bedeute pro Jahr 58,6 Tonnen mehr Kohlendioxid (CO_2) in der Atmosphäre, und dieses Zeug sei schließlich hauptverantwortlich für den menschengemachten oder anthropogenen Klimawandel. Deshalb sollte man jeder Frau, die *kein* Kind bekommt, zu ihrem 50. Geburtstag zur Belohnung 50 000 Euro in die Hand drücken. Ein Kind sei das Schlimmste, was man der Umwelt antun könne. Kinder zu bekommen, sei »egoistisch« und entspringe nur dem Wunsch, sich in der Welt zu verewigen, wenn man das mit anderen Mitteln nicht geschafft habe.

Brunschweiger ist nicht allein mit ihrer Vorstellung: Unter dem Hashtag #BirthStrike erklären Frauen und ein paar Männer, warum sie eine Elternschaft aus Gewissensgründen wegen der drohenden Klimakatastrophe ablehnen. Darunter Blythe Pepino, Frontfrau der britischen Band Mesadorm, die als »Erfinderin« der Bewegung *BirthStrike* gilt.[5]

Die Autorin Brunschweiger baut ihre These vom zusätzlichen Kind als Umweltkiller auf einer Studie von Kimberly A. Nicholas von der schwedischen Universität Lund und Seth Wynes von der Universität von British Columbia in Kanada auf, die eine ganze Bandbreite von Lebensstilen und klimarelevanten Handlungen auf ihren Treibhausgasausstoß hin untersucht haben. Sie kamen zu dem Schluss, dass der Verzicht auf ein Kind in einem weit entwickelten Land wie Deutschland im Schnitt 58,6 Tonnen CO_2-Äquivalente* pro Jahr einspart. Ein Leben ohne Auto vermeidet 2,4 Tonnen, ein Verzicht auf einen Transatlantikflug hin und zurück 1,6 Tonnen, das Umstellen auf fleischfreie Ernährung 0,8 Tonnen pro Jahr, und wer seine Wäsche zum Trocknen im Freien aufhängt, anstatt sie in den elektrischen Trockner zu stecken, spart 0,21 Tonnen CO_2-Äquivalente pro Jahr ein. Daraus konnte man schließen: Wer die Welt retten wolle, sollte ein Kind weniger oder am besten gar keins haben. Und ob er oder sie den Wäschetrockner boykottiert, ist ziemlich egal.[6]

Doch Vorsicht mit der Interpretation von Studien, beziehungsweise mit Zweitverwerterinnen, die nicht so genau wissen, was sie eigentlich zitieren. Denn Wynes und Nicholas hantieren mit nicht ganz seriösen Zahlen. So liefert ein kurzer Blick in die Datenbank der EU-Statistikbehörde Eurostat die Erkenntnis, dass ein Durchschnittsmensch in Deutschland im Jahr 2018 keine 58,6 Tonnen CO_2-Äquivalente (ein Kind schon lange nicht) emittierte, sondern lediglich 10,7 Tonnen, davon 9,1 Tonnen als CO_2.[7]

---

* Zu dem Treibhauseffekt tragen verschiedene Gase bei: Kohlendioxid, Methan, Distickstoffmonoxid (Lachgas) oder fluorierte Kohlenwasserstoffe. Kohlendioxid ist das mit Abstand wichtigste, aber die anderen Treibhausgase bedeuten pro Molekül zum Teil deutlich mehr Treibhauseffekt. Um den Gesamteinfluss der menschengemachten Emissionen zu beziffern und um länderspezifische Unterschiede zu berücksichtigen, rechnet die Wissenschaft die Wirkung aller Gase in sogenannte Kohlendioxid-Äquivalente um.

Nicht mal ein Mensch in den USA oder in Katar, dem Land, das mit fast 40 Tonnen Pro-Kopf-CO_2-Emissionen den Weltrekord an Klimaschädigung hält, kommt auf den Wert eines vermeintlichen kindlichen Klimakillers. Und nur zum Vergleich: Ein Äthiopier oder eine Äthiopierin, ob Kind oder Greis, ist pro Jahr für 0,1 Tonnen CO_2 verantwortlich.[8] Allerdings bekommen die Frauen dort im Schnitt 4,3 Kinder.[9]

Aber auch die über 10 Tonnen CO_2-Äquivalente auf dem Konto eines Durchschnittsdeutschen sind deutlich zu viel. Rund 2 Tonnen dürfte ein Erdenbürger im Schnitt pro Jahr emittieren, sollte die Konzentration der Treibhausgase nicht noch weiter zunehmen. So viel können die natürlichen Kreisläufe derzeit in einem Jahr wieder aus der Lufthülle der Erde herausschaffen. Weil der heutige CO_2-Gehalt in der Atmosphäre aber bereits viel zu hoch ist, um den Klimawandel zu bändigen, müssen die Emissionen in naher Zukunft sogar runter Richtung null.

Wie aber erklärt sich die offensichtliche Fehleinschätzung von Wynes und Nicholas? Die Autoren hatten in ihrer Untersuchung nicht nur den CO_2-Ausstoß eines neuen Erdenbürgers berücksichtigt, sondern auch dessen reproduktive Folgen. Weil sich die meisten Neugeborenen in fortgeschrittenem Alter irgendwann einmal selbst vermehren, also Kinder zeugen und diese wiederum Kindeskinder in die Welt setzen, haben die Wissenschaftler einem heute Geborenen gleich noch die künftigen Emissionen seiner potenziellen Nachkommen aufs Konto geschlagen, und zwar bis ins Jahr 2400. Eine ziemlich abenteuerliche Kalkulation, denn kein Mensch weiß, wie viel die Menschen in 380 Jahren überhaupt noch emittieren. Mit Sicherheit nicht so viel wie heutzutage, denn dann würden sie das Jahr 2400 kaum in größerer Zahl erleben. Die Möglichkeit, dass künftige Generationen klimafreundlicher wirtschaften als heutige, fällt in der Untersuchung unter den Tisch. Ebenso die Möglichkeit, dass die Menschheit nicht ewig weiterwächst, sondern irgendwann anfängt zu schrumpfen.

Trotzdem: Sicher ist, dass ein Kind weniger auf Erden einen Konsumenten und Emittenten weniger bedeutet. Weniger Menschen machen weniger Dreck, diese Gleichung ist nicht falsch. Und eine wachsende Weltbevölkerung, die immer mehr Rohstoffe benötigt, stößt irgendwann an ihre Grenzen. Wenn sie diese nicht bereits überschritten hat.

Vor allem aber gilt in dieser Diskussion die alte Gleichung des amerikanischen Biologen Paul Ehrlich und des Physikers John Holdren aus den 1970er Jahren: »$I = P \times A \times T$«. Sie beschreibt, dass sich die Wirkung des Menschen auf die Umwelt (Impact) aus der Zahl der Menschen (Population) mal deren Wohlstand (Affluence) mal die verfügbare Technik (Technology) errechnet.[10] Weniger wissenschaftlich ausgedrückt bedeutet das: Viele Menschen können zum Umweltproblem werden, insbesondere dann, wenn ihr Wohlstand für einen hohen Umsatz an Ressourcen sorgt. Und es kommt darauf an, welche Technik sie nutzen, etwa um sich fortzubewegen – zu Fuß, mit dem Auto oder dem Flugzeug.

Mit dieser Gleichung im Kopf lohnt es sich, die Umweltbilanz von Menschen unter verschiedenen Lebensbedingungen zu betrachten, etwa die eines armen Bauern in Äthiopien oder von Annette aus Bielefeld, die in einem hoch entwickelten Land wie Deutschland lebt und bewusst auf Kinder verzichtet. Bei Tesfaye ist die Bilanz schnell berechnet – sie ist irrelevant. Berücksichtigt man allerdings, dass er den Wald abholzt, um Hirse und Mais anzubauen, ohne dass anderswo neue Bäume nachwachsen können, wird auch sein ökologischer Fußabdruck größer.

Aber schauen wir uns den Alltag von Annette an: Morgens früh, die Sonne kriecht über den Horizont, die halbe Stadt schläft noch, lautlos summen die Maschinen. Der Kühlschrank kühlt, ein paar stumpfgrüne Lämpchen leuchten am Drucker, am Laptop, am Ladegerät für die elektrische Zahnbürste und dem Router für das WLAN. Das Smartphone hängt am Kabel und wartet auf seinen Weckeinsatz. Die Zeitschaltuhr im Keller bringt die Heizkörper auf Temperatur. Der Boiler im Badezimmer hält das Wasser auf 60 Grad. Das ist zwar viel zu heiß zum Duschen, aber aus Hygienegründen geboten. Bei niedrigeren Temperaturen können sich Legionellen im Wasser vermehren, Bakterien, die grippeähnliche Symptome bis hin zu schweren Lungenentzündungen auslösen können. Die hohe Lebenserwartung in Deutschland ist ein hohes Gut, aber es gibt sie nicht zum Nulltarif.

Bevor Annette erwacht, hat sie bereits mehr kommerzielle Energie verbraucht als die 28-köpfige Familie von Tesfaye an einem Tag. Was immer sie in den nächsten 24 Stunden unternimmt, es addiert sich auf dem Energie- wie auch auf dem CO_2-Konto. Wohnung, Beleuchtung, Heizung, hin und wieder im Auto unterwegs, Zug fahren, Bus fahren, ab und zu eine Dienstreise, Urlaub, Hotelübernachtungen, Ernährung, Kleidung, Elektrogeräte, Sportgeräte, Kino- und Theaterbesuche, Geschenke für Freunde und Verwandte, Blumen für das Wohnzimmer und so weiter. Wenn Annette am Abend vor dem Plasmabildschirm entspannt, eine Serienfolge muss es sein, und weil sie so spannend ist, noch eine zweite, insgesamt 80 Minuten Netflix, läuft der Stromzähler heiß. Weniger ihr eigener, sondern der des Netflix-Servers, der so viel Elektrizität schluckt, dass er sich dabei gefährlich aufheizt und aufwendig heruntergekühlt werden muss. So kommt der Fernsehabend auf geschätzte sechs Kilogramm Kohlendioxid, das Glas Weißwein nicht mitgerechnet, manchmal sind es auch zwei.[11]

Annette hat einmal aus Interesse den CO_2-Rechner des Umweltbundesamts angeklickt und im Detail ihre persönliche Bilanz ermittelt. Sie kam auf 17,2 Tonnen Kohlendioxid im Jahr und konnte es nicht fassen: 6 Tonnen mehr als der deutsche Durchschnitt![12] Und sie hielt sich für aufgeklärt und umweltbewusst. Aber sie ist, ob sie es will oder nicht, Teil der Megawattmaschine Deutschland. Sie verdient gut, und was hereinkommt, landet zu einem guten Teil wieder im Wirtschaftskreislauf. Und das bedeutet notgedrungen Verbrauch und Emissionen. Annette müsste 98 Prozent ihres Geldes verbrennen und von dem Rest in eremitischer Bescheidenheit leben, wollte sie sich klimaneutral verhalten. Arme Menschen sind nun mal umweltfreundlicher als reiche. Besonders Reiche sind die Pest für die Umwelt, selbst wenn sie sich eigentlich für die Rettung der Welt einsetzen: Schwedische Wissenschaftler haben anhand der Social-Media-Profile von Prominenten deren CO_2-Fußabdruck allein durch Flugreisen für das Jahr 2017 untersucht. Platz 1 nimmt der Software-Milliardär und Philanthrop Bill Gates ein, der bei 343 000 Flugkilometern (überwiegend im Privatjet) auf 1600 Tonnen CO_2 kam, das ist ungefähr 150-mal mehr als ein Durchschnittdeutscher über alle seine Aktivitäten in zwölf Monaten emittiert.[13]

Annette ist, obwohl kinderlos, geradezu der Inbegriff von Überbevölkerung. Sie verursacht mehr Treibhausgase als Tesfayes gesamte Großfamilie. Sie hat das gute Recht, auf Kinder zu verzichten, aber an ihrem Dasein als Bewohnerin eines reichen und hochgradig klimaverändernden Landes ändert das wenig. Genauso hat Tesfaye das Recht auf 24 Kinder. Beide verhalten sich aus ihrer persönlichen Sicht rational – aus globaler Sicht aber katastrophal.

Erst mal vor der eigenen Haustür kehren

Das soll keine Anklage gegen Annette und Tesfaye sein, denn dann würde ich, im Glashaus sitzend, mit Steinen werfen. Ich habe für mich selbst vor 25 Jahren einmal eine Energie- und CO_2-Bilanz gezogen, und sie war genauso erschütternd wie die von Annette. Auch ich hielt mich für umweltbewusst, benutzte lieber öffentliche Verkehrsmittel als das Auto und war nicht gerade konsumverliebt. Aber ich kam damals sogar auf 21 Tonnen Kohlendioxid im Jahr und hatte keine Kinder.

Mittlerweile habe ich zwei, habe viel über globale Umweltveränderungen und Bevölkerungswachstum gelernt, geforscht und geschrieben und 17 Jahre lang ein Institut geleitet, das sich mit solchen Fragen beschäftigt. Ich esse Obst und Gemüse vorzugsweise aus dem eigenen Garten, fahre lieber Fahrrad als Auto, beziehe meinen Strom vom Ökoanbieter, lebe in einem Haus aus dem nachwachsenden Rohstoff Holz, das fantastisch isoliert ist und sich im Wesentlichen mit der Kraft der Sonne heizt.

Meine CO_2-Bilanz ist zwar besser als vor 25 Jahren, aber sie liegt immer noch jenseits von Gut und Böse. Weil ich in den letzten 12 Monaten vor der Corona-Pandemie rund 12 000 Kilometer mit der Bahn gefahren bin (0,6 Tonnen CO_2), weil ich zweimal per Flugzeug in Südafrika war (4,9 Tonnen CO_2), einmal auf einer Konferenz in Marokko (1,6 Tonnen CO_2) und 4000 Kilometer im Auto saß (0,8 Tonnen CO_2). Alles beruflich, sagen Vielreisende für gewöhnlich, um sich reinzuwaschen, aber das kratzt das Klima herzlich wenig.

Auch die Elektrizität vom Ökostromversorger zu beziehen, hilft nur bedingt. Denn aus der Steckdose kommt der ganz gewöhnliche deutsche Strom-Mix, der zu 13,7 Prozent aus Kernkraft stammt, zu 29,3 Prozent aus Kohle, zu 10,5 Prozent aus

Erdgas und zu 46 Prozent aus erneuerbaren Quellen.[14] Dieser Cocktail ist je Kilowattstunde für die Emission von 401 Gramm Kohlendioxid verantwortlich. In unserem Haushalt trage ich für 1500 Kilowattstunden pro Jahr Verantwortung und bin damit ein typischer Durchschnittsdeutscher, der auf diesem Weg 0,6 Tonnen CO_2 im Jahr in die Atmosphäre pustet.[15] Aber ich habe auch viel Zeit im Büro verbracht und in Hotels, wenn ich unterwegs war. Das kommt alles obendrauf. Rechnet man die gesamte Stromerzeugung in Deutschland, für Haushalte, Verkehr, Industrie, Verwaltung und Gewerbe auf eine Person herunter, so steht diese im Schnitt für 2,6 Tonnen pro Jahr.[16]

Dass ich »grünen Strom« beziehe, aber zu 54 Prozent Elektrizität aus Kernspaltung, Erdgas und Kohle bekomme, hat einen guten Grund: Es gibt nur ein Stromnetz und kein separates für Ökostrom. Jeder Stromproduzent, ob Atommeiler oder Windkraftanlage, speist in dieses Netz ein, das man sich wie einen großen See vorstellen muss, in dem Elektronen herumschwimmen. Diese negativ geladenen Teilchen unterscheiden sich nicht nach ihrem Herkunftsort. Wenn ich meinen Backofen anheize, zieht er die nächstbesten Elektronen aus dem Netz, im Schnitt entsprechen sie der Zusammensetzung des deutschen Strom-Mixes. Als Ökostromnutzer habe ich nur einen Effekt: Ich zwinge meinen Energieversorger dazu, Ökostrom einzukaufen oder herzustellen, der dann in dem großen Elektronensee landet. Erst wenn das alle Konsumenten täten (was sie nicht tun), fänden Atom-, Erdgas- und Kohlestrom keine Abnehmer mehr und würden vom Markt verschwinden.

Natürlich sind alle Geräte und Leuchten bei uns im Haushalt stromsparender als ihre technischen Vorgänger – Kühlschrank, Staubsauger, Spülmaschine, Waschmaschine, Küchenmaschine, Kühltruhe, Kaffeemaschine, Mixer, Bohrmaschine, Stichsäge,

Schleifgerät, Radiogerät, Fernseher, Rasierapparat und so weiter. Haben Sie mal durchgezählt, wie viele technische Geräte bei Ihnen herumstehen? Aber Bosch und Co. mussten all diese Geräte einmal aus Rohstoffen und mit Energieeinsatz herstellen. Zudem kaufen wir uns irgendwann neue Geräte, wenn die alten ihren Geist aufgeben oder wenn bessere und noch sparsamere auf den Markt kommen. Selbst mein Hang zum Fahrradfahren hat seine Schattenseiten. Denn wer erst einmal ambitioniert in die Pedale tritt, hat gerne auch ein zweites oder drittes Rad im Keller oder in der Garage stehen. Die sind nicht ganz billig, bestehen aus feinsten Materialien und haben einen ordentlichen Material- und Energieverbrauch hinter sich, bevor man sich darauf abgasfrei fortbewegen kann.

Mein Textil- und Schuhkonsum hält sich in Grenzen, aber seien wir ehrlich und gehen mal zum Kleiderschrank, oder besser: zu den Kleiderschränken, Garderoben und Schuhregalen mit all der Sommer-, Winter-, Sport- und Freizeitkleidung und summieren die Zahl der Gegenstände. Ich habe bei 200 aufgehört zu zählen, auch wenn ich am liebsten in alten Jeans, T-Shirt und, wenn nötig, Pullover herumlaufe. Die Ökobilanz von Kleidung schenken wir uns an dieser Stelle. Hier nur die Erinnerung, dass die Rohstoffe für ein Paar Jeans ein paar Weltreisen hinter sich haben, bis aus usbekischer Baumwolle, blauem Farbstoff aus China, Garn aus der Türkei, Nieten aus Italien und der tatkräftigen Hilfe schlecht bezahlter Näherinnen aus Bangladesch Hosen werden, die man sich bei Amazon bestellen kann.

Wie alle Menschen muss auch ich etwas essen und trinken. Abgesehen von dem, was einigermaßen klimaneutral aus dem eigenen Garten kommt, trägt der Rest einen ziemlichen CO_2-Rucksack mit sich herum. Zwar ist Nahrungsenergie, von der wir pro Tag in Deutschland im Schnitt 3 600 Kilokalorien[17] verzehren (weniger wäre gesünder), im Prinzip gespeicherte Sonnenenergie, denn Pflanzen leben von Licht, Kohlendioxid aus der Luft, Wasser und ein paar löslichen Substanzen aus dem Boden. Und tierische Nahrung entsteht, wenn Tiere Pflanzen fressen. Aber direkt aus der Natur ernährt sich heute kaum mehr ein Mensch. Unsere Lebensmittel stammen in der Regel aus hochproduktivem Anbau, für den Maschinen, Beregnungsanlagen, Gewächshäuser, Dünge- und Pflanzenschutzmittel nötig sind. Wir essen zudem nicht direkt vom Acker, sondern auf dem Umweg über die Hightech-Aussaat, die maschinelle Ernte, die Verarbeitung von Rohstoffen zu markttauglichen Lebensmitteln, Papier-, Kunststoff-, Glas- und Metallverpackung, Transport, Trocknung, Kühlung und Zubereitung im Haushalt oder in der Gastronomie. Deshalb liegen auf unserem Teller neben den 3600 Kilokalorien reiner Nahrung jeden Tag durchschnittlich 10 000 Kilokalorien überwiegend fossiler Energie. Das entspricht etwa einem Liter Dieselöl pro Tag, aus dem 2,6 Kilo CO_2 werden. Berücksichtigt man auch die anderen Treibhausgase, die in der Landwirtschaft entstehen, werden daraus 4,7 Kilo CO_2-Äquivalente, macht 1,7 Tonnen im Jahr.[18] Weil die Berechnung der Emissionen aus dem Agrarsektor, der Veredelung der Rohprodukte und der Verarbeitung durch die Endkunden eine ziemlich komplexe Angelegenheit ist, kommen verschiedene Untersuchungen zu abweichenden, aber nicht grundsätzlich anderen Ergebnissen. Demnach könnten die jährlichen CO_2-Äquivalents-Emissionen eines sich ernährenden Durchschnittsdeutschen auch bei bis zu 2,5 Tonnen im Jahr liegen.[19]

Vegetarier produzieren weniger CO_2 als Fleischesser, Veganer weniger als Vegetarier. Ein Veganer ist, was seine Ernährung angeht, etwa halb so klimaschädlich wie ein Fleischesser. Frauen in Deutschland ernähren sich um 30 Prozent klimafreundlicher als Männer.[20] Biolebensmittel verursachen weniger Treibhausgase als herkömmliche, allerdings ist der Unterschied mit 10 bis 20 Prozent geringer, als sich die Konsumenten gemeinhin vorstellen. Das liegt etwa beim Biofleisch daran, dass die freundlich behandelten Tiere länger leben und deshalb mehr fressen und Rinder dadurch mehr von dem klimaschädlichen Methan absondern.[21] Der Apfel vom Bauern in der Nähe verletzt das Klima je Kilo 40-mal weniger als die Flugmango aus Ecuador.[22] Aber ganz ohne Umweltschäden können wir uns kaum ernähren.

Fast unmöglich: nachhaltiges Leben im Wohlstand

Ob es um Essen, Wohnen, Mobilität oder Freizeit geht: Es ist gar nicht so einfach, sich in einem Wohlstandswunderland wie Deutschland dem ganz alltäglichen Hochverbrauchswahn zu entziehen. Und es wird deutlich, dass »Überbevölkerung« zwei Gesichter hat. Das eine wird sichtbar in den Ländern, wo das starke Bevölkerungswachstum an die Grenzen der Versorgungsmöglichkeiten stößt und im schlimmsten Fall die Menschen immer ärmer macht. Das andere zeigt sich in den wohlhabenden, weit entwickelten Ländern. Dort wächst die Bevölkerung zwar kaum noch oder gar nicht mehr, aber die Menschen leben weit über ihre ökologisch verträglichen Verhältnisse: Wenn Klimawissenschaftler ausrechnen, dass ein Durchschnittserdenbürger nur noch sehr wenige Treibhausgase ausstoßen darf, um die Atmosphäre nicht entgleisen zu lassen, der Durchschnittdeutsche aber auf 10,7 Tonnen Kohlendioxid-Äquivalente im Jahr kommt, dann ist das Land nach dieser Kalkulation vielfach überbevölkert.

Wir haben es also mit einer doppelten Überbevölkerung zu tun. Sie lässt sich einerseits an dem Zuwachs an Menschen festmachen und andererseits an ihren Konsumansprüchen und deren Auswirkungen auf die Ökosysteme: am Klimawandel, der Übernutzung der Ackerböden, dem Biodiversitätsverlust oder der Ozeanverschmutzung. All das sind Folgen einer Überbeanspruchung der Naturhaushalte. Die Einsicht, dass beide Phänomene, Überbevölkerung und Überkonsum, Probleme bereiten und dringend zu lösen sind, ist in den jeweils betroffenen Regionen nur mäßig verbreitet.

So registrieren nur wenige der armen Länder, dass ihr Bevölkerungswachstum die Entwicklungschancen erschwert. Yoweri Museveni, der Präsident von Uganda, hält die junge Bevölkerung seines Landes für »das größte Vermögen«, ungeachtet der Tatsache, dass die meisten jungen Menschen sich mit Gelegenheitsjobs herumschlagen müssen.[23] Und der tansanische Präsident John Magufuli ruft seine weibliche Bevölkerung auf, »ihre Eierstöcke freizulassen« und mehr Kinder zu bekommen, damit die Wirtschaft wachse.[24] In beiden Ländern dürfte sich die Zahl der Menschen bis 2050 mehr als verdoppeln.

Umgekehrt ist in den reichen Ländern die Überbevölkerung aufgrund des exorbitanten Konsums kein Thema. Dort stellen nationalistische und populistische Kreise, die in den vergangenen Jahren einigen Zulauf erfahren haben, die Realität sogar auf den Kopf. Die Alternative für Deutschland (AfD) etwa hält die »Bevölkerungsexplosion in Afrika für die größte Herausforderung unserer Zeit«.[25] Gleichzeitig leugnet sie einen menschlichen Einfluss auf den Klimawandel und fordert, »aus allen nationalen und internationalen Verpflichtungen zum Klimaschutz auszusteigen«.[26]

Beide Probleme der Überbevölkerung haben wenig miteinander zu tun, weshalb es keinen Sinn ergibt, die Schuld der Reichen und der Armen gegeneinander auszuspielen. Oder mit dem Finger auf Afrika zu zeigen, weil dort im Schnitt noch 5 Kinder je Frau zur Welt kommen und weiteres Bevölkerungswachstum programmiert ist. Das eine Problem ist eine Art anhaltende Bevölkerungsexplosion, das andere eine nicht enden wollende Konsumexplosion. Beides ist auf einem begrenzten Planeten nicht dauerhaft tragbar. Gelöst werden können beide Probleme nur unabhängig voneinander. Denn weder bekommen Frauen in Mali weniger Nachwuchs, wenn die Deutschen weniger Flugreisen unternehmen oder die Amerikaner aufhören, Rindfleisch zu essen, noch stellen die Schweizer ihre Wäschetrockner auf den Schrott, wenn die Frauen in Angola nur noch zwei oder weniger Kinder in die Welt setzen.

Vom Kleptoparasiten zum ersten Bauern

Wie aber sind wir in diese zweifache Krise geraten? In diese doppelte Dominanz über die Ökosysteme, die uns zum Verhängnis werden kann? Immerhin sind unsere nächsten Verwandten, die Gorillas, Schimpansen und Orang-Utans, über Jahrmillionen in ihrer Zahl und ihrem Einfluss auf die lebenswichtigen Erdsysteme relativ unbedeutend geblieben. Auch unsere direkten hominiden Vorfahren, die verschiedenen Vertreter der Gattung *Australopithecus* oder später des *Homo erectus,* blieben in ihrer Auswirkung begrenzt. Sie zogen durch die Lande, lebten von dem, was sie in ihrer Umwelt fanden, Beeren, Grassamen, Früchte, Baumrinde, Wurzeln und Knollen. Fleisch gab es anfangs nur, wenn ein großes Raubtier etwas von seiner Beute zurückgelassen hatte. Bevor die Frühmenschen zu Jägern wurden, waren sie Sammler und Aasfresser, die kräftigeren Raubtieren etwas von ihrer Beute abjagen konnten. Kleptoparasit, »Nahrungsklauer«, lautet der wenig schmeichelhafte Fachbegriff für derartige Kreaturen.

Unsere frühen Vorfahren der Gattung *Homo erectus* konnten sich immerhin über weite Teile des Planeten ausbreiten, auch wenn sie dafür ein paar hunderttausend Jahre brauchten. Aber sie wurden nie dominant. Ihrer Vermehrung hatte die Umwelt enge Grenzen gesetzt. Für ein starkes Bevölkerungswachstum gab es schlicht und einfach nicht genug zu essen in der damaligen Umwelt. Außerdem war sie voller Nahrungskonkurrenten, vom Warzenschwein bis zu Hyänen und Löwen, letztlich auch von anderen Frühmenschen, die Friedfertigkeit nicht zu ihren Grundeigenschaften zählten.

Bei dem Drang zur Vermehrung, der biologischen Wesen nun einmal evolutionär eingeprägt ist, unterscheiden Wissenschaftler zwei grundsätzlich unterschiedliche Strategien (und natürlich, wie immer, alle Zwischenstadien): Die eine setzt auf Masse, also möglichst viele Nachkommen in kurzer Zeit, in der Erwartung, dass genug durchkommen, um den Bestand der Art zu sichern. Der größte Teil des Nachwuchses schafft das nicht. Dieser »r-Strategie«, was für eine hohe Reproduktionsrate steht, folgen etwa Bakterien, Insekten wie Blattläuse oder Wanderheuschrecken, Frösche und die meisten Fische.

Das Gegenteil davon ist die »K-Strategie«, die sich an der Kapazitätsgrenze des Lebensraums orientiert. Zu viele Nachkommen sind da von Nachteil. K-Strategen bekommen meist nur ein oder wenige Kinder gleichzeitig, sie kümmern sich dafür aber intensiv um den Nachwuchs. Der frühe Tod eines Nachkommen bedeutet bei Elefanten einen viel größeren Verlust als bei Blattläusen. Qualität geht vor Quantität. Viele Säugetiere sind K-Strategen, auch der Mensch.[27] Warum er sich aber trotz dieser Minimalreproduktion fast zu einem Acht-Milliarden-Volk vermehrt hat und sich nicht um Kapazitätsgrenzen zu scheren scheint, ist auf den ersten Blick nicht zu erklären.

Die K-Strategie zwingt zu einem sozialen Verhalten dem Nachwuchs gegenüber und zur Kooperation im Verband von Familie oder Sippe. Sie ist aber riskant, weil Ausfälle gravierende Folgen haben können. Tatsächlich war die Art des *Homo* über hunderttausende von Jahren durch widrige Umstände immer wieder ein Fall für die Rote Liste. Sie stand wiederholt kurz vor dem Aussterben. Sie war in relativ kleinen Gruppen über den halben Globus verstreut und ging mehrfach durch sogenannte evolutionäre Flaschenhälse, in denen ihre Population regelrecht eingekocht wurde. Einzelne Untergruppen verschwanden komplett von der Bildfläche. Erfolg sieht anders aus.

Vor 1,2 Millionen Jahren, das haben Wissenschaftler an der Mutationsrate einer kurzen Gensequenz im Erbgut heute lebender Menschen ermittelt, dürfte die frühmenschliche Population vorübergehend nur noch geschätzte 18 500 vermehrungsfähige Exemplare umfasst haben. Das sind weniger als die heute lebenden Schimpansen oder Gorillas, die als extrem bedroht gelten. »Unsere Geschichte ist die einer prekären Existenz«, sagt der amerikanische Humangenetiker Lynn Jorde: »Das Schicksal der meisten menschlichen Populationen endete tragisch.«[28] Dass Menschen überhaupt einmal entstanden sind, war ein evolutionärer Zufall. Dass sie immer wieder überlebt haben, grenzt an ein Wunder.

Als sich vor rund 200 000 Jahren der *Homo sapiens* herausbildete, ein Wesen, das uns heutigen Menschen bereits sehr ähnlich war, dürfte es nach Schätzungen auf Basis von genetischen Mutationen zwischen 100 000 und 300 000 Individuen gegeben haben.[29] Sie lebten als Jäger und Sammler.

Ihren ersten größeren Wachstumsschub erlebte die Menschheit vor rund 12 000 Jahren. Die letzte Kaltzeit, die nur von kurzen Wärmeschüben unterbrochen war und fast 100 000 Jahre gedauert hatte, war zu Ende gegangen. Die Gletschermassen hatten sich zurückgezogen und die Erde vor allem auf der Nordhalbkugel wieder wohnlicher gemacht. Die großen und kräftigen Neandertaler hatten die Eiszeit nicht überlebt, sie waren dem *Homo sapiens* unterlegen oder vermischten sich mit dessen Populationen. Letzterer konnte sich in dem milderen Klima wieder ausbreiten. Einzelne Gruppen kamen dann etwa 10 000 v. Chr. an klimatisch günstigen Standorten auf die Idee, dass es einfacher wäre, Grassamen von wilden Getreidesorten und die Ahnformen von Bohnen und Erbsen in die umbrochene Erde zu stecken und sie nach ein paar Monaten zu ernten, als immer wieder sammelnd durch die Wildnis zu ziehen. Sie begannen die Natur zu domestizieren. Das Gleiche machten sie mit wilden Schafen, Ziegen und Schweinen: Einmal eingefangen und hinter Zäunen gehalten, lieferten sie tierische Nahrung ohne große Anstrengung.[30]

Die Frühbauern waren die ersten Züchter, ohne die dahinterstehenden genetischen Zusammenhänge zu kennen: Denn wilde Gerste, wilder Weizen oder Reis sind einjährige Pflanzen, die sich rechtzeitig vermehren müssen und deshalb schwache Stängel haben, die leicht brechen, wenn die Samenkörner reif sind. Die Samen fallen zu Boden und schon ist die nächste Generation einigermaßen gesichert. Mit solchen Pflanzen lässt sich keine Landwirtschaft betreiben.

Allerdings sorgt die Evolution dafür, dass Weizen- oder Reispflanzen spontane Mutationen erleiden und dabei Stängel entstehen, die stabiler sind und die Körner länger festhalten. In der freien Natur ergeben diese Stabilitätsanker keinen Sinn, denn die Samen fallen seltener zu Boden und die Pflanze kann sich schlechter fortpflanzen. Nun aber kam der erste Frühbauer und erntete in der Wildnis genau von jenen Samen, die länger hängen bleiben. Er oder sie säte sie aus und bescherte einer evolutionären Sackgasse ein neues Leben. Mit jeder Ernte reicherten sich die für die Natur untauglichen Festhängesamen im Saatgut an und ohne jede bewusste Züchtung wurde aus dem Wildweizen oder -reis eine Kulturform mit höheren Erträgen.[31]

Von diesem Moment an, mit der neolithischen oder agrarischen Revolution, die in Wirklichkeit kein plötzliches, revolutionäres Ereignis war, sondern ein über Jahrhunderte, Jahrtausende währender Prozess, konnten mehr Menschen je Flächeneinheit überleben. Für die Mehrheit von ihnen war langsam Schluss mit dem Nomadisieren. Sie wurden sesshaft. Aus Jägern und Sammlern, die lediglich Hunde als Freunde und Helfer domestiziert hatten, wurden Bauern und Dörfler, später Städter. Sie hatten mehr Nahrungsmittel zur Verfügung als ihre Wildbeuter-Vorfahren. Ihr Leben wurde planbarer. Vorratshaltung konnte Mangelphasen überbrücken. Die ersten Handelswege entstanden.

Diese Kulturen entwickelten sich unabhängig voneinander und an verschiedenen Orten in Südostasien, an Euphrat und Tigris, in Mittelamerika und entlang des Nils. Im Reich der Pharaonen, dem heutigen Ägypten, lebte damals vermutlich die Hälfte aller Afrikaner. In ein paar tausend Jahren wuchs die Menschheit auf fünf bis zehn Millionen heran. So etwas hatte die Welt noch nicht gesehen.[32]

Fortschritt war schon immer teuer erkauft

Aber schon damals galt der Spruch »There ain't no such thing as a free lunch«, den der amerikanische Science-Fiction-Autor Robert Heinlein 1966 in seinem Roman »The Moon is a Harsh Mistress«, in der deutschen Fassung »Der Mond ist eine herbe Geliebte«, popularisiert hat und der als Akronym TANSTAAFL bekannt wurde.[33] Übersetzt bedeutet er so viel wie: »Alles hat seinen Preis«

oder »Nichts ist umsonst auf dieser Welt«. Denn selbst wenn etwas für ein Individuum umsonst erscheint, zeigen sich immer irgendwo versteckte Kosten für andere oder die Gesellschaft.

Die Redensart stammt ursprünglich aus den USA: Ende des 19. Jahrhunderts wurde den Gästen in den Saloons von Chicago oder Minneapolis ein kostenloser Imbiss angeboten, der so stark gesalzen war, dass sie für die notwendigen durstlöschenden Getränke eine Menge Geld hinlegen mussten. Mitte der 1970er Jahre hat der US-Ökonom und Nobelpreisträger Milton Friedman ein ganzes Buch über TANSTAAFL geschrieben, in dem er zur Skepsis gegenüber vermeintlichen Geschenken des Staates aufruft, denn der freie Schul- oder Universitätszugang, die Straßen, die jeder kostenlos benutzen darf, die Abwrackprämie, das Kindergeld, die Arbeitslosenunterstützung, jede »öffentliche« Leistung müssen die Bürger über ihre Steuern und Abgaben letztlich selbst finanzieren.[34]

Für die Menschen, die vor 10 000 Jahren begannen, Ackerbau und Viehzucht zu betreiben, lagen die versteckten Kosten in einem Rückgang der Körpergröße und in einer verkürzten Lebenserwartung, wie Skelettfunde belegen. Sie hatten zwar mehr zu essen, aber die neue Kost, überwiegend aus Getreide, war weniger gesund als die Nüsse und Beeren, der Honig und die Fische, die sie einst gesammelt und gefangen hatten. Die Frauen, die zuvor vielleicht alle vier Jahre ein Kind bekommen hatten, weil sie es jahrelang gestillt und damit einen erneuten Eisprung hormonell unterdrückt hatten, erlebten als Sesshafte eine Schwangerschaft nach der anderen und litten zudem aufgrund der neuen Ernährung unter Eisenmangel und schlechten Zähnen. Auch das belegen Ausgrabungen. Landwirtschaft bedeutete ein mühsameres Leben als zuvor, mit Arbeitsteilung und Knechtschaft. Bauern hatten plötzlich Vorräte, aber die mussten sie gegen Neider verteidigen. Die früheren Wildbeuter hatten ihre Krisen, aber insgesamt ein gechilltes Leben. Die neuen Bauern mussten sich abrackern.

Das Zusammenleben in größeren, festen Siedlungen erforderte Organisation und Hierarchien, irgendwann Fronarbeit und Soldaten zur Verteidigung der neuen Besitztümer, eine Verwaltung und ein Zwangssystem der Besteuerung. Eigentum und soziale Schichten waren die Neuerungen der damaligen Zeit. Damit war Schluss mit der Freiheit von Jägern und Sammlern, die einfach weiterzogen, wenn es ihnen irgendwo nicht mehr gefiel. Und weil die Menschen dichter aufeinander und auf engem Raum mit domestizierten Tieren zusammenlebten, konnten sich Parasiten und Erreger von Infektionskrankheiten leichter ausbreiten. Dennoch siegte die Vermehrung über die Kollateralschäden: Um die Zeitenwende war die menschliche Population auf vermutlich 200 bis 300 Millionen angewachsen.[35]

Und sie wuchs weiter, wenngleich die Antike und das Mittelalter ihre Höhen und Tiefen hatten. Blütephasen, in denen die Bevölkerung wuchs, wie die des Römischen Reiches, des Goldenen Zeitalters des Islam, der Renaissance oder des durch Buchdruck und Reformation beförderten Aufstiegs der Städte in Deutschland, wechselten mit Hungersnöten, Kriegen und Pestepidemien, die das Wachstum bremsten oder die Menschheit vorübergehend sogar schrumpfen ließen. 1650, zwei Jahre nach Ende des verheerenden Dreißigjährigen Krieges, dürfte etwa eine halbe Milliarde Menschen gelebt haben. Die Wachstumsrate des Mittelalters war niedriger als in der Zeit von der agrarischen Revolution bis zur Zeitenwende.

Das Wachstum der Neuzeit

Erst nach den mittelalterlichen Katastrophen bereitete die Epoche der Aufklärung und der wissenschaftlich-technischen Neuerungen eine weitere demografische Wende vor. Bis Mitte des 18. Jahrhunderts war die Zahl der Menschen weltweit auf rund 800 Millionen angestiegen, davon 100 Millionen Europäer, die unter dem wachsenden Bevölkerungsdruck damit begonnen hatten, in die Neue Welt auszuwandern.[36]

Die Menschheit nahm eine Milliardenhürde nach der anderen, in immer kürzeren Zeitabschnitten. Um 1804, damals regierte noch Napoleon Bonaparte das französische Reich, war die Eine-Milliarde-Grenze erreicht. 1886, als der deutsche Ingenieur Carl Benz das Automobil mit Verbrennungsmotor erfand, lebten 1,5 Milliarden Menschen. 1930 gab es, ungeachtet der geschätzten 55 Millionen Opfer des Ersten Weltkriegs[37], zwei Milliarden. Auch die Weltwirtschaftskrise und der Zweite Weltkrieg konnten den Zuwachs nur marginal bremsen und 1960 erblickte der dreimilliardste Erdenbürger das Licht der Welt, 1974 der vier-, 1987 der fünf-, 1999 der sechs- und 2011 der siebenmilliardste. Für 2023 hat die Bevölkerungsabteilung der Vereinten Nationen die Acht-Milliarden-Grenze im Visier.[38]

In den 1960er Jahren bekamen die Frauen der Welt im Schnitt fünf Kinder und die Weltbevölkerung wuchs um etwa 2,1 Prozent im Jahr. Bei diesem Tempo hätte sich die Zahl der Menschen binnen 36 Jahren verdoppelt – auf 7 Milliarden 2001, auf 14 Milliarden 2037, auf 28 Milliarden 2073. Kein Wunder, dass damals die Furcht vor einer »Bevölkerungsexplosion« grassierte. Der Biologe Paul Ehrlich schockierte die Welt mit einem gleichnamigen Buch.[39] Der *Club of Rome*, ein elitärer Debattierclub überwiegend älterer Herren um den Italiener Aurelio Peccei und den Schotten

Alexander King, sah in seinen »Grenzen des Wachstums« 1972 gleich den Kollaps der Menschheit voraus.[40]

Und wieder blieb er aus. Nach dem *Club of Rome*-Weckruf geriet die Bevölkerungsexplosion sogar weitgehend in Vergessenheit. Das lag vor allem daran, dass sich die Zahl der Kinder, die eine Frau im Laufe ihres Lebens bekam, von den 1960er Jahren bis 2010 weltweit etwa halbierte. Diese sogenannte Fertilitätsrate oder Geburtenziffer liegt mittlerweile bei 2,4 und damit bereits nahe an dem bestandserhaltenden Wert von 2,1 Kindern je Frau.* Auch das relative Wachstum der Weltbevölkerung ist mit etwas über einem Prozent nur noch halb so hoch wie 50 Jahre zuvor. Tendenz: weiter sinkend. Auf den ersten Blick deutet somit alles auf ein mittelfristiges Ende des Bevölkerungswachstums hin.

Doch hinter dieser Entwarnung steckt ein arithmetischer Denkfehler. Denn das gegenüber den 1960er Jahren halbierte Wachstum findet mittlerweile auf der Basis der doppelten Anzahl von Menschen statt. Und das bedeutet: Das relative Wachstum nimmt zwar ab, aber das absolute hält sich weiterhin auf dem gleichen, hohen Niveau. Tatsächlich wächst die Zahl der Menschen seit der Furcht vor einer Bevölkerungsexplosion in den 1960er Jahren kontinuierlich um 70 bis 90 Millionen pro Jahr, im Schnitt um 80 Millionen. 2019 hat sich die Menschheit um 81,3 Millionen Häupter vermehrt, was etwa der Einwohnerzahl Deutschlands entspricht. Das ist ein Zuwachs von 220 000 pro Tag, was einmal Kiel oder Erfurt bedeutet. Oder von 15 Menschen in jenen sechs Sekunden, die nötig sind, um diesen kurzen Satz zu lesen.

---

* Für eine langfristig konstante Bevölkerungszahl muss ein Paar im Schnitt etwas mehr als zwei Kinder bekommen, weil nicht jedes neugeborene Mädchen ein Alter erreicht, in dem sie selbst Nachwuchs zur Welt bringen kann.

Bis ins 19. Jahrhundert hinein wuchs die Bevölkerung vor allem in den Industrienationen. Machten die Europäer 1750 noch 18 Prozent der Weltbevölkerung aus, so stellten Menschen europäischen Ursprungs 1930, zum Höhepunkt ihrer Weltdominanz, 35 Prozent. Diese lebten nicht nur auf ihrem eigentlichen Kontinent, sondern hatten sich auch in Nord- und Südamerika ausgebreitet. Seit Mitte des 20. Jahrhunderts findet das Bevölkerungswachstum fast ausschließlich in den Entwicklungsländern statt. Die Bekämpfung von Krankheiten und eine bessere Versorgung mit Nahrungsmitteln führten zunächst in Asien, bald darauf auch in Lateinamerika, im Mittleren Osten und in Nordafrika sowie schließlich im Afrika südlich der Sahara zu einem massiven Rückgang der Sterberaten. Mit einer nach wie vor hohen Geburtenrate von durchschnittlich sechs Kindern pro Frau zwischen 1960 und 1965 vermehrte sich die Bevölkerung in den Entwicklungsländern jährlich um drei Prozent. Im Jahr 1970 stellten die Entwicklungsländer 65 Prozent der Weltbevölkerung, zur Jahrtausendwende 80 Prozent.[41]

Das alles sind Zahlen, die sich zu früheren Zeiten kein Mensch vorstellen konnte. Noch im 18. Jahrhundert war die Wissenschaft stark von religiösen Vorstellungen geprägt, und die meisten Theologen dieser Epoche hielten es für ausgeschlossen, dass einmal fast acht Milliarden Menschen auf Erden leben würden, allein deshalb, weil die Materie der Erde nicht ausreiche für die leibliche Auferstehung so vieler Menschen plus jener, die schon zuvor gelebt hatten. Und das sind mittlerweile geschätzte 90 bis 110 Milliarden.[42]

Eine Ausnahme von den Wachstumsskeptikern war ausgerechnet auch ein Geistlicher: der Preuße Johann Peter Süßmilch, nebenbei Mediziner und Jurist, der als Urvater der deutschen Demografie und Bevölkerungsstatistik gilt. Er hatte früher als andere alle Parameter der Bevölkerungsentwicklung erkannt und beschrieben. 1741 schätzte er auf Basis seines Wissens, zu dem mit Sicherheit nicht die damals aktuelle Zahl von rund 700 Millionen Menschen gehörte, und einer systematischen Analyse die theoretische Tragkraft der Erde ab. Er kam auf sieben Milliarden Menschen.[43] Das ist die Zahl, die 2011 Wirklichkeit wurde. Nach Süßmilch wären wir mittlerweile jenseits dessen, was die Erde ertragen kann.

Aber immer noch stößt die Menschheit nicht an ihre Wachstumsgrenzen. Süßmilch konnte nicht ahnen, auf welche Ideen die Menschen einmal kommen würden, um einer immer größeren Zahl von ihnen ein Überleben zu sichern und Probleme zu lösen, die sich der Pastor gar nicht vorstellen konnte. Denn mehr Menschen bedeuteten nicht nur mehr Konkurrenten um begrenzte Ressourcen, sondern auch mehr Produzenten, mehr Konsumenten und mehr Innovationskräfte. Mehr Produkte, mehr technische Neuerungen und mehr Konsum bedeuteten, dass mehr Menschen ein Auskommen fanden. Das Wachstum entstand aus Wachstum und setzte sich immer weiter fort. Mit allen Folgen. Positiven wie negativen.

KAPITEL 2

Never waste a good crisis

Können wir aus Fehlern und Katastrophen lernen?

Dezember 1941: Die Nazis stehen kurz vor Moskau. Generalfeldmarschall Erwin Rommel liefert sich Gefechte mit britischen Truppen im heutigen Libyen. Der Angriff japanischer Sturzkampfbomber auf Pearl Harbour, der acht US-Schlachtschiffe auf den Meeresgrund schickt oder gefechtsuntauglich macht, zwingt die Amerikaner zur Kriegserklärung gegen Japan und macht aus einem europäischen Krieg den Zweiten Weltkrieg.

Da treffen sich Winston Churchill, der Mann, der Großbritannien als Premierminister durch den Zweiten Weltkrieg führt, und der US-Präsident George Roosevelt im Weißen Haus, um über eine anglo-amerikanische Allianz gegen Hitler zu sprechen. Und weil sie davon ausgehen, dass das Tausendjährige Reich nur eine kurze Dauer hat, sprechen sie gleich noch über die Zukunft nach dem Krieg. Die beiden älteren Herren denken an unabhängige Staaten, die miteinander frei und selbstbewusst eine neue Weltordnung aufbauen. Aber sie haben noch keinen Namen für das künftige Fundament der internationalen Zusammenarbeit.

Die Anekdote will, dass Roosevelt nach einem Geistesblitz zu später Stunde spontan zu Churchills Schlafzimmer geht und erklärt, die Organisation müsse »United Nations« heißen. Als er bemerkt, dass Churchill völlig nackt ist, entschuldigt er sich verschämt, worauf sein Gegenüber auf britische Art antwortet: »Der Premierminister von Großbritannien hat vor dem Präsidenten der Vereinigten Staaten nichts zu verbergen.«[1]

Tatsache ist, dass dieser denkwürdige Abend die Geburtsstunde der Vereinten Nationen war. Und dass Winston Churchill noch für manch weiteren Spruch berühmt wurde. Zum Beispiel für den Titel dieses Kapitels. Mitten im Krieg soll er einmal gesagt haben: »Never let a good crisis go to waste«. Dabei hatte er schon die Idee der Vereinten Nationen vor Augen, weil er solch einen Weltenbrand für die Zukunft ausschließen wollte. Frei übersetzt bedeutet das Zitat: »Wenn schon Krise, dann lass uns wenigstens etwas daraus lernen«. 60 bis 70 Millionen Tote des Zweiten Weltkriegs waren ein hoher Preis für diesen Lerneffekt. Aber immerhin war daraus eine Institution entstanden, der das globale Denken in die Wiege gelegt war.

Die Frage ist, ob daraus auch ein vorausschauendes, vorsorgendes Denken erwachsen ist oder ob die Weltgemeinschaft nur vernünftig reagieren kann, wenn die Katastrophe ihren Lauf bereits genommen hat. Oder nicht einmal dann.

Lehren aus Wuhan

November/Dezember 2019: In Wuhan, einer durchschnittlichen chinesischen Megastadt mit elf Millionen Einwohnern in der Provinz Hubei, erkranken mehrere Personen an einer Lungenentzündung unbekannter Ursache. Umgehend berichten US-Geheimdienste der eigenen Regierung über die Ansteckungswelle.[2] Die meisten der Infizierten haben auf dem Huanan-Großhandelsmarkt für Fische und Meeresfrüchte gearbeitet. Dort werden auch lebende Wildtiere gehandelt, einmal Brehms Tierleben rauf und runter, von Schildkröten über Schlangen und Stachelschweine bis zu Füchsen, Krokodilen und Bambusratten, die in der chinesischen Küche und der traditionellen Medizin verarbeitet werden. In den Käfigen der Märkte leben Tiere eng zusammen, die sich unter natürlichen Bedingungen nie begegnen würden. Studien zufolge ist ein Viertel der auf derartigen Märkten gehandelten Tiere in ihrem Lebensraum gefährdet, einige sind vom Aussterben bedroht und auf Roten Listen zu finden.[3]

Alle Tiere beherbergen Viren. Die Vermutung liegt nahe, dass ein Virus von einem der Markttiere auf den Menschen übergesprungen ist und die unbekannte Atemwegserkrankung ausgelöst hat. Es wäre nicht das erste Mal. Verdächtig ist, dass die Symptome der Wuhan-Patienten jenen des schweren akuten respiratorischen Syndroms (Sars) ähneln, das durch ein Coronavirus ausgelöst wird. Es kommt in ähnlicher Form in chinesischen Kleinsäugetieren wie der Zibetkatze und dem Waschbärhund vor. Der Sars-Epidemie waren 2002/03 vor allem in Südostasien 776 Menschen zum Opfer gefallen.[4] Es sind hunderte von Coronaviren bekannt. Sie finden sich häufig in Tieren, die dem Menschen nahe kommen: in Kamelen, Hühnern, Katzen oder Fledermäusen.

Am 29. Dezember registrieren Ärzte in Wuhan vier Infektionen, die sie eindeutig mit dem Tiermarkt in Verbindung bringen können. Am 31. Dezember schaltet sich die chinesische Gesundheitsbehörde in die Untersuchungen ein. Am gleichen Tag werden die Weltgesundheitsorganisation (WHO) und die amerikanischen Centers for Disease Control and Prevention (CDC) über einen ungewöhnlichen Anstieg von Lungenentzündungen unklarer Herkunft in der Region Wuhan informiert. Am 1. Januar 2020 schließen chinesische Behörden den Großhandelsmarkt der Stadt.

Am 12. Januar isolieren chinesische Wissenschaftler erstmals aus Atemwegszellen von Patienten das neue Virus und identifizieren es als siebtes Mitglied der Familie der Coronaviren, die Menschen befallen können. Das Internationale Komitee für die Klassifikation von Viren wird ihm am 11. Februar den Namen Sars-CoV-2 geben. Die WHO stuft die dazugehörige Krankheit als Coronavirus-Krankheit 2019 ein, kurz Covid-19.[5] Erst ein Jahr später lässt China ein zehnköpfiges, internationales Team der WHO einreisen, um von unabhängiger Seite die Herkunft des neuen Virus zu untersuchen.

Am 24. Februar 2020 tritt in China ein Gesetz in Kraft, das es landesweit verbietet, »wilde, an Land lebende Tiere zu jagen, zu handeln und zu transportieren, um sie später zu verzehren«.[6]

Eine Mensch-zu-Mensch-Übertragung von Sars-CoV-2 gilt zunächst als unwahrscheinlich, weshalb sich am 18. Januar noch zehntausende Familien in Wuhan zum chinesischen Neujahrsfest treffen beziehungsweise in andere Städte reisen, um dort zu feiern. Neun Tage später meldet China 4000 Infektionen und die Übertragung von Mensch zu Mensch ist gesichert. Am 27. Februar sind 78 824 chinesische Fälle durch Laborbefunde bestätigt.[7]

Um diese Zeit zeigt sich das Virus unter anderem schon in Thailand, Südkorea, dem Iran und Japan. In den USA wird der erste Covid-19-Fall bereits am 20. Januar gemeldet.[8] Der US-Präsident hält die Krankheit für eine Art Grippe und sagt ihr eine kurze Zukunft voraus.

Am 24. Januar liest der Mainzer Mediziner Ugur Sahin im britischen Fachmagazin *The Lancet* einen ersten ausführlichen Aufsatz über das neuartige Virus, in dem von einer globalen Gesundheitsbedrohung die Rede ist.[9] Der Forscher ist alarmiert. Noch am Frühstückstisch beschließt er gemeinsam mit seiner Kollegin und Ehefrau Özlem Türeci, im Labor ihres damals noch weitgehend unbekannten Unternehmens Biontech, das eigentlich an der Entwicklung von Krebstherapien forscht, mit der Arbeit an einem Impfstoff gegen das Virus zu beginnen. Die Wissenschaftler wollen dabei eine neuartige Technologie nutzen, mit der sich die Vakzin-Entwicklung massiv beschleunigen lässt, und nennen ihr Projekt »Lightspeed«.[10] Ende 2020 wird das Unternehmen einen Börsenwert von über 23 Milliarden US-Dollar erreichen.[11]

Vier Tage nach dem denkwürdigen Frühstück in Mainz bestätigt sich die erste Infektion in Deutschland. Auch Frankreich, Italien und Spanien hat es bereits erwischt, auch wenn noch keine Panik herrscht. Im März schaukelt sich der Tiroler Skiort Ischgl zum Coronaparty-Hotspot hoch und streut die Infektionen durch die Lande.[12] Wenig später ruht das öffentliche Leben in den meisten europäischen Ländern.

Am 10. März sagt der US-Präsident Trump auf einer Sitzung mit republikanischen Senatoren: »Wir sind gut vorbereitet und wir machen großartige Arbeit. Es wird einfach weggehen. Bleibt ruhig, es wird einfach weggehen.«[13] Einen Tag später erklärt die WHO das Infektionsgeschehen zur Pandemie. New York entwickelt sich zum neuen Epizentrum der Seuche. Ende März sind in der Stadt mehrere Feldlazarette errichtet. Vor den Krankenhäusern parken die Tiefkühl-LKW, um die Leichen einzulagern, die nicht rechtzeitig begraben werden können.[14]

Am 5. April meldet der Zoo in der Bronx einen mit Sars-CoV-2 infizierten Tiger und später weitere Raubkatzen, die sich vermutlich bei einem Tierpfleger angesteckt haben. Das ist keine Überraschung, denn Zoonosen können auch von Mensch zu Tier getragen werden.[15] Ende des Monats sind fast 15 000 New Yorker in Zusammenhang mit dem Virus verstorben.[16]

Um Übertragungen zu bremsen, verhängen die Verwaltungen überall auf der Welt Lockdowns und schränken die Bewegungsfreiheit der Bürger massiv ein. Die Wirtschaft verfällt in eine Schockstarre und binnen einer einzigen Woche lösen sich Börsenwerte in Höhe von 9000 Milliarden US-Dollar in Luft auf.[17] Der zivile Luftverkehr kommt praktisch zum Erliegen. Kreuzfahrtgesellschaften, die bis 2019 noch für eine Boom-Branche standen, beginnen ihre schwimmenden Hochhäuser zu verschrotten. Im Mai 2020 brechen die USA ihre Zusammenarbeit mit der WHO ab, die nach Auffassung von Donald Trump eine »Marionette« Chinas ist.[18] Gleichzeitig drängt der US-Präsident, der seine Wiederwahl im November gefährdet sieht, auf schnelle Öffnung der Wirtschaft. Das sind Lockerungen nach dem Motto »*Die for the Dow*«, schreibt der Nobelpreisträger für Ökonomie, Paul Krugman, übersetzt: »Sterben für den Aktienmarkt«. Die Folgen zeigen sich Wochen und Monate später.[19]

Inzwischen haben chinesische Forscher die Erbsubstanz des Virus im Eiltempo entschlüsselt. Aus dem Genom wird klar, dass Sars-CoV-2 sehr eng verwandt ist mit Viren, die aus Fledermäusen bekannt sind. Der Kot von Fledermäusen findet in der traditionellen chinesischen Medizin unter anderem bei Augenkrankheiten Verwendung, weil die Tiere im Dunkeln navigieren und Insekten fangen können, wozu sie allerdings gar nicht die Augen, sondern ihr Echolot nutzen. Eine Möglichkeit wäre, dass sich Arbeiter beim Einsammeln des Fledermausguanos in Höhlen infiziert und das Virus dann weitergetragen haben.[20] Womöglich hat der Erreger den Weg zum Menschen aber erst über einen Zwischenwirt gefunden. Als möglicher Kandidat gilt zumindest das Schuppentier, das Viren beheimatet, deren Genom zu 86 bis 92 Prozent mit Sars-CoV-2 übereinstimmt.[21] Schuppentiere oder Pangoline werden meist illegal aus Afrika importiert. Sie gelten in China als Delikatesse. Ihre Schuppen landen zerrieben in Arzneimitteln, obwohl sie wie Fingernägel oder die Hufe von Pferden nur aus Keratin bestehen. Fundierte Hinweise darauf, dass Sars-CoV-2 ein entkommenes oder bewusst verbreitetes Frankenstein-Virus aus einem Genlabor ist, finden sich nicht, auch wenn Verschwörungstheoretiker das Gegenteil behaupten.[22]

Mittlerweile ist auch klar, wie sich das Virus vorzugsweise von Mensch zu Mensch verbreitet: Es nistet sich in den Zellen der oberen Atemwege ein, um sich dort zu vermehren – ein genialer Trick der Evolution. Denn Menschen reden und singen gerne viel und laut, sie treffen sich oft auf engem Raum. Dabei treten feinste Tröpfchen, sogenannte Aerosole, aus den Kehlen, die ideale Mitreisemöglichkeiten für die Viren bieten. So werden religiöse Versammlungen, Kreuzfahrtschiffe, Musikklubs, Partys, Chorproben, Jodelwettbewerbe, Wahlkampfveranstaltungen, Gefängnisse oder Schlachtbetriebe zu Superspreading-Orten, zu explosiven Plattformen der Verbreitung.

Wie gut die Übertragung auf engstem Raum auch über Artgrenzen hinweg funktioniert, zeigte sich im Sommer und Herbst 2020 in den Nerzfarmen der Welt. Etwa in Dänemark, einem Land mit knapp sechs Millionen Einwohnern, wo damals 17 Millionen der Mardertiere dicht gedrängt in Käfigen lebten. In den Farmen übertrugen Sars-CoV-2-infizierte Arbeiter das Virus auf die Nerze. Es breitete sich blitzartig unter den Tieren aus und veränderte sich dabei genetisch. Unter den neuen Virus-Varianten war auch die sogenannte Cluster-5-Mutation, die sich wenig später schon wieder bei Menschen nachweisen ließ. Sie wiederum könnte die Wirksamkeit der Impfstoffe gefährden, die damals überall auf der Welt mit Milliardenaufwand entwickelt wurden. Zudem gab es die Befürchtung, das Virus könnte in den Tieren ein dauerhaftes »Fluchtreservoir« bilden, von dem aus es sich jederzeit wieder in neuer Form in die menschliche Population verbreiten könnte. Eilig ordnete die dänische Regierung an, sieben

Kommunen in Nordjütland abzuriegeln und sämtliche Tiere zu keulen und zu entsorgen. Schlechte Nachrichten für die Freunde von Nerzmänteln, denn Dänemark war der weltgrößte Lieferant für Nerzfelle.[23]

Über die gesamte Dauer der Pandemie hinweg dokumentiert die amerikanische Johns-Hopkins-Universität die weltweite Ausbreitung von Covid-19. Ende 2020 vermeldet sie weltweit 84 Millionen Infizierte und 1,8 Millionen Menschen, die in Zusammenhang mit dem Virus gestorben sind. Doch die Dunkelziffer dürfte deutlich höher liegen, vor allem, weil in vielen ärmeren Ländern kaum Möglichkeiten bestehen, Infizierte und Verstorbene aufzuspüren. Die USA führen die traurige Rangliste der Länder mit offiziell knapp 350 000 Toten an. Deutschland registriert etwa ein Zehntel der Fälle.[24] Wie viele Überlebende mit langfristigen gesundheitlichen Schäden rechnen müssen, ist unbekannt.

Ende 2020 erleben fast alle Länder der Welt neue Infektionswellen und weitere Lockdowns. Die hohe Zahl an Infizierten beschleunigt die Evolution der Viren und so ist es kein Wunder, dass unter anderem in Großbritannien, Brasilien und Südafrika neue Varianten von Sars-CoV-2 auftauchen, die deutlich ansteckender sind als der ursprüngliche Typ, allerdings keine gefährlicheren Krankheitsverläufe bewirken. Das ist für Experten kaum erstaunlich, denn Viren sind von der Evolution tendenziell so ausgerüstet, dass sie mit der Zeit weniger tödlich, dafür aber infektiöser werden, weil sie so ihre Existenz besser sichern.[25] Gut möglich, dass Sars-CoV-2 irgendwann zu einem dauerhaften, aber weitgehend harmlosen Begleiter des Menschen wird.

Alle Hoffnungen auf ein Ende der Pandemie richten sich mittlerweile auf geprüfte und zugelassene Impfstoffe, von denen die ersten kurz vor dem Jahreswechsel zur Anwendung kommen. Zumindest die Forschung verbucht einen coronabedingten Höhenflug: Bis 1. Januar 2021 vermeldet die Online-Datenbank *Pubmed* rund 63 000 wissenschaftliche Veröffentlichungen in Zusammenhang mit Covid-19.[26]

Das Weltwirtschaftsforum schätzt die globalen wirtschaftlichen Kosten der Pandemie auf 8 bis 18 Billionen US-Dollar. Das sei 500-mal mehr, als es kosten würde, neue Infektionskrankheiten durch Vorsichtsmaßnahmen zu verhindern.[27] Der Internationale Währungsfonds beziffert den Einbruch der weltweiten Wirtschaftsleistung vorläufig auf etwa fünf Prozent, das wäre fast viermal so schlimm wie nach der globalen Finanzkrise von 2008/09. Einen härteren Schlag hatte der Weltwirtschaft zuletzt nur der Zweite Weltkrieg verpasst.[28]

Es geht nicht um eine leichte Grippe

Das Tempo, mit dem das Virus um die Welt ging, und die multiplen wirtschaftlichen und gesellschaftlichen Folgen der Pandemie haben viele Laien und Politiker überrascht. Immerhin lag die letzte große Pandemie gut 100 Jahre zurück und damals waren Kenntnisstand und Reaktionsmöglichkeit der Virologen, Infektionsbiologen und Mediziner geradezu vorsintflutlich. Die Rede ist von der Spanischen Grippe 1918/19. Nach allem, was man heute weiß, begann sie in der Prärie von Kansas in den USA, als im hereinziehenden Winter Influenzaviren von Hühnern, Schweinen oder vorbeiziehenden Vögeln auf arme Bauernfamilien übersprangen, die in engen Behausungen unter ärmlichen Verhältnissen zusammenlebten. Aus diesen Familien wurden damals junge Männer für den Ersten Weltkrieg in Frankreich rekrutiert. Sie hausten und husteten auf der Militärbasis Fort Riley in unisolierten 250-Mann-Baracken, insgesamt über 50 000 Soldaten. In

Züge verladen, fuhren sie zu den Häfen und von dort auf Schiffen Richtung Europa. Mit ihnen reiste das H1N1-Influenzavirus (das erst 15 Jahre später als Erreger identifiziert wurde), das unterwegs zu immer gefährlicheren Varianten mutierte. »In Europa haben wir es an die Alliierten weitergegeben und sie an unsere Feinde«, erklärt Robert Smith vom Fort Riley Museum, in dem die Pandemie nacherzählt wird.[29] Der Erreger zog in drei Wellen um die ganze Welt und infizierte Schätzungen zufolge ein Drittel der Weltbevölkerung. Er tötete drei bis fünf Prozent davon, geschätzte 40 Millionen Menschen, allein im Deutschen Reich waren es über 400 000. Ihren Namen bekam die Spanische Grippe übrigens nur, weil Spanien seinerzeit eine vergleichsweise liberale Presse hatte, die frei über die Epidemie berichten konnte. Bei den deutschen Soldaten hieß die Grippe »Flandern-Fieber«.[30]

Für Experten hingegen war die Covid-19-Pandemie keine Überraschung: »Zoonosen gab es schon immer, aber erst die Globalisierung als logarithmischer Multiplikationsfaktor sorgt dafür, dass sie sich heute viel besser ausbreiten können als vor 100 Jahren«, sagt Stefan Kaufmann, der ehemalige Gründungsdirektor des Max-Planck-Instituts für Infektionsbiologie in Berlin.[31] Die Zwischenstaatliche Plattform für Biodiversität und Ökosystem-Dienstleistungen der Vereinten Nationen (IPBES), eine Art Weltrat für biologische Vielfalt, schätzt, dass in Vögeln und Säugetieren 1,7 Millionen Viren als ständige Begleiter unterwegs sind. Sie sind in der Regel »harmlos«, weil sich die Tiere vor langer Zeit mit den Eindringlingen arrangiert, also eine Resistenz entwickelt haben. Aber sie können gefährlich werden, wenn sie ihren Wirt wechseln, auf eine andere Tierart überspringen, die noch nicht mit dem Virus vertraut ist. Die IPBES-Experten gehen davon aus, dass bis zu 850 000 dieser Viren das Potenzial haben, sich die Tierart *Homo sapiens* als neue Absteige auszusuchen, wenn sie ihr nahe genug kommen.[32] Aufgrund der schieren Zahl der Viren ist es sehr viel wahrscheinlicher, dass eines dieser Halblebewesen uns findet, als dass wir rechtzeitig auf es aufmerksam werden.

Viren gelten nicht als Lebewesen, denn sie können sich nicht selbstständig vermehren. Man kann sie eher als »Existenzen« bezeichnen. Sie sind auf »echte« Lebewesen angewiesen, deren zelluläre Mechanismen sie für ihre eigene Reproduktion kapern. Deswegen lassen sich Viren auch nicht töten, sondern nur inaktivieren und an der Vermehrung hindern. Das parasitäre Dasein der Viren ist hocheffizient, weshalb sie winzig klein sein und auf alle überflüssigen Strukturen und Stoffwechselfunktionen verzichten können. Sars-CoV-2 ist nicht einmal ein zehntausendstel Millimeter groß und auch mit einem Lichtmikroskop nicht zu erkennen.

Viren sind die erfolgreichsten und vielfältigsten aller biologischen Strukturen, auch weil sie permanent mutieren, sich also sehr schnell an immer neue Rahmenbedingungen anpassen. Deshalb ist es etwa nötig, jedes Jahr einen neuen Impfstoff gegen das Influenzavirus zu entwickeln, das die saisonale Grippe verursacht. Und trotz dieser Vakzine ist es jederzeit möglich, dass sich Influenzaviren in Schweinen oder Vögeln zu hochinfektiösen Varianten entwickeln, die auch den Menschen befallen und sich pandemisch ausbreiten können. Auch davor warnt die Wissenschaft seit Jahren.

Viren befallen die Zellen sämtlicher Lebewesen, von Bakterien über Pflanzen bis zu Säugetieren. Je verbreiteter und dominanter eine Art, desto eher wird sie von Viren angegriffen. Dass der Mensch zu diesen Arten gehört, musste er immer wieder leidvoll zur Kenntnis nehmen, etwa bei der Asiatischen Grippe von 1957 oder der Hongkong-Grippe von 1968 mit geschätzten weltweit 1 bis 2 Millionen respektive 800 000 Todesfällen.[33]

Viren bestehen nur aus einem kleinen Stück genetischer Information, einer Art Software. Sie haben weder einen Plan noch ein Ziel. Sie tun nicht mehr, als in eine Zelle einzudringen und zu sagen: »Ey, mach mal ein paar Kopien von mir.« Das kann zwar stressig werden für den Wirt, aber Viren tun das in der Regel vorsichtig, denn aus evolutionärer Sicht ergibt es keinen Sinn, den Wirt umzubringen, weil sie dann ihre Bleibe verlieren würden. Eine friedliche Koexistenz ist nur möglich, wenn sich Wirt und Untermieter aneinander gewöhnen konnten, was allerdings lange dauern kann. Oder wenn das Virus für den Wirt weitgehend harmlos bleibt. Die meisten Menschen sind etwa mit Herpesviren infiziert, ohne davon je etwas zu merken.

Die größte Gefahr für einen Wirt wie den Menschen besteht dann, wenn ein unbekanntes, aggressives Virus neu in seinem Organismus landet, so wie es Ende 2019 in Wuhan geschehen ist. Das ist nichts Ungewöhnliches. Die (unvollständige) Liste zuvor unbekannter Viren und der entsprechenden Infektionskrankheiten ist lang: H1N1 (Spanische Grippe), Lassa-Virus (Lassa-Fieber), Machupo-Virus (Bolivianisches Blutungs-Fieber), RVF-Virus (Rift Valley Fieber), HI-Virus (AIDS), Ebola-Virus, Marburg-Virus (Marburg-Fieber), Hanta-Virus (Korea-Fieber), Zika-Virus (Zika-Fieber), H5N1 (Vogelgrippe), Mers-CoV (Nahöstliche Atemwegsinfektion) und zuletzt Sars-CoV-2.

Die neue Normalität

Es ist sicher, dass diese Liste künftig länger wird, denn die Menschen tun einiges, um einen Artensprung wahrscheinlicher und aus einzelnen Infektionen Pandemien werden zu lassen. Das ist das *new normal*, die neue Normalität, schreiben die drei Parasitologen Daniel Brooks, Eric Hoberg und Walter Boeger in ihrem Buch »The Stockholm Paradigm«, das unmittelbar vor dem Covid-19-Ausbruch erschien und auf 400 Seiten akribisch ausführt, wie der *Homo sapiens* in »einem Minenfeld von Erregern« angekommen ist. Demnach bedrohen die neuen Keime (Emerging Infectious Diseases, kurz EIDs) nicht nur uns Menschen, sondern genauso unsere Nutzpflanzen und -tiere, von denen wir uns ernähren, letztlich unser Dasein in jeder Hinsicht.

Nach gängiger Theorie entwickeln sich Wirt und Parasit parallel, sie passen sich über die Zeit einander an. Dabei büßt Letzterer seine Fähigkeit, zu einem anderen Wirt überzuspringen, allmählich ein. Nach dem Stockholm-Modell aber verläuft diese Evolution mittlerweile etwas anders: Weil sich die Lebensräume von Parasiten verlagern und sie dabei immer häufiger auf Lebewesen treffen, die keinerlei Resistenz gegen sie haben, muss es zwangsläufig zu mehr neuartigen Übertragungen kommen und den Wirten fehlt die Zeit zur Anpassung. Längst nicht alle Neuinfektionen werden zu lebensbedrohenden Pandemien, aber am Beispiel des Chikungunya-Virus wird deutlich, was die Autoren meinen: Der Erreger ist seit fast 70 Jahren bekannt. Er hat ein Reservoir in Nagetieren und Affen und überträgt sich durch den Stich verschiedener Mückenarten. Das Virus löst das Chikungunya-Fieber aus, begleitet von starken Gelenk- und Muskelschmerzen. Es ist vor allem in Westafrika, in Süd- und Südostasien verbreitet, mittlerweile auch in Südamerika. In Nordamerika gibt es erste Fälle. Südeuropa dürfte das nächste Infektionsgebiet werden. Zumindest hat der Klimawandel dafür gesorgt, dass sich die Überträgermücken dort mittlerweile heimisch fühlen.[34]

Der Mensch verbessert die Daseins- und Evolutionsbedingungen von Parasiten auf vielfältige Weise: Die Verdreifachung der Weltbevölkerung in den vergangenen 70 Jahren, das Vordringen menschlicher Siedlungs- und Landwirtschaftsräume in das Reich der Wildtiere, in die letzten halbwegs ungestörten Lebensräume, bringen Parasiten und Menschen näher zusammen. Der weltweite, oft illegale Handel mit Wildtieren liefert die Erreger praktisch frei Haus und macht Märkte wie jenen in Wuhan zu tickenden Zeitbomben. Ähnliche Wildtiermärkte gibt es auch in Indien, Südamerika und in Afrika. Die Zerstörung noch weitgehend unangetasteter Ökosysteme bedeutet für viele spezialisierte, in Nischen lebende Tier- und Pflanzenarten das Ende. Der Mensch befördert momentan Tier- und Pflanzenarten 100- bis 1000-mal schneller ins evolutionäre Jenseits, als das ohne menschlichen Einfluss geschehen würde. Er sorgt für ein Artensterben, das erdgeschichtlich in dieser Dimension nur nach heftigen Meteoriteneinschlägen oder Megavulkanausbrüchen stattgefunden hat.[35]

Der Biodiversitätsverlust schränkt nicht nur die lebensnotwendigen Dienstleistungen der Ökosysteme ein, sondern begünstigt auch die Generalisten unter den Arten – Ratten, Fledermäuse, Waschbären oder Tauben, die auch in geschädigten Lebensräumen mit hoher Menschendichte klarkommen. Generalisten tragen besonders häufig Viren in sich.[36] Die Massentierhaltung schließlich bietet ein ideales Terrain, auf dem sich Viren neue Zwischenwirte suchen können, und von Schweinen, Hühnern oder Nerzen ist es zum Menschen nur noch ein kurzer, nächster Schritt. Die riesigen Stallungen sind wie ein Förderprogramm für die Evolution von gefährlichen Erregern. 8 Milliarden Menschen mit geschätzten 25 bis 30 Milliarden Nutztieren sind der Jackpot für jeden Parasiten. Und ist ein neuer Erreger dann erst einmal beim Menschen gelandet, sorgen die globalen Verkehrswege dafür, dass sich Zoonosen innerhalb weniger Stunden per Luftfracht um den gesamten Globus verbreiten. Krankheitskeime sind dank der Reisefreudigkeit ihrer Wirte hypermobil geworden.

Das alles ist nicht wirklich neu, denn alle großen Schritte auf dem Weg zur »menschlichen Zivilisation«, die Erfindung von Ackerbau und Viehzucht, die Urbanisierung und Globalisierung, waren stets von einer Verbreitung von Infektionskrankheiten begleitet. Aber Dynamik und Dimension der heutigen Verbreitungsmöglichkeiten sind ganz andere.[37]

Warnungen vor dem Ausbruch neuer Seuchen gab es zuhauf: Der kanadische Umweltwissenschaftler Vaclav Smil hatte schon 2008 in einem Buch eine Influenza-Pandemie vorgezeichnet und dargelegt, wie schlecht die USA auf solch einen Ausbruch vorbereitet seien.[38] Das Robert-Koch-Institut und weitere Bundesbehörden hatten 2012, aufbauend auf den Erfahrungen mit den Sars- und Mers-Coronaviren, ein hypothetisches Seuchen-Szenario skizziert, das in den »Bericht zur Risikoanalyse im Bevölkerungsschutz« einfloss. Ausgehend von einem fiktiven Virus namens Modi-Sars, beschreibt das Szenario eine Pandemie mit Ursprung auf einem Wildtiermarkt in Asien, das sich heute liest, als hätten die Autoren eine Zeitreise in die Zukunft gemacht. Da ist von drei weltweiten Erkrankungswellen die Rede, von Fieber, trockenem Husten und Atemnot, von überforderten Gesundheitssystemen, von Triage, von der besonderen Gefährdung von Älteren und von mindestens 7,5 Millionen Toten als direkte Folge der Infektion allein in Deutschland. An dem Szenario hat sich vieles bewahrheitet, allerdings war die Sterblichkeit mit zehn Prozent deutlich zu hoch angesetzt.[39]

In den USA hatte der Software-Milliardär und Philanthrop Bill Gates den frisch gewählten US-Präsidenten Donald Trump bereits im Dezember 2016 davor gewarnt, dass eine Pandemie nach dem Modell der Spanischen Grippe jederzeit möglich sei, und geraten, ein Frühwarnsystem aufzubauen, im Ernstfall schnell zu reagieren, die Diagnostik zu verbessern und eine Impfstoffentwicklung vorzubereiten. Das alles sei billiger, als die wirtschaftlichen Folgen einer weltweiten Infektionswelle zu tragen.[40] 2019 nahm die WHO eine potenzielle »Krankheit X« mit hoher Sterblichkeit und ausgelöst von einem grippeartigen Virus aus dem Tierreich in ihren Risikokatalog auf.[41]

Die Ausbreitung von ansteckenden Krankheiten wird zusätzlich durch eine zunehmende Resistenz gegen Antibiotika erleichtert. Diese Mittel, die einst den finalen Sieg gegen bakterielle Infektionen wie Tuberkulose, Diphtherie, Typhus oder Cholera versprachen, verlieren immer häufiger ihre Wirksamkeit. »Antibiotika werden zu oft oder unnötigerweise verschrieben und eingesetzt, unter anderem prophylaktisch und als Mastmittel in der Tierzucht«, erklärt der Max-Planck-Infektionsforscher Stefan Kaufmann, der seit Langem vor einem sorglosen Umgang mit den lebensrettenden Mitteln warnt. Im Übermaß eingesetzt, erhöhen sie die Wahrscheinlichkeit, dass einzelne Erreger, die den Giftangriff dank zufälliger genetischer Veränderungen überleben, sich vermehren und als resistente Stämme verbreiten, denen die Antibiotika nichts mehr anhaben können.

Hinzu kommt, dass Bakterien Erbinformationen untereinander austauschen und dabei auch Resistenzen übertragen können. Diese Bakterien können wiederum in andere Lebewesen gelangen, etwa in Menschen. Einige der Erregerstämme sind mittlerweile gegen sämtliche verfügbaren Antibiotika resistent. Die Welternährungsorganisation FAO schätzt, dass weltweit jährlich rund 700 000 Menschen sterben, weil das alte Schwert gegen tödliche Bakterien stumpf geworden ist. Die Antibiotikaresistenz sei potenziell gefährlicher als Covid-19, schreibt die FAO.[42]

»Weil rund die Hälfte aller Antibiotika in der Tierzucht landet«, sagt Stefan Kaufmann, »entstehen bei der Massenhaltung von Hühnern, Schweinen oder Rindern immer wieder multiresistente Keime. Diese können über das Fleisch oder über die Düngung der Felder mit Gülle auch auf dem Mittagstisch landen.«[43] Letzteres war vermutlich 2011 geschehen, als sich über die auf einem rheinland-pfälzischen Gemüsehof gezogenen Sprossen die gefährlichen Ehec-Keime epidemisch ausbreiteten. Damals starben in Deutschland 50 Menschen an den Folgen der Ehec-Infektion. Sie konnte rasch aufgeklärt und eingedämmt werden. Seuchenforscher wie Stefan Kaufmann rechnen damit, dass es in Zukunft zu weitaus größeren Ausbrüchen kommen wird.[44]

Doch trotz aller Kassandra-Rufe: Menschen, ebenso wie die meisten Regierungen, sind gut darin, Warnsignale zu ignorieren. Deshalb traf sie Covid-19 so unvorbereitet.

Wo ist das Positive an der Krise?

Es soll jetzt nicht zynisch klingen, aber Covid-19 hatte auch ungewollt angenehme Seiten: Es gab im Frühjahr 2020 keine Staus auf der Autobahn, dafür leere ICE-Züge, in denen die Schaffner nicht mal die Tickets kontrollierten. Eine Hightech-Schmiede in England, die eigentlich lärmende Formel-1-Autos produziert, stellte ihre Arbeit vorübergehend auf Beatmungsgeräte um. Fridays for Future konnten keine Flugscham mehr verbreiten, weil niemand mehr im Flieger saß, der sich hätte schämen können. Fuchs und Hase schauten verwundert auf leere Bundesstraßen, auf denen die Enten watschelten. In einem Golfclub in Sardinien gönnten sich ein paar Damhirsche ein Bad im ungenutzten Swimmingpool und im südafrikanischen Kruger-Nationalpark rekelten sich die Löwen vor der Lodge in der Sonne.[45] In China konnten die Menschen in den Megametropolen wieder frei atmen und in Nordindien hatten viele das erste Mal in ihrem Leben die Chance, die Achttausender des Himalaja zu sehen. Die Fahrradläden in Deutschland waren leer gekauft. Umfragen zufolge fühlten sich viele Menschen bei allen Einschränkungen und Einschnitten entschleunigt und gaben an, dass sie sich während der Pandemie neue Kenntnisse und Fähigkeiten aneignen wollten.[46]

Was aber haben die Menschen, unabhängig von den Erkenntnissen in der kurzen Ruhephase während der ersten Covid-19-Welle, wirklich gelernt aus der Krise? Haben sie, getreu der Forderung von Winston Churchill, ihre Lehren gezogen? Hat das Virus unser Verhältnis zur Umwelt nachhaltig verändert? Haben wir verstanden, dass die Expansion der menschlichen Spezies in das Reich von Millionen anderer Arten eine Gegenreaktion hervorrufen muss? Lässt uns die Corona-Erfahrung unseren Umgang mit anderen globalen Herausforderungen wie dem Klimawandel und dem Artensterben überdenken? Oder hat Covid-19 nur gezeigt, wie machtlos die moderne Menschheit gegenüber den Kräften der Natur ist?

Zunächst verhielten sich viele Gesellschaften in der Krise durchaus rational und blieben handlungsfähig. Denn schnell war klar, dass ähnliche Verhaltensregeln, mit denen sich die Menschen schon im Mittelalter vor der Pest zu schützen suchten, auch das neue Virus eindämmen konnten: Abstand, Hygiene, Mund-Nasen-Bedeckung. Menschenansammlungen meiden, keine Partys, keine Feste, Schulen und Kindergärten schließen, runter mit der Drehzahl. Infizierte isolieren, Risikopersonen abschirmen. Kurz: soziale Distanzierung. Vorsicht war das Gebot der Stunde. Im Nachhinein war manches davon Übervorsicht, aber sie war angebracht, solange wenig über den Erreger, seine Ausbreitungswege und seine Gefährlichkeit bekannt war. Mundschutz und Abstand waren keine Zeichen von Schwäche, sondern von Klugheit. Lockdowns waren kein Freiheitsentzug, sondern Mittel zur Lebensrettung. Offensichtlich waren Gesellschaften bereit zu Einschränkungen von Grundrechten, um ihre eigene Gesundheit und die von anderen zu schützen. Mit Rücksicht, Verzicht und Solidarität ließ sich die erste Infektionswelle überstehen.

Vieles davon musste unter Anleitung der Politik passieren, manche würden sagen, unter Zwang. Allerdings muss man konstatieren, dass sich der Corona-Spuk dort, wo die Politik einigermaßen vorbereitet war, wo sie früh reagieren konnte und die Regeln besonders strikt waren, am schnellsten verzogen hat. Länder wie Neuseeland und Australien konnten, begünstigt durch die Insellage, das Virus komplett aushungern. Japan oder Taiwan, wo die Bürger im Alltag ohnehin häufig Atemmasken tragen und zu hoher Eigenverantwortung bereit sind, blieben zumindest in den ersten Infektionswellen weitgehend verschont. Wo hingegen irrlichternde Realitätsverweigerer, Verschwörungsfreunde und Verharmloser in der Verantwortung waren, mussten die Bürgerinnen und Bürger deutlich länger deutlich mehr Leid ertragen.

Gerade war noch von einem aufziehenden postfaktischen Zeitalter die Rede, bei dem nicht Tatsachen und sachliche Argumente unser Handeln prägen, sondern Lügen und subjektive Interpretationen. Da lehrte uns ein Virus, dass es keine schlechte Idee ist, auch mal auf die Wissenschaft zu hören. Selbst Menschen mit einer Mathematikallergie konnten sich plötzlich für Reproduktionszahlen, Exponentialfunktionen oder 7-Tage-Inzidenzen erwärmen.

Die Wissenschaft sagt uns beispielsweise, dass eine Seuche endet, wenn jede infizierte Person im Schnitt weniger als eine andere Person ansteckt. Daraus Schlüsse für das Handeln zu ziehen, ist nicht allzu schwer. Praktisch allen Menschen leuchtet es ein, dass jeder Tag des Nichthandelns mehr Infektionen und mehr

Tote bedeutet. Die Wissenschaft sagt auch, und zwar auf Basis biologischer Gesetze, dass Mikroorganismen grundsätzlich stärker sind als Säugetiere und dass wir deshalb unser Zusammenleben mit der biologischen Restwelt überdenken sollten. Das ist schon etwas abstrakter als die Entstehung einer Infektionskette und entsprechend schwerer zu vermitteln. Die Wissenschaft sagt weiterhin auf Grundlage physikalischer Gesetze, dass eine Anreicherung von menschengemachten Treibhausgasen in der Atmosphäre einen Klimawandel auslöst, dass also Fliegen und Autofahren irgendwann und tausende Kilometer entfernt von den eigentlichen Verursachern zu Hitzewellen, Überschwemmungen und Wirbelstürmen führen können. Diese Zusammenhänge sind hochgradig abstrakt und die Notwendigkeit zu handeln ist noch schwerer zu vermitteln.

Da liegt der große Unterschied zwischen den Krisen: Covid-19 ist unmittelbar bedrohlich und kann im schlimmsten Fall in kurzer Zeit töten. Die menschengemachte Erwärmung schleicht sich heran. Akutes Fehlverhalten hat keine unmittelbare Wirkung, sondern diffuse Folgen. Sie ist auf längere Sicht aber nicht weniger gefährlich.

Immerhin hat die Corona-Krise deutlich gemacht, dass wir auf die Wissenschaft angewiesen sind. Wissenschaft kann keine Politik ersetzen, aber sie kann den Stand des Wissens wiedergeben und neue Erkenntnisse schaffen. Die Naturwissenschaften können erklären, wie ein Virus oder der Klimawandel in die Welt gekommen sind und was man dagegen tun kann. Die Sozialwissenschaften müssen sagen, wie aus dem Wissen ein Handeln werden kann. Die Politik muss dann entscheiden und konkrete Maßnahmen erlassen. Das wäre die ideale Arbeitsteilung.

Wir brauchen die Expertise von Virologen, die den Ursprung von Covid-19 ermitteln, von Statistikern, die eine Ausbreitung modellieren, von Molekularbiologen, die herausfinden, wie sich ein Impfstoff entwickeln lässt, von Pharmakologen, die nach Medikamenten fahnden, und von Medizinern, die Therapien entwickeln. Wir brauchen die Analyse von Wirtschaftswissenschaftlern, die ermitteln, dass ein schneller, harter Lockdown auch bei einer zweiten Covid-19-Welle trotz wirtschaftlicher Bedenken geringere Kosten verursacht als weniger einschneidende Maßnahmen.[47]

Was wir nicht brauchen können, sind Ideologen, die sich eine Welt jenseits von Fakten und Wissenschaft zusammenbasteln. Der größte Teil der Öffentlichkeit hat das begriffen. Ein guter Teil der Politik ebenfalls und dieser hat sich bei seinen Entscheidungen von der Wissenschaft leiten lassen. Man könnte fast sagen, das allgemeine Interesse an exponentiell steigenden Kurven ist mit Sars-CoV-2 exponentiell gestiegen.

Und dabei macht die Wissenschaft sich und uns nichts vor: Ihre Erkenntnisse, gerade wenn sich die Ereignisse wie in der Corona-Krise überstürzen, haben stets nur vorläufigen Charakter. Jede neue Erkenntnis kann zu einer neuen Einschätzung der Lage führen, kann altes Wissen widerlegen. Aber die Summe der Erkenntnisse kommt am Ende der Wahrheit ziemlich nahe. Auch das musste die Öffentlichkeit lernen. »Hört auf die Wissenschaftler«, hatte schon Greta Thunberg im September 2019 bei einer Anhörung vor dem amerikanischen Kongress gesagt.[48]

Rücksicht, Verzicht und Solidarität

Dummerweise hat sich auch gezeigt, dass sich eine Pandemie nur durch ein globales, kollektiv verändertes Verhalten kontrollieren lässt. Das ist aber nicht in Sicht. Fast überall kam es nach der ersten zu einer zweiten und dritten Infektionswelle, weil der Lerneffekt im Umgang mit dem Virus nur von kurzer Dauer war. Die Menschen waren die Einschränkungen leid, sie sehnten sich nach persönlichen Kontakten, sie wurden nachlässig, leichtsinnig, *gerade weil* der erste Lockdown ein Erfolg war und die Infektionszahlen gesunken waren. Manche organisierten gleich noch einen Aufstand gegen Hygienemaßnahmen, zogen mit Aluhüten durch die Stadt und verbreiteten Verschwörungstheorien, nach denen es Sars-CoV-2 entweder gar nicht gibt oder es über das neue Mobilfunknetz 5G verbreitet wird. Wenige Unvernünftige reichten aus, um die Erfolge von vielen Vernünftigen wieder zunichtezumachen.

Weil sich Sars-CoV-2 nicht durch Vernunft erledigen ließ, konzentrierten sich alle Hoffnungen auf einen Impfstoff, der für eine ausreichende Widerstandsfähigkeit in der Bevölkerung, für eine Herdenimmunität sorgt. Die Menschen hofften damit auf eine aufwendige, technische Lösung, weil sie zu einer einfachen Verhaltens-Lösung nicht in der Lage waren. Sollten uns doch die Experten aus dem Schlamassel befreien.

Insofern ist die Corona-Krise der Lackmustest für den Umgang mit anderen globalen Herausforderungen wie der menschengemachten Erderwärmung, denn es gibt viele Parallelen. Der Potsdamer Klimaforscher Hans Joachim Schellnhuber spricht von zwei Anthropozän-Dramen mit verblüffenden Ähnlichkeiten[49]: Wie die Pandemie betrifft die Erderwärmung die ganze Welt. Niemand kann sich restlos vor ihren Folgen schützen. Die Armen leiden mehr als die Reichen. Covid-19 und Klimawandel waren jeweils mit hoher wissenschaftlicher Sicherheit vorhergesagt. Beide Krisen hätten sich präventiv verhindern lassen. Aber Vorsorge steht nun mal nicht weit vorne auf der Prioritätenliste der Menschen.

Auch den Klimawandel könnten wir eindämmen, wenn wir Rücksicht, Verzicht und Solidarität walten ließen, und zwar rechtzeitig. Doch auch davon kann keine Rede sein. Vielmehr hoffen wir auch hier auf eine technische Lösung, ohne dass wir unser Verhalten grundsätzlich ändern müssen, auf E-Autos, die uns emissionsfrei durch die Lande fahren, auf eine Energiewende, die das Ende der menschengemachten Treibhausgase bedeutet, auf sichere Kernkraftwerke, die kein CO_2 ausstoßen, auf grünes Wachstum, das die Umwelt rettet und uns alle reich macht.

Ob die Pandemie unser Verhalten in Sachen Klimaschutz nachhaltig verändert, bleibt kritisch abzuwarten. Natürlich hat sie sich akut auf die Emissionen ausgewirkt: So ging der Ausstoß von Kohlendioxid 2020 weltweit um geschätzte sieben Prozent gegenüber dem Vorjahr zurück.[50] Keine Wirtschaftskrise und auch nicht der Zweite Weltkrieg hatten je einen solchen Effekt.[51] Aber dahinter stand kein Klimaschutzplan, sondern ein unsichtbarer Erreger. Zudem stieg überall auf der Welt der CO_2-Ausstoß wieder, nachdem die Lockdown-Maßnahmen aufgehoben wurden. China, das Ursprungsland der Pandemie, in dem es schon im Frühjahr 2020 kaum noch Neuinfektionen gab, war bereits im Mai wieder bei Emissionen über denen des Vorjahres angelangt.[52]

Auch anderenorts fanden die Menschen Mittel und Wege, die ungewollt abgesenkten Emissionen an anderer Stelle wieder steigen zu lassen: So nahm zum Höhepunkt des ersten Lockdowns in Deutschland das Streaming von Filmen und das Cloud-Gaming von Videospielen um 30 Prozent zu und damit der enorme Stromverbrauch der Serverfarmen und Datenzentren. Die Geschäfte blieben in vielen Ländern der Welt zwar eine Weile geschlossen, aber der Onlinehändler Amazon verbuchte im zweiten Quartal 2020 weltweit einen Umsatzsprung von 40 Prozent.[53] Auch deshalb kam es zu einer »Pandemie des Plastikmülls«, wie der britische *Economist* schrieb, ausgelöst durch Lieferdienste, Einweg-Essgeschirr oder weggeworfene Gesichtsmasken. Athen vermeldete einen 150-prozentigen Anstieg von Plastikmüll in der Kanalisation.[54]

Offenbar hatte der Lockdown auch den Wunsch nach kraftvoller Mobilität wachsen lassen. Die Deutschen beispielsweise erwarben in der ersten Jahreshälfte 2020 um 7 PS stärkere Autos als im Jahr davor, mit einer durchschnittlichen Motorleistung von 166 PS.[55] Dabei war 2019 bereits die Rekordzahl von 1 127 611 Fahrzeugen zugelassen worden, die auf den Namen *Sport Utility Vehicle* (SUV) oder »Stadtgeländewagen« hören, obwohl deren Eigner damit oft nur zum nächsten Kindergarten und zur Arbeit ins Büro fahren oder die Radwege vor Shisha-Bars zuparken. Das war fast ein Drittel aller neu zugelassenen PKW.[56] Covid-19 konnte den Trend zum Stadtpanzer nicht brechen: Mitten in der Corona-Krise brachten auch Edelmarken wie Bentley, Aston Martin oder Lamborghini neue SUV-Modelle auf den Markt, mit Leistungen von 550 PS und Preisen von 200 000 Euro aufwärts.[57]

Die Internationale Energieagentur (IEA) erwartet denn auch für 2021 bei den CO_2-Emissionen eine Rückkehr auf den alten Wachstumspfad, es sei denn, die Länder würden sich auf »schnelle Änderungen in ihrer Energiepolitik« einlassen.[58] Denn um das hoch ambitionierte Ziel des Pariser Klimaabkommens zu erreichen, die Erderwärmung auf 1,5 Grad zu beschränken, müssten sich die Emissionen in einem Umfang verringern, wie es 2020 geschehen ist. Und zwar Jahr für Jahr.[59]

Was gelernt?

Selbst wenn Corona eine Trendwende im Verhältnis Mensch – Natur gebracht hat, geschehen müsste deutlich mehr: Wir müssten zunächst anerkennen, dass wir in einer Welt leben, in der die lebenswichtigen Systeme unter enormem Stress stehen. Bevölkerungswachstum, Klimawandel, Artenschwund, Ozeanverschmutzung oder neue Krankheitserreger kollidieren mit alten Problemen wie Ungleichheit, Armut, Dürren und Hunger. Diese Phänomene treten zunehmend in Wechselwirkung miteinander und neigen dazu, sich gegenseitig zu verstärken.

In dieser hochkomplexen, weltumspannenden, multidimensionalen Krise dürfen wir uns nicht national abkapseln, sondern müssen international abgestimmt und solidarisch handeln. Wir müssen auf die Erkenntnisse der Wissenschaft vertrauen und in politischen Verhandlungen versuchen, Wege aus der Krise zu finden. Erst dann haben wir aus der anhaltenden Pandemie die richtigen Lehren gezogen.

»Die Gefahr ist groß. Die Zeit ist knapp. Wir sind nicht vorbereitet«, heißt es in dem Buch »The Stockholm Syndrome«. »Aber wir können das ändern.«

KAPITEL 3

Fähig – aber zu dumm

Warum die Menschen so erfolgreich sind

An dieser Stelle sollten wir zunächst einmal etwas Demut an den Tag legen: Wir Menschen haben uns zwar die Erde in weiten Teilen untertan gemacht, wir leben mancherorts in Saus und Braus und haben dabei einen gewissen Zynismus erworben, der es uns ermöglicht, wenig über das Los jener nachzudenken, die gar nicht wissen, was Saus und Braus ist. Aber dennoch sind wir ganz ordinäre Lebewesen. Ein Produkt der Evolution, wie Millionen andere Organismen. Wie diese nutzen wir unsere biologisch ererbte Information, um mindestens so lange zu leben, bis wir uns vermehren können.

Dass wir uns fortpflanzen und dabei stets eine leicht veränderte Erbinformation an die nächste Generation weitergeben, ist das einzige »Interesse« der Evolution. Das ist kein Interesse im eigentlichen Sinn, denn die Evolution ist weder ein Wesen noch Gott, sondern ein Mechanismus, der lediglich sein naturgesetzliches Programm abspult. Evolution hat kein Ziel.

Alle Tier- und Pflanzenarten beuten kraft ihrer Erbinformation brauchbare Teile ihrer Umwelt aus und besiedeln verfügbare Lebensräume so gut sie können. Jeder Baum versucht im Laufe seines Lebens, Abermillionen seiner Samen zum Keimen zu bringen, und breitet sich aus, wo immer das möglich ist. Jeder Fisch setzt beim Laichen abertausende Eier in die Welt, um die nachfolgende Generation so stark wie möglich zu machen. Jede Art ist expansiv.

Natur bedeutet nicht Harmonie, wie Romantiker bei einem Blick auf die sanfte Landschaft im Frühlingsrausch vermuten könnten. Natur ist Kampf um Ressourcen ohne Rücksicht auf Verluste. Natur ist ein Egoismus der Arten. Allein, weil dem Egoismus der einen Art der Egoismus von tausenden anderen Arten gegenübersteht, funktioniert Natur als eine Art Gleichgewicht, das uns Harmonie vorgaukelt: Die Biene lebt von dem Zucker der Blüten, die Pflanze kann sich vermehren, weil die Biene ihren Pollen verbreitet, das Reh frisst die Pflanze, seine Exkremente bieten Würmern und Bakterien Lebensraum, die Kleinlebewesen bereiten den Boden für die Pflanzenwelt und so weiter. Aber irgendwann kommt der Wolf und frisst das Reh.

Heute ist es allerdings wahrscheinlicher, dass sich der *Homo sapiens* in Form eines Autofahrers oder eines Jägers mit Gewehr und Zielfernrohr das Reh holt. Denn anders als unsere Mitlebewesen verfügen wir nicht nur über biologische Information, die in den Genen überliefert wird, sondern auch über Wissen und Techniken, die Menschen über Generationen angehäuft, weitererzählt, aufgeschrieben und mittlerweile über das Internet weltumspannend verbreitet haben. Mit diesem Wissen können wir der Umwelt Energie und Materie ungleich effizienter entziehen als unsere Mitgeschöpfe. In diesem Sinne haben wir uns von dem Rest der Arten, ja von der biologischen Evolution emanzipiert. An dieser Stelle endet gewöhnlich die Demut vor der Natur. Mit der sind wir ohnehin nur bedingt ausgestattet, was sich schon daran zeigt, dass wir uns als Spezies den Namen »weiser Mensch« ausgesucht haben.

Wir sind ein typischer Fall von Überausbeutern. Das sind Arten, die sich mehr aus ihrer Umwelt nehmen, als dieser guttut, und die mit ihrem Lebenswandel die Grundlage ihres Wohlergehens gefährden. »Alle Lebewesen werden von den Ökosystemen reguliert«, sagt die amerikanische Anthropologin Nina Jablonski: »Aber *Homo sapiens* ist die am wenigsten regulierte Art. Wir haben keine Prädatoren*, außer uns selbst.«[1]

Doch Vorsicht: Wir stehen nicht über der Evolution oder über der Natur, sondern sind immer noch ein Teil von ihr. Zwar brauchen wir keine Angst mehr vor Säbelzahntiger, Hyäne und Elefant zu haben, weil sich unsere Lebensräume kaum noch überschneiden, aber es gibt andere Arten, die zwar deutlich kleiner und weniger intelligent sind als unsere Urzeit-Konkurrenten, aber unsere Leben bedrohen können. Vor allem sind sie evolutionär wesentlich erfolgreicher. Sars-CoV-2 ist ein gutes Beispiel dafür. Viren, Bakterien und Pilze, Parasiten wie Zecken, Flöhe oder Bandwürmer sind Säugetieren wie dem Menschen weit überlegen, weil sie sich mit einem Generationswechsel von Stunden oder Tagen viel besser an wandelnde Umweltbedingungen anpassen können. Ein Mensch braucht im Schnitt etwa 25 Jahre, um sich zu reproduzieren.[2]

Die Ohnmacht gegenüber diesen Widersachern mag überraschend klingen. Schließlich haben wir in der Vergangenheit enorme Erfolge gegen die Welt der mikroskopisch kleinen Erreger gefeiert. Wir haben Antibiotika gegen unliebsame Bakterien erfunden, Medikamente, um die Malaria zu bekämpfen. Wir haben die Pocken mit einem Impfstoff erledigt, könnten das Gleiche mit den Masern und anderen Infektionskrankheiten tun,

---

* Prädator leitet sich aus dem Lateinischen *praedatio* ab und bedeutet soviel wie Räuber, Fressfeind oder Beutegreifer.

wenn sich alle Menschen impfen lassen würden. Kinderlähmung, Tetanus und Hirnhautentzündung bei Säuglingen und Kleinkindern sind mit Vakzinen stark zurückgedrängt. Selbst gegen das HI-Virus, das die heimtückische Immunschwäche AIDS auslöst und das sich bislang gegen jeden Impfstoff wehrt, gibt es Pillen, die Infizierte einigermaßen unbeschwert weiterleben lassen. Kein anderes biologisches Wesen, kein Affe, keine Maus und keine Kartoffelpflanze, ist in der Lage, so etwas zu erfinden.

Unterschiede im Zentralorgan

Wir Menschen konnten das, weil uns im Laufe der Evolution ein Gehirn erwachsen ist, das einzigartig in der Biologie ist. Es ist mit durchschnittlich etwa 1200 Kubikzentimetern größer als das der meisten anderen Tiere, vor allem relativ zum Körpergewicht. Ein Pottwal kommt zwar auf fast 10 000, ein Elefant auf über 5000 Kubikzentimeter Gehirn, aber diese Säuger schleppen auch bis zu 65 respektive 6 Tonnen Körpermasse mit sich herum, die vom Nervensystem gesteuert werden müssen. Pferde, denen der Volksmund zuschreibt, sie müssten eigentlich besser denken können als Menschen, verfügen nur über 400 bis 700 Kubikzentimeter Denkapparat. Sie haben lediglich einen größeren Kopf als wir.

Aber auch das relative Gehirnvolumen beziehungsweise -gewicht ist kein wirklich gutes Maß für Intelligenz. Beim Menschen macht das Zentralorgan etwa zwei Prozent des Gesamtgewichts aus, bei der Spitzmaus zehn Prozent. Es ist aber nicht verbürgt, dass diese kleinen Nager große kognitive Leistungen hervorbringen. Umgekehrt ist eine Honigbiene mit nur einem Milligramm Hirnmasse in der Lage, zu zählen, Regeln zu erkennen, Formen zu unterscheiden, sich Farben und Gerüche zu merken. Sie kann ohne Google Maps bis zu zehn Kilometer zwischen Stock und Futterquelle quer durch Wald und Flur navigieren und ihren Kolleginnen einen neu entdeckten Futterort mit ihrer symbolischen Tanzsprache »weitererzählen«.[3]

Auch innerhalb einer Art hat die Hirngröße kaum einen nachweisbaren Effekt auf die Intelligenz beziehungsweise den Intelligenzquotienten. Ansonsten müssten Männer mit einem durchschnittlichen Hirnvolumen von 1270 Kubikzentimetern intelligenter sein als Frauen mit 1130 Kubikzentimetern. Doch für diesen Männervorsprung liegen keine Belege vor. Insgesamt können die geschlechterübergreifenden Volumina beim *Homo sapiens* zwischen 1000 und 2000 Kubikzentimeter variieren. Wie so oft kommt es auch hier weniger auf die Größe an als auf die inneren Werte.

Interessanterweise hatte der Cro-Magnon-Mensch, jener *Homo sapiens*, der während der letzten Eiszeit vor 40 000 bis 12 000 Jahren in Europa lebte, ein größeres Gehirn als wir, vermutlich, weil er insgesamt größer und robuster war. Ob er intelligenter war als moderne Menschen, lässt sich nicht sagen, aber immerhin war er gewieft genug, um den noch kräftigeren Neandertaler zu verdrängen, der eine ähnliche Hirngröße hatte wie wir heutigen Menschen.[4]

Wichtiger als die absolute und relative Hirngröße ist die Zahl der Neuronen, also der Nervenzellen und deren Verknüpfung über Synapsen. Der Mensch hat an die 100 Milliarden Neuronen, von denen der Großteil im Gehirn sitzt und der Rest sich über das gesamte zentrale Nervensystem erstreckt, um die Kommunikation zwischen Gehirn und den Organen zu organisieren. Die wichtigsten Nervenzellen sitzen in der Großhirnrinde, dem Zentrum der höheren kognitiven Fähigkeiten. Von diesen Zellen hat der Mensch zwei- bis dreimal so viele wie sein nächster Verwandter, der Schimpanse.

An den Synapsen, den Verbindungsstellen zwischen den Neuronen, werden Signale über Botenstoffe, sogenannte Neurotransmitter, übertragen. Dieser Prozess, bei dem die verschiedensten Biomoleküle mitwirken, ist hochkomplex und wird fortlaufend weiter erforscht. Er regelt letztlich unser Denken, Fühlen und Handeln.[5]

Wie aber konnte sich das menschliche Gehirnvolumen in den letzten vier Millionen Jahren verdreifachen und sich in seiner inneren Struktur so verändern, um dem Menschen eine herausragende Intelligenz zu bescheren und einzigartige Leistungen hervorzubringen? Die Kapazitätsausweitung erscheint aus heutiger Sicht von Vorteil, aber sie ist kein trivialer evolutionärer Vorgang, denn das menschliche Gehirn gilt als kostspieligstes Organ im Tierreich: Es aufzubauen und energetisch zu unterhalten, ist extrem aufwendig. Die meisten Tiere sind besser beraten, wenn sie ihre verfügbare Energie in Muskeln oder große Mägen investieren. Selbst die Saurier, die 100 Millionen Jahre lang die Erde dominierten, zeigen im Laufe ihrer Evolution so gut wie kein Hirnwachstum.[6] Der Mensch hingegen setzt voll auf das Denkorgan: Ein erwachsenes Gehirn verbraucht bei zwei Prozent des Körpergewichts rund 25 Prozent der Körperenergie.[7] Denken ist nun mal extrem anstrengend.

Was aufrecht gehen mit Denken zu tun hat

Die Entstehung des menschlichen Gehirns zu rekonstruieren, ist eine Puzzlearbeit für Paläoanthropologen, Mediziner, Psychologen, Hirnforscher, Geologen, Molekularbiologen und andere Experten. Sie sitzen einerseits über den spärlichen fossilen Überresten unserer Vorfahren und versuchen ihnen mit kriminalistischem Spürsinn Informationen zu entlocken. Andererseits fahnden sie in unserer heutigen Erbsubstanz nach Hinweisen, wann sich wo welche genetischen Veränderungen ergeben haben.

Sicher ist, dass sich der aufrechte Gang des Menschen vor dem Gehirnwildwuchs entwickelt hat, ja eine Voraussetzung dafür war. Unsere kognitive Evolution begann eher in den Beinen und Hüften als im Kopf. Irgendwann vor sieben bis acht Millionen Jahren spalteten sich Wesen, die man unsere Vorfahren nennen kann und denen die Wissenschaft den Namen *Australopithecus* (südlicher Affe) gegeben hat, von jenen Wesen ab, aus denen die heutigen Schimpansen wurden, und bewegten sich fortan überwiegend auf zwei Beinen fort. Ob ihnen das Vorteile gegenüber den anderen Menschenaffen gebracht hat, ist schwer zu sagen, jedenfalls wurden sie nicht dominant.

Interessant wird es erst ein paar Millionen Jahre später mit der Art *Australopithecus afarensis*. Dieser Vormensch ist vor allem durch das zu 40 Prozent erhaltene Skelett von »Lucy« bekannt, das 1974 in der äthiopischen Hitzeregion des Afar-Dreiecks entdeckt worden ist. Lucy schritt vor 3,2 Millionen Jahren aufrecht durch die Welt. Anthropologen können das eindeutig an ihrem Knochenbau ablesen. Sie war eine Frau von etwa 25 Jahren, kaum größer als einen Meter, die vermutlich durch einen Sturz von einem Baum zu Tode kam. Ihr Körper wurde rasch vom Schlamm eines Flusses bedeckt und konnte unter diesen Bedingungen perfekt versteinern. Glück für die beiden amerikanischen Paläoanthropologen Tom Gray und Donald Johanson, die nach einem langen Arbeitstag in der Wüste fast durch Zufall auf einen menschlichen Vorderarmknochen stießen und gleich danach noch Schädelteile, Fragmente von Unterkiefer, Becken, Rippen und Oberschenkel fanden.[8]

Australopithecus afarensis war durchaus noch ein Baumbewohner, aber gleichzeitig schon ein guter Läufer. Schimpansen können zwar zeitweilig auf zwei Beinen stehen und laufen, aber sie müssen dabei aufgrund ihres Körperbaus Hüfte und Knie beugen, was ziemlich ermüdend ist. Deshalb bewegen sie sich lieber kletternd auf Bäumen fort.[9] Ohnehin war die Entwicklung hin zur Zweibeinigkeit eine zwiespältige Neuerung, weshalb sie auch die anderen noch lebenden Menschenaffen nie nachvollzogen haben. Sie sind auf vier Beinen beweglicher unterwegs als Menschen auf zwei Beinen und sie kommen in Bäumen leicht an nahrhafte Früchte und Nüsse, die ein Zweibeiner nicht erreicht.[10]

Wie gut *Australopithecus afarensis* zu Fuß war, zeigt sich auch an versteinerten Fußspuren, die das Team der britisch-kenianischen Archäologin Mary Leakey 1978 in Laetoli, unweit des Serengeti-Nationalparks in Tansania, entdeckt hatte. Die Wissenschaftler waren zunächst auf Spuren im Stein gestoßen, die wie frische Einschläge von Regentropfen aussahen. Dann fanden sie Abdrücke von allen möglichen Tieren, von Nashörnern, Elefanten, Giraffen, Antilopen, Gazellen, Perlhühnern und Hasen.

Die Spuren ließen sich auf ein Alter von 3,6 Millionen Jahren datieren. Sie stammten aus einer Zeit, als der nahe gelegene, fast 2900 Meter hohe und heute erloschene Vulkan Sadiman mehrfach hintereinander ausbrach, Asche über die Ebene von Laetoli spie, auf die dann zu Beginn der Regenzeit der erste Niederschlag fiel, gerade so viel, dass sich die Asche mit Wasser vollsaugen konnte. Über diese Masse lief die halbe Arche Noah, bevor die Sonne sie zu einer zementfesten Schicht buk. Später gingen eine nächste Ladung Vulkanasche und der nächste Regenschauer nieder. Das Ganze wiederholte sich, inklusive des Durchmarschs der

Tiere, ein paar Mal, wie die Forscher herausfanden, als sie über Jahre Schicht für Schicht freilegten. Im Schatten des Vulkans spielte sich das pralle Leben ab.

Zwei Jahre nachdem die ersten Tierspuren gefunden waren, entdeckte der amerikanische Geochemiker Paul Abell unerwartete Fußabdrücke. Deutlich waren Ferse, Zehen und eine Fußwölbung zu erkennen. Hier war kein Affe gelaufen, denn es fehlte der für diese Tiere typische abgespreizte große Zeh. Es musste die Spur eines Vormenschen sein und der war nicht allein. Eine zweite Spur folgte im Abstand von 25 Zentimetern und vermutlich setzte noch ein drittes Individuum, offensichtlich ein Kind, seine kleinen Stapfen genau in die Abdrücke der ersten Spur, die über 27 Meter erhalten war. Schnurgerade waren hier drei Zweifüßler im familiären Verbund in dem typischen aufrechten, frei ausschreitenden Gang heutiger Menschen von Süden nach Norden gelaufen.[11]

»An einem Punkt«, erinnerte sich die 1996 verstorbene Forschungsleiterin Mary Leakey, die berühmteste Archäologin ihrer Zeit, »und um das zu erkennen, muss man nicht einmal eine Expertin im Spurenlesen sein, hat eine der Personen kurz gezögert, hat nach links, vielleicht nach einer Gefahr geschaut, bevor sie nach Norden weiterging. Vor 3,6 Millionen Jahren lief hier einer unserer Vorfahren und zeigte dieses typische menschliche Verhalten des Zögerns.«[12]

Die Fußabdrücke ließen sich nach langen Untersuchungen eindeutig der Lucy-Art *Australopithecus afarensis* zuordnen, unter anderem, weil die Forscher in der Gegend auch versteinerte *Afarensis*-Knochenreste aus der gleichen Epoche fanden. Offenbar waren damals nicht nur im heutigen Äthiopien, sondern auch im 2000 Kilometer entfernten heutigen Tansania Vormenschen unterwegs, deren Gehirne mit rund 560 Kubikzentimetern etwa

20 Prozent größer als das eines Schimpansen waren. Und auch größer als das des noch älteren Vormenschen *Australopithecus africanus*, der noch mit durchschnittlich 440 Kubikzentimetern auskommen musste. Auf dem Weg zur Menschwerdung war bereits ein deutliches Anschwellen der kognitiven Masse zu erkennen, auch wenn Lucys Gehirn von der Struktur her noch recht affenähnlich war.[13]

Die Metamorphose des frühmenschlichen Denkapparates hatte einen entscheidenden Einfluss auf Schwangerschaft, Geburt und das Heranreifen von Babys. Bei Schimpansen ist der Kopf eines Neugeborenen klein genug, um ohne Probleme durch den Geburtskanal der Mutter ins Leben zu rutschen. Schimpansenbabys sind zudem schon relativ »fertig«, wenn sie zur Welt kommen. Ihr Gehirn ist vergleichsweise weit ausgereift, sie sind vergleichsweise schnell in der Lage, sich selbstständig zu bewegen, Gefahren zu entkommen und nach Nahrung zu suchen, auch wenn sie noch lange den direkten Kontakt zur Mutter suchen.

Aber je größer der Kopf des Vormenschen wurde, desto problematischer wurde seine Geburt, denn er musste durch ein Becken hindurch geboren werden, das schon an den aufrechten Gang angepasst war und sich anatomisch entsprechend verändert hatte. Der *Homo sapiens*-Vorläufer *Homo erectus*, der vor etwa 1,8 Millionen Jahren aus dem *Australopithecus afarensis* hervorgegangen war, hatte als Erwachsener bereits 900 und mehr Kubikzentimeter im Kopf. Der Geburtskanal der *Erectus*-Frauen hatte damals aber gerade mal Platz für vielleicht 300 Kubikzentimeter. Im Zuge der Entwicklung Richtung *Homo sapiens* ist das menschliche Hirn noch einmal auf etwa 1300 Kubikzentimeter angewachsen. Irgendwann passten anschwellender Kopf und weitgehend unveränderter Geburtskanal nicht mehr zusammen.

Der einzige Ausweg: Die Neugeborenen unserer Vorfahren

mussten im Laufe der Evolution in einem immer unfertigeren Zustand zur Welt kommen, mit einem kleinen und unreifen Kopf beziehungsweise Gehirn. Umgekehrt ausgedrückt: Die Frauen mussten eine immer weiter vorgezogene Frühgeburt erleben. Babys, die später zur Welt hätten kommen wollen, hätten aufgrund ihres größeren Kopfes nicht überlebt, ihre Mütter ebenso wenig. Um ein lebenstüchtiges Kind mit ausgereiftem Gehirn zur Welt zu bringen, müsste eine Schwangerschaft beim heutigen Menschen 21 Monate dauern, hat Richard Leakey aus der zweiten Generation der kenianischen Paläoanthropologen-Dynastie einmal geschrieben. Für ein solches Riesenbaby aber müsste das weibliche Becken so breit ausgelegt sein, dass eine Frau gar nicht mehr aufrecht gehen könnte.

Die Zu-früh-Geburt hat schon beim *Australopithecus afarensis* und erst recht beim *Homo erectus* dazu geführt, dass ein Baby nach seiner Geburt zunächst in einem hilflosen postfötalen Zustand lebte und nicht in der Lage war, allein klarzukommen. Noch weniger war das später beim *Homo sapiens* der Fall. Menschliche Babys brauchen nach ihrer Geburt einen schützenden und sorgenden »sozialen Uterus« außerhalb des mütterlichen Körpers und können erst dann einen großen Teil ihrer Hirnreifung erledigen. Während dieser Phase der Schwangerschaft außerhalb des mütterlichen Körpers wächst das Volumen des menschlichen Gehirns auf das Dreifache.[14]

Die menschliche Zu-früh-Geburt – Neotenie nennen die Wissenschaftler die unvollkommene Entwicklung menschlicher Föten – barg langfristig gesehen einen entscheidenden Vorteil: Die Hilflosigkeit der Neugeborenen zwang die Vor- und Frühmenschen, sie für eine ziemlich lange Zeit intensiv zu versorgen. Das bedeutete einerseits viel Aufwand für die Eltern und eine Arbeitsteilung zwischen Mutter und Vater oder in der Sippe. Andererseits hatte es soziale Bindungen zur Folge, die ein Leben lang hielten. Solch ein Sozialverhalten erforderte Kooperation, Kommunikation und Planung, was der Entstehung von Sprache auf die Sprünge half. Gleichzeitig wurde das Leben in Gruppen komplexer und stellte die Frühmenschen vor besondere Aufgaben, die sich ohne ein leistungsfähiges Gehirn kaum lösen ließen.

Das Gehirn der Frühmenschenkinder entwickelte sich über die Jahrhunderttausende zwar immer langsamer, aber in gewisser Weise gründlicher, denn die Zeit nach der Geburt bedeutete eine ausgedehnte Phase des kulturellen und sozialen Lernens, bevor die Gehirnentwicklung abgeschlossen war. Das emotionale und soziale Umfeld wurde immer wichtiger für die Entwicklung der Kleinen.

Wer in diesem Sinne seine Kinder erfolgreich aufziehen konnte, hatte eine größere Chance, sein Erbmaterial an die nächste Generation weiterzugeben. Die Gehirnkapazität wurde zu einem Selektionskriterium auf dem Weg zur Menschwerdung. Und wer mehr davon hatte, konnte sich besser in Gruppen organisieren, sich gemeinsam verteidigen oder zur Jagd gehen, energiereichere Nahrung erschließen und Beute teilen. Und konnte den Zugewinn an Wissen an die Nachfolgegenerationen weitergeben.

Dies waren wesentliche Schritte von der rein biologischen hin zur kulturellen Evolution. Der entscheidende Schritt zu den Menschen, wie wir sie heute kennen, war also weniger der aufrechte Gang als vielmehr die Hilflosigkeit der Neugeborenen. Sie war die Folge eines immer größer werdenden Gehirns, das wiederum immer frühere Geburtstermine zur Folge hatte. Eine Verkettung von sich selbst verstärkenden Entwicklungsschritten hat das Soziale im Menschen gefördert, weshalb er sich immer erfolgreicher entwickeln und vermehren konnte.[15]

Cleverness ist keine Intelligenz

Evolution ist kein Selbstläufer. Wenn die Nachteile dieser Entwicklung überwogen hätten, wäre sie ins Leere gelaufen. So schwierig es war, die Balance zu finden zwischen den Vorteilen eines großen Gehirns und den Nachteilen von immer unfertigeren Babys, so nützlich war auf lange Sicht das leistungsfähige Gehirn und die zunehmende Intelligenz.

Intelligenz ist das, was Menschen wirklich einzigartig macht. Auch manche Tiere zeigen Anzeichen von Intelligenz, manche Forstleute behaupten sogar, das gelte auch für Bäume. Aber Tiere spulen in der Regel ein angeborenes, instinktives Programm ab. Entweder ist ihnen ihr Verhalten genetisch vorgegeben oder sie kopieren es von erwachsenen Artgenossen. Doch sie entwickeln es nicht bewusst weiter, sie sind kaum in der Lage, eigenständig zu lernen.

Der Mensch hingegen steht immer wieder vor der Frage: »Was mache ich als Nächstes?«, getreu der wörtlichen Übersetzung von »intellegere« aus dem Lateinischen, was »wählen zwischen« bedeutet. Der große Schweizer Entwicklungspsychologe Jean Piaget hat einmal gesagt, Intelligenz sei das, was wir benutzen, wenn wir nicht wissen, was wir tun sollen.[16]

Zum menschlichen Schicksal gehört, dass wir uns permanent entscheiden müssen. Zum Beispiel, wenn wir vor dem Kühlschrank stehen, auf seine lückenhafte Bestückung starren, aber am Abend Gäste zum Essen eingeladen haben. Wir sind, je nach individueller Erfahrung, mehr oder weniger gut in der Lage, in wenigen Momenten eine Liste von Produkten zu benennen, die zusammen mit den Restvorräten im Kühlschrank ein ansehnliches Menü für sechs Personen ergeben, und können den anschließenden Einkauf im Supermarkt organisieren. Dafür brauchen wir Intelligenz. Ein Hund weiß vielleicht, wie die Dosen mit Hundefutter aussehen, aber er macht kein Menü daraus und weiß auch nicht, wie man sie einkauft. Im Vergleich zu Hunden sind wir mit Sicherheit intelligenter.

Mittlerweile ist der Mensch sogar ein Stück weiter und hat Kühlschränke erfunden, die ihm die Intelligenzleistung des Einkaufs abnehmen. Sie können eigenständig ein Menu kreieren und den notwendigen Resteinkauf online in Auftrag geben, der dann wie von Zauberhand angeliefert wird. Ob das Menü dadurch besser wird und ob das Delegieren von intelligenten Leistungen an Maschinen der Intelligenz des Menschen zuträglich ist, können wir nicht sagen, weil es noch nicht erforscht ist.

Komplexe Verhaltensmuster, wie staatenbildende Insekten wie Ameisen oder Bienen sie beherrschen, sind kein Zeichen von Intelligenz. Auch Zugvögel, die zweimal im Jahr 14 000 Kilometer weit fliegen und immer wieder genau dorthin zurückkehren, wo sie einmal aus dem Ei geschlüpft sind, haben keine Intelligenz, denn ihr Verhalten ist zu hundert Prozent angeboren. Sie müssen es nicht erlernen. Intelligenz zeigt sich erst bei Antworten auf neue, unerwartete Situationen und Aufgaben, auf die uns die Evolution *nicht* vorbereitet hat.

Zwar gibt es keine Definition von Intelligenz, und fragt man 20 Hirnforscher oder Psychologen danach, bekommt man 40 und mehr Antworten. Bei Intelligenz geht es weniger um Cleverness, denn die haben viele Tiere auch. Auch dem genialen Weltenbieger und ehemaligen Präsidenten der Vereinigten Staaten Donald Trump, der sich selbst als »stabiles Genie« bezeichnet, wird mitunter Intelligenz nachgesagt, weil er unerklärliche Erfolge vorweisen kann. Aber in Wirklichkeit legt er ein Verhalten an den Tag, das in der Frühzeit unserer Stammesgeschichte entstanden, überwiegend hormonell getrieben und einem Drang nach Geltungsbewusstsein, Macht und Anerkennung geschuldet ist. Das unterscheidet ihn wenig von Schimpansen oder Gorillas. Auch sie haben mit Cleverness Erfolg, realisieren aber nicht wirklich, was sie tun und welche Folgen das hat.

Intelligenz bedeutet vieles. Zum Beispiel Planungsfähigkeit, Reflexionsfähigkeit, Bewusstsein, sich die Zukunft vorstellen können, Entscheidungsfähigkeit, Abstraktionsfähigkeit, schlussendlich die Fähigkeit, viele Informationen gleichzeitig verarbeiten zu können und daraus im Sinne einer Problemlösung Schlüsse zu ziehen. Ob das immer die richtigen Schlüsse sind, ist erst einmal unbedeutend.[17]

Werkzeuge und Maschinen als Nebengehirn

Mit den Möglichkeiten der Intelligenz haben es Menschen seit Millionen von Jahren immer wieder geschafft, sich Vorteile gegenüber der Restnatur zu verschaffen, Grenzen der Tragfähigkeit zu überwinden und die des Wachstums zu sprengen. Eng mit der Entstehung eines leistungsfähigeren Hirns und von Intelligenz sind die Werkzeuge verbunden, mit denen der Mensch seine Fähigkeiten ausweitete. Die ersten grob behauenen Steine, die Paläoanthropologen gefunden haben, sind 3,3 Millionen Jahre alt.[18] Diese Faustkeile waren eine primitive Art von Messer oder Axt. Die langfristige Intelligenzleistung bestand weniger darin, diese Werkzeuge anzuwenden, als sie vielmehr immer weiter zu verfeinern, bis hin zu messerscharfen Speerspitzen, die sich nur durch sorgsam kontrollierte Abschläge in mehreren Schritten und in genauer Reihenfolge herstellen ließen.

Der Werdegang von Mensch und Werkzeug, später von Mensch und Maschine, ist ein Beispiel für eine symbiontische Koevolution. Symbionten sind Lebensgemeinschaften von zwei unterschiedlichen Arten, die für beide Seiten von Vorteil sind. Zwar sind Werkzeuge und Maschinen keine biologischen Arten, aber dennoch haben sie sich in Symbiose mit dem Menschen entwickelt. Denn beide sind ohne einander nicht denkbar: Weder wären wir ohne Werkzeuge und Maschinen das, was wir heute sind. Noch wäre ohne uns aus einem herumliegenden Stein ein Faustkeil geworden, der sich später irgendwann zu einem Quantencomputer weiterentwickelt hat.

Faustkeile variierten in allen erdenklichen Formen und Funktionen. Nur die nutzbarsten und an die jeweiligen Bedingungen am besten angepassten »überlebten« und konnten sich fortan weiterentwickeln – genau wie bei einer biologischen Evolution.[19] Mit scharfkantigen Steinwerkzeugen ausgerüstet, konnten unsere Vorfahren tote Tiere zerteilen, Fleisch vom Knochen schaben oder diese aufbrechen, um an das nahrhafte Mark zu kommen. Tierkadaver wurden zu einer energiereichen Nahrungsquelle, was eine Voraussetzung war, um das energiezehrende Gehirn zu versorgen. Forscher haben an versteinerten, bis zu 3,4 Millionen Jahre alten Tierknochen eindeutige Schnittspuren solcher Fressorgien gefunden.

Als der erste *Australopithecus africanus* oder *afarensis* irgendwo in Afrika einen Stein vom Boden aufnahm, um ihn als Werkzeug oder Waffe zu benutzen, war ihm ein Arm gewachsen, der stärker war als der seiner Zeitgenossen. Er hatte einen Überlebensvorteil. Das Gleiche gilt für jedes Werkzeug. Denn je schlauer der Mensch wurde, desto raffinierter wurden die weiter entwickelten Artefakte, die »Nachkommen« der ersten Steinkeile. Rad, Dampfmaschine, Telefon, Mähdrescher, Flugzeug, Staubsauger und Smartphone, all das sind Teile einer kulturellen Koevolution von Mensch und Werkzeug.

Auch hier hätten sich die Frühmenschen immer wieder in evolutionären Sackgassen verirren können und wären sang- und klanglos von der biologischen Bildfläche verschwunden. Doch aus irgendwelchen Gründen ging die Koevolution zwischen Mensch und Werkzeug immer weiter, in der Frühzeit extrem langsam, aber gegen Ende immer schneller. So sind schlussendlich die komplexesten und raffiniertesten Werkzeuge und Maschinen entstanden, bis hin zu elektronischen Rechenmaschinen, die als eine Art menschliches Nebenhirn mit ungleich höherer Leistungsfähigkeit dienen.

Wir haben die rein biologischen Möglichkeiten unserer Spezies extrem ausgeweitet, uns dabei aber abhängig gemacht. Kaum ein Mensch kann heute noch behaupten, er oder sie bezöge seine intellektuellen Fähigkeiten ausschließlich aus seinem eigenen Denkorgan. Ohne die Helfer aus Kunststoff, Metall und Silizium sähen die dominanten Primaten des 21. Jahrhunderts ziemlich hilflos aus.

Grenzen des Wachstums überwinden

Aber zurück in die menschliche Frühzeit, als die Menschen von dem lebten, was sie in der direkten Umwelt vorfanden: Sie waren über Jahrmillionen Jäger und Sammler. Doch wie bereits beschrieben, hätten sie sich so niemals auf ein fast Acht-Milliarden-Volk vermehren können. Dafür gab und gibt es schlicht und einfach nicht genug zum Jagen und Sammeln auf Erden. Diese Wirtschaftsform hätte bestenfalls ein Überleben von zehn Millionen Menschen ermöglicht. Die menschliche Population stieß immer wieder an die Grenze zur Überbevölkerung, an die Grenze der Tragfähigkeit und an die Grenze ihrer Fähigkeiten.

Erst mit der Erfindung von Ackerbau und Viehzucht vor etwa 12 000 Jahren ließen sich die Grenzen sprengen. Fand ein Mensch zuvor pro Tag im Schnitt 2000 bis 2500 Kilokalorien in seiner Umwelt, in Form von Nüssen, Früchten, Körnern und manchmal etwas Fleisch, so brachten die ersten Bauern 6000 bis 8000 Kilokalorien nach Hause, viel mehr, als sie selbst benötigten. Mit verbesserten Anbaumethoden konnten sie ihre Erträge im Laufe der Zeit weiter steigern, bis sie zehnmal mehr Menschen auf einer Flächeneinheit ernähren konnten als die Jäger und Sammler.[20]

Zwar hatten die Menschen schon 200 000 Jahre zuvor das Gehirn, mit dem ihre Nachfahren Kaffeemaschine, Laubbläser und Laptop erfunden haben. Aber sie hatten noch nicht genug Wissen angesammelt, auf dem sie hätten aufbauen können. Es gab keinen großen Austausch von Information und keine wissenschaftliche Methodik. Vor allem war die Zahl der klugen Köpfe, die sich gegenseitig hätten befruchten können, viel zu klein und sie lebten viel zu verstreut.

Mit der agrarischen Revolution und jedem weiteren Schritt zu einer intensiveren Wirtschaftsform konnten die Menschen die Tragfähigkeit ihrer Umwelt weiter ausreizen. Die höhere Bevölkerungsdichte in den frühen urbanen Siedlungen machte es möglich, Wissen zu teilen, eine wesentliche Grundlage für Wirtschaftswachstum. Mit Getreidespeichern ließen sich magere Jahre überbrücken, mit Handelswegen entlegene Reichtümer erschließen. Die Menschen begannen, Erze zu Metallen zu verhütten, aus denen Schwerter und Pflugscharen wurden. Anfangs gab es an Metallen nur Kupfer und Bronze, die ein Privileg der privilegierten Schichten blieben. Aber mit der Gewinnung von Eisen war plötzlich ein Metall für das Volk verfügbar. Allerdings erforderte die Verhüttung von Eisenerz massenweise Holzkohle und bald lagen die Wälder darnieder, die ohnehin schon für den

Haus- und Schiffbau geplündert waren. Ganze Kulturen brachen noch vor der Zeitenwende zusammen. Wieder waren die Menschen an die Grenzen des Wachstums gestoßen.

Und wieder setzten sie sich über sie hinweg. Jede neue Technologie ermöglichte Bevölkerungswachstum, jedes Bevölkerungswachstum erforderte neue Technologien. Jeder Schritt auf diesem Entwicklungsweg erzwang einen größeren Zugriff auf erneuerbare und nicht erneuerbare Ressourcen. Als die Holzkohle knapp wurde, fanden die Menschen Kohle im Erdreich, mit der sich ungleich mehr Energie erschließen ließ, und so weiter. Wohlstandsmehrung hieß, dem Erdreich Ressourcen gewinnbringend zu entreißen, mehr Ackerland unter den Pflug zu nehmen, mehr Bäume zu schlagen, mehr Wasser zu fördern. Dieser Prozess verlief über viele Jahre im Zeitlupentempo oder es gab sogar Rückschläge durch Kriege, Seuchen und Rohstoffknappheiten, bis im 18. Jahrhundert mit der industriellen Revolution eine regelrechte Explosion von Wirtschaft und Bevölkerung begann. Hintergrund dieser zweiten großen ökonomischen Revolution war die Erkenntnis, dass sich mit einem Kohlefeuer Wasser bis zum Sieden erhitzen ließ und sich dabei dessen Volumen in Form von Dampf auf ein Vielfaches vergrößerte. Mit diesem Druck wiederum ließ sich Bewegung erzeugen. Die Dampfmaschine war erfunden.

Interessanterweise war es eine ziemlich ineffiziente Maschine mit einem Wirkungsgrad von gerade mal 0,5 Prozent, die den Kohleabbau in tieferen Erdschichten überhaupt erst ermöglichte. Ein englischer Schmied namens Thomas Newcomen hatte sie 1712 erfunden, um das Grundwasser aus den Förderschächten abzupumpen. Ohne dieses Gerät wäre das Kohlezeitalter nicht entstanden und die industrielle Revolution hätte warten müssen. Erst 57 Jahre später konnte James Watt, der oft fälschlicherweise

als Erfinder der Dampfmaschine gilt, eine wesentlich wirkungs-
vollere Maschine zum Patent anmelden.

Der Beginn des Maschinenzeitalters löste einen historischen
Wachstumsschub aus, der die Gesellschaft, und in dieser vor allem die Oberschicht, reicher machte, aber auch den Armen ein
Auskommen sicherte. Damals kam vieles zusammen, was die
Welt veränderte: Fossile Energie ließ sich in kinetische Energie
umwandeln, mit der Traktoren, Lokomotiven oder Webmaschi-
nen angetrieben werden konnten. Mit Generatoren ließ sich Elektrizität erzeugen. Mit den technischen Möglichkeiten ergaben
sich immer bahnbrechendere Neuerungen, von Luftschiff und
Glühlampe über Telefon und Dynamit bis hin zu Kühlschrank
und elektrischer Straßenbahn. Hinzu kam, dass sich mit der Verbreitung von Banknoten aus Papier, die nur noch teilweise durch
Gold gedeckt sein mussten, die Geldmenge auf wundersame
Weise erhöhen ließ und die Industriellen mit geliehenem Geld
neue, große Investitionen schultern konnten.[21] Massenfertigung
und Fließbänder sowie die Möglichkeit, Skaleneffekte zu nutzen,
ließen die Produktivität jedes einzelnen Werktätigen sprunghaft
ansteigen. Die größere Bevölkerungsdichte erhöhte die Nachfrage. Im Sog der technischen Umbrüche verbesserten sich die
Kenntnisse um Heilkunst und Hygiene, was die Gesundheit und
damit die Schaffenskraft der Menschen verbesserte.

Die industrielle Revolution erhöhte die Macht der Menschen
über die Natur. Sie gab mehr von ihnen die Chance zu überleben und hatte ähnlich wie die agrarische Revolution eine Expansion der Weltbevölkerung zur Folge – nur viel stärker. Das
durchschnittliche Weltwirtschaftsprodukt pro Kopf und Jahr,
angepasst an die Kaufkraft von 1990, lag zur Zeitenwende bei geschätzten 467 US-Dollar. Die Menschen wurden im Schnitt über
Jahrhunderte kaum reicher. In der Renaissance im Jahr 1500 hat-

te das Pro-Kopf-Weltwirtschaftsprodukt vermutlich 566 Dollar erreicht und hat sich bis zum Beginn der Neuzeit praktisch nicht verändert: Dann zog zunächst die Bevölkerungszahl leicht an und die Wirtschaftskraft folgte etwas später in einer fast parallelen Linie. Seit dem 19. Jahrhundert schossen schließlich beide Kurven förmlich in die Höhe und 1900 war das jährliche Pro-Kopf-Weltwirtschaftsprodukt auf 1261 US-Dollar gestiegen.[22]

Mit den Erfindungen im Gefolge der industriellen Revolution war auch der 1766 geborene englische Pastor und Nationalökonom Thomas Malthus widerlegt, der seinen Mitmenschen in seinem ersten »Essay on the Principle of Population« zu erklären versucht hatte, warum die Menschheit nicht problemlos weiter expandieren könne: Weil die Zahl der Menschen nach exponentiellem Muster wachse (zwei Eltern, vier Kinder, acht Enkel und so weiter), die landwirtschaftlichen Erträge aber nur nach linearem Muster (eine Tonne Getreide, zwei Tonnen, drei Tonnen, vier Tonnen und so weiter), sei bald Schluss mit dem Wachstum. Hunger, Elend und Epidemien würden ihm ein Ende setzen. Ein Blick auf die Zustände im damaligen England direkt vor Malthus' Haustür schien dem Geistlichen recht zu geben: Die britischen Unterschichten lebten im Elend der Städte, hatten zu wenig Arbeit und kaum Einkommen, aber viele Kinder.[23]

Aber auch Malthus hatte seine Rechnung ohne den offensichtlich unbegrenzten Innovationsgeist der Menschen gemacht. Einige Jahre nach seinem Tod 1834, fand der deutsche Chemiker Gustav Liebig heraus, dass Nutzpflanzen mit Mineraldüngung viel bessere Erträge lieferten, und der Augustinermönch Gregor Mendel beschrieb die Vererbungsregeln, mit deren Hilfe sich später die Pflanzenzucht revolutionieren ließ. Diese Erfindungen machten es möglich, dass die Ernten schneller wuchsen, als die Zahl der Menschen zunahm.

Unliebsame Nebeneffekte des Wachstums waren erst einmal kein Thema. Im Gegenteil, denn es blieb nicht bei der Kohle als Motor für die wirtschaftliche Entwicklung. Erdöl war noch praktischer, es ließ sich zu Benzin und Diesel destillieren, war massenhaft verfügbar und wurde spätestens seit der Verbreitung des Automobils und dessen Massenproduktion an Fließbändern der Treibstoff für Wirtschaftswunder aller Art.

In der zweiten Hälfte des 20. Jahrhunderts feierten Kapitalismus und Marktwirtschaft ihre größten Erfolge. Anders als von Karl Marx und Friedrich Engels vorhergesagt, führte die kapitalistische Produktionsweise weniger zur Ausbeutung und Entfremdung der Arbeiterschaft, sondern bescherte den Werktätigen einen bis dato nicht gekannten Wohlstand. Denn die Wirtschaft der kapitalistischen Gesellschaften wuchs am besten, wenn möglichst viele Menschen zu kaufkräftigen Konsumenten wurden. Sie zu unterdrücken, arm und rechtlos zu halten, wäre absurd gewesen. Es sei eine Ironie der Geschichte, dass genau zu jener Zeit, als Marx und Engels ihre Bücher schrieben, die Löhne schneller stiegen als je zuvor in der Geschichte, schreibt der britische Althistoriker und Archäologe Ian Morris. Auch Zwangsarbeit und Sklaverei verschwanden weitgehend aus den kapitalistischen Systemen, weil sie sich als Wachstumshemmnis entpuppten.[24]

Die weiter entwickelten Gesellschaften, also jene, die bereits verstanden, wie man natürliche Ressourcen am effizientesten zu Profit machte, teilten sich damals in einen West- und einen Ostblock auf. Im Osten herrschte die sozialistisch-kommunistisch-planwirtschaftliche Form der Ökonomie, eigentlich als Gegenmodell zum Kapitalismus gedacht. Die Kontrolle über die Produktionsmittel und die Betriebe, die fast alle dem Staat gehörten, unterlag einer zentralen Behörde und nicht wie im westlichen Modell Privatpersonen. Deshalb gab es keinen Wettbewerb, stattdessen festgelegte Löhne und Preise, und kaum Anreize für Innovationen, mit denen Privatpersonen hätten Geld verdienen können. Sozioökonomisch war das kommunistische Experiment ein Rohrkrepierer. Einzig in dem ökologischen Schaden, den die kommunistische Wirtschaft pro geschaffener Wohlstandseinheit hinterließ, war sie dem Kapitalismus weit voraus.[25]

Vom Prinzip her war aber auch der Kommunismus im Ostblock kapitalistisch organisiert, nur von oben her, dabei ineffizient und bürokratisch. Erst der wirtschaftliche Aufstieg Chinas hat gezeigt, wie gut ein kapitalistisches System mit dem formellen Stempel »Kommunismus« funktionieren und gegebenenfalls sogar größere Erfolge als der westliche Kapitalismus erzielen kann.

In der Phase des Kalten Krieges beschleunigte sich das Weltwirtschaftswachstum noch einmal und der durchschnittliche Wohlstand der Menschen vergrößerte sich enorm, im Westen mehr als im Osten. Das jährliche Pro-Kopf-Weltwirtschaftsprodukt stieg von 1261 US-Dollar im Jahr 1900 auf 2113 US-Dollar 1950. Dass der Zuwachs so bescheiden ausfiel, war den beiden Weltkriegen geschuldet. Doch 1972 waren es schon 4091 US-Dollar. Die Wachstumskurve der Wirtschaft hatte jene der Bevölkerung überholt und der durchschnittliche Wohlstand der Menschen sich überproportional vergrößert.[26]

Wachstum trotz Kollateralschäden

Nach dem Zweiten Weltkrieg galten rauchende Schornsteine noch als Inbegriff von Fortschritt und Prosperität – ungeachtet der Tatsache, dass diese Abgase nicht nur klimaschädigendes Kohlendioxid enthielten, sondern auch Schwefel- und Stickstoffoxide, Staub, Ruß, Schwermetalle und Kohlenwasserstoffe, allesamt Substanzen, die der menschlichen Gesundheit nicht gerade zuträglich waren. Dass damit ein Waldsterben eingeleitet wurde, dass wertvolle Gebäude von der Westminster Abbey über die Akropolis bis zum Kölner Dom unter dem Giftangriff zerbröselten und unter hohem Aufwand saniert werden mussten, wurde ausgeblendet.[27]

Die einschneidendste Maßnahme des damaligen Umweltschutzes war es, die Schlote höher zu bauen, damit sich der Dreck weiter verteilte und erst in entfernten Regionen herunterregnete. Tatsächlich wurde der Himmel über der Ruhr wieder etwas blauer, aber in der Folge starben dann eben in Schweden die Fische in vermeintlich unberührten Seen. Der saure Regen erreichte Schwarzwald, Harz und Fichtelgebirge, Naturräume, die fern der Industriegebiete lagen.[28] Umweltpolitik hieß damals verdünnen statt vermeiden, ganz nach dem Sankt-Florians-Prinzip, das schon im Mittelalter für die Verhaltensweise stand, eine Bedrohung nicht durch eigenes Handeln zu lösen, sondern sie auf andere abzuschieben: »Heiliger Sankt Florian, verschon' mein Haus, zünd' and're an!«

Ich selbst bin in der Zeit der rauchenden Schlote aufgewachsen, in Ludwigshafen am Rhein, einer mäßig attraktiven Industriestadt mit einem riesigen Chemiebetrieb und zahlreichen weiteren mittleren und kleinen. Man konnte mit geschlossenen Augen riechen, an welchem Ort man sich gerade in der Stadt befand, denn alle Industrieanlagen hatten ihr eigenes, typisches und einprägsames Abgasprofil. »Noch in den 50er Jahren des 20. Jahrhunderts fielen den Frauen, wenn die Schwefelsäurefabrik der BASF ›Dampf ablieβ‹, in den der Fabrik benachbarten Stadtteilen die Nylonstrümpfe von den Beinen«, heißt es in der Ludwigshafener Stadtchronik.[29]

Als Kinder haben wir oft am Rhein und am Luitpoldhafen gespielt, für uns ein Abenteuerspielplatz mit heruntergekommenen Brachen und dicken Rohren, aus denen seltsame Flüssigkeiten in allen Farben des Regenbogens strömten und sich in den Rhein ergossen. Im größten Fluss Deutschlands konnte man damals nur unter Lebensgefahr schwimmen. Getan hat es meines Wissens ohnehin nur einer meiner Lehrer, der von gespenstischen Begegnungen berichtete. Die gesamten Abwässer des Chemiemultis BASF und all der anderen Unternehmen wie auch die der damals 175 000 Einwohner Ludwigshafens schwappten nahezu ungeklärt in den Rhein, ein biologisch toter Abwasserkanal der oberrheinischen Zivilisation. Erst 1974 ging eine Kläranlage für industrielle und kommunale Abwässer in Betrieb. Dass sie eine halbe Milliarde DM gekostet hat, damals eine Unsumme, lässt erahnen, welch gewaltige Mengen an Dreck, Fäkalien und Giftstoffen zuvor in die freie Natur entsorgt wurden.[30]

Die Anwohner haben die Belastung von Luft und Wasser seinerzeit stoisch hingenommen. An Umweltproteste kann ich mich nicht erinnern. Vermutlich lag das daran, dass die Menschen damals von einem bis dato unbekannten Wohlstandzuwachs heimgesucht wurden. Wirtschaftswunder in Deutschland hieß, keine Fragen zu stellen, nicht nach der Vergangenheit, nicht nach den versteckten Kosten des Wachstums.

Als erster großer Spielverderber trat 1972 der *Club of Rome* auf die Bühne, der mit seiner 180-Seiten-Studie »The Limits to Growth«, auf Deutsch: »Die Grenzen des Wachstums«, den Menschen vor Augen führen wollte, wie sie sich das eigene Grab schaufelten. In für damalige Verhältnisse aufwendigen mathematischen Berechnungen, die heute als vorsintflutlich und stümperhaft gelten, hatten die Wissenschaftler das Zusammenspiel der Variablen Bevölkerung, Nahrungsmittel, Rohstoffreserven, Kapital und Umweltverschmutzung bis zum Jahr 2100 in fünf verschiedenen Szenarien modelliert. Das Ergebnis war eindeutig: Setzt die Weltbevölkerung ihr Wachstum auf allen Ebenen unvermindert fort, wird es im 21. Jahrhundert zu einem Versiegen der nicht erneuerbaren Rohstoffe, zu irreparablen Schäden an der Umwelt und zu einem katastrophalen Einbruch der Menschheit kommen.[31] Ende Gelände. Es war, als wäre Thomas Malthus im *Club of Rome* wiederauferstanden.

Das Interessante an dem Buch und der Reaktion darauf war weniger der – erwartbare – Totalverriss in vielen Medien, unter Ökonomen und Politikern, die das Werk wahlweise als »Panikmache«, »altmodischen Unsinn« oder »unverantwortlichen Unfug« abqualifizierten, als vielmehr, dass keine der düsteren Vorhersagen im angekündigten Zeitverlauf eingetroffen ist.[32] Wieder einmal hatten die Wachstumsskeptiker unterschätzt, welche Entwicklungssprünge sich mit neuen Produktionsverfahren und einer Hochleistungslandwirtschaft bewerkstelligen ließen und welchen Einfluss steigende Rohstoffpreise auf ressourcensparende Erfindungen hatten. Wieder einmal hatten die Menschen mit technischen Lösungen die Grenzen des Wachstums ausgehebelt.

Ebenso falsch lag der *Club of Rome* mit seiner Annahme, dass die Endlichkeit der nicht erneuerbaren Rohstoffe, vor allem der fossilen Energieträger, das Wachstum irgendwann einmal abwürgen würde. Heute ist klar, dass die gewaltigen Mengen an Kohle, Öl und Gas, die noch im Erdreich schlummern, viel größer sind, als sich der *Club of Rome* vorstellen konnte. Dass aber das eigentliche Problem nicht die Begrenztheit der Rohstoffe ist, sondern der Mangel an Orten, wo sich die Verbrennungsgase, die Stoffwechselprodukte unseres Wirtschaftens, sicher deponieren lassen. Aus dem vermeintlichen Ressourcenproblem ist ein »Senkenproblem« geworden. Deshalb reichert sich das Kohlendioxid, das ultimative Endprodukt des fossilen Zeitalters, in der Atmosphäre an. Zur Ehrenrettung des *Club of Rome* ist allerdings anzumerken, dass bereits im Originalbericht in einer Nebenbemerkung zu lesen ist, dass die Rohstoffreserven größer sein könnten, als in den Szenarien angenommen. Und dass dann die Umweltprobleme größer würden als die Ressourcenverknappung. Aber von Klimawandel war damals noch nicht die Rede.

Der *Club of Rome* gilt als wichtiger Wegbereiter der globalen Umweltbewegung. Doch wirklich bewegt hat er wenig. Denn das Wachstum ging in der Folge nicht nur munter weiter, sondern es legte noch einmal kräftig zu. Im Erscheinungsjahr der Studie lag das Pro-Kopf-Weltwirtschaftsprodukt bei 4091 US-Dollar, 2000 waren es 6038 Dollar. 2015 lag es bei 14725 Dollar. Das gesamte Weltwirtschaftsprodukt verneunzehnfachte sich von 1900 bis 2000, während sich die Zahl der Menschen im gleichen Zeitraum lediglich vervierfacht hatte. Im Schnitt waren die Menschen im 20. Jahrhundert also fast fünf Mal reicher geworden.[33]

Und damit war lange nicht Schluss: Bis 2019 ist das Welt-BIP gegenüber 2000 noch einmal um das Zweieinhalbfache angewachsen. Nach Angaben der Weltbank lag es bei 87,7 Billionen Dollar, als Ziffer geschrieben 87.698.000.000.000 US-Dollar.[34] So hoch war der Wert aller von Menschen produzierten Güter und Dienstleistungen, von Schwarzbrot und Maisbrei über Golfschläger und SUVs bis hin zu WhatsApp-Nachrichten, Kreuzfahrtreisen und Pflegeleistungen. Praktisch keiner dieser wirtschaftlichen Werte konnte ohne Ressourcenverbrauch und Energieaufwand geschaffen werden. Insgesamt ist die Weltwirtschaft in den ersten beiden Jahrzehnten des 21. Jahrhunderts um durchschnittlich 2,8 Prozent im Jahr gewachsen. Das entspricht einer Verdopplung binnen 26 Jahren.

Dass sich der unfassbare Wohlstand, der sich bisher vor allem in den Industriestaaten und Schwellenländern zeigt, und das anhaltend hohe Bevölkerungswachstum, das sich in den armen Ländern abspielt, zu einer explosiven Mischung hochgeschaukelt haben, klingt für die einen apokalyptisch, für die anderen aber vielversprechend. Denn weil trotz unübersehbarer Probleme die große Katastrophe ausgeblieben ist, sieht es so aus, als würde der menschliche Erfindergeist durch Probleme immer kreativer. Wenn es auf die Herausforderung der Vergangenheit immer eine Antwort gab, warum sollte das künftig anders sein? Zumal über die Jahre nicht nur Menschheit und Wirtschaftskraft, sondern auch das Wissen exponentiell gewachsen sind. Wissen, mit dem sich die anstehenden Menschheitsprobleme theoretisch lösen ließen.

Bei dem Wissen geht es nicht um die schiere Menge an verfügbarer Information, um die 2,5 Trillionen Bytes an Daten[35], die schon im Jahr 2018 an jedem Tag von Google, Facebook, Amazon und Co. generiert wurden, oder um die Billionen von E-Mails, Textnachrichten oder Tweets, die um den Globus oszillieren. Sondern eher um die Rekordzahl von wissenschaftlichen Publikationen und angemeldeten Patenten, also um Wissen, das sich potenziell als nützlich für die Menschen erweisen kann. Vor allem aber um die Frage, wie sich dieses globale Informationsgebirge in vernunftgetriebenes Handeln verwandeln lässt.

Diese Frage stellt sich umso dringlicher angesichts der Tatsache, dass sich parallel zum »echten« Wissen auch die analog oder elektronisch verbreiteten Lügen, kruden Verschwörungstheorien und scheinwissenschaftlichen Gebäude exponentiell vermehren. Etwa die breit gestreute Behauptung während des amerikanischen Präsidentenwahlkampfes 2016, im Keller einer Pizzeria in der Hauptstadt Washington treibe ein Kinderpornoring sein Unwesen, in den die Kandidatin Hillary Clinton verwickelt sei. Oder dass Bill Gates Sars-CoV-2 in die Welt gesetzt habe, um die Menschen zwangsimpfen zu lassen und ihnen bei der Gelegenheit einen Mikrochip einzupflanzen, mit dem sich die Erde entvölkern lasse. Oder die Weltsicht des Kreationismus, nach der die Erde und das Leben innerhalb von sechs Tagen so entstanden sind, wie es in der alttestamentarischen Genesis aufgeschrieben ist, und nicht nach den Prinzipien der Evolution. Immerhin 40 Prozent der erwachsenen US-Amerikaner teilen Umfragen zufolge diese Auffassung.[36] In dieser Welt der Gegenaufklärung bleibt wenig Platz für wissensbasierte Vernunft.

Der schwierige Weg vom Wissen zum Handeln

Vernunft klingt irgendwie vernünftig. Vernunft ist wieder einmal eine Eigenschaft, über die nur wir Menschen verfügen. Aber reicht sie aus, um »vernünftig« zu handeln, oder steht ihr die Unvernunft entgegen, mit der wir ebenfalls reichlich gesegnet sind? Ist Vernunft am Ende die am meisten überschätzte Eigenschaft des Menschen? Vor allem: Was ist überhaupt Vernunft?

Wie immer in der Philosophie gibt es dazu keine klare Antwort. Bei Platon ist die Vernunft, neben Begierde und Mut, einer der drei Seelenteile. Sie konkurriert ein Leben lang mit den beiden anderen Teilen. Alle drei können sich bei einem inneren Streit der Seele miteinander verbünden oder sich gegeneinander wenden. Leider hatte die Vernunft schon zu Platons Zeiten gegenüber Begierde und Mut häufig schlechte Karten.[37]

Bei Aristoteles bedeutet Vernunft das »rechte Maß« oder die besonnene Mäßigkeit, die »Mitte zwischen zwei Irrwegen«. Alles Extreme ist damit nicht vernünftig. Solche Extreme waren für Aristoteles »Furchtsamkeit« und »Kühnheit«, denn sie bedeuten, dass die entsprechende Person entweder feige oder verwegen ist, beides keine ratsamen Eigenschaften. Die »rechte Mitte« bildet für ihn die »Mannhaftigkeit«, womit die Deuterei von vorne beginnt, denn unter diesem Begriff können Mann oder Frau sich ganz unterschiedliche Dinge vorstellen.[38]

Nach Immanuel Kant ist der Mensch ein Vernunftwesen und kann nach Grundsätzen der Vernunft handeln. Der Philosoph war der Meinung, der Mensch könne nur frei sein, wenn er sich vernunftbegabt verhalte. Allerdings, und das macht die Sache etwas schwieriger, verfügt der Mensch nach Kant über eine theoretische, die »reine«, und eine praktische, die »unreine« Vernunft. Mit der theoretischen kann er sich seines eigenen Verstandes bedienen und Schlüsse ziehen, kommt auf den Pfad der Rationalität und findet zu einem friedlichen Zusammenleben mit seinen Mitmenschen und der Umwelt. In diesem Fall tut er oder sie das »Richtige« oder Gute – aber eher Langweilige. Bei der praktischen Vernunft hingegen lassen sich die Menschen von Leidenschaften und niederen Trieben leiten und haben dabei in der Regel eine Menge Spaß. Sie handeln aus subjektiver Sicht ebenfalls rational, denn was sie tun, ist auch das Ergebnis einer kognitiven Abwägung. Aber was sie tun, ist das »Falsche« oder Böse und sie wachen am nächsten Morgen im besten Fall nur mit starken Kopfschmerzen auf.[39] Jeder Mensch wird wissen, dass beide Arten von Vernunft in einem stetigen Wettstreit miteinander stehen, der meist mit unbefriedigenden Zwischenlösungen endet. Welche der beiden Vernunftarten bei der gesamten Menschheit die Oberhand behält, entscheidet allerdings darüber, wie es auf dem Planeten weitergeht.

Die moderne Neurowissenschaft schließlich orientiert sich bei der Definition von Vernunft eher an der gesellschaftlichen Realität und die liegt bei menschlichem Verhalten irgendwo zwischen archaischer Brutalität und Mutter-Teresa-Barmherzigkeit. Die Wissenschaft versteht unter Vernunft oder vernünftigem Verhalten jene Fähigkeiten, die notwendig sind, um Handlungsziele zu definieren, Handlungsfolgen abzuschätzen und egoistische Verhaltensimpulse zu kontrollieren. Dabei weiß sie gleichzeitig, dass wir nicht nur von Verstand und Vernunft gesteuert sind, sondern ebenso von deren Gegenpol, den Gefühlen. Nur so lässt sich erklären, dass wir im Liebeswahn, in blinder Wut, im Überschwang oder aus Verzweiflung Dinge tun, die realitätsfern und wider jede Vernunft sind.

Das alles bedenken Wissenschaftler wie der Bremer Verhaltenspsychologe und Entwicklungsneurobiologe Gerhard Roth, wenn sie erklären, warum sich der Mensch so oder so verhält. Mit dem Verstand identifizieren wir Aufgaben und lösen sie unter Hinzuziehen des uns verfügbaren Wissens. Mit der Vernunft wägen wir die Folgen des Handelns nach rationalen und ethischen Überlegungen ab. Mit dem Gefühl wird es schon schwieriger, was schon daran liegt, dass Gefühle von Grundbedürfnissen wie Schlaf, Hunger, Durst, Sex oder dem Wunsch nach sozialem Zusammensein gesteuert werden.

Für Gerhard Roth ist klar, dass Vernunft und Verstand alleine nichts bewegen. Handlung entsteht erst, wenn die Gefühle ins Spiel kommen: »Sie haben bei der Handlungssteuerung das erste und das letzte Wort.« Zwischendurch mischen sich zwar Rationalität und vernünftige Überlegungen in unsere Entscheidungsprozesse ein. Aber mit Vernunft alleine können wir unseren Willen nicht steuern.[40]

Vernunft und Verstand auf der einen Seite und Gefühle auf der anderen sind so unterschiedlich, weil sie verschiedenen Hirnregionen entstammen, die für unterschiedliche Aufgaben zuständig sind. Vernunft und Verstand lassen sich überwiegend

dem oberen und unteren Stirnhirn zuordnen, also der Großhirnrinde. Dort werden enorme Datenmengen verarbeitet, alles, was
wir über unsere Sinne wahrnehmen und dann mit Gedächtnis-
inhalten abgleichen: Wir sehen, dass im Haus gegenüber Flammen aus dem Fenster schlagen, und wissen, weil wir es irgendwann einmal gelernt haben, dass wir umgehend die Feuerwehr
unter 112 anrufen sollten.

Gefühle oder Emotionen entstammen ebenfalls dem Gehirn,
auch wenn wir Ärger, Angst, Lust, Ekel oder Glückseligkeit eher
im Bauch oder Herz fühlen. Denn im Gehirn liegt die Nerven-
zentrale, in der alle neuronalen Aktivitäten zusammenfließen.
Gefühle entstammen allerdings dem limbischen System, einem
stammesgeschichtlich sehr alten Teil des Gehirns, der aus verschiedenen, zum Teil anatomisch weit voneinander entfernten
Strukturen besteht und sich schon früh in der Evolution der
Säugetiere entwickelt hat. Es sorgt dafür, dass wir schnellstens
auf äußere Reize reagieren können. Im Millisekundenbereich
entsteht eine Art Alarmstimmung, Schweiß bricht aus, Herzrate
und Muskelspannung steigen, Hormone werden ausgeschüttet
und wir treffen dann, ohne lange nachzudenken, quasi automa-
tisiert, die möglichst beste, oft überlebensnotwendige Entscheidung. »Gefühle sind ein Ratgeber«, meint Gerhard Roth. Sie seien
»im Prinzip die vernünftigste Art, Verhalten zu steuern«. Auch
Tiere können komplexe Situationen über das limbische System
impulsiv beantworten.

So etwas tun wir Menschen, wenn wir vor einer Gefahr fliehen,
uns wehren oder vor verdorbenem Fleisch zurückschrecken. Das
tun wir aber erst, wenn die Emotionen von dem limbischen System an die entwicklungsgeschichtlich jüngere Hirnrinde weiter-
gemeldet werden. Erst dann nehmen wir Angst, Wut, Ekel oder
Glück wirklich wahr. Das limbische System selbst kann das be-

drohliche Ereignis zwar schnell, aber nicht exakt erfassen. Es ist auf eine Rückkopplung mit dem Gedächtnissystem, mit Verstand und Vernunft, angewiesen, was mehr Zeit in Anspruch nimmt: Der Schock über die Riesenspinne auf der Bettdecke ist akut, aber die wirkliche Bedeutung der Bedrohung zu erfassen und angemessen darauf zu reagieren, wird erst im Abgleich mit einer Erinnerung oder Erfahrung möglich. Allein durch den Gedanken, die Riesenspinne könnte ja ein Gummimodell sein, das uns irgendein Witzbold auf das Bett gelegt hat, geht der Adrenalinspiegel schnell wieder herunter.

Generell sollten wir bei kleinen und großen Problemen nicht gefühlsmäßig »aus dem Bauch« entscheiden, etwa, wenn wir ein neues, attraktives Jobangebot haben. Denn dabei handelt es sich um eine hochkomplexe Entscheidung, die womöglich mit einem Umzug in eine andere Stadt verbunden ist, mit Familie und Partnerschaft, mit Wohnungssuche und der Frage, wo die Kinder zur Schule gehen können, mit neuen Aufgaben und Hierarchien, mit einem anderen Gehalt und vielem mehr. Ohne Konsultation von Verstand und Vernunft, ohne einen Pro-und-Contra-Zettel wird aus der Entscheidung nichts. Trotzdem treffen wir auch in solchen Fällen mitunter die falsche Entscheidung. Auch weil, wie Gerhard Roth sagt, das Gefühl am Ende das letzte Wort hat. Was uns die Vernunft sagt, müssen wir stets noch gefühlsmäßig absegnen. Was dann geschieht, ist nicht zwangsläufig richtiges Handeln.[41]

Besonders schwierig wird es bei unsichtbaren Problemen und Gefahren, die wir nicht unmittelbar mit unseren fünf Sinnen wahrnehmen können, etwa beim Klimawandel, dem Artensterben, dem Wachstum der Weltbevölkerung oder bei einem Virus wie Sars-CoV-2. Hier sind wir auf abstrakte Statistiken und Modellrechnungen angewiesen, um die richtigen persönlichen und politischen Entscheidungen von großer Tragweite zu treffen. Die Erfahrung lehrt, dass weder die Vernunft der Politiker noch das geballte Wissen der Experten ausreichen, so zu handeln, wie es für die gemeinsame Zukunft der Menschen sinnvoll wäre. Es scheint sogar, als schrumpfe die Vernunft im Vergleich zum Wachstum des Wissens. Offenbar hat uns die Evolution auf impulsives, kurzfristig orientiertes Verhalten getrimmt und nicht darauf, alles bis zum Ende zu durchdenken.

Der große amerikanische Evolutionsbiologe, Pulitzer-Preisträger, Ameisen- und Biodiversitätsforscher Edward O. Wilson hat dazu eine klare Vorstellung: »Wir sind noch immer zu gierig, kurzsichtig und gespalten in kriegführende Stämme, um weise, langfristige Entscheidungen treffen zu können. Meistens verhalten wir uns wie eine Horde Affen, die sich um einen Baum mit Früchten streiten.«[42]

George Marshall, der Mitgründer und Chef der britischen Organisation *Climate Outreach* und Experte für Klimakommunikation, meint, unser Gehirn sei darauf programmiert, große Menschheitsprobleme wie den Klimawandel zu ignorieren. Die Aufgaben seien zu groß, die Erkenntnis, selbst Mitverursacher des Problems zu sein, lähme die Menschen und führe zur kompletten Verdrängung. Nach ähnlichem Muster blende manch ein Krebskranker aus reinem Selbstschutz sein Leiden aus. Genauso hätten die meisten Deutschen unter der Naziherrschaft wider besseres Wissen die Shoa verdrängt.[43]

Bewusstseinsspaltung

Wie wenig Wissen und Handeln miteinander zu tun haben, zeigt sich etwa in Umfragen, wonach die überwiegende Mehrheit der Deutschen sehr besorgt ist über den Klimawandel. Die meisten wissen auch, dass Radfahren umweltfreundlicher ist als Autofahren, dass es keinen Sinn ergibt, das Licht, den Drucker oder die Kaffeemaschine in der Wohnung anzulassen, wenn man außer Haus ist. Aber trotzdem halten sich Umweltverbrauch und Treibhausgasemissionen auf unverantwortlich hohem Niveau.

Die Wissenschaft kennt diese Art von Bewusstseinsspaltung unter den Begriffen *Knowing-doing-gap* oder *Value-action-gap*: Die Forschung weiß immer mehr über die Zusammenhänge von globalen Veränderungen, die Publikationen türmen sich zu Erkenntnisgebirgen, die Inhalte werden öffentlich diskutiert und Enquetekommissionen liefern kiloschwere Berichte ab. Aber kaum jemand zieht aus den Erkenntnissen praktische Schlüsse.[44]

Dieses Verhalten ist geradezu schizophren, aber es lässt sich auf vielfältige Weise erklären: Globale Entwicklungen wie der Klimawandel bergen kaum gute Nachrichten. Ein Mehr an Information macht das Thema nur noch bedrohlicher. Weitere Studien, die das Abschmelzen der Polkappen oder die nächste Dürreperiode akribisch genau vorhersagen, sind im Grunde kontraproduktiv. Sie verursachen Ohnmachtsgefühle und führen dazu, dass viele Menschen das Problem verdrängen, weil sie nicht sehen, wie sie als Einzelne zu dessen Lösung beitragen können.

Wenn wir uns einen vernünftigeren Umgang mit der Umwelt wünschen, vergessen wir leicht, dass Erkenntnisgewinn Spaßverlust bedeuten kann. Deshalb rettet sich manch eine oder einer aus der Situation, indem sie oder er den menschengemachten Klimawandel einfach leugnet. Oder die Leute flüchten sich in einen Glauben, der ihnen selbst das Seelenheil rettet, für den Rest der Welt aber eine Katastrophe bedeutet. So geht mehr als die Hälfte der Evangelikalen in den USA, die immerhin rund 25 Prozent der Gesamtbevölkerung ausmachen und die wichtigsten Stammwähler der republikanischen Partei stellen, davon aus, dass Christus noch vor dem Jahr 2050 auf die Erde zurückkehrt, die er in völligem Chaos vorfindet, in einem Endkampf zwischen Gut und Böse. Der Heiland wird dann alles richten. Warum also jetzt etwas gegen den Klimawandel tun?[45]

Hinzu kommt, dass sich Wissenschaftler regelmäßig widersprechen und widerlegen, weil es keine »wissenschaftliche Wahrheit« gibt. Wissenschaft ist ein Prozess, bei dem sich die Erkenntnisse fortlaufend weiterentwickeln. Die Menschen wollen aber eine klare Ansage. Auch wenn die physikalischen Grundlagen des Klimawandels unstrittig sind, ändern sich mit der Zeit die Aussagen über seine Dynamik, seine Folgen und die Möglichkeiten, gegenzusteuern. Einige Prozesse im Klimageschehen sind noch nicht gut verstanden oder noch gar nicht identifiziert.

Wissenschaft kann nie eine hundertprozentige Sicherheit geben. Sie kann aber genügend Fakten liefern, auf deren Basis gut begründete und sinnvolle Entscheidungen möglich sind. Wissenschaft ist keine Religion, sonst hieße sie Glaubenschaft.

Dass Wissenschaft keine ultimativen Wahrheiten verkünden kann, verwirrt viele und lässt manche fragen, ob der Mensch das Klima überhaupt beeinflussen kann. Schließlich gab es schon Warm- und Eiszeiten, als die Menschen noch gar nicht wussten, was Kohle und Erdöl sind. Und wer sagt, dass die Computermodelle der Klimaforscher, die Hitzewellen, Dürren, Überflutungen und anderes Übel verheißen, überhaupt zutreffen? Und selbst wenn, was sind schon zwei, drei Grad Erwärmung? Dann werden die Sommer schöner und im Winter sparen wir Heizkosten.

Ursache und Wirkung bei globalen Umweltveränderungen liegen zeitlich und räumlich weit auseinander. An der heißen Herdplatte verbrennen sich die Menschen meist nur ein Mal, weil der Lerneffekt unmittelbar auftritt. Das CO_2, das ich heute auf einem Flug in die USA verursache, wirkt sich irgendwo, irgendwann in Jahren und Jahrzehnten aus und trifft dann womöglich eine Familie auf einer Insel im Golf von Bengalen, die schon heute nah am Wasser gebaut hat und womöglich beim nächsten Wirbelsturm Haus, Hof und Leben in den Fluten verliert. Aus diesem Schaden werde ich als (Mit-)Verursacher nicht unbedingt klug. Für mich bleibt die Urgewalt des Klimawandels unsichtbar, nicht zu spüren.

Ein anderes Dilemma, das uns zum Nichthandeln verführt, ist, dass eine stabile Atmosphäre beziehungsweise das Klima, an das sich die Menschen regional angepasst haben, ein öffentliches oder Gemeingut ist. Es gehört allen. Jeder Mensch kann es nutzen, kann sich am Sonnenschein erfreuen, mit dem Regen seine Ackerpflanzen bewässern oder an einem kalten Wintertag durch den Schnee stapfen, ohne um Erlaubnis zu fragen.

Im Mittelalter haben die Menschen Grundeigentum, das der ganzen Gemeinde gehörte und auf dem jeder seine Ziegen und Rinder weiden lassen konnte, als Allmende bezeichnet. Auch öffentliche Brunnen, Wege, Wälder zum Holzeinschlag oder Gewässer, in denen alle fischen konnten, waren Allmendgüter. In Alpendörfern und in Entwicklungsländern gibt es sie heute noch.

Die Tragik der Allmende besteht darin, dass sie allen gehört, aber keiner die Verantwortung dafür trägt. Wenn ein Bauer sein Vieh auf die Gemeindeweide treibt und es das ganze Gras wegfressen lässt, hat er einen Nutzen, aber die anderen schauen in die Röhre. So werden öffentliche Güter knapp oder zerstört und niemand kann dafür zur Rechenschaft gezogen werden.[46] Solange es dabei um Dorfweiden oder -weiher geht, ist der Schaden zwar für die jeweilige Gemeinschaft tragisch, aber insgesamt überschaubar.

Heute geht es bei Gemeingütern zwar auch um kleine Dinge wie den verdreckten WG-Kühlschrank und den vermüllten Großstadtpark nach einem Sommerwochenende, aber vor allem um überfischte Weltmeere, um Grundwasser, in dem sich die Relikte einer industriellen Landwirtschaft wiederfinden, und um eine Atmosphäre, in der sich die menschengemachten Treibhausgase anreichern. Also um eine Plünderung und Übernutzung von globalen Kollektivgütern, von denen das Wohl von fast acht Milliarden abhängt. Einem einzelnen Menschen klarzumachen, dass sein persönliches Verhalten allen und letztlich auch ihm selbst schadet und dass er den Wunsch zur freien Entfaltung hinter dem Streben nach einem intakten Planeten zurückzustellen hat, ist praktisch unmöglich. Denn jede Beschränkung bedeutet eine Beeinträchtigung dessen, »was den allermeisten als gutes Leben gilt«, schreibt der Sozialwissenschaftler Manfred Linz vom Wuppertal-Institut. Das zeigt sich auch, wenn man Menschen ganz konkret nach ihrem Beitrag zum Klimawandel fragt beziehungsweise nach den Möglichkeiten, ihn zu reduzieren. Die Antworten klingen oft recht ernüchternd: Wenn es fast acht Milliarden Emittenten gibt, was bringt es, wenn ich nicht ins Flugzeug steige? Das Leben ist endlich, deshalb will ich Spaß haben – jetzt, hier und heute. YOLO, you only live once. Deutschland ist gerade mal für zwei Prozent der menschengemachten Treibhausgase verantwortlich, da sollen doch die anderen anfangen. Die Menschen haben immer eine technische Lösung gefunden, ihnen wird auch beim Klimawandel etwas einfallen. Und so weiter. Es bleibt die Erkenntnis, dass sich globale Probleme offensichtlich nicht auf individueller Ebene lösen lassen.

Empathie, die Fähigkeit, sich in andere »hineinzufühlen«, ist eine Grundeigenschaft des Menschen, sonst hätten wir als soziale Wesen nicht solche Erfolge gehabt. Aber wir können rein praktisch kein Mitgefühl für die gesamte Menschheit empfinden. Menschen können zwar altruistisch, also uneigennützig und mit Rücksicht auf andere handeln und dabei eigene Nachteile und Kosten in Kauf nehmen. Tiere machen das bei der Brutpflege, staatenbildende Insekten opfern sich sogar für ihre Artgenossen auf. Aber in der Regel taugt der Altruismus bei uns Menschen nur für einen kleinen, überschaubaren Kreis: innerhalb der Familie und der Sippe (auch als Nepotismus bezeichnet), eines Vereins, der Nachbarschaft, in der eigenen Kommune, aber kaum darüber hinaus.

Sozialwissenschaftler haben diesen Zusammenhang einmal anhand eines einfachen Versuchs demonstriert: Sie legten einen scheinbar Verletzten auf die Straße und registrierten, wie viele Passanten ihm zu Hilfe kamen. In Kleinstädten, wo die Menschen sich kennen und gegenseitige Unterstützung verbreitet ist, waren es 50 Prozent, in Großstädten, wo es anonymer zugeht und der fürsorgende Staat eine wichtigere Rolle hat, aber nur 15 Prozent.[47]

Diese mit der Distanz abnehmende Selbstlosigkeit ist Teil unserer stammesgeschichtlichen Ausstattung. Es war zu Urzeiten evolutionär sinnvoll, seinen eigenen Vorteil gegenüber dem der engeren Gruppe hintanzustellen, wenn diese dadurch einen Überlebensvorteil hatte. So konnten sich möglicherweise nicht die eigenen, aber zumindest die Gene der (weiteren) Verwandtschaft in die nächste Generation retten. Auf diese Weise hat sich der Mensch über Jahrhunderttausende zu einem in Maßen kooperativen, sozialen und solidarischen Wesen entwickelt. Die große Zukunftsfrage ist, wie und ob wir diese nette Eigenschaft zum Wohle der gesamten Menschheit weiterentwickeln können.

Natürlich gibt es auch Altruismus gegenüber weit entfernt lebenden Personen. Viele Menschen spenden Geld, wenn eine Naturkatastrophe oder eine Hungersnot ein armes Land heimsucht. Ärzte helfen Kranken in Ländern, in denen diese sonst keine Hilfe erwarten können, Aktivisten retten schiffbrüchige Flüchtlinge aus dem Mittelmeer und manche Gläubige opfern ihre irdischen Vorteile in der Hoffnung auf eine Belohnung im Jenseits. Aber dummerweise triumphiert innerhalb größerer Gemeinschaften über den Altruismus meist sein Gegenstück, der Egoismus. Eine Folge: Die globalen Gemeingüter werden massiv übernutzt und immer knapper. Der viel gepriesenen Schwarmintelligenz, der Fähigkeit vieler Menschen, gemeinsam schlaue Erfindungen zu machen und kluge Entscheidungen zu treffen, steht eine viel größere Schwarmdummheit gegenüber.

Weiß die Politik, dass sie an der Reihe ist?

Dies wäre eigentlich die Stunde der Politik. Sie muss eingreifen, wenn die Individuen versagen, wenn sich Probleme nicht von unten, aus der Bevölkerung heraus, sondern nur von oben per Dekret oder nach parlamentarischer Entscheidung lösen lassen. Zumindest in Demokratien delegieren wir deshalb temporär die Verantwortung für übergeordnete, am Gemeinwohl orientierte Entscheidungen an eine gewählte parlamentarische Elite, der wir vertrauen. Auf Anweisung der Legislative akzeptieren wir dann Einschränkungen, die wir freiwillig nicht unbedingt gutheißen würden: Wir legen eine ziemliche Menge Geld in Form von Steuern auf den Tisch, in der Hoffnung, dass die Gelder klug, effizient und im Sinne eines sozialen Ausgleichs ausgegeben werden. Wir respektieren tausende von Verboten und Anweisungen, die unsere Handlungsfreiheiten begrenzen. Wir nehmen es hin, dass wir nicht mit dem Auto durch den Wald brettern dürfen. Wir schicken unsere Kinder pflichtgemäß in die Schule und so weiter. Unser ganzes Leben ist durchgeregelt. All diese Ge- und Verbote mögen am Anfang wie Willkür aussehen, sie provozieren zunächst Widerstände in der Gesellschaft, werden dann aber hingenommen und mittelfristig von einer großen Mehrheit unterstützt. Was dauerhaft bleibt, sind populistische Forderungen von Hinterbänklern, sinnvolle Regeln gegen jede praktische Erfahrung wieder abzuschaffen. Aber damit lässt sich leben.

Demokratie bedeutet, den Bürgerinnen und Bürgern ein möglichst freies, nicht fremdbestimmtes Leben zu ermöglichen, aber bei aller Freiheit nicht gleichzeitig die freie Entfaltung anderer zu beschränken. Erst dieser Umstand gibt der Politik das Recht, Dinge zu regeln und zu verbieten. Das Problem dabei ist, dass dies immer ein Balanceakt ist. So verursacht etwa der Straßenverkehr Lärm, Feinstaub und Abgase und forderte im Jahr 2019 immer noch 3059 Todesopfer allein durch Unfälle, die meisten davon im oder durch ein Auto.[48] Das alles wären gute Gründe, das Autofahren komplett zu verbieten. Aber die Mobilität mit dem Auto bedeutet eben auch lebensnotwendige Transporte, die Möglichkeit, zur Arbeit und in die Freizeit zu kommen oder Güter von Fabriken zu Verbrauchern zu transportieren. All diese Umstände muss die Politik berücksichtigen und sich gleichzeitig noch mit Lobbyisten aller Art herumschlagen, die entweder immer größere Autos verkaufen oder die Städte ganz vom Individualverkehr befreien wollen. Kein leichter Job, zumal jede Zumutung für die Bürgerinnen und Bürger beim nächsten Urnengang in einem Debakel enden kann.[49]

Wenn wir nicht tun, was wir aller Erkenntnis nach tun sollten, wenn wir zu dumm sind, aus dem Wissen Schlüsse zum Handeln zu ziehen, wenn die Politik in der Demokratie nicht den Schneid hat, uns mit dem notwendigen Druck auf die richtige und nachhaltige Spur zu bringen, wäre dann nicht eine weise Ökodiktatur die beste Lösung?

Vermutlich nicht. Denn erstens hat die Geschichte nur eine sehr überschaubare Zahl an weisen Diktatoren hervorgebracht und zweitens können Diktaturen kaum aus dem Vollen schöpfen, was die Ideenvielfalt zur Lösung von Problemen anbelangt. Auf die sind wir aber mehr denn je angewiesen.

KAPITEL 4

Die (Negativ-)Folgen des Erfolgs

Ab in die ökologische Katastrophe

Die Menschheit verfügt heute über ein Wissen und einen Bildungsstand wie nie zuvor in der Geschichte. Gleichzeitig schürft sie Abermilliarden Tonnen von Kohle, Öl und Erdgas aus dem Erdreich, fossile Reserven, die über einen Zeitraum von mehr als 300 Millionen Jahren durch die Ablagerung und Versteinerung von Biomasse entstanden sind. Sie verfeuert den darin gespeicherten Kohlenstoff und verfrachtet ihn als Kohlendioxid in die Atmosphäre. Aber sie macht sich dazu keine wesentlichen Gedanken. Wie passt das zusammen?

Der Ehrlichkeit halber muss man sagen, dass sich einige Wissenschaftler, eine kleine Schar von Politikern und eine größere von Umweltschützern seit geraumer Zeit schon mit der Frage nach dem Verbleib des unsichtbaren, geruch- und geschmacklosen Gases beschäftigen. Aber betrachtet man die Menschheit als Ganzes und vor allem die menschengemachten Emissionen im Zeitverlauf, dann muss man folgern, dass sie sich überhaupt keine Gedanken dazu macht. Schließlich beruht auf dem Verfeuern der fossilen Rohstoffe im Wesentlichen das, was wir Wohlstand und Fortschritt nennen.

Einer der Ersten, die wissen wollten, was CO_2 in der Lufthülle der Erde so anstellt, war der schwedische Chemiker und Physiker Svante Arrhenius. Er kam im Jahr 1859 in der Nähe der Stadt Uppsala zur Welt, in dem Jahr, in dem Charles Darwin sein Hauptwerk »Über die Entstehung der Arten« veröffentlichte. Arrhenius entpuppte sich früh als heller Kopf und postulierte schon als 25-Jähriger in seiner Doktorarbeit, dass in Wasser gelöste Salze als geladene Teilchen, als positive und negative Ionen, vorliegen. Dafür gab es 1903 den Nobelpreis für Chemie. Das war das Jahr, in dem Henry Ford in Detroit die gleichnamige Motor Company gründete und die Gebrüder Wright zum ersten gesteuerten Motorflug abhoben.

1896, sieben Jahre vor seinem Nobelpreis, hatte Svante Arrhenius eine ganz andere und besonders weitsichtige Theorie aufgestellt. Er kannte die Arbeiten des französischen Mathematikers und Physikers Joseph Fourier, der in den 1820er Jahren berechnet hatte, dass die Temperaturen auf dem Planeten Erde angesichts seiner Größe und seines Abstands zur Sonne eigentlich deutlich niedriger hätten liegen müssen, als sie es tatsächlich waren. Es musste also einen zusätzlichen Erwärmungseffekt geben, weshalb der Franzose erstmals über eine Isolierwirkung der Erdatmosphäre spekulierte. Er glaubte, die Energie der Sonne in Form von kurzwelligem, sichtbarem Licht dringe ungehindert durch die Lufthülle hindurch und heize den dunklen blaugrünen Planeten auf. Jeder, der im schwarzen Pullover an einem klaren Wintertag in der Sonne sitzt, kennt diesen Effekt. Aber die so in Wärme umgewandelte Sonnenenergie, also langwellige Infrarotstrahlung, meinte Fourier weiter, könne die Erde nicht problemlos wieder verlassen, weil irgendwelche Gase in der Atmosphäre sie, ähnlich wie die Scheiben eines Gewächshauses, daran hinderten. Dieser Prozess sollte später einmal Treibhauseffekt genannt werden.

Arrhenius kannte auch die Theorie des irischen Naturwissenschaftlers und Landvermessers John Tyndall, der sich für die Entstehung von Eiszeiten und die Stabilität von Gletschern interessierte und nebenbei 1861 an der Erstbesteigung des 4505 Meter hohen Weißhorns im Schweizer Kanton Wallis beteiligt war. Tyndall machte sich auf die Suche nach den Gasen in der Atmosphäre, die für den von Fourier postulierten Isolationseffekt verantwortlich waren. In Laborversuchen konnte er Wasserdampf, Kohlendioxid und Methan als Kandidaten ausmachen.

Nützlicher Treibhauseffekt

Heute ist klar, dass diese Gase die Erde überhaupt erst bewohnbar machen. Sie erzeugen den natürlichen Treibhauseffekt, indem sie einen Teil der von der Erdoberfläche ausgesandten Wärmestrahlung absorbieren und zur Erde zurückschicken. Die Wärme bleibt eine Zeit lang in der unteren Atmosphäre gefangen, bevor sie letztendlich doch aus den oberen Atmosphäreschichten in die Weiten des Alls entschwindet. Der natürliche Treibhauseffekt sorgt für eine irdische Durchschnittstemperatur von plus 15 Grad. Ohne die Treibhausgase wären es im Schnitt minus 18 Grad.[1] Das ist selbst zum Skifahren ziemlich kalt. Der natürliche Treibhauseffekt heizt der Erde also im Schnitt um 33 Grad ein. Vielen Dank für diese physikalisch-kosmischen Rahmenbedingungen.

Seit etwa 2,5 Milliarden Jahren befindet sich die Atmosphäre in einem halbwegs stabilen, lebensfreundlichen Zustand und hat dafür gesorgt, dass es trotz gewisser Schwankungen, trotz Eis- und Warmzeiten nie kalt genug wurde, um die Erde in eine Eiskugel zu verwandeln, und nie heiß genug, um alles Wasser verdampfen zu lassen.* Beides hätte dem irdischen Leben ein Ende gesetzt oder es von vornherein verhindert. Die Atmosphäre ist somit die ultimative Form einer Allmende, eines Gemeinguts, von dem alle etwas haben und das alle nutzen können. Von ihr hängt die Existenz aller Menschen ab und natürlich auch sämtlicher anderer Kreaturen. Die Erde ist der einzige (bisher) bekannte Ort im Universum, der optimale Bedingungen zur Entfaltung von Leben bereithält. Allein das ist Grund genug, den Planeten so gut wie möglich zu erhalten.

Weil knapp 100 Jahre vor Arrhenius' Geburt in England die ersten Dampfmaschinen zu fauchen begonnen hatten, wusste der Gelehrte auch, dass beim Verbrennen von immer mehr Kohle immer mehr Kohlendioxid in die Atmosphäre entweicht und dass dies nicht ohne Folgen bleiben würde. Das waren damals im Vergleich zu heute sehr geringe Mengen, aber der Physikochemiker begann schon mal zu rechnen, seinen Möglichkeiten entsprechend mit Papier und Bleistift und wohl wissend, dass Kohlendioxidmoleküle Wärmestrahlen bestimmter Wellenlängen absorbieren können: Er kam zu der Erkenntnis, dass sich die erdnahen Luftschichten bei einer Verdopplung der Kohlendioxidkonzentration in der Atmosphäre um vier bis sechs Grad erwärmen würden. Im kühlen Schweden lebend, sah er diesen Wandel grundsätzlich positiv.[2] Ein Kollege schlug sogar vor, ungenutzte Kohleflöze anzuzünden, um die Erwärmung anzukurbeln.[3]

---

* Nur ein- oder auch zweimal, vor etwa 600 bis 700 Millionen Jahren, als mehrere extreme Eiszeiten hintereinander über die Erde hereinbrachen, war die Erde fast vollständig vereist. Nur in kleinen Nischen konnten damalige Organismen überleben. Die Frostperiode endete erst, als massive Vulkanausbrüche große Mengen Kohlendioxid in die Atmosphäre schleuderten und der daraus resultierende Treibhauseffekt für wärmere Temperaturen sorgte.

Arrhenius, der übrigens ein entfernter Vorfahre der schwedischen Klimaaktivistin Greta Thunberg war[4], hatte keinerlei Instrumente, um den Kohlendioxidgehalt, geschweige denn dessen Anstieg zu messen. Es war eine rein rechnerische Hypothese aufgrund von theoretischen physikalischen Überlegungen. Bemerkenswert ist, dass die Superrechner der weltweit renommiertesten Institute für Klimaforschung 120 Jahre später zu keinem grundsätzlich anderen Ergebnis kommen, dafür aber gewaltig viel Energie verbrauchen. Mittlerweile gilt eine Erwärmung von 2,3 bis 4,5 Grad bei CO_2-Verdopplung als wahrscheinlich. Und die erwarten Forscher innerhalb der nächsten 60 bis 80 Jahre.[5]

Allerdings konnte sich der alte Schwede zu seiner Zeit kaum vorstellen, dass sich der CO_2-Gehalt der Atmosphäre überhaupt einmal verdoppeln würde. Er schätzte auf Basis der damaligen Industrie-Emissionen, dass dies ungefähr 3000 Jahre dauern würde. Anfang des 20. Jahrhunderts lebten gerade mal 1,6 Milliarden Menschen und nur einige wenige von ihnen waren reich genug, um größere Mengen von CO_2 zu verursachen. Zudem konnten die Ozeane, die immerhin 71 Prozent der Planetenoberfläche bedecken, damals noch den größten Teil des Gases absorbieren: CO_2 löst sich an der Wasseroberfläche zu Kohlensäure, von der sich ein Teil in den Tiefen der Weltmeere verliert und dort erst einmal für längere Zeit zwischengelagert wird.

Als Arrhenius dann 1908 ein viel beachtetes Buch veröffentlichte, in dem er die künftige Erwärmung beschrieb, verglühte bereits deutlich mehr Kohle in den Industrieanlagen als zwölf Jahre zuvor bei seiner ersten Veröffentlichung zu dem Thema. Der Wissenschaftler reduzierte daraufhin die Zeitspanne, in der er eine Verdopplung der CO_2-Konzentration in der Atmosphäre erwartete, wohlweislich auf ein paar Jahrhunderte.

Der Gehalt an CO_2 in der Atmosphäre lag zur Wende vom 19.

zum 20. Jahrhundert bei etwa 290 ppm und damit nur knapp über dem vorindustriellen Wert von 280 ppm. Das sind 280 *parts per million*, also millionstel Anteile, 0,028 Prozent oder 0,28 Promille. Anders ausgedrückt: Unter einer Million Luftmolekülen befanden sich damals 280 CO_2-Moleküle. Diesen Wert kannte Arrhenius zwar nicht, aber er lässt sich heutzutage leicht aus Luftbläschen in Eisschichten ermitteln, die sich zu seiner Zeit gebildet haben. Auf diese Art können Wissenschaftler den Gehalt von Treibhausgasen über Jahrzehntausende zurückverfolgen.

0,28 Promille hören sich nach lächerlich wenig an, was Klimawandelskeptiker gerne betonen. Aber Treibhausgase sind Spurengase und diese wirken nicht über große Mengen, sondern über ihre Fähigkeit, mit jedem einzelnen Molekül Wärmestrahlen zu absorbieren. Die Hauptbestandteile der Erdatmosphäre, Stickstoff mit 78 Prozent und Sauerstoff, den wir zum Atmen brauchen, mit 21 Prozent, können das so gut wie nicht und haben praktisch keinen Effekt auf die Strahlungsbilanz. Spurengase im niedrigsten Promillebereich aber sorgen für den Unterschied zwischen eiskalt und warm – und ein paar mehr von ihnen können den Unterschied zu heiß machen.[6]

Zickzack und aufwärts, immer weiter aufwärts

Der vorindustrielle Wert von 280 ppm CO_2 gilt als Referenzwert in der Klimadiskussion. Auch in der Zeit nach Arrhenius gab es lange Zeit keine verlässlichen Messwerte zum CO_2, weil die entsprechenden Messstationen in verschiedensten Ländern, auf Bergen, auf Schiffen oder in der Nähe von Industriegebieten angesiedelt waren. Aus den sehr unterschiedlichen Ergebnissen ließ sich kein einheitliches Bild zeichnen. Das änderte sich erst, nachdem der junge Doktorand James David Keeling vom Scripps Institut für Ozeanografie im kalifornischen San Diego im Rahmen des Internationalen Geophysikalischen Jahres 1957/58 auf dem Vulkan Mauna Loa in Hawaii Geräte zur Messung des CO_2-Gehaltes in der Atmosphäre aufgestellt hatte. Die Forscher hatten diesen Ort ausgewählt, weil er auf 3400 Meter Meereshöhe in einem Reinluftgebiet fern größerer Emissionsquellen liegt und sich das langlebige CO_2 auf dem Weg dorthin so weit vermischt haben sollte, dass man von einem globalen Durchschnittswert sprechen konnte. Eine zweite Messstation hatten die Wissenschaftler am Südpol eingerichtet, ebenfalls ein Ort jenseits von Gut und Böse.

Der erste CO_2-Messwert vom März 1958 und damit der Startpunkt der berühmten Mauna-Loa-Kurve lag bei 315,8 ppm. Das war mehr als zu Arrhenius' Zeiten und angesichts der um sich greifenden Industrialisierung nicht weiter verwunderlich, aber noch weit entfernt von einer möglichen Verdoppelung. Ein Jahr später, 1959, waren es bereits 0,6 ppm mehr. 1980 waren 336 ppm erreicht, 2000 schon 368 ppm. Der vorerst letzte Rekordwert stammt aus dem Mai 2020 und beträgt 417 ppm.[7] Eine Verdopplung im Vergleich zum vorindustriellen Wert läge bei 560 ppm. Bei einem Zuwachs im Zehnjahresmittel von gegenwärtig 2,3 ppm wäre dieser Wert in 62 Jahren erreicht.[8] Ob das geschieht, hängt praktisch nur von den künftigen Emissionen ab, also von den Erfolgen einer globalen Klimapolitik.

Davon ist aber bisher wenig zu sehen: Die Mauna-Loa-Kurve knickt keinesfalls ab, sondern verläuft zickzackmäßig, kontinuierlich und in verschärftem Tempo nach oben. Das alljährliche Auf und Ab erklärt sich nicht etwa durch pulsierende Emissionen, sondern durch den Vegetationszyklus der Biosphäre. Diese findet sich überwiegend auf der nördlichen Hemisphäre, weil dort die größten kontinentalen Flächen liegen. Immer im Frühjahr beginnen dort die Pflanzen zu wachsen, sie holen sich Kohlendioxid als Nährstoff aus der Luft und lassen den CO_2-Gehalt in der Atmosphäre vorübergehend sinken. Bis Herbst und Winter auf der Nordhalbkugel hereinziehen, die Pflanzen ihre Fotosynthese einstellen, Biomasse verrottet, der CO_2-Gehalt wieder ansteigt und jeweils im Mai sein Maximum erreicht. Dabei erreicht er stets einen höheren Wert als im Vorjahr: Die Luft wird dicker und dicker. Auch der coronabedingte Wirtschaftseinbruch 2020 hat daran nichts geändert.

Die menschengemachten Emissionen können eine Erwärmung verursachen, die dem Unterschied zwischen einer Eis- und einer Warmzeit entspricht. Dummerweise befindet sich die Erde aber schon heute in einer Warmzeit und ein zusätzlicher Schub über die Verbrennung von Kohle, Öl und Erdgas würde den Planeten zwangsläufig in eine Heißzeit katapultieren. Klimawissenschaftler können sich dabei an der Erdgeschichte orientieren: So hoch wie heute war die CO_2-Konzentration in der Atmosphäre das letzte Mal vor rund drei Millionen Jahren. Damals herrschten, verglichen mit der vorindustriellen Zeit, zwei bis drei Grad höhere Temperaturen und die Meeresspiegel standen 15 bis 25 Meter höher als heute.[9]

Zu allem Überfluss sorgt nicht nur das menschengemachte CO_2 für einen zusätzlichen Treibhauseffekt, sondern die ganze sogenannte *Greenhouse Gang*, zu der Gase wie Methan (CH_4), Lachgas (N_2O) sowie synthetische Substanzen wie Fluorchlorkohlenwasserstoffe (FCKW) oder Schwefelhexafluorid (SF_6) gehören. Mit Ausnahme der FCKW nehmen deren Gehalte in der Atmosphäre deutlich zu, Methan und Lachgas vor allem wegen der ausufernden Landwirtschaft und der größer werdenden Rinderherden, denen das Methan aus ihrem Wiederkäuer-Verdauungstrakt entweicht. Methan wird in größeren Mengen auch aus Reisfeldern,

Mülldeponien, Leckagen bei der Förderung und dem Transport von Erdgas sowie beim Kohleabbau freigesetzt.

Die natürlichen Systeme können die Abfallstoffe der Menschheit schlichtweg nicht mehr kompensieren. Auch die Ozeane fallen als größte CO_2-Schlucker aus. Sie nehmen nicht mehr über die Hälfte der jährlichen Emissionen auf wie zu Arrhenius' Zeiten, sondern nicht mal mehr ein Viertel. Die oberen Schichten der Weltmeere enthalten bereits so viel CO_2, dass nur noch wenig mehr hineinpasst. Nebenbei bedeutet das Treibhausgas in den Ozeanen, dass sich dort mehr Kohlensäure bildet und sich der Säurewert im Wasser verändert. Seit Beginn der Industrialisierung sind die Weltmeere bereits um 26 Prozent saurer geworden.* Das sind schlechte Nachrichten für kalkbildende Organismen wie Muscheln und ganze Korallenriffe. Sie können sich unter diesen Bedingungen nur noch schlecht regenerieren oder sterben ganz ab, fallen dann als wichtiger Kohlenstoffspeicher aus und beschleunigen die Anreicherung von CO_2 in der Atmosphäre.[10] Rund um den Globus erleben die Riffe ihre Korallenbleiche. Was einst vor bunter Vielfalt strotzte, bleibt als graue, leblose Unterwasserlandschaft zurück.

Hinzu kommt, dass die Ozeane auch als natürlicher Wärmepuffer dienen. Sie absorbieren einen wesentlichen Teil – derzeit etwa 90 Prozent – der menschengemachten Erderwärmung. Wärmere Meere aber können Sauerstoff schlechter aufnehmen und den brauchen die meisten Meeresorganismen zum Leben. Vor

---

* Auch wenn die Wissenschaft von einer Versauerung der Ozeane spricht, weil sich mehr Kohlensäure in den Meeren löst, spielt sich dieser Prozess immer noch im basischen Bereich ab. Der pH- oder Säurewert der Ozeane liegt bei 8,1, sinkt aber seit geraumer Zeit und wird dabei weniger basisch.

allem absorbieren sie weniger CO_2 beziehungsweise sie geben es leichter wieder ab, wie die Sprudelflasche in der Sommersonne. Größte CO_2-Senke ist mittlerweile die Biosphäre: Trotz der verheerenden Verluste an tropischen Regenwäldern verschwindet heute deutlich mehr CO_2 in den nachwachsenden Bäumen, als sich durch die (Brand-)Rodung in die Atmosphäre verflüchtigt. Denn unter den steigenden Temperaturen dehnen sich die Waldgebiete bis in die höheren Breiten aus, vor allem in Sibirien und Nordamerika. Wo zuvor nur Moose, Gräser, Farne und Sträucher wuchsen, ragen jetzt Lärchen, Fichten und Kiefern empor. Aus der baumlosen Kältesteppe namens Tundra wird zusehends die Taiga, ein borealer Nadelwald. Zudem ist das Kohlendioxid in der Luft der wichtigste Pflanzennährstoff, der wie Dünger das Wachstum der Bäume ankurbelt. Die natürlichen Systeme Ozean und Biosphäre puffern also eine Menge der menschlichen Schandtaten ab. Genau gesagt schlucken sie rund die Hälfte des vom Menschen emittierten CO_2, aber das ist bei Weitem nicht genug.[11]

Je mehr die Wissenschaft über den Klimawandel, die ultimative Folge menschlicher Aktivitäten, herausfindet, umso deutlicher wird, dass er eine hochkomplexe Angelegenheit ist. Einige Einzelprozesse können sich gegenseitig hochschaukeln und den Wandel immer schwerer kontrollierbar machen. Das macht es für die Politik nicht eben einfacher, an den richtigen Stellschrauben zu drehen, um dem Wandel entgegenzutreten.

Konferenzen ohne nachhaltige Folgen

1995 trafen sich in Berlin – das Ereignis ist längst in Vergessenheit geraten – erstmals Vertreter von 160 Staaten zu einer Konferenz, um über die Verringerung der Treibhausgasemissionen zu beraten. In der Wissenschaft und den Medien war die globale Erwärmung längst zu einem Thema geworden. Das Ziel war, die Industriestaaten zu bewegen, den Ausstoß bis 2000 auf den Stand von 1990 zurückzufahren. Der damalige Bundeskanzler Helmut Kohl, möglicherweise unter dem Einfluss seiner noch weitgehend unterschätzten Umweltministerin Angela Merkel, forderte auf der Konferenz ein verbindliches Klimaschutzprotokoll bis 1997. Wirkliche Ergebnisse hatte die erste Weltklimakonferenz allerdings keine.[12] Dafür gab es nach 1995 weitere Konferenzen dieser Art, in Genf, Mailand, Buenos Aires, Nairobi, auf Bali, in Cancun oder in Marrakesch, überall dort, wo man als Klimadiplomat ohnehin schon mal hinwollte. Konferenz Nummer 26 soll – coronabedingt um ein Jahr verschoben – 2021 in Glasgow stattfinden.

Bereits 1990 hatte das Intergovernmental Panel on Climate Change (IPCC), eine Art Weltklimarat mit Sitz in Genf, einen ersten Sachstandsbericht vorgelegt, der den Überblick über den anerkannten wissenschaftlichen, technischen und sozioökonomischen Wissensstand in Sachen Klimaveränderung, dessen Folgen sowie Anpassungsmöglichkeiten und Vermeidungsstrategien lieferte. Dazu hatte der Rat unter anderem verschiedene Szenarien aufgestellt, wie sich künftig die Temperaturen der erdnahen Luftschichten in Abhängigkeit vom weiteren Ausstoß aller Treibhausgase entwickeln würden. Die vier Szenarien reichten von einer »Vollbremsungs«-Variante, bei der die Emissionen sofort hätten sinken müssen, über mittlere bis heftige Eingriffe bis hin zu einem »Business-as-usual«-Szenario, auf gut Deutsch der Variante »Weiterwurschteln wie bisher«.[13]

Selbst im günstigsten Szenario wäre der Gehalt der Treibhausgase noch bis 2030 weiter gestiegen, um danach in ein Gleichgewicht zwischen Emissionen und natürlichem Abbau der Gase überzugehen. Unter diesen Bedingungen erwarteten die Wissenschaftler damals einen mittleren Temperaturanstieg auf der Erde von etwa 2,5 Grad gegenüber dem vorindustriellen Wert. Das ungünstigste Weiterwurschtel-Szenario ging von einem weltweit steigenden Verbrauch fossiler Brennstoffe sowie einem entsprechenden Anstieg der Emissionen aus, von einer Landwirtschaft, die immer mehr Treibhausgase produziert, und von einem anhaltenden Abholzen der Regenwälder. Bei diesem Zukunftsbild rechnete der IPCC mit mehr als einer Verdreifachung der Kohlendioxid-Äquivalente in der Atmosphäre bis Ende des 21. Jahrhunderts, mit einem Temperatursprung von sechs Grad, mit einem deutlichen Gletscher- und Meereisschwund, steigenden Meerespegeln, einer Zunahme der Extremwetterereignisse und so weiter. Danach sah es verdammt schlecht aus für die Lebensbedingungen auf dem Planeten. Zumindest kommende Generationen hätten sich an eine völlig neue, heiße Zeit anpassen müssen.

Dieses Szenario war so düster, dass die meisten Experten es für unwahrscheinlich hielten. Zu naheliegend schien es, aus Vernunftgründen so schnell wie möglich umzusteuern und es zu verhindern. Manche Forscher wollten »Business as usual« gar nicht aufnehmen, weil es nach Schwarzmalerei klang.

Doch jetzt raten Sie mal, auf welchem Szenario die reale Welt im Jahr 2020 in die Zukunft segelt? Es ist ziemlich exakt jenes, das der IPCC vor 30 Jahren als Warnung für den schlechtesten alle Fälle formuliert hatte. Allein der jährliche CO_2-Ausstoß hat seither um über 60 Prozent zugenommen, statt wie im günstigsten Szenario angemahnt schon von 1990 an zu sinken.[14] Das bedeutet 30 Jahre Zeitverlust im Kampf gegen den Klimawandel. Und 30 Jahre, in denen es schlimmer statt besser geworden ist.

Paris 2015: Das war der Gipfel!

Wie beratungsresistent Politik und Menschheit noch immer sind, zeigt sich auch an der einst als »Meilenstein« gefeierten Übereinkunft von Paris. Wieder einmal war im Jahr 2015 die politische und wissenschaftliche Weltgemeinschaft in Sachen Klimawandel zusammengetroffen, um endlich zu einer Einigung auf der Suche nach einem Weg aus der Klimafalle zu kommen. Vertreter von 195 Staaten plus die EU waren anwesend, um nach 20 (!) Jahren Verhandlungen zu beschließen, dass die menschengemachte Erwärmung auf deutlich unter zwei Grad gegenüber vorindustriellen Werten begrenzt werden sollte. Die 2-Grad-Grenze galt schon seit den 1980er Jahren als informelle Grenze zwischen Klimawandel und Klimakatastrophe.

Auf Druck der am stärksten vom Klimawandel betroffenen Länder, vor allem jener Inselreiche, denen das Wasser heute schon bis zum Hals steht, wurde das Ziel in Paris sogar auf 1,5 Grad verschärft. Genauer gesagt soll nach dem Abkommen das 2-Grad-Ziel mit einer Wahrscheinlichkeit von mehr als 66 Prozent erreicht werden und zugleich eine 50:50-Chance erhalten bleiben, die Erwärmung auf 1,5 Grad zu begrenzen.[15] Weil die meisten Menschen nur wenig mit Wahrscheinlichkeitsrechnungen vertraut sind, hat sich in der öffentlichen Diskussion entweder das 1,5- oder das 2-Grad-Ziel eingebürgert.[16] Die entsprechende Vereinbarung des Abkommens trat ein knappes Jahr später in Kraft. Bisher haben 189 der mittlerweile 197 Vertragspartner das Abkommen ratifiziert.[17]

So weit, so gut. Nur leider zeigt die Temperaturkurve der Erde bereits eine Erwärmung von 1,2 Grad. Dem momentanen Trend folgend, könnte es nur noch wenige Jahre dauern, bis die 1,5 Grad erreicht sind. Der Mai 2020, der wärmste je gemessene, lag weltweit bereits um 1,48 Grad über dem vorindustriellen Wert. Für Deutschland meldete der Deutsche Wetterdienst Anfang 2020 bereits eine Erwärmung von 1,6 Grad, ein Wert, der sich auch mit den Klimamodellrechnungen deckt. Diesen haben die Meteorologen ermittelt, indem sie eine gerade Durchschnittslinie durch die Jahresmittelwerte von 1881 bis 2019 gezogen haben. Weil die Temperaturtrendlinie aber nicht linear, sondern seit etwa 1980 beschleunigt verläuft, ergibt sich für Deutschland in Wirklichkeit bereits eine durchschnittliche Erwärmung von zwei Grad.[18]

1,5 Grad wären im weltweiten Mittel längst erreicht, wären da nicht die Aerosole in der Luft. Das sind Schwebeteilchen und feinste Stäube aus der Kohleverfeuerung, dem Verkehr, den abgefackelten Wäldern und dem Abbrennen von abgeernteten Feldern, die vor allem in vielen Schwellenländern den Himmel verdunkeln, die Lungen schädigen und die Erde wie ein Sonnenschirm um 0,3 bis 0,4 Grad herunterkühlen.[19] Ironie des Umweltschutzes: Würde die Luft sauberer, was aus Gesundheitsgründen dringend geboten wäre, gäbe es sofort den entsprechenden Wärmeschub. Anders ausgedrückt: Verbrennen wir aus Klimaschutzgründen weniger Kohle, stoppen die Brände von Biomasse und jagen weniger Benzin und Diesel durch veraltete Automotoren, wird es erst einmal wärmer. Es ist wie beim Schachspiel kurz vor dem Matt – viele Optionen bleiben nicht mehr.

Das Pariser Vertragswerk ist ein Meilenstein, weil es so etwas vorher nicht gab. Aber es hat entscheidende Schwächen: So sind die bisher vorgelegten Reduktionsziele, die jedes Land freiwillig für sich selbst festlegen kann, so unzureichend, dass sich daraus eine Gesamterwärmung um 2,7 Grad ableitet. Das 2-Grad-Ziel würde bei aktueller Politik schon im Jahr 2045 gerissen. Hinzu kommt, dass die schlappen Ziele nicht verbindlich sind und bisher nur von wenigen, meist kleinen Ländern erreicht werden.

Um zu zeigen, wie sich Absichtserklärungen von der Wirklichkeit unterscheiden, erstellt das Umweltprogramm der Vereinten Nationen (UNEP) regelmäßig einen *Emissions Gap Report*, der die Lücke zwischen den Selbstverpflichtungen der einzelnen Länder und den tatsächlich umgesetzten Emissionsminderungen dokumentiert. Das ist die Lücke zwischen Wunsch und Wirklichkeit.

Noch im zehnten Report von 2019 wählte die UN-Unterabteilung, die eigentlich eine nüchtern-bürokratische Behörde ist, harsche Worte, um die vermeintlichen Klimaschutzbemühungen zu beschreiben: Die Staaten hätten »kollektiv versagt«, den Anstieg der Treibhausgasemissionen zu stoppen. Sieben große Länder seien in ihrer Klimapolitik komplett aus der Spur: Australien, Brasilien, Kanada, Japan, Südkorea, Südafrika und die USA. Für die notwendige Dekarbonisierung der Weltwirtschaft bis 2050 seien »grundlegende strukturelle Veränderungen« nötig, eine diplomatische Formulierung dafür, dass die Länder ihre wachstumsorientierte und ressourcenzehrende Wirtschaftsweise komplett auf den Kopf stellen müssten.[20]

Doch schon ein Jahr später, im elften *Emissions Gap Report* von 2020, konnte UNEP einen Lichtblick vermelden: Erstmals war der Ausstoß von Treibhausgasen auf globaler Ebene leicht zurückgegangen, allerdings nicht aufgrund globaler Einsicht, sondern wegen der Covid-19-Pandemie. Zudem hatte sich eine große Zahl an Staaten unter dem Eindruck der Seuche neue Emissionsminderungsziele gesetzt, heißt es in dem Report: 126 Länder, die für 51 Prozent der globalen Treibhausgasemissionen zeichnen, hätten sich vorgenommen, ihren Ausstoß bis 2050 auf Netto-Null zu reduzieren. Rechnet man noch die Ankündigungen der neu gewählten Biden/Harris-Regierung in den USA hinzu, wären es sogar 127 Länder und 63 Prozent.

Das alles sei zwar mit Blick auf 2050 »sehr ermutigend«. Die längerfristige Perspektive werde allerdings dadurch getrübt, dass viele Länder nicht einmal ihre Ziele für 2030 erreichen könnten, weshalb die Welt immer noch »in eine katastrophale Temperaturerhöhung von über drei Grad bis Ende des Jahrhunderts« treibe.[21]

Noch akribischer analysiert die Internetseite *Climate Action Tracker* (CAT), die laufend von einem Konsortium aus verschiedenen internationalen Forschungseinrichtungen aktualisiert wird, die Fortschritte im Kampf gegen die globale Erwärmung. Sie beschreibt, welcher Temperaturanstieg bis Ende des Jahrhunderts zu erwarten ist, abhängig von den proklamierten Selbstverpflichtungen einzelner Staaten und deren tatsächlicher Umsetzung. Die 37 untersuchten Länder bekommen jeweils eine ausführliche Bewertung ihrer Anstrengungen – kein einziges erhält das Prädikat »Vorbild«. Australien beispielsweise, der größte Kohleexporteur der Welt, erreicht nur ein »hochgradig mangelhaft«, weil es seine ohnehin unzureichenden Ziele bis 2030 um Längen verfehlen dürfte und keine langfristigen Ziele hat. Saudi-Arabiens Ambitionen in Sachen Klimaschutz werden als »kritisch unzureichend« eingestuft. Das Land hat zwar eine Strategie für erneuerbare Energien, hängt in seiner Energieversorgung aber nach wie vor nahezu komplett von Öl und Gas ab. Anstelle einer Verminderung der Treibhausgasemissionen sei für Saudi-Arabien zwischen 2010 und 2030 eine Verdopplung zu erwarten. Äthiopien, das afrikanische Land mit dem stärksten Wirtschaftswachstum der jüngeren Vergangenheit, bekommt ein Lob dafür, dass seine Klimapolitik im Rahmen des 2-Grad-Ziels sei. Das schaffen nur sehr wenige Länder. Äthiopien hat nach eigenen Angaben 2019 vier Milliarden Bäume gepflanzt, plant sein Klimaprogramm weiter auszuweiten, hat das größte Wasserkraftwerk des Kontinents in Betrieb genommen und investiert in großem Stil in Solarenergie.

Und Deutschland? Auch das Land mit dem Erneuerbare-Energien-Gesetz kommt nicht über ein »hochgradig unzureichend« hinaus. Zwar haben die Deutschen, coronabedingt, ihr selbstgestecktes Ziel einer CO_2-Reduktion von 40 Prozent bis 2020 gegenüber 1990 erreicht beziehungsweise sogar leicht übererfüllt. CAT kritisiert aber, dass der Ausbau der erneuerbaren Energien stagniere.[22]

Bislang ist kaum ein Land bereit, als Erstes die Kosten für den notwendigen Umbau seiner Volkswirtschaft zu übernehmen. Gerade die reichen Länder hätten die größten Anfangskosten für den Klimaschutz zu tragen, den größten Nutzen trügen aber andere, tendenziell arme Länder in ferner Zukunft. Saudi-Arabien, Russland und andere Ölförderländer etwa wollen ihre Rohstoffe so lange es geht gewinnbringend verkaufen. Australien oder Südafrika wollen weiter Kohle fördern, exportieren und zur Stromerzeugung verfeuern. Brasilien, das Land mit den größten Regenwaldgebieten der Welt, hat angekündigt, aus dem Pariser Abkommen auszusteigen. All diese länderegoistischen Entscheidungen führen unterm Strich zu mehr Treibhauseffekt, der allen schadet.

Auch die Vereinigten Staaten, immerhin der zweitgrößte Klimaschädling der Welt, haben sich in einer länglichen Rede des ehemaligen Präsidenten am 1. Juni 2017 vom Abkommen vorläufig verabschiedet. Es sei unfair gegenüber den USA und der Präsident sehe seine Aufgabe darin, das Land und seine Bürger zu beschützen.[23] Dreieinhalb Jahre später nahmen die USA unter neuer Führung den Ausstieg aus dem Abkommen zwar wieder zurück, aber wieder einmal waren wertvolle Jahre im Kampf gegen den Klimawandel verloren gegangen.

Dabei hatte das amerikanische Wissenschaftsmagazin *Science* noch 2017 einen Plan dafür veröffentlicht, wie sich das 1,5-Grad-Ziel von Paris noch hätte erfüllen lassen: Demnach hätten die

globalen Treibhausgasemissionen 2020 ihren Höhepunkt erreichen und in den kommenden Jahrzehnten jeweils halbiert werden müssen. 2050 dürfte die Menschheit nur noch ein Achtel
der heutigen Treibhausgase ausstoßen. Zusätzlich müssten zu
diesem Zeitpunkt Möglichkeiten für »negative« Emissionen bereitstehen, also Verfahren, mit denen sich CO_2 künstlich aus der
Atmosphäre entfernen lässt.[24] Um welche Mengen es dabei geht,
wird an den CO_2-Emissionen allein des Jahres 2019 deutlich: Es
waren rund 37 Milliarden Tonnen, die aus der Verbrennung fossiler Quellen stammten, und weitere 5 Milliarden Tonnen, weil
Wälder gerodet und abgebrannt wurden. Für über die Hälfte der
fossilen CO_2-Emissionen waren China, die USA und die EU verantwortlich.[25]

Bei negativen Emissionen müssten entweder Techniken zum
Einsatz kommen, die CO_2 aus den Verbrennungsgasen isolieren
und im Untergrund oder in der Tiefsee sicher lagern können –
die sind aber bis dato weder großtechnisch verfügbar, noch wäre
ihre Sicherheit gewährleistet. Oder die Menschheit müsste eine
großflächige Aufforstung vorantreiben, die durch den Kohlendio-
xidhunger der Bäume ebenfalls CO_2 aus der Atmosphäre fischt.
So sinnvoll das allein aus ökologischen Gründen wäre, die zur
Verfügung stehenden Flächen reichen keinesfalls aus, um die
notwendige CO_2-Reduktion zu bewirken. Der Plan zur Klimaret-
tung des Magazins *Science* war ein verzweifelter letzter Aufruf an
die globale Vernunft, hatte aber aus heutiger Sicht eher theoretischen Charakter.

Anklage via Indizienprozess

Klimawandelskeptiker und -leugner halten die Erkenntnisse der Wissenschaft und deren Modelle wahlweise für Unfug oder für eine Erfindung fremder Mächte, um der eigenen Nation zu schaden. Diese Menschen dürften schwer von sachlichen Argumenten zu überzeugen sein, wie sie etwa auf der Website der amerikanischen Weltraumbehörde NASA *(www.climate.nasa.gov)* verfügbar sind.

Wie aber lässt sich beweisen, dass der Mensch wirklich hinter der globalen Erwärmung steckt? Wie lassen sich jene zur Einsicht bringen, die ihr Verhalten, ihren Konsum und ihre Wirtschaftsweise nicht verändern wollen, weil sie die Folgen des Klimawandels gegenüber einem Verlust an Freiheiten als geringfügig einstufen?

Sie leugnen den anthropogenen Treibhauseffekt zwar nicht grundsätzlich, halten seine Auswirkungen aber für tragbar. Ähnliche Abwägungen stellen die Menschen an, wenn sie weiterhin mit dem Auto fahren, obwohl sie wissen, dass der Straßenverkehr allein in Deutschland jedes Jahr ein paar tausend Opfer fordert. Autofahren hat eben auch Vorteile und das ganze Leben ist ein Risiko.

Abzuwarten, bis der menschengemachte Klimawandel alle angekündigten Veränderungen wahr werden lässt, um irgendwann den eindeutigen Beweis anzutreten, dass der Mensch die Schuld dafür trägt, wäre keine gute Idee. Dann ist der Schaden angerichtet und er ließe sich durch keine Maßnahme wieder beheben. Gute Krisenpolitik ist *Vorsorge*politik, wie sich schon im Alten Testament lernen lässt: Dort hatte ein gewisser Noah einen ziemlich großen hölzernen Kahn fix und fertig gebaut, *bevor* die große Flut hereinbrach, um sich, seine Frau, seine drei Söhne Sem,

Ham und Jafet nebst deren Ehefrauen sowie je ein Paar aus dem gesamten Tierreich zu retten.

Deshalb bleibt im Streit um das Klima für den Moment nichts anderes, als einen Indizienprozess gegen den Verdächtigen zu führen. Dies ist ein übliches gerichtliches Verfahren, wenn der Angeklagte alle Anschuldigungen abstreitet oder jede Aussage zur Tat verweigert. Beim Klima ist das der Fall, wenn einzelne Personen beziehungsweise ganze Regierungen den Einfluss menschlicher Aktivitäten auf das Klimageschehen abstreiten, dem Thema wenig Aufmerksamkeit schenken oder es gar nicht zur Kenntnis nehmen.

Bei einem Indizienprozess baut das Gericht sein Urteil allein auf Beweisanzeichen auf. Die meisten Länder lassen eine Verurteilung auf Grundlage von Indizienbeweisen zu. Das ist zwar komplizierter und langwieriger als eine Verurteilung nach einem Geständnis, aber ein anerkannter Weg zur Ermittlung der Wahrheit. Jedes belastende Indiz erhöht die Wahrscheinlichkeit dafür, dass letztlich eine Verurteilung möglich wird. Am Ende sagt das Gericht nach Vorliegen einer überzeugenden Indizienkette: »Das muss der Täter gewesen sein. Es gibt keine andere Erklärung.«

Wie sähe das Verfahren »Mensch gegen Klima« aus, wie ließe sich der Angeklagte durch einen Indizienprozess überführen? Fangen wir mit dem Sachstand an: Die Theorie sagt, dass die Temperaturen der erdnahen Luftschichten mit dem Zuwachs von Treibhausgasen in der Atmosphäre steigen. Die Praxis zeigt, dass der Zuwachs real ist. Messergebnisse zeigen zudem, dass er sich seit 1980 beschleunigt hat. Theoriekonform steigen parallel dazu auch die Temperaturen, und zwar seit einigen Jahren ebenfalls beschleunigt. 1990 lagen sie im weltweiten Mittel 0,7 Grad über dem vorindustriellen Wert. 2020 waren es schon 1,2 Grad.

Der landläufige Eindruck, dass die Sommer wärmer und länger und die Winter schneeärmer und kürzer werden, lässt sich durch wissenschaftliche Beobachtungen klar bestätigen. So beginnt etwa die Apfelblüte in vielen Regionen Deutschlands heute zeitiger als noch vor 30 oder 50 Jahren.[26] Auch die Weinreben in den deutschen Anbaugebieten bekommen ihre Blüten rund zwei Wochen früher als im langjährigen Mittel, zudem müssen die Winzer ihre Rebsorten an das wärmere Wetter anpassen. Syrah, Merlot, Cabernet Sauvignon und Chardonnay, die früher nur in Frankreich zu finden waren, breiten sich immer weiter nach Norden aus. Nur der Riesling, der Deutschen Edelrebe, leidet unter der Hitze, weil er kühle Nächte braucht, um spät zu reifen und die nötige Säure zu bilden. Er wandert mit dem Klimawandel in höhere Breiten und könnte bald schon die Norddeutsche Tiefebene, England und Skandinavien erobern. Edelsüßer Eiswein aus Riesling, mit dem sich viel Geld verdienen lässt, wird immer seltener. 2019 fiel er in Deutschland nahezu komplett aus, weil der dafür erforderliche Frost von mindestens minus sieben Grad fehlte.[27] Daran geht die Welt nicht zugrunde, aber die Migration der Reben, die sich überall beobachten lässt, ist ein klares Indiz für die globale Erwärmung.

Weltweit war das Jahrzehnt von 2010 bis 2019 das bisher wärmste seit 1880, seit ausreichend Daten erhoben werden. 20 der global wärmsten je gemessenen Jahre spielten sich im 21. Jahrhundert ab, das gerade einmal 21 Jahre alt ist.[28] Der Deutsche Wetterdienst registrierte 2003, 2018 und 2019 als die bisher heißesten Sommer im Lande.[29] 2019 kletterte das Thermometer im niedersächsischen Lingen am 25. Juli auf den Rekordwert von 42,6 Grad. Zuvor war es zwischen Rügen und dem Bodensee nie heißer als 40,3 Grad gewesen. Drei Tage nach der Hitze in Lingen vermeldete das südfranzösische Vérargues mit 46 Grad ebenfalls einen Landesrekord. Auch das finnische Helsinki hoch im Norden nahm Rekordkurs und erreichte 33,2 Grad.[30]

Um diese Zeit herrschte in Australien noch Winter, doch auch dort kündigte sich bald schon ein Extremwetter an. Eine Hitzewelle war im Anmarsch, die bis Februar 2020 anhalten sollte. Der Dezember 2019 brach alle Temperaturrekorde auf dem Kontinent. In der Nullarbour-Ebene im Süden Australiens, einer ohnehin schon staubtrockenen und, wie der Name sagt, baumlosen Gegend zwischen Adelaide und Perth, wurden im Dezember 49,9 Grad gemessen. Bei dieser Temperatur sind menschliche Aktivitäten im Freien praktisch nicht mehr möglich. Menschen sind nicht für einen dauerhaften Aufenthalt in einer Sauna gemacht und selbst Kängurus suchen das Weite. Insgesamt blieb der australische Weihnachtsmonat 4,2 Grad über dem langjährigen Mittel. Klimaforscher haben ausgerechnet, dass ein derartiger Wärmeschub im Vergleich zum Jahr 1900 zehnmal wahrscheinlicher geworden ist.[31]

Planet unter Feuer

Kein Wunder, dass zum Jahreswechsel 2019/20 in Australien die Wälder in Flammen standen. 240 Tage lang waren die Feuer nicht zu stoppen, starke Winde machten das Löschen unmöglich. 110 000 Quadratkilometer brannten nieder, eine Fläche so groß wie Bulgarien.[32] Mindestens 34 Menschen und geschätzte 3 Milliarden Tiere überlebten das Inferno nicht, darunter nach Analysen des World Wide Fund For Nature (WWF) 43 Millionen Säugetiere, 2,5 Milliarden Reptilien, 180 Millionen Vögel und 51 Millionen Frösche.[33]

Die Liste der außergewöhnlichen Wetterereignisse ließe sich

lange fortschreiben: Da wären die beiden Zyklone Idai und Kenneth, die 2019 kurz hintereinander Mosambik sowie die Nachbarländer Malawi und Zimbabwe mit voller Wucht trafen, eine Viertelmillion Häuser zerstörten und 715 000 Hektar Landwirtschaftsflächen verwüsteten.[34] Oder die Trockenperiode im südlichen Afrika von 2018 bis 2020, die für nie gekannte Ernteausfälle von Angola bis Simbabwe, von Sambia bis ans Kap der Guten Hoffnung sorgte. Der Wassermangel legte das 1300-Megawatt-Kraftwerk am Kariba-Stausee an der Grenze zwischen Sambia und Simbabwe, eines der größten weltweit, so gut wie lahm. Die Victoriafälle, die wichtigste Touristenattraktion in der Region, verloren ihre gischtstaubende Attraktivität, weil ihnen die Hälfte des Wassers fehlte.[35] In der Metropole Kapstadt brach der Trinkwassernotstand aus.[36]

Während dieses Buch im Jahr 2020 entstand, ging es weiter mit den Wetterextremen: Im amerikanischen Death Valley in der Mojavewüste zwischen Las Vegas und Los Angeles stieg das Thermometer am 16. August auf 54,4 Grad. Das war der weltweit höchste gemessene, offiziell bestätigte Wert aller Zeiten und ungefähr 15 Grad wärmer, als es für eine heiße Dusche zu empfehlen ist.[37] Nicht weit entfernt davon kämpften im August in Kalifornien 14 000[38] Feuerwehrleute bei extremer Hitze und Unwettern gegen 585 Einzelbrände, die sich zum Teil zu drei Großbränden zusammengeschlossen hatten.[39] Dass Wälder brennen, ist etwas völlig Normales, dass Waldbrände in Kalifornien im späten Sommer besonders oft ausbrechen, auch. Aber höhere Temperaturen und stärkere Trockenheit bedeuten mehr und größere Feuer, und dass sie in dem Bundesstaat mittlerweile über zwölf Monate im Jahr ausbrechen, ist nicht mehr normal. Die Website der kalifornischen Feuerbekämpfer Calfire führte wochenlang die größten Brände und die aktuelle Kontrolle über sie in einer Endlosliste auf. Da hieß es etwa am 11. September 2020: »Creek Fire, Fresno County, 71 000 Hektar; null Prozent Kontrolle; Evakuierungen im Gange.« »Elkhorn Fire, verschiedene Counties, 103 000 Hektar; 27 Prozent unter Kontrolle; Evakuierungen im Gange.« »LNU Lightning Complex, mehrere North Bay Counties; 147 000 Hektar; 27 Prozent unter Kontrolle; 1491 Gebäude zerstört; Evakuierungen im Gange.« Und so weiter.[40] Mitte September 2020 waren allein in Kalifornien 10 000 Quadratkilometer Wald zu Asche geworden – und da standen dem Land noch zwei Feuermonate bevor, in denen die herbstlichen Santa-Ana-Winde neue Brandherde anfachten. Auch in den nördlichen Pazifik-Bundesstaaten Oregon und Washington verglühten die Wälder. Landeinwärts in den Rocky-Mountain-Staaten sah es nicht viel besser aus. Zu allem Übel mussten die Brandbekämpfer in diesem Jahr auf eine wichtige Unterstützung verzichten – auf Häftlinge, die sonst zum Kampf gegen das Feuer eingeteilt waren. Von ihnen standen 2020 deutlich weniger zur Verfügung, weil sie sich im Knast nicht mit Covid-19 infizieren sollten und vorzeitig entlassen worden waren. Das zeigt, dass sich nicht nur einzelne Brandherde zu einem Großbrand vereinen können, sondern auch isolierte Krisen zu einer Großkrise.

Einen weiteren Puzzlestein im Klima-Indizienprozess liefern die Pegel der Ozeane. Sie werden seit 150 Jahren an vielen Küsten gemessen, seit rund 30 Jahren auch akkurat per Satellit aus dem Weltraum. Die Ergebnisse sind eindeutig: Der Meeresspiegel steigt. Dafür sind zwei Faktoren verantwortlich, die beide in direktem Zusammenhang mit dem menschengemachten Klimawandel stehen. Erstens tauen bei höheren Temperaturen langsam, aber sicher die Festlandgletscher, am Kilimandscharo, in den Alpen, in den Anden oder im Himalaja. Das entstehende Schmelzwasser sucht sich seinen Weg über Bäche und Flüsse bis in die Weltmeere und lässt sie steigen. Zweitens puffern die Ozeane zwar die Erwärmung der erdnahen Luftschichten ab, indem sie sich selbst aufheizen, aber dabei dehnen sie sich thermisch aus, wie jeder Körper, der sich erwärmt.

Beide Faktoren, Schmelzwasser und thermische Expansion, tragen etwa in gleichem Umfang zum Meeresspiegelanstieg bei und der beläuft sich im globalen Mittel auf etwa 22 Zentimeter gegenüber 1900. Dabei hat sich der Anstieg parallel zu den Treibhausgasemissionen wie auch zu der Erhöhung der Lufttemperaturen in der jüngeren Vergangenheit beschleunigt. Im 20. Jahrhundert waren es im Schnitt 1,5 Millimeter pro Jahr. Im 21. Jahrhundert sind es bisher etwa 3,3 Millimeter.[41] Ein weiteres Indiz.

Mittlerweile leiden unter der globalen Erwärmung sogar zwei wichtige Regionen, die Experten lange Zeit für schmelzresistent hielten: Grönland und die Antarktis. Dort war es früher im Schnitt so kalt und trocken, dass sich ein Temperaturanstieg um ein paar Grad immer noch im Minusbereich abgespielt hätte, also nicht zu einer Schmelze hätte führen können. Die beiden Kaltgebiete galten als »ewiges Eis«. Zudem war zu erwarten, dass die verdunstenden Wassermoleküle aus den sich erwärmenden Ozeanen über den gigantischen Eisflächen als Schnee herabrieseln und den Meeresspiegelanstieg insgesamt puffern würden. Tatsächlich wuchs der Eispanzer im Süden Grönlands noch in den 1970er und 1980er Jahren um durchschnittlich 23 Zentimeter im Jahr.[42]

Wer einmal das Eisfach seines Kühlschranks abgetaut hat, weiß, dass es eine Weile dauert, bis alles zu Wasser geworden ist. Und wer einmal auf dem Weg nach Kanada über Grönland geflogen ist und staunend aus über zehn Kilometer Höhe über eine Stunde lang auf eine endlose, menschenleere, majestätische, bis zu 3,4 Kilometer dicke Gletscherwelt geschaut hat, kann sich beim besten Willen nicht vorstellen, dass auch dieses Eisfach einmal dahinschmilzt. Die Insel ist sechsmal so groß wie Deutschland, aber selbst in der Hauptstadt Nuuk leben nur 18 000 Einwohner. Auf jeden der 56 000 Grönländer kommen 53 Kubikkilometer Eis. Insgesamt sind es knapp drei Millionen Kubikkilometer.

Noch mehr davon findet sich nur in der Antarktis, wo rund 27 Millionen Kubikkilometer Eis lagern, mehr als die Hälfte der Süßwasservorräte auf der Erde. Das sind 28 Billiarden Tonnen, eine Zahl mit 15 Nullen.[43] An manchen Stellen ist die Schicht fast fünf Kilometer mächtig. Im Zentrum des Kontinents kann es bis zu minus 85 Grad werden und es ist so trocken, dass Experten von einer Eiswüste sprechen. Die Gletscherbedeckung, die über Jahrmillionen entstanden ist, drückt mit ihrem Gewicht Teile des antarktischen Kontinents, der einer Gebirgslandschaft mit Hochebenen und Tälern gleicht, weit unter den Meeresspiegel. Erst im Falle eines Abtauens würde sich die Landmasse gemächlich als Inselarchipel aus dem Südpolarmeer erheben.[44]

Derartige Eisklötze reagieren extrem verzögert auf höhere Temperaturen. Insgesamt würde ein schmelzendes Grönland die Weltmeere um mehr als sieben Meter, die Antarktis um 58 Meter steigen lassen. Letzteres gilt zwar als ausgeschlossen, aber mittlerweile zeigt sich, dass beide Eisreservoire instabiler sind als lange angenommen. So hat das Abschmelzen Grönlands bereits begonnen. Inzwischen fällt im Winter deutlich weniger Schnee, als im Sommer in Form von Schmelzwasser davonrinnt. Selbst im Inneren der Insel zeigen sich im Sommer immer häufiger Schmelzwasserseen. Gleichzeitig fließen die Gletscher schneller Richtung Küste, tauen dabei durch Kontakt mit Meerwasser auf oder kalben als Eisberge in den Ozean. Zumindest ein teilweiser Verlust des gewaltigen Eisschilds lässt sich heute nicht mehr verhindern.[45]

Wissenschaftler haben in verschiedenen Studien die Gletschermasseveränderungen in Grönland seit 1972 mit verschiedenen Messmethoden analysiert. Sie haben Gravitationsdaten ausgewertet, die Fließgeschwindigkeit der Gletscher dokumentiert und mit Radar vom Satelliten aus die Höhenveränderung des Eisschilds vermessen. Demnach hielten sich Eismassezuwachs durch winterlichen Schneefall und Abschmelzen im Sommer bis 1990 noch einigermaßen die Waage. In den 1990er Jahren gingen dann im Schnitt 33 Milliarden Tonnen Eis pro Jahr verloren. In den 2010er Jahren waren es jährlich bereits über 250 Milliarden Tonnen. Die Abtaurate hat sich somit in relativ kurzer Zeit um das Siebenfache beschleunigt. Das zu Wasser geronnene Eis war von 1972 bis 2018 für 14 Millimeter globalen Meeresspiegelanstieg verantwortlich. Auch das klingt erst einmal harmlos. Es bedeutet aber aufgrund der Dynamik der Schmelze, dass den Millimetern Zentimeter und Dezimeter folgen werden, aus denen leicht auch mal einige Meter werden können. 2019 trug Grönland bereits in einem einzigen Jahr zu 1,5 Millimeter Meeresspiegelanstieg bei. »Setzt sich der aktuelle Trend fort, wird allein die grönländische Eisschmelze bis Ende des 21. Jahrhunderts den Lebensraum von 100 Millionen Menschen überschwemmen«, erklärt Andrew Shephard von der Universität von Leeds, einer der Leiter der Eisbilanzstudien.[46]

Nördlich von Grönland herrschte bis vor einigen Jahren eine Art Dauereiszeit. Unmittelbar an die Insel schloss sich das Meereis der Arktis an. Lange Zeit war der gefrorene Ozean nur für Eisbrecher passierbar. 2007 fuhr erstmals ein Frachtschiff durch die fast 6000 Kilometer weite Nordwestpassage im Norden Kanadas und nördlich von Alaska. Ein Jahr später gelang das Gleiche auf der Nordostpassage nördlich von Russland. Im Sommer 2020 war die Küste Sibiriens praktisch komplett eisfrei. Inzwischen sind auf beiden Routen zumindest im Sommer Handelsschiffe unterwegs. Auch wenn die Eisbedeckung von Jahr zu Jahr durch Stürme variiert, ist der Trend eindeutig: Das Eis wird weniger und dünner. Das Bremerhavener Alfred-Wegener-Institut, das Deutsche Zentrum für Polar- und Meeresforschung, vermeldete im Juli 2020 die geringste Eisbedeckung seit Beginn der Satellitenmessungen Ende der 1970er Jahre. Das Forschungsschiff *Polarstern*, das damals seit elf Monaten auf der »Mosaic«-Expedition in der Region unterwegs war, um einen Jahreszyklus des Eisgangs zu beobachten, konnte im August praktisch problemlos durch dünnes Packeis bis zum Nordpol vordringen. »Eisfreies Wasser über weite Strecken«, twitterte Kapitän Thomas Wunderlich in die Welt hinaus.[47]

Selbst am Südpol, wo fast 90 Prozent des gesamten Eises der Erde lagern, zeigt der westantarktische Eisschild inzwischen deutliche Erosionserscheinungen. Er gilt als der im 21. Jahrhundert am stärksten gefährdete Teil der Eislandschaft der Antarktis und birgt einen potenziellen Meeresspiegelanstieg von 4,3 Metern. Zwar wird der Gletscherabfluss dadurch gebremst, dass vor den von Land her drückenden Eismassen schwimmendes Schelfeis auf dem Meer aufliegt und eine Art Blockade bewirkt. Weil sich mittlerweile aber das Meerwasser auch im Südpolarmeer erwärmt hat, setzt es dem Schelfeis von unten her zu, löst es zum Teil auf und lässt immer öfter gewaltige Eisberge abbrechen. Damit wird die Blockade schwächer und das Festlandeis, das wie alle Gletscher in Zeitlupentempo fließen kann, hat freiere Bahn Richtung Meer, wo es als neues Schelfeis ebenfalls von der Wärme angefressen wird.

Tatsächlich zeigen Messungen, dass die Fließgeschwindigkeit der westantarktischen Gletscher in der jüngeren Vergangenheit zugenommen hat.[48] 87 Prozent der Gletscher der Antarktischen

Halbinsel sind mittlerweile auf Schrumpfkurs. Große Gebiete wie das Larsen-A- und das Larsen-B-Eisschelf beginnen zu kollabieren.[49] Sogar das zehnmal größere Eis der Ostantarktis, das auf der Neuseeland zugewandten Seite des Kontinents liegt und als kälteste Region des Planeten gilt, ist nicht mehr sicher.[50] Insgesamt hat sich der Netto-Masseverlust des Antarktischen Eisschildes zwischen den 1980er und den 2010er Jahren versechsfacht.[51] Auch hier gilt: Bislang sind die Folgen für den globalen Meeresspiegelanstieg gering. Aber die Gefahr lauert in dem Verzögerungseffekt der Gletscherschmelze.

Weil die Eiswelten im hohen Norden und Süden so langsam reagieren, wird sich der einmal in Gang gesetzte Schmelzprozess noch über Jahrhunderte bis Jahrtausende fortsetzen, selbst wenn die klimarelevanten Emissionen idealerweise bis Mitte des 21. Jahrhunderts auf null reduziert würden. Selbst wenn die Menschheit schon Anfang der 1990er Jahre ihre Emissionen auf null gesenkt hätte, das zeigen Berechnungen, würde der Meeresspiegelanstieg bis 2300 im Vergleich zur vorindustriellen Zeit noch rund 60 Zentimeter betragen.[52]

Die Beweislast im Indizienprozess wird mit jeder dieser Erkenntnisse erdrückender. Dazu gehören auch Häufigkeit und Intensität von tropischen Wirbelstürmen. Diese können aus ganz normalen Tiefdruckgebieten über den Ozeanen entstehen, wenn die Wassertemperatur mindestens 26 Grad erreicht. Je wärmer die Meere, desto mehr Wasser verdampft, was den rotierenden Tiefs immer mehr Energie und Feuchtigkeit zuführt. Die feuchtwarme Luft steigt in immer größere Höhen, kondensiert dort und entlädt sich in Gewitterwolken. Gleichzeitig entsteht an der Wasseroberfläche ein Unterdruck, der noch mehr Feuchtigkeit nach oben saugt und den Wirbelsturm weiter antreibt. Diese Stürme heißen je nach Weltregion Hurrikane (Atlantik), Taifune

(Pazifik), Zyklone (Indischer Ozean) oder Willy-Willies (Australien).[53]

Der Theorie nach sollten durch die Erd- beziehungsweise Meereserwärmung mehr Wirbelstürme entstehen. Verlässlich beweisen lässt sich die Theorie aber noch nicht, was unter anderem daran liegt, dass die Zahl der jährlichen Stürme zu niedrig ist, um daraus verlässliche Statistiken abzuleiten. Allerdings gibt es mittlerweile Belege dafür, dass der menschengemachte Treibhauseffekt die Stürme stärker und zerstörerischer macht, ein Trend, der sich im Rahmen der globalen Erwärmung verschärfen dürfte.[54]

Auf alle Fälle meldete die Hurrikan-Saison 2020 schon einmal Rekorde: Die Meteorologen zählten so viele Wirbelstürme über dem Nordatlantik wie noch nie. Zwölf von ihnen erreichten die US-Ostküste. Die Stürme kamen so häufig, dass der Weltorganisation für Meteorologie die 21 ursprünglich für die Saison vorgesehenen, alphabetisch geordneten Namen für die Unwetter ausgingen. Schon am 18. September war mit »Wilfred« der letzte Name vergeben und für weitere Stürme musste das griechische Alphabet herhalten. Erst am 13. November war Schluss mit Iota, dem Sturm Nummer 30, der mit Windgeschwindigkeiten von bis zu 260 Kilometern pro Stunde auch der stärkste der Saison war und Teile der Ostküste Mittelamerikas verwüstete. Dieses Gebiet war erst zwei Wochen zuvor von Eta heimgesucht worden.[55]

Was die Klimamodelle ebenfalls seit Langem vorhersagen, ist, dass die Erwärmung in den höheren Breitengraden stärker ausfällt als in Äquatornähe. Das liegt zum einen daran, dass in den Tropen fast schon das mögliche Temperaturmaximum erreicht ist, also kaum noch Energie ins atmosphärische System hineinpasst. Und zum anderen daran, dass sich in den höheren Breiten, vor allem in der Arktis, Eis und Schnee zurückziehen, die Erdoberfläche somit weniger Sonnenlicht ins All reflektiert und sich stattdessen die deutlich dunkleren Böden und das Meer aufheizen. Verkürzt gesagt bedeuten 1,5 Grad globale Erwärmung, also das fast utopisch anmutende Ziel von Paris, 4 Grad in der Arktis. Auch hier deckt sich die Theorie mit der Praxis: De facto sind in den vergangenen 40 Jahren die arktischen Temperaturen dreimal so schnell angestiegen wie im weltweiten Mittel.

In Russlands hohem Norden vermeldeten die Messstationen für die erste Jahreshälfte 2020 fünf Grad mehr als üblich. Sibirien hatte im Frühjahr 2020 den wärmsten jemals registrierten Winter hinter sich. Unter diesen Bedingungen tauen weite Permafrostflächen auf, die Wälder trocknen aus und fangen deutlich früher Feuer als in früheren Jahren. Die Messstation im ostsibirischen Städtchen Werchojansk nördlich des Polarkreises, wo im Winter die Sonne nicht aufgeht, hält eigentlich mit minus 67,8 Grad den Welt-Kälterekord für bewohnte Gebiete. Sie vermeldete am 21. Juni 2020 eine tropische Temperatur von plus 38 Grad. So etwas erleben selbst Sommerurlauber in der Karibik nicht alle Tage.[56]

Im hohen Norden scheinen solche Hitzewellen zur neuen Normalität zu werden, ähnlich wie die sommerlichen Dürreperioden in mittleren Breiten, die auch in Deutschland zu regelmäßigen »Jahrhundertereignissen«, zu Ernteausfällen, Waldbränden und Wassermangel geführt haben. Dieser Wandel lässt sich zum Teil durch Veränderungen des sogenannten Polar-Jetstreams erklären, der die Erde im Norden wie im Süden zwischen dem 40. und dem 60. Breitengrad in acht bis zwölf Kilometer Höhe von West nach Ost mit einem ziemlichen Tempo umströmt. Die Piloten der Düsenflugzeuge nutzen den Starkwind gerne als Rückenwind. Er schiebt wellenförmig Kalt- und Warmluft, also Hoch- und Tiefdruckgebiete, vor sich her und beschert dem sommerlichen Mitteleuropa traditionell wechselhaftes Wetter mit Sonne, Wolken und Regen.

Der Jetstream entsteht, weil es aufgrund der unterschiedlichen Sonneneinstrahlung in Äquatornähe sehr warm und an den Polen ziemlich kalt ist. Dieser Gradient muss irgendwie ausgeglichen werden. Dazu steigt die warme Luft in den Tropen auf, fließt in Richtung der Subtropen, von dort bis zu den Polen und nimmt dabei die am Äquator aufgetankte Energie mit. Der Transport erfolgt über Winde, die auf dem Weg nach Norden nach rechts, also nach Osten, abgelenkt werden. Deshalb herrschen zwischen dem 40. und 60. nördlichen Breitengrad, etwa in Mitteleuropa, vorwiegend Westwinde, die als Band um den Planeten kreisen. Auf der Südhalbkugel ist es umgekehrt. Für die Ablenkung der Winde ist die Corioliskraft verantwortlich, deren Ursache die Drehung der Erde um ihre eigene Achse ist.

Der Motor des Jetstreams ist somit der Temperaturgradient zwischen Äquator und den Polen. Und der nimmt mittlerweile ab, weil es im hohen Norden und Süden schneller wärmer wird als am Bauch des Planeten. Dieser Trend dürfte sich weiter beschleunigen, weil sich die schnee- und eisbedeckten Flächen vor allem in der Arktis immer weiter zurückziehen. So verliert der Jetstream an Kraft, beginnt zu schlingern und lässt das wellenförmige Hintereinander von Hoch- und Tiefdruckgebieten erschlaffen. Die Hochs und Tiefs bewegen sich nur noch langsam voran und verharren länger als früher in einem Gebiet. Und das bedeutet im mitteleuropäischen Sommer weniger Wetterwechsel, stattdessen öfter mal ein Dauerhoch mit anhaltenden Hitze- und Trockenperioden. Umgekehrt bleiben die Tiefs im Spätsommer und Herbst länger im Mittelmeerraum hängen und führen dort zu Unwettern mit zuvor unbekannten Regenmengen.[57]

In Nordamerika kann der schwächelnde Jetstream im Spätwinter und Frühjahr immer seltener die eiskalte Luft aus dem Polarwirbel blockieren. Dann dringt die Polarluft durch das Band des Höhenwindes, kann bis in den Süden der USA vagabundieren und in Florida die Orangen erfrieren lassen. Und den Norden des Kontinents mit Rekordkälte und gewaltigen Schneemengen überziehen, die das öffentliche Leben großflächig lahmlegen. All das ist keine Theorie, sondern seit einigen Jahren normal. Wie schnell sich die Wetterextreme dabei abwechseln können, hat der 7. September 2020 in Denver, Colorado gezeigt: Da stieg das Thermometer auf 34 Grad, 6 Grad über dem Durchschnitt. Am nächsten Tag herrschte Frost und Schnee fiel vom Himmel.[58] Ironischerweise sind diese empfindlichen Kältewellen in Nordamerika ein weiteres Indiz für die anthropogene Erwärmung, auch wenn manch eine Führungskraft in den Vereinigten Staaten die Temperaturen von unter minus 40 Grad als Beleg dafür nahm, dass es den Klimawandel gar nicht gibt.[59]

Andere Akteure nehmen den Indizienbeweis längst ernst, zum Beispiel große Versicherungsgesellschaften. »Der größtenteils von Menschen verursachte Klimawandel ist Realität und beeinflusst wetterbedingte Naturkatastrophen«, heißt es knapp und klar bei der Munich Re, dem größten Rückversicherer der Welt. Die Munich Re ist eine Versicherung für Erstversicherer, um diese vor Risiken bei Großschadensereignissen zu schützen. Besondere Sorgen machen dem Rückversicherer schwere Gewitter mit Starkregen, Waldbrände, Hitzewellen, tropische Wirbelstürme und Überschwemmungen, die immer wieder Milliardenschäden verursachen.[60] Unternehmen wie die Munich Re müssen einigermaßen zuverlässig abschätzen können, wie groß die Wahrscheinlichkeit künftiger Stürme, Überschwemmungen oder Hitzewellen ist, damit sie ihre Prämien richtig kalkulieren.

Das haben sie in der Vergangenheit anhand von historischen Unwetterstatistiken gemacht. Mittlerweile aber sagen die Schäden der Vergangenheit nur noch wenig über die der Zukunft aus. Der Klimawandel macht das Risikomanagement bei Extremwetterereignissen immer schwerer. Tatsächlich haben die Vorhersagen aus der Vergangenheit die Schäden der Gegenwart in der Regel deutlich unterschätzt.[61]

Ungeliebte Propheten

Die Versicherungswirtschaft spricht aus, was Wissenschaftler in der Vergangenheit nur selten laut gesagt haben. Und wenn, dann haben sie sich oft die Finger verbrannt, wenn sie aufgrund von wetterbedingten Katastrophen auf den menschengemachten Klimawandel verwiesen haben. Wenn sie sich also aus ihrem Elfenbeinturm heraus politisch eingemischt haben. Der Physiker James Hansen, ein Experte für Klimamodelle und den Strahlungshaushalt der Atmosphäre, der über 30 Jahre lang Direktor des Goddard Instituts für Weltraumwissenschaften der NASA war, ist ein gutes Beispiel dafür. Er hatte schon in den frühen 1980er Jahren vor den Gefahren der globalen Erwärmung gewarnt und sah im Juni 1988 die große Chance, seinen Argumenten besonderes Gewicht zu verleihen: Damals erreichte das Thermometer in 45 US-Städten von New York bis San Diego die (damalige) Schmerzgrenze von 100 Grad Fahrenheit. Die Zahl klingt dramatischer als 38 Grad Celsius, meint aber das Gleiche. Fast die gesamten Vereinigten Staaten litten seinerzeit unter einer wochenlangen Hitze- und Dürrewelle und die im Dauereinsatz rauschenden Klimaanlagen in den großen Städten feuerten die lähmende Glut weiter an.

Unter diesem Eindruck stieg James Hansen am Capitol Hill in Washington ans Rednerpult und erklärte der Kommission für Energie und natürliche Rohstoffe des amerikanischen Senats, die globale Erwärmung sei mittlerweile so stark, dass man sie dem menschengemachten Treibhauseffekt zuschreiben könne, und zwar »mit 99-prozentiger Sicherheit«. »Wenn unsere Berechnungen einigermaßen stimmen, wird es in Zukunft mehr dieser heißen Sommer geben – und die heißesten unter ihnen werden heißer sein als dieser.« Dazu präsentierte Hansen drei Szenarien für den möglichen künftigen Verlauf der globalen Temperaturen.

So etwas hatte damals noch kein renommierter Forscher gewagt zu sagen. Einen ungewöhnlich heißen Sommer, also ein singuläres Ereignis, als 99-prozentigen Beleg für den menschlichen Einfluss auf das Klimageschehen zu bemühen, war wissenschaftlich nicht haltbar. Entsprechend hagelte es Kritik aus den eigenen Reihen, Hansen habe sich zu weit aus dem Fenster gelehnt. Kollegen räumten zwar ein, es könne einen Zusammenhang geben zwischen dem Mehr an Treibhausgasen und steigenden Temperaturen. Und sie bestätigten, dass auch ihre Klimamodelle mehr Hitze vorhersagten. Aber keiner wollte sich auf den Beweis des menschlichen Einflusses festlegen. Doch immerhin hatte der umtriebige Hansen das Thema auf die öffentliche Agenda gesetzt. Seine Rede ging durch alle Medien. 100 Grad Fahrenheit wurden zum Inbegriff des anthropogenen Treibhauseffekts.[62]

30 Jahre später kann man Hansen getrost rehabilitieren: Sein »Szenario B«, das von 1988 bis 2017 einen Temperaturanstieg von 0,6 Grad vorhergesagt hatte, war ein Volltreffer. Sogar, in welchen Großregionen der Welt die stärkste Erwärmung zu erwarten war, konnte der Physiker vorhersagen. Er gilt heute als Prophet des Klimawandels und hat zahllose Ehrungen als Forscher und Umweltschützer entgegengenommen. Er ist ein War-

ner geblieben. Schon 2008 schrieb er einen offenen Brief mit achtseitiger, wissenschaftlich fundierter Begründung an Angela Merkel und forderte ein Moratorium für neue Kohlekraftwerke in Deutschland. Er protestiert bis heute gegen die Nutzung von Kohle und Teersanden als Energiequelle, wurde mehrfach bei Demonstrationen festgenommen.[63] Man kann sagen, der heute 80-Jährige ist ein Topwissenschaftler, der an der Politik verzweifelte und zum Aktivisten wurde.

Die meisten Naturwissenschaftler sind für ihr nüchternes Denken sowie eine sperrige Sprache bekannt und sie halten sich gewöhnlich zurück in öffentlichen Diskussionen. Wenige nutzen ihre wissenschaftliche Expertise zu einem persönlichen Engagement. Warum die Mehrheit eher still ist, lässt sich schwer erklären, denn ihre Erkenntnisse können so brisant sein, dass es sinnvoll wäre, wenn sich Politik und Öffentlichkeit rechtzeitig mit ihnen beschäftigen würden.

Aber auch hier ändert sich etwas, quasi parallel zu der ansteigenden Fieberkurve der Erde. Der Meteorologe Mojib Latif vom GEOMAR Helmholtz-Zentrum für Ozeanforschung in Kiel etwa hat seine ganze Wissenschaftskarriere mit der Erforschung der natürlichen und menschlichen Einflüsse auf das Klimageschehen verbracht und meint von sich selbst, er sei lange »apolitisch« gewesen. Er habe sich anfänglich dem Irrglauben hingegeben, dass Wissen zum Handeln führen würde. Doch Latif verwendet neuerdings Worte wie »Klimakollaps« und »Klimakrise«. Den politischen Umgang mit dem Problem bezeichnet er als »völlig unakzeptabel«. Aus naturwissenschaftlicher Sicht existiere »so gut wie kein Klimaschutz«, sagt Latif, denn die Treibhausgase in der Atmosphäre stiegen weiter, anstatt zu sinken. Er gibt hunderte von Interviews, hält an die 50 Vorträge im Jahr, vor jedem Publikum, das bereit ist zuzuhören. Dass er dabei zu einer ausgewählten Zielscheibe von Klimawandelleugnern geworden ist, nervt ihn zwar, ficht ihn aber nicht an. Auch Latif ist zum Kämpfer geworden.[64]

Dabei geht es ihm längst nicht mehr nur um die steigenden Temperaturen. »Wir können den Klimawandel nicht mehr losgelöst betrachten«, sagt Mojib Latif, »da kommt mittlerweile zu viel zusammen. Corona, Artensterben, Populismus, Nationalismus, die Welt wird immer rücksichtsloser. Da muss man als Wissenschaftler aufstehen. Wir kommen seit 30 Jahren nicht voran. Wir müssen andere Wege gehen. Wir dürfen den Planeten nicht an die Rücksichtslosesten herschenken. Ich kann die jungen Leute gut verstehen, die dafür freitags die Schule schwänzen.«[65]

Trotzdem bleibt Latif ein hemmungsloser Grundoptimist: »Ich kann mir nicht vorstellen, dass wir an die Wand fahren. Die technischen Möglichkeiten sind da. Wir können unser Leben emissionsfrei gestalten. Wir müssen es nur tun.«

Warum ändert sich dann so wenig? Warum bleibt das 1,5-Grad-Ziel unerreichbar, das 2-Grad-Ziel unwahrscheinlich? Warum verschließt die Menschheit die Augen vor den Folgen einer Erwärmung um 3, 4 oder 5 Grad?

Wir fragen dazu jemanden, der sich seit fast sechs Jahrzehnten mit diesem Thema beschäftigt, mittlerweile 80 Jahre auf dem Buckel hat und noch immer regelmäßig zu Fuß in sein Büro am Max-Planck-Institut für Meteorologie in Hamburg marschiert, wo er einmal einer der Direktoren war. Wie seit Jahrzehnten stapeln sich bei Hartmut Graßl die Aktenberge, alles wird gelesen und handschriftlich kommentiert. Er ist der vermutlich dienstälteste deutsche Klimaforscher. Für diesen Job muss man Optimist sein.

Diese Eigenschaft hat »der Hartei«, wie er in seiner Heimat heißt, schon in jungen Jahren erworben. Als Kind auf einem Bergbauernhof in Ramsau im Berchtesgadener Land aufgewachsen, hat er früh gelernt, dass das Leben schön, aber hart ist. Der erste Sohn einer bildungsaffinen Sächsin und eines oberbayerischen Zimmermanns erinnert sich gut daran, dass das Geld knapp und die Winter schneereich waren. Mit 12, 13 Jahren musste er im Sommer für einen Bauern aus der Nachbarschaft die Kühe auf der Alm hüten, die nicht mal mit einem Pferdefuhrwerk erreichbar war. Jeden Mittwoch ging es zwei Stunden hinab nach Ramsau, um Proviant für Senn und Sennerin zu holen, und danach drei, vier Stunden wieder hoch bis an die Waldgrenze. Immerhin, auf der Alm hatte er Zeit, die Umwelt zu beobachten und zu sehen, »wie die Dinge zusammenhängen, was die Waldgrenze bestimmt und wie die Tiere reagieren«. Letzteres war wichtig, um »Demut«, die Leitkuh, zu verstehen und mit ihr eine friedliche Koexistenz aufzubauen. Für Graßl war die Zeit auf der Alm ein Grundkurs in Sachen Ökologie.

»Ich war ein mittelmäßiger Schüler, weil ich fast jeden Nachmittag gearbeitet habe«, erzählt der Professor, dem auch Jahrzehnte in Hamburg seinen berchtesgadnerischen Grundakzent nicht nehmen konnten:»Das war Kinderarbeit.« Im Winter ging es aus 830 Meter Höhe mit dem Schlitten, manchmal mit den Skiern, in die Schule:»Drei Monate lang, das war das normale Fortbewegungsmittel, auch für die Erwachsenen. Heute liegt dort nur noch wochenweise Schnee im Winter.« Nicht nur daran kann Graßl den Klimawandel konkret festmachen: Das Blaueis, der nördlichste Gletscher der Alpen, an dem er als Junge herumgekraxelt ist, hat längst den größten Teil seiner Masse verloren und wird bald verschwunden sein. Dafür erklimmt der pannonische Enzian, der rot-violett blüht und aus dessen Wurzeln der bittere Schnaps gebrannt wird, immer höhere Gefilde, weil die Temperaturen steigen.

Dass der kleine Hartei aufs Gymnasium gehen konnte, war fast schon ein Wunder. Der Lehrer in der vierten Klasse der Volksschule hatte sich für ihn eingesetzt und seinen Eltern gut zugeredet. Das Abitur war auch zu schaffen, obwohl sich Graßl nicht daran erinnern kann, wirklich jemals gelernt zu haben. Er konnte zunächst nur probeweise nach dem Honnefer-Modell studieren, dem Vorläufer des Bafög. Er wollte »irgendetwas in Naturwissenschaften machen«. Es wurde erst einmal Meteorologie bis zum Vordiplom, weil ihm Physik eine Nummer zu groß war.

Auf das Klimathema kam er Anfang der 1960er Jahre in der Einführungsvorlesung Meteorologie durch die Frage: »Was passiert eigentlich, wenn das CO_2 in der Atmosphäre zunimmt?« Das war damals nicht nur ein relativ neues, sondern auch ein von großer Skepsis der Experten begleitetes Feld. Für Graßl war die Theorie vom Treibhauseffekt eine simple physikalische Erkenntnis, die nicht zu hinterfragen war: »Das ist Strahlungsphysik, da gibt es nichts zu diskutieren.« Er studierte dann doch noch Physik und wurde zu einem der weltweit bekanntesten Aerosolforscher. Diese beschäftigen sich mit dem Gemisch von festen und flüssigen Schwebeteilchen in der Luft, etwa mit Wolken, Zigarettenrauch oder Auspuffqualm.

Aber Klima und Treibhausgase blieben für den Forscher vorerst rein wissenschaftliche Themen. Mit der Öffentlichkeit hatte er nichts am Hut. Bis 1987, als die Deutschen Gesellschaften für Physik und für Meteorologie mit einem Memorandum für Aufruhr sorgten: »Warnung vor drohenden weltweiten Klimaänderungen durch den Menschen«. Die Denkschrift sagte bei anhaltender Verfeuerung von fossilen Brennstoffen eine Verdopplung der CO_2-Konzentration in 50 bis 100 Jahren voraus und warnte vergleichsweise vorsichtig vor den Folgen.[66] Hartmut Graßl war einer der beiden Klimatologen, die den Klimateil des Berichts zu verantworten hatten. Die meisten seiner Kollegen waren reine Physiker. Von dem Moment an war er exponiert. Er wurde eine Art Sprecher der Bewegung.

»Manche Kollegen haben damals die Nase gerümpft. Exzellente Wissenschaftler, die einzelne Prozesse erforscht haben, aber nicht das Gesamtbild vor Augen hatten. Dabei waren wir längst mitten im gigantischsten Experiment, das die Menschheit je unternommen hat.« Das Thema war angekommen, zunächst eher medial denn politisch, aber das war genug, um Graßls Optimismus am Leben zu halten.

Heute ist er etwas realistischer: »Wir Wissenschaftler haben damals unterschätzt, wie schnell das geht. Mit dem IPCC-Bericht von 1990 hätten wir wissen müssen, wohin die Reise geht. Aber wir haben uns blenden lassen, von all den politischen Bekenntnissen, von all den Konferenzen von Rio bis Paris. Da gab es wunderbare, eindeutige Texte, doch es war alles nur Papier. Wir haben 30 Jahre verschlafen.«

Immerhin, und das stimmt Graßl dennoch positiv, sei in den Industrienationen einiges passiert, das sei eine Trendwende. In Deutschland etwa hat sich das Bruttoinlandsprodukt seit 1990 mehr als verdoppelt, während gleichzeitig die CO_2-Emissionen um 35 Prozent gesunken sind. Wirtschaftswachstum und Umweltzerstörung, die sich in der Vergangenheit stets im Gleichschritt entwickelt hatten, sind mittlerweile entkoppelt. »Aber jetzt tun große Schwellenländer wie China und Indien das, was ihnen absolut zusteht – sie haben begonnen, sich rasant zu entwickeln.«

Immer näher an den Kipppunkten

Unterm Strich bleibt eine Mischung aus Optimismus und Realismus. Das bedeutet für den Klimaforscher: Bei den gegenwärtigen Emissionen ist bestenfalls eine mittelfristige Stabilisierung des CO_2-Gehaltes in der Atmosphäre möglich, aber keine Minderung, die eigentlich nötig wäre. Es ist zu spät, einen deutlichen Meeresspiegelanstieg zu verhindern. Eine Verdopplung des CO_2-Gehalts in der Atmosphäre auf 560 ppm bis Ende des 21. Jahrhunderts ist schon eingekauft, wenn sogar hoch entwickelte Länder wie Deutschland noch fast 20 Jahre Kohle verbrennen. Sie bedeutet eine Erwärmung von mehr als zwei Grad. Und die Gefahr, dass im Klimasystem Kipppunkte erreicht werden, deren Folgen ungewiss sind.[67]

Ein Kippelement ist einem Holzbalken vergleichbar. Man kann ihn über eine Kante schieben und nichts passiert. Der Balken bleibt stabil, solange er kein Übergewicht auf der falschen Seite bekommt. Aber wenn man ihn irgendwann nur um einen Millimeter weiter schiebt, erreicht er den Kipppunkt und lässt sich von nichts mehr aufhalten. Menschen, die glauben, die Dinge entwickeln sich linear, sind dann überrascht. Aber die Natur ist voller nicht linearer, dynamischer Prozesse, die Systeme abrupt entgleisen lassen. Derartige Veränderungen lassen sich dann meist nicht mehr rückgängig machen.

Beispiele für Kippelemente sind die grönländischen und westantarktischen Eisschilde. Sie können unter der gegenwärtigen Erwärmung Kipppunkte erreichen, an denen sich eine einmal einsetzende Schmelze nicht mehr bremsen lässt. Ein anderes Kippelement sind die Schneeflächen im hohen Norden. Wo Eis und Schnee verschwinden, werden die Oberflächen von Ozean und Land dunkel, wo sie vorher weiß waren. Sie nehmen die

Sonnenstrahlen auf, statt sie zu reflektieren, dabei erwärmen sie sich und verstärken den Tauprozess. Erreicht dieser Prozess erst einmal ein bestimmtes Ausmaß und eine bestimmte Dynamik, geht das Schmelzen weiter, auch wenn die ganze Welt aufhört, Kohle, Öl und Erdgas zu verbrennen.

Ein weiterer Kipppunkt droht, wenn es im Norden des Planeten immer wärmer wird, die Permafrostböden auftauen, Mikroorganismen die torfige Biomasse zersetzen und dabei große Mengen Kohlendioxid und Methan entweichen. Diese Treibhausgase schieben die Erwärmung weiter an, noch mehr Permafrost taut auf, weitere Gase werden freigesetzt. Wissenschaftler nennen so etwas eine positive Rückkopplung.

Auch die verheerenden Brände in Australien und an der amerikanischen Westküste sind Kipppunkte, die durch den menschengemachten Treibhauseffekt wahrscheinlicher werden, Milliarden Tonnen von CO_2 freisetzen und damit den Klimawandel weiter schüren.[68] Der Amazonas-Regenwald steht ebenfalls auf der Kippe. Ist erst mal ein bestimmter Anteil abgeholzt oder abgebrannt, gerät der Wasserkreislauf durcheinander, es wird regional trockener und wärmer und die Feuchtigkeit reicht nicht mehr aus, um einen Regenwald zu erhalten. Aus dem Wald wird Savanne und das regionale Kima verändert sich. Genau das deutete sich bereits an, als 2020 in Brasilien der menschengemachte Klimawandel und die menschengemachte Waldzerstörung kollidierten: Im südlich des Amazonas gelegenen Pantanal, einem artenreichen Sumpf- und Galeriewaldgebiet von der Fläche Großbritanniens, war es so trocken geworden, dass außer Kontrolle geratene Brände ein Fünftel der Vegetation zerstörten. Brände durch Blitzeinschläge kommen in diesem Gebiet regelmäßig vor, viele Pflanzen müssen sogar durchs Feuer gehen, damit ihre Samen keimen. Aber die Flammen waren früher räumlich begrenzt, weil ihnen am nächsten Überschwemmungsgebiet der Brennstoff ausging. Doch das lag 2020 trocken.[69]

Das Dumme ist, dass sich Kipppunkte im Voraus auch mit hochkomplexen Computermodellen nicht bestimmen lassen, es aber sicher ist, dass sie irgendwann erreicht werden, so wie der berühmte Tropfen, der das Fass zum Überlaufen bringt. Als wahrscheinlich gilt, dass bei einer Erwärmung von 1 bis 3 Grad der grönländische Eisschild, das Sommereis in der Arktis und die Korallenriffe ihre Kipppunkte erreichen. Das wäre noch innerhalb des Graßl'schen Optimismus-Szenarios. Wollte man die Gefahr von Kipppunkten weitgehend unterbinden, müsste die Erderwärmung auf 1,5 Grad begrenzt werden. Genau das war ein Grund dafür, dieses Ziel im Rahmen einer vorausschauenden Klimapolitik zu definieren. Es ist realistischerweise aber nicht mehr zu erreichen. Und jetzt stellt sich auch noch heraus, dass frühere Klimamodelle die Wirkung der Kipppunkte unterschätzt haben und der Rückzug der globalen Eismassen schneller verläuft als lange angenommen. Hinzu kommt, dass einzelne Kippelemente andere anstoßen können und es zu einem Kaskaden- oder Dominoeffekt kommt. Wenn etwa die Erwärmung der Ozeane deren Aufnahmekapazität für CO_2 reduziert, wenn die Korallenriffe absterben und als CO_2-Senke ausfallen, dadurch mehr von dem Treibhausgas in der Atmosphäre verbleibt und nebenbei die Riffe als Kinderstube für zahlreiche Meerestiere verloren gehen.

Der menschengemachte Klimawandel ist damit längst zu einem geophysikalischen Großexperiment ausgeartet, dessen Ausgang zunehmend unkalkulierbar wird. Wissenschaftliche Experimente kann man zur Verifizierung des Ergebnisses beliebig oft wiederholen. Aber der Klimawandel ist kein Labortest. Er ist Realität. In diesem Fall gibt es keinen zweiten Versuch. Nur Optimismus, von dem man allerdings immer mehr braucht.

KAPITEL 5

Die (Positiv-)Folgen des Erfolgs

Hurra – es geht uns immer besser

Womöglich hat Sie das letzte Kapitel heruntergezogen. Vermutlich werfen Sie auch hin und wieder einen Blick auf die täglichen Nachrichten und lassen sich die Laune verderben, etwa Mitte August 2020, als ich dieses Kapitel schrieb: »Arbeitslosenkasse macht zehn Milliarden Euro Defizit wegen Corona«, »Explosion in Beirut fordert über 150 Todesopfer«, »Terrormiliz überfällt Dorf in Somalia«, »127 Tote bei Auseinandersetzungen in Südsudan«, »Ölkatastrophe vor der Küste von Mauritius« und so weiter. Krisen, Konflikte, Terror, verrückte Staatsführer, Umweltgefahren und Pandemien, soweit das Auge reicht.

Doch Vorsicht: Vielleicht geht die Welt gar nicht unter. Vielleicht wird alles gut. Oder es bleibt zumindest gut. Am Ende ist die Lage besser als die Stimmung. Objektiv betrachtet jedenfalls haben sich in der jüngeren Vergangenheit die meisten Indikatoren, die das Wohlergehen der Menschen dokumentieren, verbessert. Der Fortschritt lebt. Ein Blick in die Statistiken zeigt, dass im weltweiten Mittel die Kindersterblichkeit zurückgeht, ebenso der Hunger. Die globale Nahrungsmittelproduktion hat sich seit 1970 etwa verdreifacht, während sich die Weltbevölkerung nur verdoppelt hat.[1] Infektionskrankheiten wie Malaria oder HIV/

AIDS werden zurückgedrängt. Im August 2020 meldete die Weltgesundheitsorganisation (WHO), das Polio-Wildvirus, der Erreger der Kinderlähmung, sei in Afrika durch Impfkampagnen ausgerottet.[2] Die Zahl der Menschen, die in Konflikten ums Leben kommen, war früher viel höher.

Es gibt gute Gründe, zu behaupten, wir lebten in der besten Ära der menschlichen Geschichte: Fast überall sind die verfügbaren Pro-Kopf-Einkommen, der materielle Wohlstand und die Einschulungsraten der Kinder gestiegen. Frauen haben deutlich mehr Rechte als noch vor Jahrzehnten. Die weltweite Selbstmordrate ist seit ihrem Höhepunkt im Jahr 1994 um 38 Prozent zurückgegangen, gewiss ein Zeichen dafür, dass die Menschen sich wohler fühlen.[3] Die Mittelklasse der Welt wächst und gedeiht und marktwirtschaftliche Prinzipien haben dafür gesorgt, dass Güter und Dienstleistungen nicht nur immer billiger, sondern auch immer besser wurden. Das Wachstum, das die Welt reicher gemacht hat, war nicht nur quantitativ, sondern auch qualitativ bedeutend. Wer es nicht glaubt, sollte sich die Leistungsfähigkeit heutiger Kühlschränke, Autos, Laptops oder Smartphones anschauen. Letztere haben heute mehr Rechenkapazität als die erste Mondrakete und beherrschen Dinge, für die früher hunderte von Menschen zur Arbeit schreiten mussten.

Was derartige Gerätschaften für den Fortschritt der Menschheit bedeuten, hat der 2017 früh verstorbene schwedische Medizinprofessor, Gesundheitsstatistiker und begnadete Wissensvermittler Hans Rosling immer wieder in seinen Vorträgen betont. Er wollte die Menschen auf der Basis von Fakten aufklären und ihnen zeigen, dass die Welt besser ist als ihr Ruf. Die von ihm gegründete Stiftung *Gapminder* führt sein Vermächtnis in gleichem Stil fort, mit der zentralen Nachricht: Alles wird gut. Langsam zwar, aber sicher. Rosling wollte die Welt von Unwissen und Pessimismus befreien, weil nur Optimisten die Welt verbessern können. Getreu einem Zitat von Winston Churchill: »Ein Pessimist sieht die Schwierigkeit in jeder Möglichkeit, ein Optimist sieht die Möglichkeit in jeder Schwierigkeit.« Oder wie es der Schweizer Informatiker Urs Hölzle ausdrückt, einst der achte Mitarbeiter von Google und heute als Senior Vice President verantwortlich für die globale Infrastruktur des Unternehmens: »Statistisch betrachtet macht Pessimismus keinen Sinn.«[4]

Und weil Hans Rosling ein Weltmeister der Zuversicht war, ging es bei seiner besseren Welt um so ziemlich alles: um die Gesundheitsversorgung, die materielle Ausstattung der Familien, die Armutsbekämpfung, den Bildungsstand der Menschen – und um die Waschmaschine. Für Hans Rosling war dieses Gerät die Fortschrittserfindung überhaupt und das wichtigste Instrument der Frauenbefreiung.

Musste sich der weibliche Teil der Weltbevölkerung noch vor 60, 70 Jahren stundenlang damit herumplagen, mit Feuerholz Wasser in gewaltigen Zubern zum Kochen zu bringen, um dann die Wäsche der ganzen Familie zu stampfen, mit der Bürste über das Waschbrett zu rubbeln und von Hand den Schmutz herauszulösen, so stopft heute knapp die Hälfte der Menschheit (immer noch überwiegend Frauen) die Klamotten in eine Maschine, drückt auf den Knopf – und tut anschließend etwas Sinnvolleres und Sinnstiftenderes, als Wäsche von Hand zu waschen: zum Beispiel Bücher lesen, sich fortbilden, den Kindern aus Büchern vorlesen oder eigenes Geld verdienen. Die heutige Welt wäre noch viel besser, so Rosling, wenn alle Frauen der Welt Zugang zu Elektrizität und einer Waschmaschine hätten.[5]

Der Mann hat nicht ganz unrecht: Der Menschheit ging es nie besser als heute. Davon zeugt allein die Lebenserwartung, die in nahezu allen Ländern seit vielen Jahren steigt. Sie ist der vermutlich beste Querschnittsindikator für das Wohlergehen der Menschen. Praktisch über die gesamte Menschheitsgeschichte war im Schnitt nach 18 bis 25 Jahren Schluss mit dem Leben. Einzelne Individuen konnten zwar deutlich älter werden, aber vor allem die hohe Kindersterblichkeit drückte den Mittelwert nach unten.[6] Noch 1651 bezeichnete der englische Philosoph Thomas Hobbes die menschliche Existenz als »garstig, grausam und kurz«.[7] Um 1900 wurden die Menschen im weltweiten Mittel geschätzte 30 Jahre alt. In Deutschen Reich lag die Lebenserwartung bei etwa 43 Jahren. Was danach geschah, war historisch und biologisch einmalig: Schon Mitte des 20. Jahrhunderts konnten die Menschen weltweit davon ausgehen, 47 Jahre zu leben, und da hatten sie gerade zwei Weltkriege mit Abermillionen von Opfern hinter sich. Am Ende des Jahrhunderts waren es 66 Jahre und für 2019 geben die Vereinten Nationen einen globalen Mittelwert von 72,6 Jahren an. Das ist mehr, als selbst das wohlhabendste Land der Welt 1950 erreicht hat.[8] Zwischen Rügen und dem Bodensee können heute geborene Kinder statistisch damit rechnen, rund 81 Jahre alt zu werden, wobei Mädchen fast fünf Jahre älter werden als Jungen.[9]

Alle weit entwickelten Länder, allen voran Japan, Singapur, die Schweiz, Spanien und Australien, haben eine sehr hohe Lebenserwartung. Dort leben die Menschen durchschnittlich zwischen 83 und 85 Jahre, was belegt, wie stark dieser Indikator mit dem Wohlergehen zusammenhängt. Wo es den Menschen schlecht geht, währt das Leben mit 52 bis 53 Jahren entsprechend kurz, etwa in Sierra Leone, im Tschad oder in der Zentralafrikanischen Republik.[10] Doch auch wenn Afrika im internationalen Vergleich schlecht dasteht, gerade dort ist die Lebenserwartung relativ betrachtet am stärksten gestiegen: Zwischen 2000 und 2015 um fast zehn Jahre, während es im weltweiten Mittel nur gut fünf Jahre waren. Das bedeutet: Die Ärmsten profitieren überproportional vom Fortschritt und der Verbesserung der Lebensbedingungen. Das ist eine der besten Nachrichten zu dem Thema.[11]

Auch die Bilanz der Millenniums-Entwicklungsziele der Vereinten Nationen (MDGs) aus dem Jahr 2015 und andere Daten verdeutlichen, dass der Fortschritt existiert und sich auf vielen Ebenen im Schnitt vieles verbessert hat:

- 1990 mussten sich 36 Prozent der Weltbevölkerung mit umgerechnet 1,9 US-Dollar pro Tag (gemessen in Preisen von 2011) zufriedengeben, was als extreme oder absolute Armut gilt. 2015 waren es noch 10 Prozent. Damit reduzierte sich die absolute Zahl der extrem Armen zwischen 1990 und 2015 von 1,9 Milliarden auf 730 Millionen.[12] Wenn das kein Erfolg ist!

- In den Entwicklungsländern erhöhte sich die Zahl der Kinder, die eine Grundschule besuchen konnten, zwischen 2000 und 2015 von 83 auf 91 Prozent. Die größten Fortschritte konnten die Länder südlich der Sahara verzeichnen.

- Die Müttersterblichkeitsrate ging zwischen 1990 und 2015 weltweit um 45 Prozent zurück, durch bessere medizinische Betreuung, mehr Aufklärung und eine Basisgesundheitsversorgung in vielen armen Ländern.[13]

Aus Fehlern gelernt

Die Erfolge der Millenniums-Entwicklungsziele betreffen vor allem die wenig entwickelten Länder. Aber auch im reichen Teil der Welt hat sich vieles zum Guten gewendet, unter anderem, was die Umwelt anbelangt. Nach massiven Umweltschäden zu Beginn der Industrialisierung und während des Wirtschaftswunders in der Nachkriegszeit zeigen sich beispielsweise in Deutschland die Erfolge einer erfolgreichen Umweltpolitik.

Die wechselvolle Geschichte des Rheins, des nach der Donau zweitlängsten Flusses im deutschen Sprachraum, liefert ein Beispiel dafür. Jahrtausendelang schob er sich mit weit ausholenden Flussarmen und vielen Inseln, die bei jedem Hochwasser verschwanden oder neu entstanden, durch die Oberrheinische Tiefebene vom heutigen Basel bis zum heutigen Bingen. Heute würde man von einem ökologischen Juwel sprechen: In den Auwäldern wimmelte es von Vögeln, Insekten und Fröschen, im Wasser lebten 45 Fischarten. Noch zu Beginn der Neuzeit war der Rhein der lachsreichste Fluss Europas. Jedes Jahr kehrte eine geschätzte Million der heutigen Edelfische von ihrer langen Reise nach Grönland zurück, um in den Zuflüssen des Rheins zu laichen. Erst der Rheinfall von Schaffhausen bildete eine natürliche Barriere für den Atlantiklachs. Der Salm, wie er damals genannt wurde, war der wichtigste Brotfisch in den Orten am Rhein, eine Art Grundnahrungsmittel, und die Fischer holten beeindruckende Exemplare aus ihren Netzen: »Die grösten Salmen bey unß, kommen biß uff ein halben Centner schwer«, heißt es in den Aufzeichnungen des Straßburger Fischers Leonhard Baldner von 1666.[14] Es gab so viel davon, dass sich die Hausangestellten der reichen Bürger beschwerten, wenn sie öfter als zwei- oder dreimal pro Woche Lachs auf den Teller bekamen.

Der Rhein taumelte auf einer Breite von bis zu vier Kilometern wie betrunken nach Ost und West und wieder zurück, anstatt schnurstracks nach Norden Richtung Nordsee zu fließen. Hochwasser spülten immer wieder ganze Ortschaften weg. Die Flößer, die Tannen- und Eichenstämme aus dem Schwarzwald und den Vogesen für den Schiffbau nach Dordrecht in Holland verfrachteten, mussten einen wahren Schlingerkurs zurücklegen. Und das mit unmotorisierten Wasserfahrzeugen aus zusammengebundenen Stämmen, die 90 Meter Länge und 12 Meter Breite erreichten.[15]

Doch die ungestüme Natur stand dem Fortschritt im Wege. 1809 legte der badische Vermessungstechniker und Ingenieur Johann Gottfried Tulla einen Plan vor, wie man aus dem natürlichen Gewirr aus Flussarmen eine Rennstrecke für Frachtschiffe machen, die regelmäßigen Überschwemmungen eindämmen und gleichzeitig die in der Sumpflandschaft grassierende Malaria (damals Sumpffieber genannt) zurückdrängen konnte. »Kein Strom oder Fluss, also auch nicht der Rhein, hat mehr als ein Flussbett nötig«, dozierte Tulla in typischem Ingenieursdenken. Er ließ im Auftrag des weltoffenen Markgrafen von Baden von 1817 an die meisten Seitenarme trockenlegen, Flussgeröll entfernen, die Ufer befestigen und den Strom auf eine maximal 250 Meter breite Rinne reduzieren. Damit koppelte er das Ökosystem Wasser von den benachbarten Landökosystemen ab. Der Rhein verlor zwischen Basel und Bingen ein Viertel seiner Länge und floss fortan im Wesentlichen geradeaus, eingezwängt in ein durch Dämme gesichertes Korsett aus Steinblöcken und später auch aus Beton. Der flotte Lauf machte Staustufen und Wasserkraftwerke möglich. Fische wie Lachs oder Stör, die über lange Distanzen wandern und zuvor in den Rheinauen in sauerstofffreien Kiesbetten gelaicht hatten, verschwanden aus dem Gewässer. Die Hochwassergefahr am Oberrhein war zu einem guten Teil gebannt. Aufgrund des schneller abfließenden Rheinwassers verlagerten sich die Überschwemmungen stattdessen an den unteren Teil des Flusses.[16]

Johann Gottfried Tulla starb schon mit 58 Jahren, nach manchen Quellen an den Folgen einer Malariaerkrankung. Seine Nachfolger vollendeten das gefeierte Gigaprojekt der Rheinbegradigung schlussendlich im Jahr 1876. Noch zu meiner Schulzeit in Ludwigshafen am Rhein wurde Tulla als Nationalheld und Bändiger der rohen Naturgewalten im Heimatkundeunterricht gefeiert. Noch heute gibt es Tulla-Schulen, Tulla-Plätze und Tulla-Straßen. Mittlerweile würde man das Heldenwerk des Badeners als brachialen Umweltfrevel einstufen und mit Sicherheit nicht mehr genehmigen. Aber diese Überlegung ist müßig, denn wilde Flusslandschaften wie einst am Rhein existieren in Europa ohnehin nicht mehr.

Umweltkatastrophen katalysieren den Umweltschutz

Die Rheinbegradigung zeigt, wie zwiespältig der Fortschritt ist. Er kann sehr hilfreich sein, aber auch verheerende Folgen haben, je nach Sicht des Betrachters oder der historischen Einordnung. Der gezähmte Fluss wurde nach Tulla nicht nur für die Schifffahrt interessant, sondern auch für die aufkommende Industrie, besonders für die chemische. Alles, was die Unternehmen von Basel über Ludwigshafen bis Frankfurt und weiter flussabwärts in Leverkusen, Krefeld oder Dormagen an lästigen Reststoffen nicht mehr brauchen konnten, überließen sie den Fluten und gelöst war das Problem. Die Abwässer von Papierfabriken brachten den Fluss kilometerweise zum Schäumen. Die meisten Städte am Rhein hatten keine Kläranlagen. Über den Kalibergbau in Frankreich kam noch eine volle Ladung Salz dazu und die neu errichteten Kraftwerke leiteten so viel aufgeheiztes Kühlwasser zurück in den Strom, dass der Sauerstoffgehalt auf ein für Wasserlebewesen tödliches Niveau absank. Besonders clever nutzten die Schweizer die Vorteile des natürlichen Abwasserkanals: Die großchemische Industrie der Eidgenossen, mit aufstrebenden Unternehmen wie Ciba-Geigy, Roche und Sandoz, siedelte sich ausnahmslos in Basel an, von wo der Dreck nach wenigen Minuten außer Landes gespült war.

Zu meiner Jugendzeit galt das biologische Leben in der wichtigsten Binnenwasserstraße Europas als weitgehend beendet, was damals als Kollateralschaden der Moderne toleriert wurde. Aber 1986 wurde der Fluss nach einem Betriebsunfall beim Basler Chemiegiganten Sandoz (heute Novartis) auf der fast 900 Kilometer langen Strecke bis nach Holland regelrecht sterilisiert: Bei einem Großbrand auf dem direkt am Rhein liegenden Firmengelände flossen mit dem Löschwasser 30 Tonnen hochgiftige Chemikalien, vor allem Pestizide und Quecksilberverbindungen, in das Gewässer. Weil die Gelegenheit gerade so gut war, leitete der benachbarte Konzern Ciba-Geigy gleich noch 400 Kilo des nicht mehr benötigten Herbizids Atrazin hinterher. Nach dem Desaster hieß es für die Firmenlenker erst einmal Ruhe bewahren. Erst zwei Tage nach dem Brand informierte Sandoz die Wasserwerke entlang des Rheins über die unerwünschte Fracht. Da trieben aber schon die toten Fische kieloben auf dem Wasser. Am Ende sollten es hunderte Tonnen Fischkadaver entlang der Strecke Basel–Karlsruhe–Mannheim–Bingen–Bonn–Düsseldorf bis zur Mündung in die Nordsee werden. Ganz so tot wie angenommen war der Fluss offenbar doch nicht gewesen. Wasserwerke mussten ihren Betrieb einstellen und die Brauereien in Düsseldorf stoppten aus Sicherheitsgründen ihre Bierproduktion.[17] Erst nach dieser größten Umweltkatastrophe am Rhein begann das Umdenken. Schon im Dezember 1986 beschlossen die zuständigen Regierungen Sofortmaßnahmen zur Verbesserung der Rheinwasserqualität. Die Behörden verweigerten plötzlich Einleitungsgenehmigungen für gefährliche Stoffe, die Gesetzgeber führten eine Meldepflicht für Unfälle ein und verlängerten die Liste verbotener Substanzen. Vor allem gab es dank neuer Analyseverfahren wirksame Kontrollen. Danach wurden an Staustufen Fischtreppen eingerichtet, Kläranlagen gebaut, Auengebiete als Retentionsräume im Hochwasserfall wiederentdeckt, zugepflasterte und -gemauerte Ufer mit Kiesschüttungen renaturiert und Naturschutzgebiete in den lange vernachlässigten Altarmen des Rheins eingerichtet. Der Fluss und seine Ufer wurden wieder zu einem Ort, an dem Menschen sich entspannen und erholen konnten, ohne um ihre Gesundheit zu fürchten. Die Wiedergutmachung hat den Steuerzahler zwar Milliarden gekostet, ein Aufwand, den die Statistik als »Wirtschaftswachstum« verbucht, aber langsam gingen die Schadstofffrachten zurück und der Sauerstoffgehalt im Wasser verbesserte sich, so dass die dortigen Lebewesen wieder Luft zum Atmen bekamen.[18]

Heute sind mit Ausnahme des Störs alle historisch verbrieften Fischarten zurückgekehrt oder sie sind zumindest nicht wieder ausgestorben, nachdem sie zuvor millionenfach ausgesetzt wurden. Auch der Lachs ist wieder da und laicht in den Nebenflüssen des Rheins wie der Wupper, der Sieg, der Ahr oder im Saynbach. In seinem Kielwasser folgten Meerforelle, Maifisch und Flussneunauge, aber auch Vögel wie Haubentaucher und Eisvogel, Säugetiere wie Biber und Fischotter.[19]

Zwar setzt der Fluss noch immer Reste von im Sediment eingelagerten Altlasten frei, darunter Schwermetalle wie Quecksilber, Blei, Nickel oder Cadmium, eine Art späte Rache für die Schändung zu Wirtschaftswunderzeiten. Hinzu kommen Nitrat- und Phosphateinträge aus der Landwirtschaft. Aber heute erreicht das Wasser des Rheins immerhin die offizielle Güteklasse II, was »mäßig belastet« bedeutet und das Baden in der einstigen Kloake erlaubt, eigentlich auch das Schwimmen, was aber wegen der

Strömung an vielen Stellen lebensgefährlich sein kann.[20] Es ist eine »gefahrengeneigte Tätigkeit«, wie es im Jargon der Wasserschutzpolizei heißt.

Das hinderte den damaligen Bundesumweltminister Klaus Töpfer nicht daran, 1988 bei Mainz nahe Stromkilometer 495 den Rhein im schwarzen Neoprenanzug und mit Schwimmflossen bewehrt kraulend zu durchqueren. Anders als vielfach dargestellt, war das allerdings keine PR-Aktion, um die neue Sauberkeit zu demonstrieren, sondern eine Wettschuld, die der Christdemokrat gegen einen ehemaligen Landtagskollegen einzulösen hatte. Die Wette hatte nichts mit der Wirksamkeit der Umweltpolitik zu tun, zumal die Wasserqualität des Rheins durchaus noch im Gefahrenbereich lag. Die wurde erst Jahre später besser.

Trotz der umfangreichen Wiederbelebungsmaßnahmen kann der Rhein nie wieder werden, was er einmal war, zumindest nicht, solange 50 Millionen Menschen in seinem Einflussbereich leben und zehn Prozent der weltweiten Chemiefabriken dort angesiedelt sind.[21] Mehr als ein Kompromiss zwischen den Interessen von Industrie und Schifffahrt auf der einen sowie Naturschutz und Gesundheit der Anrainer auf der anderen Seite ist heutzutage nicht vorstellbar.

Alte Probleme gelöst – neue geschaffen

Das eröffnet die Frage, ob getreu Hans Roslings These alles besser geworden ist in Sachen Rhein. Oder ob es lediglich nicht mehr so schlimm ist, wie es einmal war. Oder ob sich darauf gar keine Antwort geben lässt.

Mit Sicherheit hat die Wasserqualität deutlich gewonnen gegenüber den Horrorjahren, als Umweltschutz ein Fremdwort war. Das Gleiche gilt an Neckar, Main, Elbe oder Donau und vor allem in den Gewässern der ehemaligen DDR, die in allen Farben schimmerten und schäumten, was zu der Ost-Redewendung führte:»In der DDR ist alles grau, außer den Flüssen.« Aber natürlich ist das Rheinwasser immer noch dreckiger als vor 300 oder 400 Jahren. Und wo mittlerweile weniger Schwermetalle oder chlororganische Verbindungen naturmeuchelmordend unterwegs sind, treiben heute ganz andere ungewollte Stoffe gen Nordsee, zum Beispiel Mikroplastik.

Umweltforscher der Universität Basel haben im Rhein eine der weltweit höchsten in Binnengewässern bekannten Konzentrationen dieser Kunststoffteilchen nachgewiesen. Das sind Partikel von weniger als fünf Millimeter Durchmesser, klein geriebener Plastikmüll aus weggeworfenen Kunststofftüten, -flaschen oder Coffee-to-go-Becherdeckeln, von Autoreifen oder Fasern aus Fleece-Stoffen, die über Waschmaschinen ins Abwasser gespült werden und sich auch in Kläranlagen nicht vollständig herausfiltern lassen. Das ist das sogenannte sekundäre Mikroplastik. Kleinste Kunststoffpartikel werden aber auch Zahnpasta, Hautpflege- und Reinigungsmitteln zugesetzt und enden als primäres Mikroplastik in den Gewässern. Im Durchschnitt fanden die Wissenschaftler fünf Partikel in 1000 Litern Rheinwasser. Das hört sich nach wenig an, aber die Biologin und Studienleiterin Patricia Holm spricht von einer »erheblichen Belastung«, wenn im Schnitt jeden Tag 191 Millionen Teile Mikroplastik Richtung Holland schwimmen. Das entspricht zehn Tonnen dieser teils mikroskopisch kleinen Teilchen pro Jahr. Sie finden sich mittlerweile selbst in Mineralwasser, Bier oder Honig. Je weiter entfernt von der Rheinquelle in Graubünden die Wissenschaftler ihre Proben nahmen, umso mehr Mikroplastik mussten sie registrieren.[22]

In der Nordsee schließlich gesellen sich die Endprodukte des

Plastikzeitalters zu jenen Kunststoffmüllmengen, die in den Weltmeeren herumgeistern. An jedem einzelnen Meter der Küsten der Welt, von Bali bis in die Karibik, liegt mittlerweile das Kunststoffäquivalent von mehr als 15 Plastiktüten herum. 5 bis 13 Millionen Tonnen Plastik überlässt die Menschheit, je nach Schätzung, derzeit pro Jahr den Ozeanen, Tendenz stark steigend: Sie werden Jahrzehnte und Jahrhunderte dort bleiben, denn das »unkaputtbare« Zeug ist auf eine lange Haltbarkeit getrimmt. Der Plastikmüll verschwindet nicht, sondern reichert sich in der Umwelt an, ähnlich wie das CO_2 in der Atmosphäre. Er zerbröselt lediglich unter dem Einfluss von Sonnenlicht zu immer kleineren Einheiten, bis auch daraus letztlich Mikroplastik geworden ist. Weil die Weltmeere eine zusammenhängende Einheit sind, finden sich kleine und große Plastikreste in der tiefsten Tiefsee, im kältesten Polareis, an den Stränden der entlegensten Inseln und in den Mägen von Schildkröten, Haien, Walen oder Seevögeln.[23] Jüngst haben Wissenschaftler den Kleinmüll aus Kunststoff auf 8440 Meter Höhe, direkt unter dem Gipfel des Mount Everest, nachgewiesen. Der Berg gilt als höchste Müllhalde der Welt, weil viele Alpinisten Plastikflaschen, Proviantverpackungen und Ausrüstungsgegenstände mit nach oben schleppen, auf dem Rückweg aber keine Lust mehr haben, die Reste wieder mitzunehmen.[24]

Für den Rheinschwimmer und Umweltexperten Klaus Töpfer sind das neue Herausforderungen an den Umweltschutz: »So etwas passiert immer wieder. Wenn du denkst, du hast ein Problem gelöst und alles ist erledigt, liegst du falsch. Wir haben ja selten die eigentlichen Probleme in Angriff genommen, sondern nur die Symptome bekämpft.«[25] Solche neuen Herausforderungen hat Töpfer im Laufe seiner Karriere, die ihn zwischenzeitlich für acht Jahre auf den Chefposten des UN-Umweltprogramms

UNEP in Nairobi beförderte, zur Genüge kennengelernt. Der Plastikmüll in der Überallwelt und das Mikroplastik in den Ozeanen sind typische Beispiele dafür. Beide Probleme beruhen auf dem Wunsch nach immer mehr, ohne dass die Menschen sich irgendwelche Gedanken um die Folgen machen. Töpfer gilt als Urvater des Kreislaufwirtschaftsgesetzes von 1994, mit dem Abfall reduziert und Recycling vorangetrieben werden sollte und das viele Länder kopiert haben. Aber die gute Idee hat wenig daran geändert, dass die Deutschen 2018 pro Kopf die Rekordmenge von 227,5 Kilogramm Müll hinterlassen haben.[26]

Gesetze statt Vernunft

In Töpfers Dienstzeit als Umweltminister in Mainz und Bonn fielen unter anderem der Atom-GAU von Tschernobyl, die Chemiekatastrophe im indischen Bhopal, der vorübergehende Rheintod von Basel oder die Havarie des Großtankers Exxon Valdez, allesamt »Störfälle«, vor denen manche gewarnt hatten, mit denen aber keiner gerechnet hatte. Viel mehr Aufregung in zehn Ministerjahren ist kaum möglich.

Viele der damaligen Umweltprobleme konnten zumindest eingedämmt werden. Das Waldsterben legte sich, nachdem die Kohlekraftwerke Filter für Schwefeldioxid und Stickoxide verpasst bekommen hatten und der saure Regen weitgehend gestoppt wurde. Das Ozonloch schloss sich langsam, nachdem die Fluorchlorkohlenwasserstoffe (FCKW) als Mittel in Spraydosen, Kühlschränken oder Klimaanlagen verboten worden waren. Die Bodenvergiftung ging zurück, nachdem die bleihaltigen Zusätze im Benzin, die eine frühzeitige Zündung in Automotoren, das »Klopfen«, verhindern sollten, aber das Nervensystem schädigten, aus dem Treibstoff verbannt wurden. Das alles erfolgte zwar stets gegen den erbitterten Widerstand der Hersteller und Lobbyverbände. Und immer mit dem Hinweis darauf, ganze Wirtschaftssysteme brächen bei einem Verbot zusammen, Kühlschränke mit den Ersatzstoffen für die FCKW würden explodieren oder sämtliche Autos blieben nach dem Tanken mit bleifreiem Benzin mit festsitzenden Motoren liegen. Aber nichts von alledem geschah.

Mit freiwilligen Selbstverpflichtungen, einem gerne genutzten Instrument der Politik, um Zeit zu schinden und um sich nicht zu sehr mit den Schadensverursachern anzulegen, wären diese Einzelerfolge in der Umweltpolitik nie möglich gewesen, meint Klaus Töpfer: »Das bringt keine Lösung. Das Einzige, was hilft, ist Ordnungspolitik.« Also Verbote von Substanzen oder Prozessen, die gefährlich sind. Und Grenzwerte, die erst einmal Angst und Schrecken bei den Unternehmen verbreiten: »Wenn sie das nicht tun, brauchen wir sie ja nicht«, sagt Töpfer. Wenig sinnvoll sei es, die Methode vorzuschreiben, mit der ein Problem zu beseitigen sei. Das Ordnungsrecht müsse »optionsoffen« sein, nur so könne die Forschung den günstigsten und gleichzeitig wirkungsvollsten, also effizientesten Weg zur Problemlösung austüfteln.

Aufgrund der Ordnungspolitik hätten Unternehmen und Kommunen Mülldeponien geschlossen, saniert und eine weitere Grundwassergefährdung minimiert, meint Töpfer. Sie hätten in Kläranlagen investiert und die Luftbelastung reduziert: »Die Luft ist sauberer als vor 30 Jahren, obwohl wir heute viel mehr Verkehr haben.« Aber wenn der Ex-Minister auf seine lange Karriere zurückblickt, dann muss er eingestehen: »Erreicht haben wir nicht viel. Wir haben in der Regel ›End-of the-Pipe-Technologien‹ eingesetzt, also Schadstoffe dort bekämpft, wo sie schon angefallen waren. Wir haben sie nie grundsätzlich verhindert.« Der ingenieurstechnische Fachbegriff beschreibt Verfahren, die erst am »Ende der Röhre« zur Anwendung kommen, also technischen Prozessen nachgeschaltet sind, um das Schlimmste noch zu verhindern. Ein Beispiel sind die Versuche, das Waldsterben und den Gebäudefraß in den 1980er Jahren zu bekämpfen: Als sich nach langem Streit nicht mehr leugnen ließ, dass Schwefeldioxid und Stickoxide aus Kohlekraftwerken und Auspufftöpfen die Ursache für den Angriff auf Forst und Stein waren, erfanden Ingenieure Mittel und Wege, die Abgase im letzten Moment vor der Freisetzung mit Filtern festzuhalten.

Man hätte allerdings auch von Anfang an Energie sparen, weniger Kohle verbrennen oder regenerative Quellen nutzen können und das Problem so minimiert. Aber das Konzept des »von vornherein weniger« war nie eine Option, gesteht Klaus Töpfer ein. Ironie des Schicksals: Das damalige Waldsterben konnte zwar gebremst werden, als die Luft spürbar sauberer geworden war. Aber heute, beim Waldsterben Nummer 2, leidet der Wald auf eine Art und Weise, die damals als Apokalypse gegolten hätte. Heute gehen ihm die steigenden Temperaturen und der Regenmangel an den Kragen und der Borkenkäfer gibt ihm den Rest. Das geschieht, weil beim Waldsterben Nummer 1 keiner daran gedacht hat, weniger Kohlendioxid produzierende Kohle am Anfang in die Röhre zu schieben.

Hinter diesem Selbstbetrug steht für Töpfer das »Diktat der Kurzfristigkeit«. Wir tun so, als lasse sich jedes Problem nach dem Motto »Wir schaffen das« rasch lösen. Wir schieben langfristige Aufgaben auf die lange Bank und vertrauen darauf, dass unseren Nachfolgern bessere Antworten einfallen. Mit anderen Worten: Bei allen Verbesserungen in Sachen Umwelt- und Naturschutz bleibt die Politik ein langwieriger Prozess, der nur ein allmähliches Umsteuern zur Folge hat. Doch leider ist bei den großen Umweltproblemen des 21. Jahrhunderts wie dem Klimawandel oder dem Artensterben die Allmählichkeit das falsche Instrument. Wenn die Hütte brennt, sollte man nicht lange abwägen, Konferenzen und Kommissionen einberufen, verhandeln und herumdiskutieren, sondern die Wasserleitung zum Löschen freigeben: »Wasser marsch«, wie die Feuerwehrleute sagen.

Dabei leuchtet den meisten Menschen – zumindest im Nachhinein – der Sinn von Gesetzen zu ihrem eigenen Schutz ein. Sogar beim Autofahren. Mobilität bedeutet für uns alle Freiheit. Wir können uns bewegen, wie und wohin wir wollen. Das Automobil, ein Gerät, über das statistisch die Mehrheit der Deutschen verfügt, ist dabei geradezu ein Inbegriff von Freiheit. »Freie Fahrt für freie Bürger«, der Kampfspruch der ersten multimobilen Generation der Geschichte, bringt diesen Anspruch auf den Punkt. Den Gebrauch des Autos in welcher Form auch immer einzuschränken, ist somit ein politisch heikler Akt.

Und trotzdem haben sich Gesetze gegen eine uneingeschränkte Mobilitätsfreiheit immer wieder durchsetzen lassen. Mit Erfolg: 2019 war die Zahl der Verkehrstoten mit 3046 auf den tiefsten Stand seit 60 Jahren gesunken. Im traurigen Rekordjahr 1970 verunglückten noch 21 330 Personen tödlich im Straßenverkehr, auch wenn es damals nur 20 Millionen Kraftfahrzeuge gab. Heute sind es fast dreimal so viele. Als Gründe für den Rückgang nennt das Statistische Bundesamt Gesetze, also staatlich verordnete Vernunfthandlungen, wie das Tempolimit 100 auf Landstraßen, die 0,8- und später die 0,5-Promille-Grenze, die Gurtpflicht und die Helmpflicht für Motorradfahrer.[27]

Gegen alle diese Vorschriften gab es zunächst massive Proteste, unter anderem vom Allgemeinen Deutschen Automobilclub (ADAC), der selbsternannten Hauptvertretung der individuellen Mobilität. Dass Gurte Leben retten, ist heute tausendfach bewiesen. Dass wir uns anschnallen, ist keine Folter. Doch noch im

Jahr 1972, als bereits in 36 Prozent aller Autos Gurte angebracht waren, nutzten sie im Stadtverkehr nur fünf Prozent der Autofahrer. Von 1974 an mussten Neuwagen mit einem Gurt ausgestattet sein. Den mündigen Bürgern am Steuerrad das Benutzen des eingebauten Sicherungssystems vorzuschreiben, wagte die Politik allerdings noch nicht. »Soll und darf der liberale Staat die Auto-Bürger zum Überleben zwingen?«, fragte das Nachrichtenmagazin *Der Spiegel* 1975 besorgt seine Leser und machte die Gurtpflicht zur Titelgeschichte.[28] 1976 kam die Anschnallpflicht auf den Vordersitzen, 1979 überall im Auto. Doch anschnallen wollten sich die meisten Deutschen immer noch nicht. Das taten sie erst, als 1984 ein Bußgeld von 30 Mark für Gurtmuffel fällig wurde.[29] Vermutlich wird sich in ein paar Jahren die gleiche Geschichte an der Geschwindigkeitsbegrenzung auf Autobahnen durchdeklinieren lassen. Aber noch ist Deutschland der einzige demokratische Staat ohne Tempolimit. Auch das nennen die Menschen Freiheit.

Wenn zu viel Optimismus gefährlich wird

»Katastrophen sind die Geburtsstunde für neue Lösungen«, sagt der Umwelt-Altmeister Klaus Töpfer. Das funktioniere allerdings nur, wenn Ursache und Wirkung in einen klaren, spürbaren Zusammenhang gebracht werden könnten. Beim Klimawandel ist das schwierig. Denn weder merkt der Autofahrer, was er oder sie mit dem Abgas anrichtet, noch bliebe bei einer Klimakatastrophe noch Zeit, um rechtzeitig zu reagieren. Probleme, die sich langsam, aber exponentiell auftürmen, lassen sich nach dem Prinzip »Wir lernen nur aus Katastrophen« nicht lösen.

Somit bleibt das Gesamtbild gemischt – trotz sauberem Rhein, repariertem Ozonloch, angeschnallten Autofahrern und höherer Lebenserwartung. Das gilt auch für die vielversprechenden Meldungen des eingangs zitierten Hans Rosling. Denn so gut sie klingen, sie lassen sich nicht zwingend in die Zukunft fortschreiben. Zum Beispiel bei der Entwicklung von Demokratien. Diese Staatsform, welche die meisten Menschen schätzen, die sie erfahren dürfen, war, als Rosling noch lebte, lange Zeit und weltweit auf dem Vormarsch. Autokratien hatten den Rückzug angetreten, vor allem nach Ende des Kalten Krieges. Der Ruf nach Freiheit war über nationale Grenzen hinweg ansteckend, wie die Länder des ehemaligen Ostblocks gezeigt haben, deren kommunistische Regime Ende der 1980er, Anfang der 1990er Jahre wie Dominosteine fielen. Auch wenn dabei nicht immer lupenreine Demokratien entstanden, erhielten die Menschen dennoch mehr Freiraum und mussten weniger Repressionen erleiden.

Doch wie die Studien der Organisation *Freedom House* zeigen, erodiert die »Herrschaft des Volkes« im 21. Jahrhundert. Der Blick auf die Karten von *Freedom House* zeigt über die vergangenen Jahre, wie sich die violette Farbe, das Symbol für »unfrei«, immer mehr ausbreitet, von Russland über weite Teile Asiens, den Nahen Osten und die Türkei bis nach Nord- und Zentralafrika. Viele Länder, die nach dem Fall des Eisernen Vorhangs ihre Freiheit gewonnen haben, versinken in Korruption, populistischen Strömungen und Gesetzlosigkeit. Seit 2010 haben jedes Jahr deutlich mehr Länder demokratische Rückschläge als Fortschritte erlebt.[30]

Das amerikanische Wissenschaftsmagazin *Science* hat der Krise der Demokratien im September 2020 einen ganzen Schwerpunkt gewidmet. Darin analysiert die Politikwissenschaftlerin Susan D. Hyde von der Universität von Kalifornien, Berkeley, warum Demokratien erst Rückenwind hatten, mittlerweile aber massiven Gegenwind verspüren: Autokraten oder solche, die es werden wollten, standen lange unter internationaler Aufsicht, weil die Mehrheit der demokratischen Länder demokratische Partner bevorzugte. Auch Investoren fühlten sich dort auf der sicheren Seite. Sich undemokratisch zu gebärden, war ökonomisch unattraktiv. Doch inzwischen hat die Unterstützung für die weltweite Demokratiebewegung merklich nachgelassen, was die Amerikanerin Hyde unter anderem an der Bewunderung ihres damaligen Präsidenten für Diktatoren und dessen Verachtung für traditionelle, demokratische Verbündete festmacht.[31]

Wahlen werden in einer wachsenden Zahl von Ländern behindert oder die Ergebnisse verfälscht. Sogar Länder, die lange als Inbegriff für Demokratie standen, erleben antiliberale Populisten, die sich um Gewaltenteilung, Meinungsfreiheit, Freiheit der Wissenschaft und den Schutz von Minderheiten einen Dreck scheren. Nicht einmal über die Macht des Volkes lassen sich Demokratien noch schaffen oder festigen. So haben die Bewohner nordafrikanischer und nahöstlicher Staaten zwar im »Arabischen Frühling« auf der Suche nach mehr Freiheit aufbegehrt. Aber nur in Tunesien und Ägypten konnten sie Diktatoren stürzen – und erhielten danach noch autoritärere Regime.

Zu Recht hat Hans Rosling immer wieder betont, dass die »extreme Armut« auf dem Planeten auf dem Rückzug ist. Aber auch hier scheint das Ende der Fahnenstange erreicht. Denn die Fortschritte im Rahmen der Millenniums-Entwicklungsziele (MDGs) von 1990 bis 2015 fußten überwiegend auf den Entwicklungserfolgen in Asien, vor allem in China, wo sich rund 750 Millionen Menschen aus der extremen Armut befreien konnten. Im Reich der Mitte lebt heute praktisch kein Mensch mehr unter der Armutsgrenze.[32] In Afrika südlich der Sahara war das Wirtschaftswachstum hingegen nicht hoch genug, so dass sich angesichts des hohen Bevölkerungswachstums vielerorts die absolute Zahl der extrem Armen sogar erhöht hat. Viele der dort lebenden Menschen können selbst von 1,9 US-Dollar am Tag nur träumen. Ähnliches gilt für den Nahen Osten, wo Länder wie Syrien oder Jemen im Chaos und in neuer Armut versinken. Auch ein Hans Rosling würde heute kaum mehr behaupten, dass sich das Leben dort oder in Iran, Irak und Jordanien verbessert hat. Zumal die Corona-Krise einen weiteren, schrecklichen Schlag für die Armen der Welt brachte. Die Weltbank schätzt, dass die Pandemie weltweit 40 bis 60 Millionen Menschen zurück in die extreme Armut stürzen wird. Mit anhaltend hohen Infektionszahlen dürfte deren Zahl weiter zunehmen. Auch die Zahl derjenigen, die mit täglich 3,2 US-Dollar auskommen müssen, dürfte um 40 bis 150 Millionen steigen.[33]

Ebenso war Roslings Vision verfrüht, wonach der Hunger auf Erden kurz vor dem Aussterben stehe, was auch die Nachhaltigen Entwicklungsziele (SDGs) der Vereinten Nationen bis 2030 fordern. Zwar sank die Zahl der weltweit Unterernährten seit der Jahrtausendwende bis 2014, während sich gleichzeitig die Fettleibigkeit unter Erwachsenen und Kindern epidemisch ausgebreitet hat. Aber dann nahm der Hunger wieder zu, insbesondere in Afrika, wo fast alle Regionen des Kontinents betroffen sind. Für das Jahr 2019 schätzt die Welternährungsorganisation (FAO) die Zahl der Hungernden auf 690 Millionen, das sind immerhin 8,9 Prozent der Weltbevölkerung.

Zwei Milliarden Menschen leben unter Bedingungen der Nahrungsmittelunsicherheit, das heißt, sie haben keinen geregelten Zugang zu sicherem, nährstoffhaltigem und ausreichendem Essen. »Die Welt ist nicht in der Spur, das Ziel von null Hunger bis 2030 zu erreichen«, heißt es im Jahresbericht der FAO von 2020. Und während die Fortschritte im Kampf gegen Unterernährung stagnieren, verschärft die Covid-19-Pandemie die Lage, weshalb mit zusätzlichen 83 bis 132 Millionen Hungernden zu rechnen sei.[34] Heuschreckenplagen in Indien, Pakistan und Ostafrika haben 2020 für starke Ernteverluste gesorgt. Von den Folgen des Klimawandels ganz zu schweigen. Afrika südlich der Sahara gehört zu jenen Regionen mit dem größten Risiko für Ernteeinbußen. Bauern können sich immer weniger darauf verlassen, dass der Regen zur richtigen Zeit und in der richtigen Menge fällt. Und mit der prognostizierten Erwärmung werden unberechenbare Stürme und andere Naturkatastrophen wahrscheinlicher.[35]

Möglicherweise lassen sich die Folgen der Corona-Krise überwinden, die Heuschrecken legen für ein paar Jahre eine Fresspause ein, Diktatoren werden durch Demokraten ersetzt und der langfristige Trend lässt wieder einen optimistischeren Blick auf die Welt zu. Dann wäre Hans Rosling und anderen Datenanalytikern wie Max Roser, dem Gründer der Datenwebsite *Our World in Data,* zu danken, dafür, dass wir nicht dem Pessimismus und der Trübsal verfallen sind.

Aber vielleicht sind Pessimisten nur gut informierte Optimisten. Schlussendlich beruht der zweifellos zu beobachtende grandiose Erfolg der kollektiven Menschheit nicht nur auf genialen Erfindungen, sondern auch auf einer Überbeanspruchung der natürlichen Systeme: Es geht, zumindest einem Großteil der Menschen, immer besser, weil wir Rohstoffe in Wohlstand verwandeln. Wir entnehmen dem Erdsystem dabei mehr, als nachwächst. Und wir hinterlassen die unerwünschten Neben- und Endprodukte unseres Wirtschaftens, Müll in jeder Form, in einer Menge, welche die Naturkreisläufe nicht im gleichen Zeitraum unschädlich machen können. Das ist der Grund dafür, dass Wissenschaftler von einem erdgeschichtlichen Zeitalter des Anthropozäns sprechen, in das wir etwa Mitte des 20. Jahrhunderts eingetreten sind. Diesen Begriff hat einst der 2021 verstorbene niederländische Meteorologe und Nobelpreisträger Paul Crutzen geprägt, um deutlich zu machen, dass der Mensch den Planeten in kurzer Zeit so verändert, wie es sonst nur geologische Epochen über Jahrmillionen geschafft haben. Der *Homo sapiens* ist keine normale Spezies unter Millionen anderen mehr. Er ist längst zu einer geophysikalischen Kraft geworden. Er hat sich die Erde im wahrsten Sinne des Wortes untertan gemacht.[36]

Endloses Schuldenmachen kann nicht funktionieren

Unser Wohlergehen ist somit durch ökologischen Pump finanziert. Sich etwas zu leihen, erscheint uns als etwas völlig Normales. Wenn wir bei der Bank einen Kredit aufnehmen, holen wir uns einen Teil der Zukunft in die Jetztzeit. Im besten Fall investieren wir das Geld sinnvoll, erwirtschaften einen Mehrwert und können die Schulden nebst den fälligen Zinsen termingerecht zurückzahlen. So etwas machen Abermillionen von Menschen und alle Länder. Allerdings begleichen viele Staaten mittlerweile alte Schulden mit neuen Schulden, tragen den Kredit in alle Ewigkeit fort und denken gar nicht mehr daran, einmal geliehenes Geld jemals wieder zurückzuzahlen. Das ist der Kern des »Pumpkapitalismus«, wie der 2009 verstorbene deutsch-britische Soziologe Ralf Dahrendorf einmal festgestellt hat.[37] Das kann bei Staaten gut gehen, zumindest solange die Wirtschaft weiter wächst und die Schulden, gemessen am Bruttoinlandsprodukt, nicht steigen. Aber wenn ein Individuum sich finanziell übernommen hat, bleibt in der Regel nur die Privatinsolvenz.

Die Menschen gehen aber nicht nur zur Bank, um sich die Zukunft zu leihen, sondern auch in die Umwelt. Auch die Natur verleiht Kredite und sie fragt noch nicht einmal nach der Kreditwürdigkeit der Schuldner. Sie kann auch keinen säumigen Kreditnehmer in ein Insolvenzverfahren schicken. Wenn wir Grundwasser abpumpen, Ackerböden übernutzen, den Wald absägen, die Atmosphäre als Endlager für Treibhausgase missbrauchen oder Tier- und Pflanzenarten ausrotten, um ihren Lebensraum für unsere Zwecke zu nutzen, dann nehmen wir jeweils einen Kredit an der Umwelt auf. Wir nutzen all diese Serviceleistungen, ohne dafür zu bezahlen. Wenn wir den Ozean leer fischen, steigern wir auf Pump das Bruttoinlandsprodukt, haben danach aber keine Fische mehr.

Eigentlich müssten wir den Kredit an der Natur zurückzahlen, also dem Acker so viel Humus zufügen, dass er wieder seinen ursprünglichen Zustand erreicht, und den Wald aufforsten oder zumindest in Ruhe wachsen lassen. Wir müssten der Umwelt genug Zeit lassen, um den angerichteten Schaden zu kompensieren. Die Grundwasserspeicher müssten sich wieder auffüllen, die Fischpopulationen erholen können und die Treibhausgase irgendeine sinnvolle Bestimmung finden. Die Natur heilt (fast) alle Wunden – aber dafür braucht sie Ruhe und Zeit. Ein junger Baum braucht 100 Jahre, bis er seinen ausgewachsenen Vorgänger ersetzen kann. Noch länger dauert es, bis das Kohlendioxid aus der Verbrennung fossiler Rohstoffe wieder in natürliche Kreisläufe eingebunden ist. Der Verlust von Hunderttausenden von Tier- und Pflanzenarten würde sogar Jahrmillionen erfordern, bis die Evolution entsprechenden Ersatz hervorgebracht hat.

Dummerweise lassen die Menschen der Umwelt nicht die Zeit, die nötig wäre, um die fälligen Reparaturen zu erledigen. Sie können ihre Naturschulden nicht zurückzahlen, stattdessen wird der Schuldenberg immer größer. Wer als Privatmensch oder Unternehmen pleitegeht, hat nach einer Insolvenz immer noch die

Chance auf einen Neustart. Bei der Natur gibt es bei einer Pleite aber keinen zweiten Versuch. Ein Abschmelzen von Grönlands Eiskappe lässt sich nicht rückgängig machen. Einmal verzehrtes Naturkapital dieser Größenordnung ist innerhalb menschlicher Zeithorizonte nicht ersetzbar.

Pump macht reich – aber nicht alle

Über den an der Natur aufgenommenen Kredit erhöhen wir das Bruttosozialprodukt und unseren Wohlstand. Das macht uns daueroptimistisch, denn die Umwelt ist groß, die Vorräte an Rohstoffen sind riesig und der Blick nach oben in den Himmel lässt die Atmosphäre endlos erscheinen. Zu Corona-Zeiten versperren nicht einmal Kondensstreifen die Sicht. Wenn sich allerdings immer mehr der knapp acht Milliarden Menschen an der Natur verschulden, wird auch Endloses endlich und von dem natürlichen Kapital, auf das wir nun einmal zum Überleben angewiesen sind, bleibt nicht mehr viel übrig. Was wir einmal entnommen haben, können andere nicht mehr nutzen. Wir selbst auch nicht.

Weil die Kreditnehmer überwiegend in den wohlhabenden Ländern sitzen, profitieren auch sie am meisten von dem Wohlstand auf Schuldenbasis. Reiche Länder sind reich, weil sie clever genug waren, sich möglichst früh möglichst viel von dem globalen Naturkapital unter den Nagel zu reißen. Die armen waren nicht schnell genug und die Kuchenstücke, die für sie übrig bleiben, werden immer kleiner. Sie haben zudem überproportional an den Negativfolgen der Überschuldung zu tragen. Die Niederlande, die schon heute zu einem Viertel unter dem Meeresspiegel liegen, haben genug Geld und Wissen, ihre Deiche auch bei einem Meter Pegelanstieg zu sichern. Bei zwei bis drei Metern gerät aber auch Holland in Not. Bangladesch, das zu einem guten Teil aus kleinen Inseln, Flussläufen und häufig überfluteten Reisfeldern besteht, kann sich rein praktisch nicht mit Deichen schützen, geschweige denn sie bezahlen. Das Land muss zudem mit immer stärkeren Monsun-Hochwassern aus dem Ganges-Brahmaputra-System und mit heftigeren Wirbelstürmen im Golf von Bengalen zurechtkommen, gegen die ein Nordseesturm Richtung Niederlande ein laues Lüftchen ist.

Die Bewohner des wohlhabenden Teils der Welt erzielen ihre Wohlstandsgewinne, indem sie den Wohlstand anderer einschränken. Sie profitieren von globalen Allgemeingütern. Somit verstärkt sich die weltweite Ungleichheit und damit die Wahrscheinlichkeit für regionale und globale Verteilungskonflikte. Wo sich Probleme häufen und die Entwicklung nicht vorankommt, bleibt das Bevölkerungswachstum hoch. Hier kollidiert die Konsumüberbevölkerung mit der demografischen Überbevölkerung.

Wohlergehen lässt Kinderzahlen sinken

Und doch gibt es in diesem Feuerwerk der problematischen Nachrichten einen Lichtblick. Der ist allerdings zwiespältig: Denn der Wohlstand, der die Menschen reicher macht und die Umwelt ruiniert, lässt gleichzeitig und quasi naturgesetzlich die Kinderzahlen sinken. Damit also das Wachstum der Weltbevölkerung ein Ende findet, müssten noch viel mehr Menschen Zugang zu einem besseren Leben, zu Konsum und Ressourcenverbrauch finden.

Wenn es für die Menschen aufwärtsgeht, wünschen sie sich weniger Kinder. Das klingt erst einmal widersprüchlich, denn unter besseren Lebensbedingungen sollte es leichter fallen, Nachwuchs großzuziehen. Aber empirisch ist der Zusammenhang eindeutig: Ausgerechnet die Menschen in den reichsten und erfolgreichsten Ländern pflanzen sich in einem so geringen Maße fort, dass ihr Bestand auf lange Sicht nicht garantiert ist. Mit der wirtschaftlichen Entwicklung und sich ausbreitendem Wohlstand geht die Zeit der großen Familien zu Ende. Das hohe Bevölkerungswachstum findet nur noch dort statt, wo Armut und Perspektivlosigkeit herrschen.

In praktisch allen Ländern der Welt sind die Kinderzahlen je Frau mit der sozioökonomischen Entwicklung gesunken. Bei diesem Trendwechsel spielen viele Faktoren eine Rolle. Er begann lange vor Pille und Kondom mit der industriellen Revolution. In bäuerlichen Gesellschaften waren Kinder und Jugendliche willkommene Arbeitskräfte, doch durch die Erfindung von Traktor und Mähdrescher wurden sie von einem Produktions- zu einem Kostenfaktor. Kinder im modernen Gesellschaften sind »nur noch« sinnstiftend. Sie dienen nicht mehr als Arbeitskräfte und sie kosten Geld.

Mit der Einführung der gesetzlichen Altersversorgung, zuerst in Deutschland im Jahr 1889 und später in den meisten weiterentwickelten Ländern, schwand die Bedeutung von Kindern zur Versorgung der Eltern im Alter. Mehr Freiheiten bei der persönlichen Lebensgestaltung lenkten den Blick auf andere Dinge als die Reproduktion. Mit mehr Freizeit und dem Eintritt in die Konsumgesellschaft entstand eine »Konkurrenz der Genüsse«: Potenzielle Eltern begannen sich zu überlegen, ob sie ihr Geld und ihre Zeit lieber in eine schicke Wohnung, teure Urlaubsreisen oder schnelle Autos stecken sollten, anstatt sie in die nicht ganz unaufwendige Aufzucht von Kindern zu investieren. Kinder in weit entwickelten Ländern sind für die meisten Menschen die teuerste Anschaffung im Laufe ihres Lebens.

Vor allem änderte sich die Rolle der Frauen in der Gesellschaft. Die klassische Arbeitsteilung, Frau am Herd, Mann im Job, klingt ebenso aus wie die alte »Chef-Sekretärin-Hierarchie«. Wo aber Frauen gleicher gestellt sind, im Berufsleben stehen und einen gerechten Zugang zu Bildung erlangen, sinken die Kinderzahlen. Sie haben bessere Einkommensmöglichkeiten und sind nicht mehr abhängig von einem männlichen Ernährer, der früher der Bestimmer in Sachen Familiengröße war. Damit steigen auch die Opportunitätskosten für Kinder. Darunter verstehen Ökonomen die Kosten des Entgangenen, also in diesem Fall den Verlust dessen, was frau verdienen kann, wenn sie auf Kinder verzichtet. Die Opportunitätskosten für ein Kind sind hoch und moderne Menschen denken ökonomisch.

Durch diese gesellschaftlichen Veränderungen sind in praktisch allen Ländern der Welt die Nachwuchszahlen gesunken, in den früh entwickelten früh und bei den Nachzüglern später. Vielfach sank die Geburtenziffer bis auf 2,1 Kinder je Frau, was als die Grenze gilt, bei der eine Population aufhört zu wachsen. Während die Wissenschaft noch in den 1970er Jahren dachte, in derartigen Gesellschaften würde sich ein Gleichgewicht aus Sterbefällen und Geburten einstellen, ist mittlerweile klar, dass die Fertilitätsraten zum Teil weit unter das Reproduktionsniveau von 2,1 fallen können. Unter diesen Bedingungen ist mittelfristig keine stabile Bevölkerung mehr zu garantieren. Nur Zuwanderung kann in diesen Ländern einen Schwund aufhalten. Über 90 Länder verzeichnen bereits heute Geburtenziffern von 2,1 und darunter. Mehr als die Hälfte der Weltbevölkerung lebt in diesen Ländern. Dazu zählen alle Industrienationen mit Ausnahme von Israel, sämtliche europäischen Länder mit Ausnahme von Kosovo, sowie Schwellenländer wie China, Brasilien, Chile, Malaysia, Sri Lanka, Thailand, Tunesien oder Iran.

In Deutschland etwa sank die Geburtenziffer schon 1972 unter 2,1 und dann rasch weiter bis 1,4, um sich mittlerweile auf etwas über 1,5 zu erholen. Das ist in etwa der Wert der gesamten EU, mit Extremwerten von Malta (1,23) bis Frankreich (1,88).[38] Derart niedrige Kinderzahlen bedeuten, dass jede EU-Kindergeneration die ihrer Eltern nur zu knapp zwei Dritteln ersetzt. Kein Wunder, dass einige Länder, darunter mehrere osteuropäische und die baltischen Staaten, die obendrein unter Abwanderung leiden, längst angefangen haben, massiv zu schrumpfen. Bulgarien etwa vermeldete schon 2015 über ein Viertel weniger Einwohner als 1991.[39]

Bisher gibt es keine Anzeichen dafür, dass der Trend zu Kinderzahlen unterhalb des Reproduktionsniveaus reversibel wäre, und die meisten Demografen rechnen nicht damit, dass sie wieder darüber steigen werden. Die Menschen im besser entwickelten Teil der Welt und selbst in vielen Schwellenländern scheinen sich im Schnitt auf Familien mit etwas weniger als zwei Kindern einzurichten. Würden auch die ärmeren Länder diesem Trend folgen, dann käme das globale Bevölkerungswachstum bald schon zum Erliegen – als Folge von immer besseren Lebensbedingungen.

Bildung ist der Schlüssel zur Zukunft

Den größten Einfluss auf die Fertilitätsraten, vor allem in wenig entwickelten Ländern, wo die Bevölkerung noch stark wächst, hat der Bildungsstand von Frauen. Besser gebildete Frauen wünschen sich deutlich weniger Kinder als weniger gebildete und sie können diesen Wunsch auch leichter gegenüber ihrem Partner durchsetzen. Überall auf der Welt sind die Geburtenziffern deutlich gesunken, wenn Mädchen nicht nur eine Grundschule besuchen, sondern möglichst lange von weiteren Bildungsangeboten profitieren konnten. Das liegt unter anderem daran, dass der längere Schulbesuch den Zeitpunkt der ersten Schwangerschaft hinauszögert.

In Afrika verringert jedes Jahr Sekundarbildung für Mädchen die Wahrscheinlichkeit, dass sie vor ihrem 18. Lebensjahr verheiratet werden, im Schnitt um fünf Prozentpunkte. Sekundarbildung kann Kinderheiraten nahezu ausschalten. Umgekehrt sind Kinderheiraten und frühe Schwangerschaften ein Hauptgrund für den Schulabbruch von Mädchen. In Niger oder Tschad, Ländern, in denen der Bildungszugang für Mädchen besonders schlecht ist und deren Bevölkerung besonders stark wächst, lebt rund ein Drittel aller 15-jährigen Mädchen bereits in einer Ehe oder eheähnlichen Gemeinschaft.[40]

Bildung ist nicht nur das effizienteste Verhütungsmittel. Sie erhöht auch die Überlebenschancen von Kleinkindern, weil Mütter mit höherer Schulbildung mehr über medizinische und hygienische Zusammenhänge wissen, darüber, wie Krankheiten entstehen und sich vermeiden lassen. Sie tragen so zu einem Rückgang der Kindersterblichkeit bei. Zudem wissen sie meist besser über Methoden der Familienplanung Bescheid und wenden sie auch häufiger an.

Wenn weniger Kinder in jungen Jahren sterben, wächst eine Bevölkerung langsamer, auch wenn das zunächst absurd klingt. Aber wenn den Menschen erst einmal klar wird, dass mehr Kinder überleben, sinkt der Wunsch nach viel Nachwuchs. Tatsächlich ist der Rückgang der Kindersterblichkeit eine zwingende Voraussetzung dafür, dass Frauen weniger Kinder bekommen. Kleinere Familien wiederum haben mehr Möglichkeiten, in die Bildung ihrer Kinder zu investieren. Mütter mit einer Bildungskarriere sind überdies bemüht, auch ihren Töchtern und Söhnen eine gute Bildung zu verschaffen. So endet der Kreislauf aus Armut und Bevölkerungswachstum. Stattdessen entsteht ein Zyklus aus neuen Perspektiven und demografischem Wandel.[41] Dieser Wandel birgt enorme wirtschaftliche Möglichkeiten. Denn rückgängige Kinderzahlen verlangsamen nicht nur das Bevölkerungswachstum, sie bedeuten auch, dass die jeweils jüngsten nachwachsenden Generationen kleiner werden als deren Vorläufer. Aus der klassischen Bevölkerungspyramide eines Landes mit sehr vielen Jungen und wenigen Älteren wird eine Art Bienenkorb.

Der Schwerpunkt der Bevölkerung verschiebt sich nach oben, hin zu den jungen Erwerbsfähigen. Während der Anteil der zu versorgenden Kinder und Jugendlichen sinkt und die Zahl der älteren Menschen zu diesem Zeitpunkt noch gering ist, stehen der Volkswirtschaft zu diesem Zeitpunkt überproportional viele junge Produktivkräfte zur Verfügung. Ein Rückgang der Geburtenziffern erhöht zudem automatisch und kurzfristig die mittleren Pro-Kopf-Einkommen. Die Menschen werden im Schnitt reicher, nur weil weniger Kinder geboren werden.

Diese günstige Altersstruktur stellt einen »demografischen Bonus« dar. Unter guten Rahmenbedingungen, bei politischer Stabilität, einer ausreichenden Qualifikation der nachwachsenden Arbeitskräfte und einem guten Angebot an Arbeitsplätzen lässt sich der Bonus in einen ökonomischen Aufschwung verwandeln, in eine »demografische Dividende«. Den wirtschaftlichen Aufstieg der asiatischen Tigerstaaten in den 1980er Jahren führen Wirtschaftswissenschaftler zu einem wesentlichen Teil auf eine optimale Nutzung des demografischen Bonus zurück.

Wichtig ist in diesem Zusammenhang, dass ein hoher Anteil junger Erwerbsfähiger allein nicht ausreicht, um eine demografische Dividende einzufahren. Potenzielle Arbeitskräfte ergeben nur dann einen volkswirtschaftlichen Sinn, wenn sie auch produktiv werden können. Mit anderen Worten: Sie brauchen einen Job. In Afrika konnten bislang nur kleine Inselstaaten wie Mauritius oder die Seychellen von einer demografischen Dividende profitieren. Anderenorts liegen die Kinderzahlen je Frau noch auf einem viel zu hohen Niveau, vor allem in West- und Zentralafrika, und sie sinken nur sehr langsam.

Dort öffnet sich das Zeitfenster einer ökonomisch verheißungsvollen Bevölkerungsstruktur nach den bisher gültigen Schätzungen nicht vor dem Jahr 2060. In manchen Ländern, etwa in den nordafrikanischen Maghreb-Staaten und auch in Südafrika, sind die Kinderzahlen bereits gesunken, aber dort fehlt es an Arbeitsplätzen, um aus dem Bonus einen wirtschaftlichen Nutzen zu schlagen. In diesen Ländern bedeutet der hohe Anteil an jungen, zunehmend besser ausgebildeten Erwerbsfähigen ein wachsendes Konfliktpotenzial. Dort steht keine demografische Dividende in Aussicht, sondern eher ein »demografisches Desaster«.[42]

Sicher ist, dass in den armen Ländern der Welt erst einmal die Kinderzahlen sinken müssen, um einen wirtschaftlichen Aufschwung zu ermöglichen. Die anderen notwendigen Rahmenbedingungen kommen dann noch obendrauf. Unter diesen Bedingungen würde der Wohlstand wachsen und die Kinderzahlen würden in einer sozioökonomischen Aufwärtsspirale weiter sinken. Die Vereinten Nationen haben einmal berechnet, was es bedeuten würde, wenn dies überall gelänge, wenn alle Länder einen Entwicklungsstand und die Kinderzahlen je Frau erreichen würden, wie sie etwa aus den skandinavischen Ländern Dänemark oder Schweden bekannt sind. Dort sind die Menschen gut versorgt, Familien haben einen hohen Stellenwert, die soziale Gerechtigkeit liegt auf einem hohen Niveau, Frau und Mann sind einigermaßen gleichgestellt und die Menschen fühlen sich

Umfragen zufolge überaus glücklich. Besser geht's nicht. Unter diesen dänisch/schwedischen Bedingungen bekommen die Frauen im Schnitt 1,85 Kinder. Das ist weniger, als für eine stabile Bevölkerung nötig ist.

Würde die ganze Welt den »Idealzustand« von Dänemark und Schweden erreichen, mit einem Wohlergehen und einer Zufriedenheit, die eine Geburtenziffer von 1,85 nach sich ziehen, dann hätte das Wachstum der Weltbevölkerung bald ein Ende und sie würde schnell anfangen zu schrumpfen. Im Jahr 2300 gäbe es weniger als 2,5 Milliarden Menschen, nicht mal ein Drittel des heutigen Wertes. Das sind etwa so viele, wie 1950 gelebt haben. Die Menschheit wäre dann im Schnitt älter als heute und schon aus diesem Grund deutlich friedlicher. Sie wäre besser gebildet, würde allein aufgrund ihrer geringeren Zahl weniger Schaden an der Umwelt anrichten. Und sie könnte besser mit den Umweltveränderungen umgehen, die heutige Generationen verursachen. Keine schlechte Vision.[43]

Das Dumme ist, dass wir noch 280 Jahre auf diese schöne, neue Welt warten müssen, in der die Menschen einträchtig mit der Natur leben könnten. Und dass dazu eine schnelle Entwicklung im armen Teil der Welt nötig ist. Dennoch ist das mehr als ein Lichtblick für jene Länder, die mit dem Bevölkerungswachstum zu kämpfen haben. Denn historisch betrachtet stagnierten oder schrumpften Bevölkerungen nur, wenn Hungersnöte, Kriege oder Epidemien wie die Pest im Mittelalter dafür gesorgt hatten. Die Vorstellung, dass das Bevölkerungswachstum auf dem begrenzten Planeten Erde einmal endet, weil es den Menschen immer besser geht, ist gewiss angenehmer als jene, das Wachstum würde auf katastrophale Weise beendet. Wissenschaftlich betrachtet kann das Wachstum der Menschheit nur aus zwei Gründen zu Ende gehen: wenn die Geburtenrate sinkt. Oder wenn die Sterblichkeitsrate steigt. Wir sollten uns um die erste Variante kümmern.

Was aber würde es bedeuten, wenn es auch den Armen immer besser geht? Wenn auch sie reich werden und auch nur annähernd jenen Lebensstandard erreichen, den wir in den Industrienationen so schätzen, der aber dem Planeten jetzt schon den Atem raubt?

Wir ahnen es: Das nächste Dilemma naht. In Wirklichkeit ist es ein Trilemma.

KAPITEL 6

Das Trilemma des Wachstums

Was tun, wenn auch noch die Armen reich werden?

Aus Sicht der klassischen Industriestaaten von den USA über Europa bis nach Japan war die Welt bis in die 1960er Jahre noch einigermaßen in Ordnung. In diesen Ländern lebte eine Milliarde Menschen zwar schon über ihre ökologischen Verhältnisse, aber der Rest der Welt, die rund 2,5 Milliarden in Asien, Afrika und Lateinamerika, war zu arm, um sich am globalen Umweltzerstörungsprogramm maßgeblich zu beteiligen.

Die Einwohnerschaft der damaligen Entwicklungsländer wuchs stark, zwei- bis dreimal so schnell wie etwa jene in Europa, und blieb vor allem deshalb weiterhin arm. In dem Vierteljahrhundert zwischen 1950 und 1975 legte Mexiko von 27 auf 60 Millionen Einwohner zu, Ägypten von 20 auf 39 Millionen und Indonesien von 80 auf 131 Millionen. Das Menschenmehr kam aus dem armen Teil der Welt, das Dreckmehr aus dem reichen.

Dann kam China. Das Land, in dem schon Mitte des 20. Jahrhunderts mehr als eine halbe Milliarde Menschen lebte, stand damals für Bevölkerungswachstum und Überbevölkerung schlechthin und im Rest der Welt ging die Furcht um, bald könnte schon jeder dritte Erdenbürger ein Chinese sein. Gleichzeitig war China eines der ärmsten Länder der Welt und trug kaum zur globalen

Umweltverschmutzung bei. Doch dann zeigte das Reich der Mitte, wie schnell beide Formen der Überbevölkerung ineinander übergehen können.

Noch Mitte der 1960er Jahre bekamen chinesische Frauen im Schnitt 6,4 Kinder. Parteiführer und Diktator Mao Zedong fand das Wachstum ganz prima, denn getreu der marxistisch-maoistischen Ideologie konnte unter der Führung der kommunistischen Partei »jedes Wunder« vollbracht werden, solange es nur genug Menschen gab. 1971 lebten bereits 830 Millionen Chinesen. Und langsam wurde klar, dass es angesichts der gescheiterten »Großen Proletarischen Kulturrevolution«, der desolaten Wirtschaftslage, die zur größten Hungerkatastrophe der Menschheit mit geschätzten 36 Millionen Toten geführt hatte, und der Tatsache, dass China bei 22 Prozent der Erdbevölkerung nur über sieben Prozent des globalen Ackerlands verfügte, eng werden würde mit den Wundern des Kommunismus. Unter diesem Eindruck zog Mao die Notbremse und ordnete an, dass fortan bei zwei Kindern pro Frau Schluss sei mit dem Familienglück. Orwell'sche Überwachungskomitees sorgten mit aller Brutalität dafür, dass die Zwei-Kind-Politik auch einigermaßen eingehalten wurde. Tatsächlich sank die Kinderzahl je Frau binnen weniger Jahre auf 2,5. In einem solchen Tempo hatte sich noch kein Land das Gebären abgewöhnt.

Für Maos radikale Nachfolger war das nicht genug. Sie präsentierten 1979 dem Land, in dem viele Kinder und vor allem viele Söhne Teil der Kultur waren, die Ein-Kind-Politik, die Deng Xiaoping, der neue starke Mann in Peking, noch strenger durchsetzen ließ. Ohne Zertifikat durften Frauen nicht mehr schwanger werden. Aber weil sich selbst chinesische Regeln nur bedingt durchsetzen lassen, sank die Fertilitätsrate nicht etwa auf 1, sondern erreichte erst 1996, als es bereits 1,2 Milliarden Chinesen gab,

den Wert von 1,6. Dort liegt sie in etwa heute noch. Mit Zeit-
verzögerung – ein demografischer Tanker hat einen sehr langen
Bremsweg – verlangsamte sich auch das Bevölkerungswachstum.
Es klingt derzeit aus und die Bevölkerung dürfte mit 1,4 Milliarden mittlerweile ihr Maximum erreicht haben. Maos Geburten-
planer hatten einst einen Höchststand von 1,2 Milliarden im Visier.[1]

Der Rückgang des Bevölkerungswachstums, gepaart mit der
Öffnung des Landes hin zu einem kommunistischen Kapitalismus und den entsprechenden unternehmerischen Freiheiten,
gab China die Chance, sich so schnell zu entwickeln wie kein
großes Land je zuvor. Unternehmen entstanden im Stundentakt,
Arbeitsplätze im Hunderttausenderpaket und die vielen jungen
Erwerbsfähigen, die noch zu Maos pronatalistischer Phase zur
Welt gekommen waren, strömen mit den damals noch rumpeln-
den Eisenbahnzügen aus den ländlichen Gebieten in die Sonder-
wirtschaftszonen an der Küste. Dort stellten sie sich einfach vor
den Bahnhof und ließen sich von fliegenden Jobvermittlern für
irgendeine Beschäftigung anheuern. Die Planer hatten nun vor
allem wirtschaftliches Wachstum vor Augen. Sie ließen Millio-
nenstädte aus dem Boden stampfen, zehntausende von Kilometern Straßen und Eisenbahnlinien bauen, hunderte von Flughäfen. Alle wollten an dem Wirtschaftswunder teilhaben, viele
schafften es. Nirgendwo wurde die demografische Dividende effizienter eingefahren.

Aufschwung Ost

Wer Anfang der 1990er Jahre China besuchte, traute seinen Augen nicht. Wo sich gerade noch Reis- und Gemüsefelder zwischen den schlichten Bauernhäusern aus Holz und Bambus ausgedehnt hatten, schleppten Tausende von Arbeitern Material für eine neue Schnellbahntrasse herbei. Das einstige Fischerdorf Shenzhen, unweit des damals noch unter britischer Verwaltung stehenden Hongkong gelegen und zur ersten turbokapitalistischen Spielwiese der Volksrepublik erkoren, hatte sich in Windeseile eine glitzernde Skyline zugelegt. In vielen Städten der Küstenprovinz Guangdong war Schluss mit nächtlicher Dunkelheit. Von den Wolkenkratzern blendeten 24 Stunden lang die Leuchtreklamen für Güter, die noch vor Kurzem unbekannt gewesen waren. In den Karaoke-Bars quäkten Tag und Nacht die überdimensionierten Bildschirme. Und in den schnell hochgezogenen Fabrikhallen schufteten die neuen Helden der Arbeit sieben Tage die Woche an der Werkbank der Welt.

»Was brauchen Sie?«, fragte mich damals in Guangzhou ein gewisser Mr. Wang, einer derjenigen, die den Schnellkurs in Sachen Globalisierung absolviert hatten. »60 000 Polohemden, 20 000 Bürostühle, 5000 Ledersofas? Kommen Sie morgen früh vorbei und schauen sich alles an. Nächste Woche steht der Container im Hafen von Hongkong. Zum Festpreis.« Und schon fuchtelte Mr. Wang mit seinem noch recht klobigen Mobiltelefon herum.

Der Aufschwung Ost hatte das ganze Land erfasst. Universitätsprofessoren arbeiteten in winzigen Privatwohnungen, damit sie ihr Büro an Geschäftsleute vermieten konnten. Lehrer zogen in einem Teil des Schulhofes ein Geschäft für gefakte Designerklamotten hoch. Die KP-Frauenorganisation betrieb ein Bordell in Peking, bis das Treiben ruchbar und behördlich abgestellt wurde.

Schanghai zog seinerzeit gegenüber dem »Bund«, dem Prachtboulevard aus Kolonialzeiten, auf der anderen Seite des Huangpu-Flusses den Stadtteil Pudong hoch, gegen den, wenig später, Manhattan wie eine brandenburgische Kleinstadt aussehen sollte. Bagger walzten ohne große Vorwarnung die traditionelle Siedlung platt. Die Anwohner konnten gerade noch ihre Bettgestelle und Matratzen auf Fahrrädern retten, bevor die Bautrupps anrückten und in null Komma nichts die Fundamente für Bürotürme, Einkaufszentren, Geschäftshäuser, Wohnsilos und einen gigantischen Fernsehturm in den Boden trieben, damit sofort danach die Gerüstbauer, Betonschütter und Maurerkolonnen übernehmen konnten.

Die Vertriebenen trugen es mit Fassung, etwas anderes blieb ihnen gar nicht übrig. Irgendwie profitierten ja alle von dem Boom. Die einen, weil sie clever genug waren, in Kürze die erste Million zu verdienen, die anderen, weil sie immerhin einen Job bekamen. Viele der Wanderarbeiter lebten direkt auf der Baustelle. Immer nur für ein paar Wochen, dann stand schon der Umzug in den nächsten Rohbau an. Da schliefen die Fliesenleger auf ihren Bastmatten schon einmal im feinen Edelstahl- und Granit-Ambiente einer künftigen Bank und der Wok dampfte im mahagonigetäfelten Konferenzzimmer, wo zwei Monate später die ganz großen Geschäfte eingetütet wurden.

Westliche Experten war damals skeptisch, ob das chinesische Experiment gut gehen würde: »Um die vielen jungen Leute zu beschäftigen, braucht das Land jedes Jahr 2,3 Millionen neue Arbeitsplätze«, erklärte mir ein Schweizer Banker in Hongkong: »Die können nur entstehen, wenn die Wirtschaft um mindestens zehn Prozent im Jahr wächst.« Dafür müssten die unrentablen Staatskombinate dichtmachen, die Produktionsbetriebe rationalisiert und Arbeitskräfte entlassen werden. Auch die Landwirtschaft müsste intensiviert werden und die dort freigesetzten Arbeitskräfte müssten in anderen Sektoren Jobs finden. Überall müsste in Forschung und Entwicklung investiert werden, damit die Unternehmen in höhere Wertschöpfungsketten aufsteigen könnten. Nicht vorstellbar, dass die immer noch existierende Planwirtschaft das alles hinbekommen würde.

Hat sie aber doch. Einmal in Gang gesetzt, war der chinesische Wohlstandsmotor nicht mehr zu bremsen. Für Mutige war das Paradies eröffnet. »Ganz egal, was man hier produziert, das Land braucht alles«, schwärmte ein Investor in Pudong: »1,2 Milliarden Chinesen, das sind 2,4 Milliarden Füße. Das bedeutet 2,4 Milliarden Schuhsohlen!« Wahrscheinlich waren es sogar 4,8 oder 7,2 Milliarden Schuhsohlen, und zwar pro Jahr, denn die Chinesen, die so lange hatten darben müssen, erwiesen sich als vorzügliche Konsumenten. Ob Kühlschränke, Fernsehgeräte, Computer, Autos oder Textilien, überall liefen die Fertigungsanlagen an der Kapazitätsgrenze, nicht nur für den Export, sondern immer mehr auch für den Binnenmarkt. Grenzen des Wachstums? Nicht in China.

20 Jahre später war ich noch einmal in Schanghai, in Guangzhou und in Shenzhen. Nichts von dem alten Glanz und Glitzer war noch zu erkennen. Alles war inzwischen neuer, höher, gewaltiger, greller, brillanter und größer. Und die Menschen schufteten immer noch, als hätte das Wachstum gerade begonnen.

Auf diesem Weg ist das Bruttoinlandsprodukt Chinas seit 1990 um den Faktor 40 gewachsen, das Bruttoinlandsprodukt pro Kopf um den Faktor 21 und die CO_2-Emissionen liegen 4,5-mal höher als damals.[2] China ist heute als der mit Abstand größte Treibhausgasproduzent für 28 Prozent des globalen Ausstoßes verantwortlich und verheizt über die Hälfte der Kohle weltweit. Allein zwischen 2011 und 2013 hat das Land mehr Zement verbaut als die USA im gesamten 20. Jahrhundert. Weil bei der Produktion von einer Tonne Zement 1,25 Tonnen CO_2 entstehen, kann es kaum verwundern, dass China allein über diesen Baustoff im Jahr 2018 mehr CO_2 ausgestoßen hat als Deutschland insgesamt. Auch bei der Stahlherstellung – hier werden je Tonne zwei Tonnen CO_2 freigesetzt – rangiert das Land weit vor dem Rest der Welt: Rund die Hälfte davon stammt aus chinesischen Stahlhütten.[3]

Bei den Pro-Kopf-Emissionen liegt China aufgrund seiner hohen Bevölkerungszahl nach wie vor unter ferner liefen – weit hinter den arabischen Ölstaaten, hinter Australien, Kanada und den USA, hinter den Niederlanden, Belgien, Deutschland und Österreich und einer Reihe von anderen Ländern. Mit sieben Tonnen CO_2 pro Kopf ist China vom Konsum fossiler Brennstoffe her betrachtet aber dennoch längst überbevölkert.[4]

Noch sind nur wenige Länder hoch entwickelt

Verschiedene Organisationen teilen die Länder der Welt nach unterschiedlichen Kriterien in mehr oder weniger entwickelte Gruppen ein. Ein sehr nachvollziehbarer Index dafür ist der für menschliche Entwicklung (englisch: *Human Development Index*, HDI) des Entwicklungsprogramms der Vereinten Nationen (UNDP), in den Indikatoren zu Gesundheit, Bildung und materiellem Lebensstandard einfließen. Er sagt deutlich mehr über die Lebensqualität aus als das Bruttosozialprodukt eines Landes, das einen Staat mit hohen Einnahmen aus Öl- oder Erzexporten als reich einstuft, auch wenn das Geld in den Taschen weniger versickert und ein Großteil der Einwohner bettelarm ist.

Der HDI reicht von 0 bis 1. Je höher der Wert, desto besser entwickelt ist ein Land. Die Länder sind in vier Gruppen eingeteilt und haben nach UNDP-Definition einen »sehr hohen«, »hohen«,

»mittleren« oder »niedrigen menschlichen Entwicklungsstand«. Der Index der jüngsten HDI-Ausgabe von 2020 reicht von Norwegen (Platz 1) über Deutschland (Platz 6), Kroatien (Platz 43) und Vietnam (Platz 117) bis Niger (Platz 189). Rund 1,5 Milliarden Menschen oder 20 Prozent der Weltbevölkerung leben in der höchsten Gruppe. China liegt auf Platz 85 in Gruppe 2 und erreicht den Status »hoher menschlicher Entwicklung«.[5] Da ist also noch Luft nach oben, was Wohlergehen, Wohlstand und Konsum betrifft. Spätestens um 2030 herum dürfte China in die höchste Kategorie aufgestiegen sein, bald gefolgt von Ländern wie Mexiko oder Thailand. Wenn alles gut geht, könnte 2050 über die Hälfte der Weltbevölkerung, also rund fünf Milliarden Menschen, so weit auf der Entwicklungsleiter aufgestiegen sein, dass ihnen eigentlich nichts mehr fehlt. Und wenn erst einmal die Hälfte geschafft ist, sollte auch der Rest zu erledigen sein. Wenn das kein Grund zum Feiern ist.

Immerhin war es die Idee der Entwicklungspolitik oder -zusammenarbeit, die früher Entwicklungshilfe hieß, die weltweiten Unterschiede im Wohlstand, in den Lebensbedingungen und der sozioökonomischen Entwicklung abzubauen. Auf dem Erdgipfel von 1992 in Rio de Janeiro sprach die Weltgemeinschaft den armen Ländern ausdrücklich das »Recht auf Entwicklung« zu. Dabei ging es immer darum, die Nachzügler an das Niveau der weiter Entwickelten nach oben anzupassen. Zwar hat der Aufholprozess der einstigen Hungerleider herzlich wenig mit Entwicklungshilfe oder -zusammenarbeit zu tun, was man schon daran erkennt, dass China seinen Aufstieg aus eigener Kraft bewältigt hat. Aber immerhin passt das Ergebnis zum Ziel.

Ein Ergebnis, das den einstigen Helfern heute gewaltige Sorgen bereitet. Denn mittlerweile geht es weniger um die Frage, wie die Armen reicher werden können, sondern darum, was mit dem ohnehin schon angezählten Planeten passiert, wenn es sich fast acht und bald schon zehn Milliarden Menschen gut gehen lassen. Wenn ein Land wie Indien, das bisher gerade mal für sieben Prozent der globalen CO_2-Emissionen zeichnet, aber in Kürze das bevölkerungsreichste Land der Welt sein wird und 2050 über 1,6 Milliarden Einwohner haben dürfte, dem Weg von China folgt.

An dieser Stelle kommen sich alle Wachstumsstränge ins Gehege: Die Weltbevölkerung wächst, weil die Entwicklung in den armen Ländern nur langsam vorankommt. Um das Bevölkerungswachstum zu bremsen, brauchen sie mehr Entwicklung, also mehr Jobs, mehr Produktivität, mehr Wirtschaftswachstum, mehr Einkommen. Wo immer arme Länder diesen Aufstieg hinbekommen, wo sie Infrastruktur in Form von Straßen, Leitungssystemen, Wohnungen und Unternehmen aufbauen, steigen zwangsläufig der Energieverbrauch und der Verzehr von Rohstoffen aller Art. Einkommenszuwächse in armen Ländern landen zunächst einmal im Konsum. Es wachsen die Emissionen und die Müllmengen. Naturräume schwinden, Tier- und Pflanzenarten gehen über den Jordan. Treibhauseffekt und Ozeanverschmutzung verschärfen sich. Alles wächst, damit das Wachstum der Bevölkerung zurückgeht. Ein Problem wird gelöst, indem sich andere vergrößern.

Bevölkerungszuwachs, steigender Energieverbrauch und Ruin der Ökosysteme gipfeln in einem Trilemma des Wachstums. Denn was immer geschieht, es kann nicht wirklich gut gehen: Zur Entwicklung der armen Länder gibt es keine Alternative. Nicht nur, weil die dort lebenden Menschen das gute Recht darauf haben. Sondern auch, weil sich ohne Entwicklung ein Kreislauf aus immer mehr Menschen, Armut und Verteilungskonflikten hochschaukeln würde, mit negativen Folgen für die ganze Welt.

Gleichzeitig kann die Lebensweise des reichen Nordens keine Blaupause für den Rest der Welt sein. Sie ist verständlicherweise erstrebenswert, aber ein Kreislauf aus Wirtschaftswachstum und Wohlstandsmehrung auch im armen Süden würde die globalen Ökosysteme vollends ruinieren.[6]

Also die Entwicklung der Armen bremsen, damit nicht noch mehr Vielverbraucher und Großverschmutzer entstehen? Das wäre weder ethisch zu rechtfertigen noch praktisch durchzusetzen: »Wie sollen wir denen erklären, dass wir uns wirtschaftlich entwickelt haben, indem wir die fossilen Vorräte in ungeheuren Mengen verheizt, Rohstoffe geplündert und die Atmosphäre belastet haben, dass sie genau das aber nicht tun sollten?«, hat der US-Wirtschaftswissenschaftler Robert Solow einmal gefragt, der 1987 den Ökonomie-Nobelpreis für seine Theorien zum Wirtschaftswachstum erhalten hat.[7]

Megatonnen, Exajoule und Geburtenziffern

Um die Dimension des Problems zu verstehen, müssen wir uns zunächst einmal ein paar sehr große Zahlen vor Augen führen: Die knapp acht Milliarden auf der Erde lebenden Menschen haben 2019 eine schwer vorstellbare Energiemenge von 584 Exajoule umgesetzt.[8] Das ist die sogenannte Primärenergie, also alles, was wir über Erdöl, Gas, Kohle, Uran und erneuerbare Quellen wie Wind, strömendes Wasser oder Sonnenstrahlung der Natur entnehmen und in die globalen Energieverbrauchskanäle* ein-

---

* Energie kann im physikalischen Sinne nicht »verbraucht«, sondern nur von einer Energieform in eine andere überführt werden. Chemisch gebundene Energie aus Erdöl etwa in Bewegungsenergie zum Autofah-

fließen lassen. Mit dieser Energie heizen und kühlen wir, betreiben das Internet und alle Clouds der Welt, fahren Auto, fliegen nach Mallorca und stellen jene Güter her, die wir brauchen oder glauben zu brauchen.

Nebenbei produzieren wir eine gewaltige Menge an »Abfallenergie«, weil wir unseren Toaster nicht mit Uran betreiben und auch kein Rohöl direkt in das Auto kippen können. Primärenergie muss erst einmal aufwendig umgewandelt, raffiniert, veredelt und transportiert werden, bis daraus Sekundärenergie wie Benzin oder elektrischer Strom entsteht, die wir schlussendlich nach weiteren Verlusten als Nutzenergie verwenden können. Nur ein kleiner Teil der Primärenergie, im Schnitt etwa ein Drittel, dient letztlich seinem eigentlichen Zweck, nämlich Wärme, Kraft oder Licht bereitzustellen, also die Wohnung zu heizen, Personen und Güter von A nach B zu transportieren oder irgendetwas zu beleuchten. Zwei Drittel sind Effizienzverluste in Form von Reibung, Luftwiderstand und Wärme am falschen Ort.

Die unerbittlichen physikalischen Gesetze der Thermodynamik bedeuten, dass jede Energieform irgendwann als Wärme endet, ob man sie dann brauchen kann oder nicht. Energieumwandlung heißt immer, Verluste zu akzeptieren. Dabei schafft es der *Homo technicus* immer wieder, die Ineffizienz auf die Spitze zu treiben: Eine der sinnlosesten Möglichkeiten, Energie zu nutzen, besteht darin, sich mit dem privaten Auto durch den Berufsverkehr zu quälen. Da kann der Wirkungsgrad schon mal unter fünf Prozent sinken. Anders ausgedrückt: Wer mit seinem PKW zur Arbeit quer durch Hamburg, München oder Berlin fährt, nutzt

---

ren, kinetische Energie aus Wind in elektrische Energie und weiter in Strahlungsenergie der LED-Lampe. Am Ende der Umwandlungskette steht immer Wärme.

95 Prozent der im Benzin gespeicherten Energie lediglich dazu, das Stadtklima weiter aufzuheizen. Und das hat mit CO_2 und Treibhauseffekt noch gar nichts zu tun.

Unter dem jährlichen *Homo sapiens*-Bedarf von 584 Exajoule können sich vielleicht Physiker etwas vorstellen, deshalb sollten wir diese Energieeinheit in eine alltagstauglichere Größe umrechnen, zum Beispiel in Öl-Äquivalente. Dann kommen wir auf 14 Milliarden oder Giga-Tonnen Erdöl. Damit könnte man binnen drei Jahren ungefähr den Bodensee füllen, was dem wunderschönen Freizeitparadies im Alpenvorland natürlich kein Mensch wünschen kann. Den Energieinhalt von 14 Milliarden Tonnen Öl hat die Menschheit im Jahr 2019 verbraucht, natürlich nicht nur in Form von Öl, sondern auch in Form von Kohle oder Windkraft. Erdöl macht allerdings mit 33 Prozent den größten Posten unseres Energiebudgets aus. Insgesamt kommen derzeit pro Jahr im Schnitt 1,8 Tonnen Öl-Äquivalente pro Kopf der Weltbevölkerung zusammen, vom Kleinkind bis zum Greis, vom Subsistenzbauern in Äthiopien bis zum Programmierer im Silicon Valley.[9]

Die Menschheit hat 47 Jahre gebraucht, um die Zahl ihrer Köpfe auf den heutigen Wert von knapp acht Milliarden zu verdoppeln. Im gleichen Zeitraum hat sich ihr Energieverbrauch ungefähr verdreifacht – irgendwoher muss der Wohlstand ja kommen. Drei Viertel der Energie stammen immer noch aus fossilen Quellen, neben Erdöl aus Kohle und Erdgas. Und weil beim Verfeuern dieser Stoffe CO_2 entsteht, sind auch die Emissionen des wichtigsten menschengemachten Treibhausgases in diesem Zeitraum stärker angewachsen, als es die Zahl der Menschen ist. War ein durchschnittlicher Erdenbewohner vor 47 Jahren noch für 4,3 Tonnen CO_2 verantwortlich, sind es heute bei der doppelten Bevölkerung rund 5 Tonnen. Der Anteil von Erneuerbaren an der Primärenergie steigt zwar seit 2004 langsam und kontinuierlich an, lag aber 2019 weltweit nur bei schlappen elf Prozent. Von einem zügigen Ende der fossilen Ära, wie es das Klimaabkommen von Paris fordert, ist die Energiewirtschaft der Welt Lichtjahre entfernt.

Eine wirkliche Trendwende ist nicht in Sicht. Unter anderem, weil das Wachstum der Bevölkerung bis auf Weiteres anhält. Die weltweite Geburtenziffer liegt zwar mittlerweile nur noch bei 2,4 Kindern, aber weil die Bevölkerung gerade in den armen Ländern sehr jung ist, haben die meisten der dort lebenden Frauen und Mädchen ihre Mutterschaft noch vor sich. Selbst wenn sie von morgen an nur noch 2,1 Kinder bekämen, was auf den ersten Blick Nullwachstum verheißt, nähme die Weltbevölkerung noch über Jahrzehnte zu.

Auch unter den optimistischsten Voraussetzungen wird sich das Wachstum nur sehr verzögert bremsen lassen. Für 2050 sehen die Vereinten Nationen in ihrem mittleren Szenario 9,7 Milliarden Menschen voraus, 1,7 Milliarden mehr als heute, und auch danach wäre das Wachstum nicht zu Ende. Alle neuen Erdenbürger brauchen Gesundheitsdienste und Schulen, Straßen und Autos, ein Dach über dem Kopf, Nahrungsmittel und vor allem Arbeit. Und das bedeutet Treibstoff, Kohle, Beton, Eisenerz, Stahl, Kupferkabel, Arzneimittel, Computer, Smartphones, Düngemittel, Getreide, Fleisch und so weiter. All diese Dinge lassen sich nicht ohne zusätzlichen Energie- und Rohstoffverbrauch bereitstellen.

Zum Beispiel in Nigeria, dem einwohnerstärksten Land Afrikas. Dort lebten 1960, im Jahr der Unabhängigkeit, 45 Millionen Menschen. Heute sind es über viereinhalbmal so viel, nämlich 206 Millionen. 2050, also in gerade mal 30 Jahren, ist nach dem mittleren UN-Szenario mit rund 400 Millionen zu rechnen. Mit Nigeria wären dann neben Äthiopien und der Demokratischen

Republik Kongo drei afrikanische Länder in die »Top Ten« der bevölkerungsreichsten Staaten der Welt aufgestiegen.

Die durchschnittliche Kinderzahl je nigerianischer Frau liegt derzeit bei 5,3 und zeigte in der Vergangenheit nur geringe Neigung zu sinken. In den 1960er Jahren lag sie bei 6,3, in den 1980er Jahren war sie zwischenzeitlich sogar auf 6,7 gestiegen. Der schleppende Rückgang deutet auf die Chancenlosigkeit vieler Nigerianer hin. Nach Schätzungen des World Data Lab leben die meisten Armen weltweit in dem westafrikanischen Land.[10] Rund 55 Prozent der 15- bis 35-Jährigen hatten 2018 entweder keine Arbeit oder sie waren mit weniger als 20 Stunden pro Woche unterbeschäftigt. Und wenn sie einen Job hatten, dann mehrheitlich im informellen Sektor ohne jede soziale Absicherung.[11]

Wie im vorhergehenden Kapitel beschrieben, hängt das Bevölkerungswachstum eng mit den Bildungschancen, vor allem von Mädchen, zusammen. In den mehrheitlich muslimischen und für nigerianische Verhältnisse besonders schlecht entwickelten nördlichen Großregionen Nordwest-, Nord-Zentral- und Nordost-Nigeria konnten im Jahr 2015 zwischen 54 und 75 Prozent der erwachsenen Frauen nicht lesen und schreiben.[12] Einer repräsentativen Untersuchung zufolge konnten Anfang der 2010er Jahre landesweit 38 Prozent der Schülerinnen und Schüler in der vierten Klasse keinen einzigen Buchstaben lesen, 53 Prozent keinen vollständigen Satz und 89 Prozent keinen ganzen Absatz. Damit lässt sich im 21. Jahrhundert kein Staat machen.[13]

Obwohl Nigeria über die zehntgrößten nachgewiesenen Erdölreserven der Welt verfügt, lebt knapp die Hälfte der Bevölkerung in extremer Armut, also von weniger als umgerechnet 1,9 US-Dollar am Tag.[14] Nigeria *muss* Öl auf dem Weltmarkt verkaufen. Ohne die Einnahmen wäre das Land bankrott.

Wie ungleich der Reichtum Nigerias verteilt ist, sieht man in der ehemaligen Hauptstadt Lagos. Dort wächst die Mittel- und Oberschicht rasant, in den Studios von »Nollywood« werden jede Woche 50 neue Filme für den afrikanischen Markt abgedreht, die IT-Start-ups ziehen Millionen von Dollar Risikokapital an Land und die Stadt bekommt schon mal den Titel des afrikanischen Silicon Valley umgehängt. Doch oben im armen Norden des Landes wütet die Terrorgruppe Boko Haram.

Während der Nigerianer Aliko Dangote, der Gründer eines Mischkonzerns, der von Mehl über Tomatenmark bis zu Zement so gut wie alles vertreibt, als Multimilliardär zum reichsten Mensch Afrikas aufgestiegen ist, geraten immer häufiger nomadische Wanderhirten aus dem Norden, die ihr Vieh auf traditionelle Weise durch die Lande treiben, mit sesshaften Bauern im Süden aneinander, die Land und Wasserstellen beanspruchen.[15] Es ist ein Kampf um die verbliebenen Ressourcen, der immer öfter tödlich endet. Den Auseinandersetzungen im mittleren Gürtel Nigerias fallen Tausende zum Opfer, mehr als in den Konflikten mit den Islamisten von Boko Haram. Manches Blutbad endet mit 200 Toten und mehr. Ob es ein Krieg zwischen Nomaden und Farmern, zwischen Muslimen und Christen oder zwischen verschiedenen ethnischen Gruppen ist, lässt sich überhaupt nicht mehr ermitteln. Es ist ein Verteilungskrieg aufgrund einer Überbevölkerung, bei dem Religion und ethnische Zugehörigkeit lediglich als vordergründige Erklärung dienen.

1975 bestand der mittlere Gürtel Nigerias noch zu 61 Prozent aus Grasland, das als Allgemeingut allen vorbeiziehenden Viehhirten aus dem Norden zur Verfügung stand. Sie entstammen dem Volk der Fulani, die überall im westafrikanischen Sahelgebiet zu Hause sind. Mittlerweile haben die südlichen Ackerbauern den größten Teil des Gürtels in Beschlag genommen, so dass den nomadischen Bauern allein zwischen 1975 und 2013 eine

Fläche von 84 000 Quadratkilometern verloren ging. Auf dem Gebiet hätte Österreich locker Platz.

Die Tierhalter drängt es in den Süden, weil ihre traditionellen Weidegründe wegen des Bevölkerungswachstums übernutzt sind, aufgrund des Klimawandels austrocknen und die Wasserstellen versiegen. Um die Herden kümmern sich junge, unverheiratete Männer, manchmal Kinder, die gerade mal neun Jahre alt sind. Sie waren früher mit Speeren bewaffnet, um die Rinder, Ziegen und Schafe zu bewachen, heutzutage tragen sie eher Kalaschnikows. Bewaffnet werden sie zunehmend von Dschihadisten, die versuchen, die Fulani für ihre Glaubenskriege zu rekrutieren. Die Hirten greifen vermehrt ganze Dörfer der sesshaften Bauern an. Aus erfolgreichen Kleinkriegern entstehen dann kriminelle Banden, die ihre Viehherden nur noch als Nebenerwerb sehen und stattdessen mit Viehdiebstahl, Schmuggel, Geiselnahmen und Plünderungen ihren Lebensunterhalt verdienen.[16]

Afrika galt lange als dünn besiedelter Kontinent. Es gab nach dem Zweiten Weltkrieg so wenige potenzielle Produzenten und Konsumenten, dass die internationalen Unternehmen Afrika links liegen ließen und ihr Geld lieber im dicht besiedelten Asien investierten. Doch die Vorstellung vom leeren Kontinent ist längst überholt. Die Bevölkerungsdichte in Afrika ist heute um ein Drittel höher als in Nord- oder Südamerika, obwohl die Sahara mit über neun Millionen Quadratkilometern Fläche kaum zum Leben taugt.

Die Einwohnerdichte Nigerias hat mittlerweile jene von Deutschland erreicht. 2050 würden die Nigerianer der Bevölkerungsprojektion der Vereinten Nationen zufolge enger aufeinander leben als heute die Niederländer, allerdings mit wesentlich schlechteren ökonomischen Möglichkeiten, die Menschen zu versorgen. Nach der gleichen Hochrechnung soll es Ende des

21. Jahrhunderts 730 Millionen Nigerianer geben. Das wären auf einer Fläche von Deutschland und Frankreich zusammen fast 50 Prozent mehr Menschen, als heute in der gesamten EU leben. Angesichts der wachsenden Verteilungskonflikte in dem westafrikanischen Vielvölkerstaat sind diese Zahlen jedoch mit großer Vorsicht zu genießen. Sie sind aus zwei Gründen höchst unwahrscheinlich: Entweder die Kinderzahlen je Frau bleiben auf hohem Niveau, die Bevölkerung wächst zunächst, wie es die Projektionen voraussagen, aber die Menschen finden für sich und ihre Familien keine Zukunft. Soziale Spannungen entladen sich in politischen Konflikten, radikale Gruppen breiten sich weiter aus, Chaos ergreift das ganze Land und die Menschen schlagen sich gegenseitig tot oder versuchen, jenseits der Landesgrenzen ihr Glück zu finden, gerade so, wie es in Ansätzen heute schon geschieht. Unter diesen Bedingungen käme das Land nie auf eine Zahl von 730 Millionen Einwohnern.

Oder es bricht in Nigeria eine unerwartete und dynamische sozioökonomische Entwicklung aus: Alle Kinder besuchen eine Schule, ein großer Teil macht einen Sekundarabschluss, sie werden als Erwachsene produktiv, gründen moderne Unternehmen und verschaffen sich und ihren Mitbürgern neue Perspektiven. Dann sinken die heute noch so hohen Geburtenziffern rasch und 730 Millionen Nigerianer werden ebenfalls nie erreicht.

Armut ist Energiearmut

Nur eine möglichst zügige Entwicklung kann in Ländern wie Nigeria die zweite Variante einleiten und sie vor dem demografischen Albtraum bewahren. Entwicklung braucht Energie, nicht nur in Westafrika. Deshalb muss der Primärenergiebedarf der

Weltgemeinschaft steigen. Dem bisherigen Trend folgend, dürfte er weiter überproportional wachsen, wenn auch kurzzeitig verlangsamt durch die Corona-Krise. Das amerikanische Amt für Energiestatistik schätzt einen globalen Mehrbedarf von 50 Prozent bis 2050, gerade weil die Aufsteigernationen einen großen Energiehunger haben.

Schon in der Vergangenheit haben sich die geografischen Gewichte im Energieverbrauch deutlich verschoben. Bis in die frühen 1980er Jahre hatten die Industrienationen (OECD-Länder plus Sowjetunion) rund 75 Prozent der globalen Primärenergie für sich beansprucht, auch wenn sie damals nur 23 Prozent der Weltbevölkerung stellten. Heute lässt sich gar nicht mehr sagen, welches Land schon industrialisiert ist und welches noch nicht, denn in vielen Entwicklungsländern stehen mittlerweile die Fabriken der einstigen Industrieländer, die sich zunehmend zu Dienstleistungsländern entwickelt haben. Aber zählt man die OECD-Länder und die Sowjet-Nachfolgestaaten zusammen, kommen sie bei knapp 20 Prozent der Weltbevölkerung nur noch auf etwa 45 Prozent des Primärenergieverbrauchs, während die Schwellen- und Entwicklungsländer massiv aufholen. Insbesondere die Bevölkerungsriesen China, Indien, Indonesien und Brasilien, die zusammen 3,3 Milliarden Einwohner zählen, steigen derzeit in die energieintensive Phase der Industrialisierung ein und ihre Konsummuster verändern sich, was sich unter anderem am Fleischverzehr und am explosiven Wachstum der Fahrzeugparks zeigt.[17]

Während es die Industrienationen nicht schaffen, schnell genug aus ihrer energieintensiven Phase herauszukommen, und die Schwellenländer (vor allem in Asien) langsam hineinwachsen, müssen andere (überwiegend in Afrika) überhaupt erst einsteigen. Die Zahlen machen deutlich, um welche Dimensionen es dabei geht: Ein Mensch in den USA zeichnet für einen jährlichen Primärenergiebedarf von knapp 7 Tonnen Öleinheiten, in Deutschland für knapp 4 Tonnen, in China für 2 Tonnen und in Indien für 0,5 Tonnen. Für die meisten Länder in Afrika liegen noch nicht einmal Daten vor, so wenig verbrauchen sie.[18] Sicher ist nur, dass die Menschen dort noch 45 Prozent ihres Energiebedarfs dadurch decken, dass sie Holz, Ernteabfälle und Dung verbrennen, meist zum Kochen in schlecht durchlüfteten Hütten.[19] Die »nächstbessere« Lösung, sobald etwas mehr Geld zur Verfügung steht, besteht darin, Kohle oder Kerosin in ineffizienten, qualmenden Kochern zu verbrennen. Weltweit bereiten etwa 3 Milliarden Menschen ihre Mahlzeiten auf diese Weise zu. Die Weltgesundheitsorganisation WHO schätzt, dass jährlich 3,8 Millionen Menschen an den Folgen der Luftverschmutzung in Innenräumen frühzeitig sterben.[20]

Armut ist in diesen Ländern gleichbedeutend mit Energiearmut, vor allem mit Mangel an Elektrizität. 940 Millionen Menschen weltweit sind ohne Zugang zu einer Steckdose. In Afrika südlich der Sahara gilt das für 570 Millionen oder rund die Hälfte aller dort lebenden Menschen. In Tschad, am Südrand der Sahara, bleiben 91 Prozent aller Bewohner ohne Anschluss.[21] Weil zu der Elektrifizierung im armen Teil der Welt keine guten Statistiken vorliegen, haben Wissenschaftler des Internationalen Instituts für Angewandte Systemanalyse in Laxenburg bei Wien (IIASA) nächtliche Satellitendaten ausgewertet, mit Haushaltsbefragungen abgeglichen und dabei herausgefunden, dass es zum einen ziemlich dunkel ist in Afrika und dass zum anderen auch dort Energiearmut herrscht, wo es Stromleitungen gibt. Schlicht und einfach, weil sich nicht alle die Elektrizität leisten können oder weil die Infrastruktur auch in den großen Slumgebieten unzureichend ist.[22]

Ohne Stromanschluss aber brennt kein Licht zum Lernen, funktioniert kein Internet, läuft kein Kühlschrank, um die Lebensmittel vor dem Vergammeln zu bewahren. Es lässt sich kein Mobiltelefon laden und es läuft keine Maschine für kleinere und größere Betriebe. Wo keine moderne Energieversorgung existiert, können keine Unternehmen entstehen. Wer die Armut überwinden will, muss dafür sorgen, dass die dafür erforderliche Energie verfügbar gemacht wird. Entsprechend fordern auch die Nachhaltigen Entwicklungsziele der Vereinten Nationen eine universelle Elektrizitätsversorgung bis 2030. Das wird sich gerade in Subsahara-Afrika aufgrund des hohen Bevölkerungswachstums kaum erfüllen lassen.

CO_2 auf dem Gipfel?

Anders als beim weltweit wachsenden Energieverbrauch gibt es bei den globalen CO_2-Emissionen einen kleinen Lichtblick. Sie sind im vergangenen Jahrzehnt im Schnitt um jährlich 1,1 Prozent gewachsen, könnten aber 2019 ihr Maximum erreicht haben, Corona und dem steigenden Anteil der erneuerbaren Energien sei Dank. Zudem sinkt der Kohleverbrauch in den weit entwickelten Ländern, weil die dortigen Kraftwerke vermehrt auf das weniger klimaschädliche Erdgas zur Stromerzeugung zurückgreifen. Trotz eines Kohle-Fans im Weißen Haus (»I love America's clean, beautiful coal«) geschah das auch in den USA.

In den Industrienationen wuchs die jährliche Wirtschaftsleistung 2019 (also noch vor Corona) um 1,7 Prozent, während die CO_2-Emissionen um 3,2 Prozent sanken.[23] Für den insgesamt gestiegenen CO_2-Ausstoß waren ausschließlich die Schwellen- und Entwicklungsländer verantwortlich. Die Entkopplung von Wirtschaftswachstum und Kohlendioxidausstoß in den weit entwickelten Ländern ist ein erster Schritt in Sachen Klimaschutz, denn lange Zeit wuchsen beide Größen im Gleichschritt. Allerdings findet die Entkopplung auf einem nach wie vor untragbar hohen Niveau statt. Deshalb fordern Klimaforscher ja, die Emissionen schleunigst und wesentlich stärker zu senken: Sie müssten jedes Jahr um acht Prozent zurückgehen, bis 2030 halbiert werden und zur Mitte des Jahrhunderts bei netto null liegen. Gleichzeitig müssten die regenerativen Energien so weit ausgebaut werden, dass sie bis 2050 die dann notwendigen 880 Exajoule bereitstellen können. In Wirklichkeit wird dann allerdings deutlich weniger Nutzenergie nötig sein, weil die Energieverluste bei den Erneuerbaren niedriger sind: Der mit einer Windmühle erzeugte Strom etwa kann ohne jede Umwandlung und nur mit den Netzverlusten direkt in die Waschmaschine oder in das E-Auto fließen.

Die Verantwortung liegt bei den früh entwickelten Ländern

Dass die Einsparungen und der Systemwechsel zu einer CO_2-freien Energieversorgung von den reicheren Ländern erbracht werden müssen, ist aus verschiedenen Gründen zwingend: Erstens sind sie für den Löwenanteil der in der Atmosphäre angehäuften, kumulierten Treibhausgase verantwortlich. Schließlich haben sie schon aus allen Rohren gefeuert, als in Indien, China und den anderen Aufholstaaten noch die Petroleumlampen brannten und die Fahrrad-Rikschas unterwegs waren. Die 28 EU-Staaten beispielsweise haben mehr als ein Fünftel der kumulierten CO_2-Emissionen auf dem Konto, obwohl sie heute nur noch ein Fünfzehntel der Weltbevölkerung stellen. Die USA tragen die

Gesamtschuld an einem Viertel der angesammelten Emissionen, bei gerade mal einem Vierundzwanzigstel der Erdenbürger.[24] Zweitens müssen die Reichen den Nachzüglern fairerweise eine Entwicklung zugestehen. Und drittens können die am wenigsten entwickelten Länder kaum Emissionen einsparen, weil sie praktisch noch gar keine produzieren.

Schlussendlich bedeutet diese Aufgabenverteilung, dass die Länder mit »sehr hohem« Entwicklungsstand nicht etwa auf null runter müssen mit ihren Emissionen, sondern noch darunter, um dem Rest der Welt die Möglichkeiten zur Entwicklung zu geben, die dieser braucht. Es sind also zwei Herkulesaufgaben zu bewältigen, die zu einem Ziel verschmelzen müssen. Diese Herausforderung haben die Hochverbrauchsländer aber noch gar nicht auf dem Zettel. So sieht etwa der Klimaschutzplan 2050 der Bundesregierung vor, die Treibhausgasemissionen bis 2050 im Vergleich zu 1990 um 80 bis 95 Prozent zu vermindern.[25] Schon das gilt als hoch ambitioniert, aber es wird nicht ausreichen, um den armen Ländern eine Entwicklung zu ermöglichen und gleichzeitig den Anstieg der globalen Temperatur auf zwei Grad, geschweige denn auf 1,5 Grad zu begrenzen.

Auch die Länder der nächsten Gruppe im Human Development Index, jene mit »hohem« Entwicklungsstand wie China, Mexiko, Brasilien, Südafrika oder Ägypten, müssten ihre Emissionen auf null reduzieren. China könnte es schaffen, ab 2030 seine Emissionen nicht mehr steigen zu lassen, wie im Abkommen von Paris zugesichert. Aber auch mit diesem »Erfolg« wäre ein Temperaturanstieg von zwei Grad außer Reichweite.

Die Reichen und Bald-Reichen müssten also massive Opfer bringen, womöglich gar in ihrer Wirtschaftsleistung schrumpfen, um den »mittel« und »wenig« Entwickelten den Weg zu einem besseren Lebensstandard zu öffnen. Nur die Länder aus den Gruppen 3 und 4, das wären beispielsweise Marokko oder Bangladesch, respektive Nigeria oder Afghanistan, die erhebliche Infrastrukturinvestitionen nachholen müssen, dürften für eine Weile weiter Treibhausgase produzieren. Allerdings sollten sie dabei die umweltschonendsten Techniken anwenden, gleich auf regenerative Energien setzen und die fossile Ära überspringen. Komplett ohne Emissionen ist das aber auch im besten Fall nicht möglich. Bei alledem müssen sie von den weiter entwickelten Ländern finanziell und technisch unterstützt werden. Alles keine leichten Aufgaben, zumal auch hier der Teufel im Detail steckt.

Denn wenn sich die heutigen Hochverbrauchsländer und die bevölkerungsreichen Aufholer erst einmal aus ihrer Abhängigkeit von fossilen Brennstoffen lösen, wenn sie ihre Volkswirtschaften dekarbonisieren, kommt es zu einem gigantischen Überangebot an Kohle, Öl und Erdgas auf dem Weltmarkt. Die Folge wäre ein starker Preisverfall. Das werden die heutigen Förderländer nicht gerne sehen – deswegen sind sie ja so zurückhaltend beim Klimaschutz. Und das könnte die Entwicklungsländer dazu verführen, bei ihrem Wachstum doch auf die billigen fossilen Quellen zu setzen.

Das Trilemma des Wachstums lässt sich auch unter den besten denkbaren Rahmenbedingungen nicht im Handumdrehen lösen. Die Weltbevölkerung wird weiter wachsen, idealerweise verlangsamt. Dabei sind weitere Schäden an den globalen Ökosystemen programmiert – und hinzunehmen. Im besten Fall heißt das: Es wird schwieriger, bevor es einfacher werden kann.

Wie sich die Menschheit und ihre Umwelt in den kommenden Jahrzehnten entwickeln werden, lässt sich in Szenarien darstellen. Sie reichen von einem Davonkommen mit zwei blauen Augen bis hin zu einer Welt, in der sich die Lebensbedingungen der meisten Menschen extrem verschlechtern werden.

KAPITEL 7

Panik oder Entwarnung?

Wie die Welt von morgen aussieht

Wer etwas über die Zukunft erfahren will, bedient sich entweder bei Fortschreibungen, Prognosen oder Projektionen. Den einfachsten Blick auf morgen liefern Fortschreibungen, auch naive Prognosen genannt: Ein Bäcker verkauft 600 Brote die Woche, lebt gut davon und plant auf dieser Erfahrung 600 Brote für die nächste Woche, 600 für die übernächste und so weiter. Fußballexperten erwarten, dass Bayern München auch im kommenden Jahr wieder Meister wird. Die Internationale Energieagentur (IAE) geht davon aus, dass der weltweite Primärenergiebedarf weiter um jährlich 3,1 Prozent steigt.[1] Ob das alles so kommt, ist freilich ungewiss.

Fortschreibungen nach der »Alles-bleibt-wie-es-ist-Methode« liefern entweder langweilige (Bäcker, Bayern München) oder besorgniserregende Ergebnisse. So wäre der von der IAE vorausgesagte Energiemehrbedarf kaum ohne zusätzliche Umweltschäden zu bewältigen. Auch wenn man das Wachstum der Weltbevölkerung mit momentan 1,1 Prozent pro Jahr linear weiterrechnet, kommt man auf eine Zahl, die kaum zu verkraften wäre: Dann gäbe es 2085 fast 16 Milliarden Menschen, doppelt so viele wie heute. Das ist allerdings höchst unwahrscheinlich, vermutlich wird diese Zahl nie erreicht. Denn Fortschreibungen berücksichtigen keine Veränderungen der Rahmenbedingungen, keine Innovationen und keinen Wertewandel in der Gesellschaft. All das hat einen Einfluss auf den Energiebedarf, den Rohstoffverbrauch, auf die Kinderzahlen je Frau und damit auf das Bevölkerungswachstum.

Die zweite Möglichkeit für den Blick in die Zukunft bieten Prognosen oder Vorhersagen. Sie berücksichtigen, dass sich auch mal etwas verändert, erfordern aber ein Wissen beziehungsweise glaubhafte Annahmen über den Inhalt der Veränderungen. Demografen etwa gehen auf Basis ihrer Erfahrungen davon aus, dass die Kinderzahlen von Frauen auch in wenig entwickelten Ländern sinken und dass die dortigen Bevölkerungen künftig langsamer wachsen. Umweltforscher erwarten, dass sich neue Energiespartechniken durchsetzen, sich das Mobilitätsverhalten der Menschen verändert und der künftige Energiebedarf unter dem des IEA-Szenarios bleibt. Und das Präsidium des Hamburger Sportvereins rechnet fest damit, dass auch der HSV irgendwann mal wieder Meister wird. Man sieht: Prognosen sind nur so gut wie die zugrunde gelegten Annahmen.

Das dritte und wichtigste Instrument für längerfristige Entscheidungen sind Projektionen oder Szenarien. Dabei handelt es sich um Darstellungen verschiedener möglicher, aber plausibler Entwicklungen in der Zukunft, sogenannte Wenn-dann-Geschichten. Sie reichen in der Regel von einem positiven Extremfall (Best Case) über Mittelwege bis zu einem negativen Extremfall (Worst Case). Szenarien sagen, verkürzt formuliert: Wenn du Pfad A folgst, kriegst du ein fettes Problem, auf Pfad B hast du zumindest Schwierigkeiten zu erwarten, aber wenn du Pfad C folgst, geht alles gut.

Szenarien zeigen, welche Einflussmöglichkeiten es in jedem

Stadium der Entwicklung gibt. Sie ermöglichen eine Bewertung von Chancen und Risiken künftiger Veränderungen und erlauben die Entwicklung von Anpassungsmaßnahmen. Sie machen deutlich, dass die Zukunft offen und gestaltbar ist, und unterbreiten unterschiedliche Handlungsoptionen. Deshalb sind sie für die Politik so wichtig.

Wenn man zum Beispiel in einem trockenen Gebiet wie Nordafrika und dem Nahen Osten mehr Grundwasser abpumpt, als durch Regenfälle ersetzt wird, kann ein Szenario voraussagen, wann die Landwirtschaft auf dem Trockenen sitzt und welche wirtschaftlichen Schäden dadurch entstehen. Die Region zwischen Mauretanien und Oman ist eine der wärmsten und wasserärmsten der Welt, der Klimawandel wird sie noch heißer und trockener machen. Mehr als die Hälfte der Länder dort leidet nach Weltbank-Angaben bereits heute unter »absoluter Wasserknappheit«.[2] Gleichzeitig wachsen Bevölkerung und Nahrungsmittelbedarf stark. Unter diesen Vorgaben sagen die Szenarien bis 2050 mit hoher Wahrscheinlichkeit wirtschaftliche Einbußen aufgrund des Wassermangels von 6 bis 14 Prozent des regionalen Bruttoinlandsproduktes voraus. Die Politik ist also vorgewarnt und hätte allen Grund, aktiv zu werden. Dass sie so gut wie nichts unternimmt, zeigt, dass wissenschaftliche Projektionen und ein entsprechendes Handeln zwei Paar Schuhe sind. Politiker haben, wie die meisten Menschen, ihre Probleme mit Wahrscheinlichkeiten. Sie wollen Gewissheiten. Aber die bekommen sie erst, wenn die Sache gelaufen ist, im Zweifel also zu spät.

Unknown Unknowns und schwarze Schwäne

Eines können Szenarien nicht: unvorhersehbare, extrem seltene, aber äußerst folgenreiche Ereignisse berücksichtigen, wie etwa den Fall der Mauer, die Finanzkrise von 2008 oder den Tsunami, der das japanische Atomkraftwerk von Fukushima havarieren ließ. Solche Vorfälle werden als »Schwarze Schwäne« bezeichnet, nach einem Buch des libanesisch-amerikanischen Publizisten und Börsenhändlers Nassim Nicolas Taleb, der damit auf die hohe Verwundbarkeit von Gesellschaften durch Ereignisse hinweisen wollte, auf die keiner vorbereitet ist.[3] Sie heißen auch »Known Unknowns«.

»Wir wissen, es gibt Dinge, über die wir nichts wissen«, hat der ehemalige US-Verteidigungsminister Donald Rumsfeld einmal erklärt. Tsunamis beispielsweise sind bekannt, aber keiner weiß, wo der nächste anrollt. Krankheitserreger aus dem Tierreich springen immer wieder auf den Menschen über, aber wann und wo daraus die nächste Pandemie wird, ist im Voraus nicht zu sagen.

Als Sicherheitspolitiker meinte Donald Rumsfeld, ein Land solle auch die Known Unknowns auf dem Schirm haben. Und er setzte sogar noch einen obendrauf und sprach zusätzlich von »Unknown Unknowns«: »Es gibt Dinge, von denen wir nicht wissen, dass wir sie nicht wissen.« Was so viel bedeutet wie: Irgendetwas Blödes passiert immer, wir haben keine Ahnung, um was es dabei geht und wann es geschieht, aber es könnte gefährlich sein. Wachsamkeit ist die erste Pflicht eines Verteidigungsministers.[4]

Nun entspricht es nicht gerade dem Naturell des Menschen, sich um alles Mögliche, um vorstellbare und unvorstellbare Gefahren Gedanken zu machen und sich gegen Ereignisse zu wappnen, die mit einer winzigen Wahrscheinlichkeit wirklich werden können. Wir leben in der Regel in den Tag hinein und fahren normalerweise gut damit. Deshalb stecken wir ja in der Klemme. Die Frage ist, ob sich unsere Reaktionsfähigkeit verbessert, wenn die Szenarien der Wissenschaft immer präziser werden. Deren Modelle jedenfalls können die Zukunft immer realistischer simulieren, zumindest für einzelne Unterbereiche der Entwicklung, für die zuverlässige Daten vorliegen.

Dabei geht es nicht um Zukunftsbilder von Trend- oder Zukunftsforschern, die eher auf einer regen Phantasie denn auf Daten beruhen. Glaubt man manchen Sehern dieser Zunft, werden wir im Jahr 2050 Lebensmittel aus Algen und Insektenmehl verzehren, gentechnisch erzeugtes Designerfood mit pharmakologischer Wirkung zu uns nehmen, zusammengestellt aus Daten unserer digitalen Gesundheitsakte, Hirnimplantate mit uns herumtragen und Urlaub im Weltall machen. Andere, wie der deutsche Zukunftsoptimist Matthias Horx, sehen gar eine geläuterte Menschheit in der Nach-Corona-Welt voraus: Seiner Vorstellung nach wird Vermögen seine entscheidende Rolle verlieren. Wichtiger seien gute Nachbarn und ein blühender Gemüsegarten. Der Mensch rücke wieder mehr in den Mittelpunkt und der Technik-Hype werde sein Ende finden. Auch die Globalisierung sei durch, denn jedes Land beginne damit, wieder verstärkt selbst zu produzieren, statt Waren oder Einzelteile über den halben Erdball zu transportieren.[5] Willkommen in der schönen neuen Welt der Zukunftsanekdoten.

Aber auch manch »echte« Wissenschaftler neigen zu gewagten Utopien. Andrew McAfee zum Beispiel, ein Ingenieur, Betriebswirt und Technikfreak vom Massachusetts Institute of Technology in Boston. Er ist der Überzeugung, dass die Phase der Wohlstandsmehrung zulasten des Planeten schon vorbei ist und sich mittlerweile durch Computer, Internet und Digitalisierung ein schlankes, rohstoffarmes Wirtschaftswachstum abzeichne. Materie werde durch Bits ersetzt. McAfee setzt bei diesem Wandel auf »die vier Reiter des Optimisten«: auf technologischen Fortschritt, Kapitalismus, öffentliches Bewusstsein und bürgernahes Regieren. Diese vier Reiter sieht er bereits »in weiten Teilen der Welt vorangaloppieren«. »Wir müssen das Lenkrad unserer Ökonomien und Gesellschaftsordnungen nicht herumreißen, sondern einfach nur mehr Gas geben.« Kein Wunder, dass McAfee die Menschheit schon »am Anfang einer zweiten Aufklärung« sieht.[6] Man fragt sich, wann der Mann das letzte Mal Zeitung gelesen hat.

Wie viele werden wir morgen sein?

Viel wichtiger für die Welt von morgen als Zukunftsträume sind grundlegende Parameter für den Fortgang auf dem Planeten: Bevölkerungszahl, Gehalt der Treibhausgase in der Atmosphäre, Bodenverfügbarkeit für die Landwirtschaft oder Zugang zu Wasserreserven. Eine Modellierung dieser Existenzgrundlagen kann zukunftsentscheidend sein – wenn die errechneten Szenarien denn angemessen interpretiert würden.

Relativ einfach zu bauen sind die Szenarien für die Bevölkerungsentwicklung. Dafür brauchen die Modellierer lediglich unterschiedliche Annahmen für die drei Parameter Fertilität, Mortalität und Migrationsverhalten. Also wie viele Menschen geboren werden, wie viele welchen Alters sterben und wer seinen Lebensmittelpunkt von einem Land in ein anderes verlegt. Daraus lassen sich Bevölkerungsprojektionen für alle Länder berechnen, die in der Summe die Weltbevölkerung widerspiegeln. Die bekannteste stammt von den Vereinten Nationen, die in ihrer jüngsten Projektion von 2019 voraussagt, dass die Zahl der Menschen weiter wächst, und zwar bis 2050 auf 9,4 bis 10,1 Milliarden, bis 2100 auf 9,4 bis 12,7 Milliarden. Der durchschnittliche, deshalb meistzitierte, aber nicht zwingend wahrscheinlichste Wert liegt bei 8,5 Milliarden Menschen für 2030, 9,7 Milliarden für 2050 und 10,9 Milliarden für 2100.[7] Gegenüber heute wäre das bis Ende des Jahrhunderts ein Plus von rund 3 Milliarden. So viele Menschen haben 1960 auf der ganzen Welt gelebt. Ich war damals sieben Jahre alt. Der für Deutschland geltenden ferneren Lebenserwartung zufolge müsste ich im Jahr 2039 noch leben. Dann hätte sich die Weltbevölkerung innerhalb meines Daseins verdreifacht.

Der Hauptzuwachs geht dabei auf das Konto von Afrika südlich der Sahara mit einem Wachstum auf vier Milliarden bis 2100. Dort dürfte der Zuwachs bis ins 22. Jahrhundert hinein andauern. Der Rest der Welt hat sich früher oder später im 21. Jahrhundert auf ein Schrumpfen einzustellen, auch Asien, der mit Abstand menschenreichste Kontinent. Zahlenmäßig schlägt dabei vor allem China zu Buche, wo das Wachstum mittlerweile ausklingt. Indien dürfte seinen nordöstlichen Nachbarn zwar 2027 als einwohnerstärkstes Land ablösen, aber in den folgenden Jahrzehnten ebenfalls zu schrumpfen beginnen. Bis 2100 wird auch Indien sein Bevölkerungsmaximum hinter sich haben.

Parallel zu Wachstum und Schrumpfen schreitet die Alterung der Weltbevölkerung voran. Das wiederum liegt daran, dass in vielen Ländern weniger Kinder geboren werden und die Älteren aufgrund der besseren Lebensbedingungen immer länger unter uns bleiben. Immerhin hat die weltweite Lebenserwartung in den vergangenen zwei Jahrzehnten um über acht Jahre zugelegt. 2018 war das erste Jahr der Menschheitsgeschichte, in dem die über 64-Jährigen die Mehrheit über die unter Fünfjährigen erlangten. 2050 wird die Gruppe der Älteren bereits doppelt so stark sein wie die der Jüngsten. Am ältesten sehen bis dahin Nordamerika und Europa aus, mit einem Anteil über 64-Jähriger von 26 Prozent, gefolgt von Ost- und Südostasien mit 24 Prozent. In Subsahara-Afrika sind es dann gerade einmal 5 Prozent. Alten- respektive Jugendanteil verstärken sich dabei noch einmal in den betreffenden Regionen, denn in einem Land wie Japan, wo schon heute 28 Prozent der Bevölkerung über 64 Jahre sind, kommt zwangsläufig weniger Nachwuchs zur Welt als im westafrika- nischen Niger, wo die Hälfte der Menschen jünger als 15 Jahre ist.

Die Demografen der Vereinten Nationen räumen ein, dass der Zuwachs an Menschen eine »Herausforderung an die nachhaltige Entwicklung stellt«, vor allem in den am wenigsten entwickel- ten Ländern. Von einer Überbevölkerung in den wohlhabenden Ländern aufgrund des dortigen Überkonsums ist bei der Bevölke- rungsabteilung der UN nicht die Rede.[8]

Aber es gibt auch andere Bevölkerungsszenarien. Etwa jene des Wittgenstein Zentrums für Demografie und Humankapital in Wien. Sie nimmt als zusätzliche demografische Variable die Bildung auf, weil diese wie kaum eine andere Einflussgröße den sozioökonomischen Wandel und das Bevölkerungswachstum be- stimmt. Wie in Kapitel 5 und 9 beschrieben, lässt Bildung, vor allem, wenn sie die Frauen erreicht, in den Ländern mit hohem Bevölkerungswachstum die Kinderzahlen rasch sinken. In Äthio- pien zum Beispiel bekommen Frauen mit abgeschlossener Se- kundarbildung im Schnitt zwei Kinder. Jene, die nie zur Schule gegangen sind, haben sechs. Bessere Bildung erhöht zudem die Lebenserwartung, was ebenfalls einen Einfluss auf die demogra- fische Entwicklung hat.

In der Langfristprojektion bis 2100 wäre nach dem Wittgenstein-Szenario mit 7,8 bis 13,4 Milliarden Menschen zu rechnen. Die deutlich größere Spanne im Vergleich zu den UN-Zahlen kommt dadurch zustande, dass den einzelnen Varianten unterschiedliche Annahmen zu den künftigen Investitionen im Bildungssektor zu Grunde liegen. Würden alle Länder ihre Bildungssysteme in einer Art verbessern, wie es bildungsbeflissene Staaten wie Südkorea oder Singapur einst getan haben, dann fände das Wachstum der Weltbevölkerung bald ein Ende. Am Ende des Jahrhunderts gäbe es mit 7,8 Milliarden so viele Menschen wie 2010, etwa eine Milliarde weniger als heute. Blieben die weltweiten Einschulungsraten indes auf dem heutigen Niveau oder würden sich sogar verschlechtern, weil der Bau von Schulen und die Ausbildung von Lehrern in den armen Ländern nicht mit der stark wachsenden Bevölkerung mithalten kann, erwarten die Wittgenstein-Forscher ein Plus von fast fünf Milliarden bis 2100.[9] Von diesem Szenario geht ein eindeutiges Signal an die Weltgemeinschaft aus: Engagiert euch mehr für Bildung!

Allerdings hat auch der Bildungsoptimismus der Wittgenstein-Experten einen Haken: Bildung beschleunigt die sozioökonomische Entwicklung, sie führt zu besseren Jobs und höheren Einkommen. Und diese übersetzen sich in der Regel in steigende Ansprüche, höheren Konsum, mehr Mobilität, weitere Flugreisen, größere Wohnungen und so weiter. Genau deshalb sehnen sich die meisten Menschen ja nach mehr Wohlstand – weil sie sich dann mehr leisten können. Besser gebildete (und reichere) Menschen zeichnen sich zwar durch ein höheres Umweltbewusstsein aus, sie handeln aber nicht unbedingt danach. Im Gegenteil: Der ökologische Fußabdruck steigt statistisch betrachtet mit dem Bildungs- und Wohlstand. Das ist keinesfalls ein Argument gegen mehr Bildung. Sie hat einfach zu viele Vorteile. Aber es ist ein

Argument für eine andere Bildung, die auch in praktischem und nicht nur theoretischem Umweltbewusstsein mündet.

Egal, welches Szenario am Ende wahr wird, sicher ist, dass die Weltbevölkerung erst einmal weiter wächst, auch wenn sich das relative Wachstum weiter verlangsamt. In der Mittel- und Langfristperspektive bedeutet das ein Maximum der Menschenzahl irgendwann in der zweiten Hälfte des 21. Jahrhunderts oder bald danach. Anschließend ist Schrumpfen angesagt. Wann genau und bei welcher Zahl an Menschen das geschieht, ist kein Zufall oder Schicksal. »Demography is not destiny«, heißt es unter Fachleuten. Die wichtigsten Steuerfaktoren, die das Wachstum bremsen können, sind bekannt: Neben der Bildung sind das vor allem bessere Gesundheitsbedingungen und ein freier Zugang zu Verhütungsmitteln, Rechte für Frauen sowie neue Perspektiven durch Jobs und Einkommen.

Wachsender Energiehunger

Schwieriger zu modellieren sind Szenarien zur künftigen Energienachfrage oder zum -verbrauch, denn dort sind die Einflussfaktoren vielfältiger. Der Energieverbrauch ist der wichtigste Treiber für den Klimawandel, denn er basiert heute zu über 80 Prozent auf fossilen Quellen. Der Ölmulti Royal Dutch Shell erstellt Energieszenarien seit den frühen 1970er Jahren. Damals waren Schlaghosen angesagt, junge Männer trugen ihr Haupthaar gerne lang und der VW Golf löste den VW Käfer als der Deutschen liebstes Massenvehikel ab. In dieser Zeit geschah aber auch etwas Grundsätzliches: Der lange Nachkriegswirtschaftsboom fand ein jähes Ende – und zwar durch einen Schwarzen Schwan. Der französische Shell-Manager Pierre Wack muss das geahnt haben. Er war das Gehirn hinter den ersten Szenarien des Ölkonzerns und interessierte sich vor allem für das Unerwartete, gerade weil die Menschen, wie er sagte, tief in ihren Herzen »immer nach einem Szenario ohne Überraschungen« suchen.

Pierre Wack war inspiriert von dem reichlich durchgeknallten griechisch-armenischen Guru, Esoteriker, Komponisten und Schriftsteller Georges I. Gurjieff, der meinte, die meisten Menschen im Wachzustand seien in Wirklichkeit am Schlafen, also niemals vorbereitet auf wirklich neue Dinge. Auf Unternehmen angewendet, bedeutete das Wachkoma für Wack eine klassische Planung auf Basis von Angebot und Nachfrage, ein Blick auf neue Techniken und Wettbewerber. Der Weltmarkt für Erdöl war aufgeteilt, Shell und die anderen Multis kauften den Rohstoff, raffinierten ihn zu Benzin, Diesel und Heizöl, verdienten ein Heidengeld und dachten, das ginge ewig so weiter. Ein Mangel an Erdöl oder ein Ende der Vorräte standen nicht auf dem Programm. Umweltfragen erst recht nicht. Für Überraschungen waren die Firmen nicht gewappnet.

In diesem Umfeld legte Wack Shell 1972 ein Szenario vor, das »vor einem scharfen Anstieg der Rohölpreise als Resultat einer plötzlichen Ölknappheit« warnte. Rohöl kostete damals keine 3 US-Dollar je Fass, das sind inflationsbereinigt nach heutigen Preisen etwa 15 Dollar. Öl war das billige Blut in den Adern der Weltwirtschaft. Und die meisten Analysten dachten, das bliebe so.

Ein Jahr später stand der Schwarze Schwan in der Tür: Im Nahen Osten war der Jom-Kippur-Krieg ausgebrochen, der vierte arabisch-israelische Konflikt. Die westlichen Industrieländer unterstützten Israel moralisch und zum Teil auch mit Waffenlieferungen. Als Protest dagegen drosselten die arabischen Ölstaaten ihre Förderung. Gegen die USA verhängten sie ein totales Ölembargo. Der Preis für Rohöl vervierfachte sich innerhalb weniger Monate auf 12 US-Dollar je Fass. Die Welt hatte ihre erste Ölpreiskrise und die Industrieländer stürzten in eine schwere Rezession. Um Treibstoff zu sparen, durften die Deutschen an vier Sonntagen nicht mehr Auto fahren, sechs Monate herrschte Tempolimit 100 auf den Autobahnen. Auf solche schockhaften Ereignisse vorbereitet zu sein, wurde für viele Unternehmen eine Frage des Überlebens.[10]

Die Hauptsorge der Ölimportländer und der Mineralölkonzerne wie Shell war damals, woher sie künftig das schwarze Zeug in wachsendem Ausmaß möglichst billig herbekommen konnten. Mit jedem Jahr brauchte die Welt mehr Energie. Ölkrise aber hieß zu wenig Öl. Also versuchten die Ölmultis neue, eigene Reserven zu erschließen, zum Beispiel mit Hilfe von Bohrinseln in der Nordsee. Shell war dank der eigenen Szenarien vergleichsweise gut auf den Schock vorbereitet und konnte die Ölkrise besser bewältigen als manch ein Wettbewerber. »Szenarien können die Scheuklappen von den Augen der Manager nehmen und ihnen ein alternatives Fenster zur Welt öffnen«, meinte Pierre Wack.[11]

Zwar gab es anfänglich Versuche, nach der ersten Ölpreiskrise 1973 den Energieverbrauch durch Effizienztechniken zu senken oder regenerative Energiequellen zu erschließen. Aber die Bemühungen erlahmten, nachdem die Förderländer wieder zuverlässig lieferten, sie brauchten ja das Geld. Die Knappheit war rasch wieder vorbei und die Preise sanken. Jedenfalls bis zum nächsten Schock auf dem Ölmarkt. Immer wieder ließen Schwarze Schwäne den Ölpreis explodieren – und dann wieder kollabieren. Die zweite Ölpreiskrise 1980 nach der islamischen Revolution in Iran sorgte für neue Höchststände. Infolge der Terroranschläge auf das World Trade Center in New York am 11. September 2001 gingen die Preise in den Keller. Der Wirtschaftsboom in China sorgte in den 2000er Jahren für einen massiven Anstieg und im Juli 2008 erreichte die US-Leichtölsorte West Texas Intermediate (WTI) ihren bisherigen Rekordwert von 147 US-Dollar je Fass. Nur zwei Monate später taumelte die Welt nach der Pleite der amerikanischen Lehman Bank in die Wirtschafts- und Finanzkrise und in eine erneute Rezession, was den Ölpreis innerhalb kürzester Zeit auf 34 US-Dollar abstürzen ließ. Die Arabellion und der Bürgerkrieg in Libyen sorgten 2011 für den nächsten Anstieg. Dann begann die amerikanische Frackingindustrie damit, das Öl aus vorher unzugänglichen Gesteinsschichten unter hohem Wasserdruck und mit zugefügten Chemikalien aus dem Boden zu pressen. Die USA entwickelten sich von einem Netto-Ölimporteur zum größten Produzenten der Welt und der Preis ging wieder zurück. Die Corona-Krise, der Einbruch des internationalen Reiseverkehrs und der zivilen Luftfahrt drückten ihn weiter nach unten, im April 2020 sogar kurzfristig auf null US-Dollar und darunter.[12]

Nun sollte man meinen, die Welt sei es irgendwann leid, sich immer wieder mit absurden Preisschwankungen auseinanderzusetzen und sich in die Abhängigkeit von unbequemen Regimes wie Iran und Russland zu begeben, von Krisenregionen am Golf und von Tyrannen oder Petrodynastien in Venezuela oder Saudi-Arabien, deren sozioökonomisches Geschäftsmodell darauf beruht, ihre Vasallen mit Geld ruhigzustellen. Wäre es da nicht einfacher und umweltfreundlicher, am Ende sogar billiger, sich mit lokal verfügbaren regenerativen Energiequellen zu versorgen?

Die Antwort auf diese Frage ist einfach und ernüchternd: Die allermeisten Länder hängen nach wie vor am Öl, weil es ein praktischer, leicht zu transportierender Brennstoff mit hoher Energiedichte ist und zudem der wichtigste Rohstoff für die chemische und pharmazeutische Industrie. Genau deshalb sind Förderung und Verbrauch – ungeachtet kurzfristiger Einbrüche wie durch die Finanzkrise oder Corona – seit nunmehr 150 Jahren immer weiter gestiegen. Erdöl deckt weltweit noch immer gut ein Drittel des Primärenergiebedarfs.

Ob sich das in naher Zukunft ändert, ist ungewiss und hängt davon ab, welchem Szenario man vertraut. Die Unternehmensberatung McKinsey rechnet noch mit einem Öl-Mehrbedarf von 8 Prozent bis 2035. Nur unter einem »radikalen Zerstörungsszenario«, bei dem sich rasch Elektrofahrzeuge durchsetzen, die Luftfahrt auf alternative Kraftstoffe umgerüstet und Kunststoffe durchgängig recycelt werden, könnte die Erdölnachfrage schon vor 2025 sinken.[13] Die Internationale Energieagentur erwartet einen weiter steigenden Ölbedarf bis 2025, der dann aber abflacht, wenn es gelingt, künftige Autos ohne Benzin und Diesel fahren zu lassen.[14] Das Szenario der Organisation der Petroleum exportierenden Länder (OPEC) hat naheliegenderweise andere Vorstellungen: Es geht davon aus, dass die Welt ihren wachsenden Energiehunger noch 2040 zu über 50 Prozent durch Öl und Gas stillen wird. Das würde eine steigende Nachfrage nach den Klimakillern bedeuten. Interessanterweise erklärt OPEC-Generalsekretär Mohammed Sanusi Barkindo gleichzeitig, dass seine Organisation »voll hinter dem Pariser Abkommen steht«, was einmal mehr die große Lücke zwischen Wunsch und Wirklichkeit in der Klimapolitik offenbart.[15]

Das Ende der Ölzeit

Wie groß diese Lücke ist, wird sich auch an der Geschäftspolitik der großen Ölkonzerne wie Exxon Mobil, Shell, Total oder BP zeigen, die sich in ihren Firmenstrategien allesamt einer Energiewende verschrieben haben. BP beispielsweise hat im Jahr 2000 seinen alten Namen British Petroleum gegen das bescheidene Kürzel »bp« eingetauscht, was für die selbsterklärten Unternehmensziele »better people, better products, big picture, beyond petroleum« stehen soll.

Dass es mit Namenskosmetik allein nicht getan ist, wurde spätestens zehn Jahre später klar, als BP die volle Verantwortung für die Explosion der Bohrplattform Deepwater Horizon übernehmen musste, bei der 800 Millionen Liter Öl in den Golf von Mexiko strömten. Eine schlimmere Ölpest hatte die Welt noch nicht gesehen. Auch dass BP noch acht Millionen Liter der gesundheitsgefährdenden Chemikalie Corexit ins Meer kippen ließ, um die schwimmende Öllache zu vertuschen, passte nicht ganz ins Bild von »better people«.[16]

Mittlerweile plant auch BP für die Zeit nach den fossilen Rohstoffen und sieht sich als Energieanbieter, der künftig kohlenstofffrei arbeiten will. »Peak Oil«, das Schlagwort, das in der Vergangenheit den Höhepunkt der Ausbeutung von Öl markierte, weil die Reserven zur Neige gehen, heißt es in einer Nachricht des Konzerns, stehe heute dafür, dass der Großteil des Öls aufgrund sinkender Nachfrage im Erdreich verbleiben wird. Das Zeug will irgendwann keiner mehr haben.[17]

BP-Konzernchef Bernard Looney setzt sich mittlerweile dafür ein, mittelfristig die Neuzulassung von Benzin- und Dieselfahrzeugen verbieten zu lassen, und will seine Erdöl- und Gasproduktion bis 2030 um 40 Prozent reduzieren. Das Unternehmen will weltweit keine neuen Förderstätten mehr erschließen und investiert stattdessen in große Windfarmen in den USA. BP sieht den Höhepunkt der Ölnachfrage schon im Jahr 2020 erreicht und erwartet einen Rückgang um 10 bis 75 Prozent bis 2050, je nach politischem Druck für eine Energiewende.[18]

Allerdings haben alle Szenarien, die auf eine sinkende Nachfrage hindeuten, einen wichtigen Nebeneffekt: Wenn die Verbraucher weniger Sprit und Heizöl kaufen, kommt es zu einem Überangebot auf dem Markt und der Preis sinkt, was den billigen Stoff dann wieder attraktiver macht. Rebound oder Rückschlag nennt sich dieser Effekt. Zudem wissen auch die Förderländer, dass ihre Zeit abläuft. Sie können nicht mehr davon ausgehen, dass ihnen aus dem Ölgeschäft noch über viele Jahrzehnte das Geld zuströmen wird. Wie die Steinzeit nicht wegen eines Mangels an Steinen zu Ende gegangen ist, wird auch die Ölzeit nicht wegen eines Mangels an Öl ausklingen, sondern weil es Alternativen zu dem Brennstoff gibt. Wenn den Förderländern aber erst einmal bewusst wird, dass der Markt irgendwann austrocknet, aus Klimaschutzgründen oder weil regenerative Energiequellen günstiger werden, könnten sie das Öl so schnell wie möglich und in großen Mengen auf den Markt werfen, um wenigstens noch einen letzten Profit einzufahren. Weiter sinkende Preise für die Verbraucher wären die Folge. Saudi-Arabien zeigt schon heute, wie das geht: Das Scheichtum gewährte asiatischen Ländern nach dem coronabedingten Ölpreiseinbruch erhebliche Rabatte, um sich den langfristigen Zugang zu den wichtigsten Märkten der Welt zu sichern. Das Ende der Ölindustrie, welches aus Klimaschutzgründen dringend geboten ist, könnte ein quälend langer Prozess werden.

Aus welcher Quelle auch immer die Menschen künftig ihre Treibstoffe, ihre Heizwärme oder ihre Elektrizität beziehen werden, der Primärenergiebedarf dürfte bis auf Weiteres steigen, allein schon wegen des Bevölkerungswachstums. So geht die Internationale Energieagentur (IEA) bis 2050 von einem Mehrbedarf von 50 Prozent aus.[19] Der World Energy Council kommt, je nach politischen Vorgaben, auf einen Wert von 27 bis 61 Prozent.[20]

Andere Szenarien vermelden ähnliche Werte. Aber alle erhoffen sich einen mehr oder weniger schnellen Umstieg hin zu einer kohlenstoffärmeren Energieversorgung. Immer öfter fordern sie dafür radikale Schritte, was zeigt, dass zumindest die Analysten begriffen haben, dass ein neues Energiezeitalter anbrechen muss.

Interessant ist in diesem Zusammenhang der Ausblick der IAE für Afrika, wo jeder zweite Mensch geboren wird, der sich bis 2040 in die Weltbevölkerung einreiht. Dort wachsen vor allem die Städte und das bedeutet mehr Energiebedarf für Unternehmen, Wohnen und Mobilität. Die IAE sieht für Afrika einen explosiv wachsenden Fahrzeugpark voraus, mit Vehikeln, die nicht unbedingt zu den modernsten und energiesparendsten gehören werden. Der Umstieg in die Elektromobilität kostet eine Menge Geld. Er ist zunächst in den reichen Ländern zu erwarten und erst am Ende in den ärmeren. Die Entwicklung Afrikas wird somit die Erderwärmung weiter schüren, wenngleich der Kontinent bis dato lediglich zwei Prozent der kumulierten Kohlendioxidemissionen weltweit zu verantworten hat.

Dabei wird gerade die Erwärmung einen höheren Energieverbrauch nach sich ziehen, weil die Nachfrage nach stromfressenden Klimaanlagen steigt. Von diesen gibt es in Afrika bisher vergleichsweise wenige, ungeachtet der Tatsache, dass dort heute schon 700 Millionen Menschen bei durchschnittlichen Jahresmitteltemperaturen von über 25 Grad leben. Zum Vergleich: In Deutschland liegt die mittlere Temperatur übers Jahr verteilt bei 12,2 Grad. Selbst die wärmsten Monate Juli und August kommen bisher nicht über 22 Grad hinaus.[21] Trotzdem summen hierzulande in den meisten Büros die Klimaanlagen und ein Neuwagen ist heute praktisch nicht mehr ohne diese Kühlaggregate zu bekommen. Bis 2040 dürften in Afrika 1,2 Milliarden Menschen bei über 25 Grad leben, von denen sich viele eine erträglichere Umgebung zum Arbeiten und Wohnen wünschen werden.[22]

Klimabericht: zunehmend wärmer

Mehr Treibhausgase bedeuten somit nicht nur mehr Klimawandel, sondern das gilt zum Teil auch umgekehrt. Wie sich das Klima entwickelt, wird von vielen Faktoren und Rückkopplungen bestimmt, weshalb Klimamodelle hochkomplex sind. Die wichtigste Rolle dabei spielen die in der Vergangenheit erfolgten Emissionen an Treibhausgasen, sie geben den Klimawandel der kommenden Jahrzehnte, wenn nicht gar Jahrhunderte vor. Hinzu kommen die künftigen Emissionen. Mitentscheidend sind auch die natürlichen Senken, die Ozeane oder die Biosphäre, die Kohlendioxid absorbieren, somit den Klimawandel dämpfen können.

Weil niemand den Ausstoß von Treibhausgasen der mittleren und fernen Zukunft kennt, arbeiten auch die Klimaforscher mit Szenarien, die auf unterschiedlichen Grundannahmen der möglichen zukünftigen Emissionsverläufe beruhen. Der Weltklimarat IPCC berücksichtigt bei seinen gesammelten Szenarien unterschiedliche wirtschaftliche, soziale, technologische und politische Entwicklungswege der Weltgemeinschaft. Auch wenn die Computersimulationen kleinräumige Vorgänge wie die Bildung von Wolken oder Kipppunkte, die zum Abschmelzen großer Eisschilde führen, nicht vorhersagen können, gelten die Modelle heute als ziemlich zuverlässig. Denn die Klimaforscher können sie validieren, also überprüfen, ob sie grundsätzlich in der Lage sind, etwas so Komplexes wie das Klima zu beschreiben. Dazu berechnen sie zunächst das Klima der Vergangenheit, etwa zu Beginn der Industrialisierung. Dann füttern sie ihre Computer mit allen bekannten natürlichen und menschengemachten Antrieben, also mit Vulkanausbrüchen oder einer Veränderung der Sonnenaktivität sowie mit den anthropogenen Emissionen der Industriegesellschaft, und lassen das Programm über die Jahre laufen. Das Computerprogramm berechnet schlussendlich aus dem Klima der Vergangenheit das Klima der Jetztzeit. Entspricht dieses den tatsächlich gemessenen Werten, also der heutigen Realität, gelten die Modelle als zuverlässig.

Die derzeit aktuellen Szenarien aus dem fünften Sachstandsbericht des IPCC haben die etwas sperrigen Namen RCP2.6, RCP4.5, RCP6 und RCP8.5. RCP bedeutet »repräsentativer Konzentrationspfad« und beschreibt, wie viel mehr Strahlungsenergie aus dem Weltraum durch die zusätzlichen Treibhausgase im Erdsystem im Jahr 2100 gefangen bleibt im Vergleich zur vorindustriellen Zeit um das Jahr 1850.

RCP2.6 beispielsweise besagt, dass bis Ende des Jahrhunderts pro Quadratmeter Erdoberfläche eine mittlere zusätzliche Energiezufuhr von 2,6 Watt zu erwarten ist. Wissenschaftlich formuliert würde man sagen, dass der Strahlungsantrieb um 2,6 W/m^2 steigt. Dies ist das einzige Szenario, bei dem das 2-Grad-Ziel erreicht beziehungsweise leicht unterschritten würde. Es geht von einer Weltbevölkerung von neun Milliarden im Jahr 2100 aus sowie von sofortigen und extremen Maßnahmen zum Klimaschutz. RCP2.6 gilt als entsprechend unwahrscheinlich.

Alle vier Szenarien unterscheiden sich in ihrer Erwärmungsvoraussage bis zum Jahr 2035 um lediglich 0,2 Grad, was daran liegt, dass in dieser Phase vor allem die Emissionen der Vergangenheit eine Rolle spielen. Die Szenarien sagen über den Kontinenten eine stärkere Erwärmung voraus als über den Ozeanen, in den höheren Breiten eine stärkere als in Äquatornähe. Sie prognostizieren stärkere und länger anhaltende Hitzewellen sowie häufigere Starkniederschläge – allesamt Entwicklungen, die längst aktenkundig sind.

Spannend wird es auf längere Sicht, denn dann bedeuten die verschiedenen Varianten sehr unterschiedliche Temperaturen auf Erden.

Auch bei RCP4.5 müsste sich der Zuwachs der Treibhausgasemissionen sofort verlangsamen, sie müssten aber erst ab 2040 sinken. In der Folge würden die globalen Mitteltemperaturen bis 2100 um 2,5 bis 2,7 Grad steigen. Die Mehrheit aller Städte würde sich dann in einer anderen Klimazone wiederfinden. Madrid hätte das heutige Klima von Marrakesch, Stockholm das von Budapest, London das von Barcelona. Europaweit würden sich die Sommertemperaturen um 3,5 Grad und die Wintertemperaturen um 4,7 Grad erhöhen.[23]

In dem RCP6-Szenario nehmen die Treibhausgasemissionen im Stil der vergangenen Jahre weiter zu und erreichen einen höheren Maximalwert als bei RCP4.5, bevor sie von 2040 an ebenfalls sinken. Unter diesen Bedingungen würden die globalen Temperaturen bis Ende des 21. Jahrhunderts um 3,2 bis 3,3 Grad steigen.

RCP8.5 schließlich ist die Horrorvariante. Es ist das »Weiter-wie-bisher-Szenario« mit einem weltweiten Temperaturanstieg um 4,3 Grad. Es geht von einem anhaltend starken Wirtschaftswachstum aus, von über zwölf Milliarden Menschen im Jahr 2100, die im Vergleich zu heute einen dreimal höheren Primärenergiebedarf haben. Diesen decken sie zur Hälfte über Kohle und zu einem Viertel über Öl sowie Gas. Unter diesen Bedingungen geriete das Weltklima komplett aus den Fugen. Das Nordpolarmeer würde sich um elf Grad aufheizen und wäre ganzjährig eisfrei. Grönland würde mittelfristig große Teile seines Eispanzers verlieren, langfristig eine grüne Insel. Die sommerlichen Niederschläge von Südwesteuropa über den Balkan bis nach Mittelasien würden um 50 bis 75 Prozent abnehmen.

RCP8.5 gilt zum Glück als noch unwahrscheinlicher als RCP2.6. Es ist nahezu ausgeschlossen, denn die Umweltveränderungen würden irgendwann die Emissionen bremsen. Die Weltwirtschaft könnte den Extremwandel nicht unversehrt überstehen und schon deshalb sänke der Energieverbrauch. Zudem ließen sich unter diesen Bedingungen kaum 12 Milliarden Menschen am Leben erhalten. Nach heutigem Stand der realen Klimapolitik marschiert die Welt irgendwo in Richtung der beiden Szenarien RCP4.5 oder RCP 6. Das entspricht einer Erwärmung von 2,5 bis 3,3 Grad.[24]

Zu einem etwas höheren Ergebnis kommt der *Climate Action Tracker*, ein internationaler Wissenschaftsverbund, der die *laufenden* Maßnahmen zur Emissionsminderung der wichtigsten Länder auf den Klimawandel hochrechnet und auf eine Erwärmung von 2,6 bis 4,0 Grad bis 2100 kommt (Stand Oktober 2020).[25]

Wenn alles miteinander wechselwirkt

RCP8.5 ist also bestenfalls eine Drohkulisse. Aber genau das ist der Sinn von Szenarien. Sie führen vor Augen, was geschehen würde, wenn die Dinge so oder so verlaufen. Sie zeigen Wechselwirkungen und Rückkopplungen zwischen einzelnen Einflussgrößen, etwa zwischen einer wachsenden Weltbevölkerung, dem Bildungsstand und den Ernährungsgewohnheiten der Menschen oder ihrem Mobilitätsverhalten. Und sie weisen auf Stellschrauben, mit denen sich die Zukunft gestalten lässt. Pflanzen etwa deutsche Forstleute weiterhin die gleichen Bäume wie in der Vergangenheit, ist die Wahrscheinlichkeit groß, dass der

Wald vertrocknet, der Borkenkäfer die Nadelbäume ruiniert und die Flammen reichlich Nahrung finden. Steigen die Förster aber rechtzeitig auf verschiedene, trockenresistente, besser angepasste Bäume um, haben sie eine Chance, den Wald in die Zukunft zu retten, Kohlenstoff zu binden, Wasser im Boden zu speichern und das regionale Klima zu verbessern.

Unter weitaus größerem Anpassungsdruck als die Forstleute stehen die Bauern in den wenig entwickelten Ländern. Sie müssen lernen, »klima-schlau« zu produzieren. Noch bis in die 1960er Jahre konnten etwa Afrikas Bauern die eigene Bevölkerung ausreichend versorgen. Dabei ging es damals um etwa 300 Millionen Menschen. Heute sind es mehr als viermal so viele und der Kontinent ist die am stärksten von Unterernährung betroffene Weltregion. Schätzungen zufolge haben rund 20 Prozent der Afrikaner weniger Nahrung zur Verfügung, als nötig wäre, um ein normal aktives und gesundes Leben zu führen. Ein Grund dafür liegt in der insgesamt geringen Produktivität des afrikanischen Landwirtschaftssektors. Es fehlt an leistungsfähigem Saatgut, Düngung mit den drei für das Pflanzenwachstum unerlässlichen Nährstoffen Stickstoff, Phosphor und Kalium, an Bewässerungsmöglichkeiten, Pflanzenschutz, Mechanisierung und Weiterbildung der Bauern in effizienten Bewirtschaftungsmethoden.

Da ist also viel nachzuholen, um Nahrungssicherheit für Afrika zu gewährleisten. Zu diesen Herausforderungen kommt jetzt noch der Klimawandel. Zwar sind die Durchschnittstemperaturen in den Tropen und Subtropen in den vergangenen 100 Jahren »nur« um 0,5 Grad gestiegen. Aber gleichzeitig werden die Niederschlagsmuster unberechenbarer, Stürme und andere Naturkatastrophen wahrscheinlicher. Zudem breiten sich Pflanzenkrankheiten und Schädlinge im Klimawandel leichter aus. Trockenheit und Starkregen verstärken die Bodendegradierung, unter der viele der Länder ohnehin schon massiv leiden. Afrika südlich der Sahara gehört zu jenen Regionen mit dem höchsten Risiko für Ernteeinbußen durch den Klimawandel. Die Sahel-Länder, von Mauretanien bis Sudan, haben bereits den weltweit deutlichsten und anhaltendsten Rückgang der Niederschläge seit Beginn der wissenschaftlichen Messungen erlebt.[26]

Schon 2016 hat die Weltbank in einem Report davor gewarnt, dass Wasser selbst in Zentralafrika und Ostasien knapp werden könnte, Regionen, die eigentlich ausreichend mit dem lebensnotwendigen Gut versorgt sind. Für ohnehin schon wasserarme Gebiete erwartet die Studie wirtschaftliche Einbußen, weil der Wassermangel die Ernten, die Gesundheit der Menschen und ihre Verdienstmöglichkeiten bedrohe.

Der Report zeigt exemplarisch, wie verschiedene problematische Entwicklungen miteinander wechselwirken und sich zu einem bedrohlichen Gesamtszenario aufschaukeln können. Bevölkerungswachstum, Urbanisierung, Wirtschaftswachstum, höhere Einkommen und neue Ernährungsgewohnheiten mit mehr Fleischkonsum bedeuten einen höheren Wasserbedarf. Sie erhöhen gleichzeitig den Ausstoß von Treibhausgasen, was die Temperaturen weiter steigen lässt und die gesamte Problemkaskade verschärft. Als wahrscheinliche Folgen sieht die Weltbank steigende Lebensmittelpreise, Verteilungskonflikte, politische Krisen, Gewalt und eine verstärkte Migration.[27]

Alles wird gut – oder eben nicht

Die verschiedenen ökologischen, sozialen, politischen und ökonomischen Megaprobleme lassen sich also nicht mehr separat betrachten, geschweige denn lösen. Die Interaktionen zwischen den Problemlagen werden immer komplexer und schwerer zu durchschauen, insbesondere für wissenschaftliche Laien, zu denen in der Regel auch die Politiker gehören. Das macht den Umgang mit dem anstehenden Aufgabenpaket nicht eben einfacher.

Die internationale Forschungsgemeinschaft hat deshalb versucht, die globalen gesellschaftlichen, demografischen, wirtschaftlichen und politischen Veränderungen in fünf verschiedenen »gemeinsamen sozioökonomischen Entwicklungspfaden« zusammenzuführen (Shared Socioeconomic Pathways, kurz: SSPs).[28] Das sind keine Weltmodelle, sondern eher Geschichten, die das Leben der Menschheit bis Ende des 21. Jahrhunderts unter bestimmten Annahmen beschreiben, die Herausforderungen, auf die wir uns einstellen müssen, und wie wir darauf reagieren können. Kurz zusammengefasst sagen die drei wichtigsten SSPs: Wir können als Weltgemeinschaft gerade noch einmal mit einem blauen Auge davonkommen. Oder die Menschheit spaltet sich zusehends in zwei Teile auf, von denen der eine in der Sonne und auf Kosten des anderen lebt. Oder es wird böse enden und alle verlieren.[29]

Welchen Weg die Menschheit nehmen wird, können die Wissenschaftler natürlich nicht vorhersagen. Das müssen Politiker und Wähler schon selbst entscheiden. Wie es auf den jeweiligen Entwicklungswegen aussehen könnte, weitgehend angelehnt an die SSPs 1, 2 und 3, beschreiben die folgenden Absätze.[30]

Variante 1: Der nachhaltige und grüne Weg in die Zukunft

Das Know-how für den besten Weg in die Zukunft ist vorhanden und die Menschen setzen ihr Wissen auch in die Tat um: Der Weltgemeinschaft gelingt es, besser zusammenzuarbeiten, die globalen Gemeingüter nachhaltiger zu nutzen, die Gesundheits- und Bildungssysteme gerade in den armen Ländern zu verbessern. Dadurch reduziert sich dort das Bevölkerungswachstum. In den reichen Ländern bleiben die Kinderzahlen je Frau auf dem heutigen Niveau oder sie steigen sogar leicht an, weil sich die Regierungen darum kümmern, dass die Menschen Familie und Beruf leichter unter einen Hut bringen können. Die Geburtenziffern bleiben dort aber auf alle Fälle unter dem bestandserhaltenden Wert von 2,1 Kindern je Frau. Diese Länder gehen auf demografischen Schrumpfkurs, gleichen diesen aber teilweise durch Zuwanderung aus und können ihre Arbeitsmärkte und Sozialsysteme einigermaßen stabil halten.

Die wohlhabenden Länder reduzieren ihren Rohstoffumschlag. Sie verbrennen weniger fossile Reserven. Regenerative Energien erleben einen Aufschwung, auch weil ihre fossilen Gegenspieler umweltsteuerlich belastet werden, damit sie auch die externen Kosten abbilden. Die Regenerativen verbilligen sich bis 2100 über alle Technologien um 20 bis 90 Prozent. Die Lernkurve bei der technischen Nutzung dieser Energieformen geht steil nach oben. Speichermöglichkeiten in Form von Batterien, Wasserstoff oder mit Hilfe von Solar- und Windstrom erzeugten Kohlenwasserstoffen überbrücken die Angebotslücken, wenn der Wind nicht weht und die Sonne nicht scheint. Alle diese Techniken werden, sobald ihre Alltagstauglichkeit erprobt ist, umgehend in den Entwicklungsländern eingesetzt, so dass diese eine Energieversorgung ohne den Umweg über die fossile Ära aufbauen können. Dadurch bleibt das Wirtschaftswachstum im globalen Mittel stabil und das Welt-BIP verfünffacht sich bis 2100.

Diejenigen Länder, die einen Plan für eine ernsthafte Klimapolitik haben, setzen ihn auch zügig um. Konkret heißt das beispielsweise für Deutschland, dass es seinen Ausstoß von Treibhausgasen bis 2030 im Vergleich zu 1990 um 55 Prozent reduziert, alle Kohlekraftwerke stilllegt oder zu Museen macht. Wer Heizöl,

Sprit oder Erdgas verfeuert, zahlt einen kontinuierlich steigenden Preis für das daraus entstehende CO_2. Mit den Einnahmen aus dem CO_2-Preis unterstützt die Regierung einkommensschwache Haushalte, die sonst zu stark unter der verteuerten Energie leiden würden. Die CO_2-Abgabe wird so zu einem ökologischen Steuerungsinstrument und Innovationsmotor, denn sie lässt Industrie und Gewerbe, Autofahrer und Hausbesitzer auf klimafreundlichere Energiequellen umsteigen und zwingt die Ingenieure, immer nachhaltigere Techniken zu erfinden.

Deutschland baut seine Vorreiterrolle im Klimaschutz aus. Schon 2019, also noch vor dem coronabedingten Wirtschaftseinbruch, waren die Emissionen von CO_2-Äquivalenten auf 805 Millionen Tonnen gesunken, auf den niedrigsten Wert seit den 1950er Jahren, weil die Kraftwerksbetreiber wegen der CO_2-Abgabe begonnen hatten, von Kohle auf das klimafreundlichere Erdgas umzusteigen, und weil Wind und Sonne erstmals mehr Strom liefern konnten als die Kohle.[31] Auch nach dem Ende der Pandemie bleibt Deutschland auf dem Pfad zu weniger Emissionen. 2050 ist das Land komplett klimaneutral, das heißt, es schickt im Saldo keinerlei Treibhausgase mehr Richtung Atmosphäre.

Die EU übernimmt eine übernationale Rolle beim Umweltschutz. Wider alle Erwartungen setzt die EU-Kommission ihr Ziel durch, die CO_2-Emissionen schon bis 2030 um 55 Prozent gegenüber 1990 abzuspecken. Und sie lässt diesem ersten großen Wurf den entscheidenden zweiten folgen: Von 2050 an entweicht der EU nur noch so viel von dem Treibhausgas, wie sie im gleichen Zeitraum der Atmosphäre entziehen kann. Die gesamte Union ist klimaneutral. Dieser Erfolg hat auch politisch weitreichende Konsequenzen: Er macht die EU unabhängig von Öl- und Gasimporten, von Diktatoren und erratischen Kartellen. Dieser Umstand macht es leichter, auch mal Sanktionen gegenüber

Schurken zu verhängen, die zuvor am Energiedrücker saßen. Die klimaneutralere Welt ist eine stabilere Welt.

Jedes Jahr fließen 300 bis 400 Milliarden öffentliche und private Investitionen in den Umbau der Wirtschaft. Damit wird eine europaweite Ladeinfrastruktur für E-Autos gebaut und die Wasserstofftechnologie so weit entwickelt, dass Industrie und Schwerverkehr auf einen sauberen Energieträger zurückgreifen können. Selbst Polen, letztes großes Kohleland der EU, zieht den einst für 2049 angekündigten Kohleausstieg vor, weil grüne Energie wettbewerbsfähiger geworden sind. Die Autohersteller werden von der EU-Kommission zu einer Halbierung der Emissionen bis 2030 verdonnert, bis 2050 müssen sie herunter auf null. Nach langen Protesten finden sich Hersteller mit den neuen Grenzwerten ab, vor allem, um nicht länger von chinesischen Start-ups und dem E-Auto-Marktführer Tesla vorgeführt zu werden, die solche Vorgaben längst erfüllen können.

Auch die USA, einst ein politischer Klimaschutzblockierer aus Prinzip, schwenken auf einen regenerativen Pfad, schlicht und einfach, weil er kostengünstiger ist. Schon 2019 hat das Land ungeachtet des Kohlefreunds im Weißen Haus 4,8 Milliarden Tonnen CO_2 weniger ausgestoßen als im Vorjahr, weil die Stromerzeuger lieber das billige Erdgas aus den Fracking-Bohrlöchern als Kohle aus Kentucky, West Virginia und Pennsylvania verfeuert haben. Vorreiter ist mal wieder Kalifornien. Der Bundesstaat hatte schon 1975 Katalysatoren in Autos vorgeschrieben und von 2003 an alle Hersteller gezwungen, einen bestimmten Anteil ihrer produzierten Vehikel als »Null-Emissions-Fahrzeuge« auszuliefern.

Kalifornien beschließt 2020, als die Wälder von San Diego bis an die Grenze nach Oregon noch in hellen Flammen stehen, ab 2035 keine PKW und privaten Trucks mit Verbrennungsmotoren mehr zuzulassen, ab 2045 auch keine Lastwagen. Damit schaltet der Bundesstaat mal eben die Hälfte seiner CO_2-Emissionen aus und bereitet dem notorischen Smog über dem Becken von Los Angeles ein Ende. Zwar hagelt es zunächst wütende Proteste von Benzin-und-Diesel-Hardcore-Fans, aber sie verklingen, nachdem andere Bundesstaaten und Länder wie Schweden und Großbritannien den kalifornischen Ausstiegsplan noch unterbieten. Das tut auch Norwegen, das lange Zeit Europas größter Ölförderer war, nun aber seine Pläne, neue Offshore-Felder im hohen Norden zu erschließen, beerdigt. Stattdessen beginnt das Land, abgeschiedenes CO_2 im großen Stil in erschöpften Erdgasfeldern zu deponieren, und erzeugt so »negative« Emissionen. Dazu wird in Kraftwerken Biomasse verbrannt, etwa Holz oder schnell wachsendes Schilf, daraus Strom gewonnen, das frei werdende CO_2 aus dem Abgas isoliert, bei tiefer Temperatur verflüssigt, in tiefen Erdschichten oder auf dem Ozeangrund deponiert, in der Hoffnung, dass es dort ein sicheres Endlager findet.

China, das 2004 zum größten Klimaschänder der Welt aufgestiegen war und über viele Jahre mehr Kohle verfeuerte als der Rest der Welt zusammen[32], legt ein besonders ambitioniertes Programm vor, auch um seinen größten Konkurrenten, die USA, alt aussehen zu lassen: Das Land, das sich in den 2020er Jahren noch immer im wirtschaftlichen Aufholprozess gegenüber dem Westen befindet, modernisiert seine Kohlekraftwerke und Zementfabriken, verbietet kohlebefeuerte Öfen in privaten Haushalten und erreicht deutlich vor 2030, dem eigentlichen Ziel aus dem Pariser Abkommen, seinen Höchststand bei den Emissionen. China mottet die Pläne für Dutzende neuer Kohlekraftwerke ein und unterhält weltweit die mit Abstand größte Flotte von Elektrofahrzeugen. Es rationalisiert die Massenfertigung von Solarzellen weiter und macht sämtliche Dächer von neuen Gebäuden zu Kleinkraftwerken. Das Land setzt gewaltige Windparks in die Landschaft, verordnet weiteren Flüssen Staudämme zur Stromproduktion und durchzieht das Land mit 800 000-Volt-Hochspannungs-Gleichstrom-Leitungen, in denen sich Elektrizität ohne große Verluste transportieren lässt. Es fügt den 48 Atomkraftwerken aus dem Jahr 2020 Dutzende weitere hinzu und schafft bis 2060 die CO_2-Neutralität. All das tut China nicht nur aus globaler Fürsorge, sondern auch, weil es längst massiv unter klimabedingten Fluten und Dürren leidet.

Die Folge dieser vielfältigen Bemühungen überall auf der Welt: Die drei größten Emittenten aus dem Jahr 2020, China, die USA und die EU, die für 45 Prozent der ausgestoßenen Treibhausgase zeichneten, sind auf dem Weg Richtung Klimaneutralität. Der Primärenergieverbrauch steigt weltweit zwar erst einmal weiter, aber die energiebedingten CO_2-Emissionen sinken. Das liegt auch daran, dass die Menschen nach der Corona-Krise gar nicht mehr so viel und so weit reisen wollen wie vor der Pandemie. Sie verbringen viel Zeit im Homeoffice und schenken sich die Fahrt zum Arbeitsplatz. Sie treffen Geschäftspartner öfter auf Videokonferenzen statt in hektischen Meetings in den Business Centern der Flughäfen.

Im globalen Norden verzichten die Menschen öfter mal auf Fleisch auf dem Teller, viele werden gleich Vegetarier und Veganer und ernähren sich dadurch gesünder. Dort sinkt der Anteil der Tierzucht an der Landwirtschaft um ein Drittel. Der globale Süden hingegen, der lange Zeit in Sachen ausreichender Ernährung darben musste, wächst überhaupt erst in die Phase des Fleischkonsums und der ungesunden Ernährungsgewohnheiten hinein, so dass sich an der Zahl der Nutztiere auf globaler Ebene nichts ändert. Die Menschen in den Aufholländern holen vieles nach: Beispielsweise ernähren sie sich kalorien-, fett- und zuckerreicher als zuvor, bezahlen ihren »Fortschritt« aber mit einem starken Anstieg von chronischen und lebensstilbedingten Krankheiten wie Übergewicht, Diabetes und Herz-Kreislauf-Leiden. Es gibt Fortschritte in der Landwirtschaft durch ertragreichere und klimawandeltolerantere Züchtungen, die zudem mit weniger Pestiziden auskommen. Sie lassen die Ernten steigen, ohne dass dafür neue Flächen in Anspruch genommen werden müssen. So kann sich die zunächst noch wachsende Menschheit ohne zusätzlichen Raubbau an den letzten Naturräumen ernähren. Mit dem Rückgang der Weltbevölkerung in der zweiten Hälfte des 21. Jahrhunderts kann die Landwirtschaft sogar Flächen an die Natur zurückgeben, auf der sich die Biodiversität wieder entfalten kann und neue Bäume wachsen können, die der Atmosphäre CO_2 entziehen.

Afrikas Bauern sind bei dieser Entwicklung besonders wichtig: Sie orientieren sich bei der Modernisierung der Landwirtschaft keineswegs an den hocheffizienten Agrarbetrieben in weiten Teilen Europas, Amerikas oder Australiens. Deren Produktivität geht auf Kosten der Umwelt und des Weltklimas: Sie bedeutet einen massiven Verbrauch von Wasser und trägt wesentlich zum Ausstoß an Treibhausgasen bei. Neben CO_2 gehören dazu Methan aus den Mägen von Wiederkäuern sowie Lachgas, das aus ungenutztem Stickstoff von Ackerflächen aufsteigt. Statt diesen Weg zu kopieren, setzt Afrika auf eine »nachhaltige Intensivierung«, bei der die Mittel und Möglichkeiten des 21. Jahrhunderts zum Einsatz kommen, von der Digitalisierung bis zu einer Präzisionslandwirtschaft.

Afrika gelingt es zunehmend, die Ernährung der eigenen Bevölkerung sicherzustellen. Die Bauern bedienen sich dabei des Prinzips des »Leapfroggings«. Dieser Begriff beschreibt das Überspringen von ineffizienten, umweltschädlichen und kostspieligen Zwischenstufen der Entwicklung hin zu Errungenschaften, die das Leben der Menschen verbessern und vereinfachen. Dazu sind in Afrika Sozialunternehmen wie *Babban Gona* aus Nigeria entstanden. Die Organisation gründet auf der Erfahrung, dass Kleinbauern meist das Geld und das Wissen fehlen, Saatgut aus professioneller Züchtung zu kaufen, Dünger einzusetzen oder Maschinen zu nutzen. *Babban Gona* kauft diese Mittel in großen Mengen günstig ein, gibt sie an die Bauern auf Kreditbasis weiter und berät sie zur optimalen Anwendung. Zur Erntezeit kümmert sich *Babban Gona* um sichere Lagerung und lukrative Vermarktung des Ernteguts. Die Bauern fahren Erträge ein, die weit über dem Doppelten des nationalen Durchschnitts liegen. 2025 profitieren bereits eine Million nigerianische Bauern von dem System. Ähnlich erfolgreich arbeitet *Hello Tractor* aus Kenia, eine Art Uber für Landmaschinen. Bauern leihen sich die Maschinen, in die GPS-Ortung und Telematik eingebaut sind, indem sie per Handy einen Bedarf anmelden. *Hello Tractor* schickt die Geräte mit einem Fahrer los, das Ortungssystem registriert, wo und wie lange die Maschinen im Einsatz sind, und bucht die Leihgebühr minutengenau direkt vom mobilen Konto der Nutzer ab.[33]

Unterm Strich bedeutet der grüne Weg in die Zukunft das Ende der fossilen Ära, netto null Treibhausgasemissionen ab etwa dem Jahr 2080, ein nur noch geringes Bevölkerungswachstum und eine Ausbreitung der Waldgebiete. Das 2-Grad-Ziel wird gerade so erreicht.

Variante 2: Weiter wie bisher
Auch wenn man zu Corona- und Klimawandelzeiten den Eindruck gewinnen kann, die Welt stehe Kopf, in Wirklichkeit läuft, von zwischenzeitlichen Ausschlägen abgesehen, alles seit vielen Jahren in mehr oder weniger bekannten Bahnen und so könnte

es auch bleiben. Extrapoliert man heutige Trends und unterstellt, dass die globale Klimapolitik nur wenige Fortschritte macht, dann entwickeln sich die wohlhabenderen Länder auch in den kommenden Jahrzehnten gut beziehungsweise besser, ihre politischen Systeme bleiben stabil. Die ärmeren eifern den reicheren nach und einem Teil der heutigen Schwellen- und Entwicklungsländer gelingt es in der zweiten Hälfte des Jahrhunderts, das heutige Einkommensniveau der OECD-Länder zu erreichen. Ein anderer Teil kann die Lücken bei Einkommen und Wohlstand nicht annähernd schließen. Diese Länder verfehlen die Nachhaltigen Entwicklungsziele der Vereinten Nationen in Sachen Bildung, Gesundheit oder Versorgung mit sauberem Trinkwasser um Längen. Sie sind abgehängt vom Rest der Welt und sie bleiben es.

Vor allem die Industrieländer produzieren weiter ihre technischen Neuerungen, die dominanten Weltkonzerne aus dem IT-Bereich werden noch größer und einflussreicher. Die Autos werden etwas klimafreundlicher, fossile Brennstoffe verlieren gemächlich an Bedeutung, regenerative Quellen holen langsam auf, aber es kommt nicht zu grundlegenden Durchbrüchen. Immerhin gelingt eine weitere Teilentkopplung von Wirtschaftswachstum und CO_2-Ausstoß, die Volkswirtschaften schaffen also ein höheres BIP, ohne die Emissionen im gleichen Maß zu steigern. Dennoch verdoppelt sich, vor allem wegen der Entwicklung im globalen Süden, der Energiebedarf bis 2100. Die Kohle bleibt beliebt, Erdöl der dominante Energieträger. Die Menschheit kann sich im 21. Jahrhundert nicht von den fossilen Quellen lösen und die CO_2-Emissionen steigen weiter.

Wirtschafts- und Bevölkerungswachstum in den Schwellen- und den erfolgreichen Entwicklungsländern lassen den Bedarf an Nahrungsmitteln bis 2050 im Vergleich zu 2010 um über 40 Prozent steigen, vor allem die Fleischproduktion erreicht historische Rekordwerte und verdoppelt sich bis 2100. Um das zu ermöglichen, müssen die Bauern bis dahin ihre Ackerflächen weltweit um 25 Prozent vergrößern, zulasten der zuvor wenig genutzten Naturräume. Das entspricht rund sechs Millionen Quadratkilometern oder zweimal der Fläche von Indien. Die Landwirte müssen doppelt so viel Düngemittel einsetzen und die künstliche Bewässerung um zehn Prozent steigern.

Die Ökosysteme entwickeln sich entsprechend diesen Belastungen: Die Atmosphäre füllt sich weiter mit Treibhausgasen, in den Ozeanen wächst der Plastikmüllanteil, die tropischen Wälder schwinden und die Ackerböden verlieren an Fruchtbarkeit. Das Wachstum der Weltbevölkerung verlangsamt sich, endet irgendwann in der zweiten Hälfte des 21. Jahrhunderts und liegt 2100 bei 8,5 Milliarden, das ist etwa eine halbe Milliarde mehr als heute.

Die ärmsten Länder mit dem stärksten Bevölkerungswachstum schaffen es nicht, genug Schulen und Lehrer für die zunehmende Schar an Kindern und Jugendlichen bereitzustellen. Mangelnde Bildung bleibt dort das Entwicklungshemmnis Nummer 1 und den Ländern gelingt es nicht, einen Positivkreislauf aus wachsenden Einkommen und sinkenden Kinderzahlen anzukurbeln. Die Kluft zwischen dem wohlhabenden, alternden und an Bevölkerung schrumpfenden Teil der Welt und dem anderen Teil, der wächst und arm bleibt, wird immer größer. Der Klimawandel verschärft den Graben, denn die armen Länder haben kaum Möglichkeiten, sich an höhere Temperaturen, veränderte Niederschlagszonen, steigende Meeresspiegel und extremere Wetterlagen anzupassen. Betroffen davon sind vor allem afrikanische Länder südlich der Sahara.

Je nachdem, wie erfolgreich die Politik darin ist, die globalen Treibhausgasemissionen zu limitieren, steigen die Temperaturen in Variante 2 um 1,8 bis 3,8 Grad. Bei dem Mittelwert von 2,8 Grad erlebt weit über eine halbe Milliarde Menschen regelmäßige Rekordhitzewellen, unter denen ein normaler Arbeitsaufenthalt im Freien kaum noch möglich ist. Die Nahrungssicherheit der Menschheit verschlechtert sich, der Wassermangel in vielen Gebieten verschärft sich. Die ersten Kipppunkte im Klimasystem werden erreicht, etwa in den heutigen Permafrostgebieten. Die dort entweichenden Methanmengen verstärken die globale Erwärmung um ein halbes Grad.

Variante 3: Regionale Rivalität und Spaltung der Welt

Dieses Szenario bedeutet eine Art »America-First-Politik« für die ganze Welt: Die nationalen Regierungen folgen im Wesentlichen ihren eigenen Interessen, regionale Bündnisse, internationale Handelsabkommen und globale Themen verlieren an Bedeutung. Die Teilung der Welt in Arm und Reich, in stabile und zerfallende Systeme, in demografisch stagnierende oder schrumpfende und stark wachsende Gesellschaften zementiert sich. Wer es sich erlauben kann, schottet sich von dem Elend ab, auch um Migration und Flucht aus dem unterprivilegierten Teil der Welt zu unterbinden.

Vor allem Europa, das als reiche Region den Krisenzentren in Afrika und Westasien geografisch am nächsten liegt, zieht seine Zäune weiter hoch und beginnt, die Grenzanlagen militärisch zu überwachen. Wer es trotzdem schafft, sie zu überwinden, und wen die Sicherheitskräfte aufgreifen, wird umgehend zurückgeschickt, über die Landesgrenze oder das Mittelmeer. Europäische Grenzschützer agieren bis tief in den Nahen Osten und in die Sahelzone, sie kooperieren mit dubiosen Milizen tausende Kilometer von Europa entfernt, um Migration schon dort zu unterbinden. Die Migrantenabwehr kostet so viel Geld, dass die Mittel für die Entwicklungszusammenarbeit gestrichen werden. In der fragmentierten Welt kommen die armen Länder nicht voran, die dortigen Bevölkerungen wachsen nahezu ungebremst und die Menschheit erreicht den Wert von 12,6 Milliarden im Jahr 2100. Wegen der schnell wachsenden Menschenzahl sinken in vielen Ländern Afrikas, des Nahen Ostens und Westasiens die Pro-Kopf-Einkommen. Die Zahl der Frustrierten wächst und die Spannungen entladen sich in sozialen Konflikten und religiösem Fanatismus, ein Zustand, der mehr Verzweifelte in Richtung der »gelobten Länder« aufbrechen lässt, egal, wie hoch deren Zäune sind.

Die Abschottung führt zu einer Deglobalisierung, zu einem schwindenden wissenschaftlichen Austausch auf internationaler Ebene, zu nachlassender Innovationsfähigkeit. Selbst die reichen Länder untereinander kommen nicht zu Kompromissen bei der Bekämpfung des Klimawandels. Der eigentlich notwendige Umbau der Gesellschaften von einem Naturausbeutungs-Kapitalismus zu einer ökologischen Null-Emissions-Marktwirtschaft kommt nicht zur Entfaltung. Weil der internationale Austausch erlahmt, geht auch die Weltwirtschaft in die Knie, was sowohl die armen wie auch die reichen Länder zu spüren bekommen. Letzteren fehlen die Mittel für den sozialen Ausgleich, so dass auch die Kluft innerhalb der reichen Länder wächst. Unterklassen und Abgehängte gibt es nicht nur im globalen Vergleich, sondern auch auf nationaler Ebene. Das Leben wird für viele zum Überlebenskampf.

Das anhaltende Bevölkerungswachstum und der Klimawandel erhöhen in den armen Ländern den Druck auf die Landwirtschaft. Der Wasserverbrauch steigt, aber die Verfügbarkeit sinkt. Hohe Temperaturen begünstigen die Eutrophierung von Gewässern, die für die Trinkwasserversorgung wichtig sind, und es breiten sich toxische Algen aus, welche die Gesundheit der Menschen bedrohen. Es kommt zu regelmäßigen Dürren und Ernteausfällen, die angesichts der daniederliegenden internationalen Handelsbeziehungen kaum noch über Importe ausgeglichen werden können. Die regionalen Katastrophen sind kaum ein mediales Thema, denn die reichen Länder interessieren sich immer weniger für die Probleme im Rest der Welt. Wegen des fehlenden internationalen Austauschs bleiben die Bauern des Südens wenig produktiv und müssen die letzten Waldgebiete für neue Äcker und Weideland roden. Sie sägen an den letzten Ästen, die sie noch haben.

Ein Hauptinteresse der Regierungen ist es, ausreichend Energie für die Wirtschaft zur Verfügung stellen zu können. Dazu nutzen sie die klassischen fossilen Energieträger und bei Öl und Gas auch unkonventionelle Quellen, wie Ölschiefer, Teersande oder Methanhydrat aus der Tiefsee, die sich nur unter immensen Umweltkosten ausbeuten lassen. Weil externe Kosten wie Schäden an der Umwelt und Gesundheit weiterhin keine Rolle spielen, bleiben diese Energieträger billig und konkurrenzlos. Regenerative Energieformen wie Sonne und Windkraft haben kaum eine Chance. Stattdessen versuchen die Industrieländer, der spürbaren Erwärmung mit technischen Mitteln zu begegnen, und lagern CO_2 in großem Maßstab in der Tiefsee ein. Dadurch steigt der Energieverbrauch noch einmal, die Kosten sind hoch und es gelingt trotzdem nicht, den Treibhauseffekt zu reduzieren: Die globalen Durchschnittstemperaturen steigen im Vergleich zum vorindustriellen Wert um etwa 3,2 Grad.

Dass es nicht noch mehr ist, liegt daran, dass sich die Wirtschaft vielerorts schlecht entwickelt und in der Folge der Energieverbrauch sinkt. Und daran, dass die Luftverschmutzung aus Kohlekraftwerken und dem Autoverkehr halbe Kontinente in

Dreckwolken hüllt. Diese Aerosolhülle aus Schwebeteilchen, die Jahr für Jahr mindestens vier Millionen Menschen das Leben kostet, vor allem in den wuchernden Megastädten der Schwellenländer, hält einen Teil der Sonnenstrahlung fern.

Weltweit, aber vor allem im globalen Süden kommt es zu starken Umweltzerstörungen, unter denen nicht nur die Menschen zu leiden haben: 49 Prozent der Insekten, 44 Prozent der Pflanzen und 26 Prozent der Wirbeltiere verlieren aufgrund der sich verschiebenden Klimazonen die Hälfte ihrer Lebensräume. Immer wieder kommt es zu Ausbrüchen neuer Infektionskrankheiten. Der Klimawandel frisst bis Ende des 21. Jahrhunderts zehn Prozent des Weltbruttoinlandsprodukts, in den tropischen Regionen doppelt so viel.

Die volkswirtschaftlichen Kosten der Umweltveränderungen sind in Szenario Nummer 3 rund zehnmal so hoch wie in Nummer 1, der grünen Zukunftsvariante. Nummer 3 bedeutet für die Menschheit unter allen Szenarien das geringste Wirtschaftswachstum und die niedrigsten Pro-Kopf-Einkommen bei höchsten Schäden an den Ökosystemen und der größten globalen Ungleichheit.[34]

Aber wie wird es letztlich kommen?

Doch lässt sich sagen, welches die wahrscheinlichste der beschriebenen Varianten ist? Blickt man in die Vergangenheit und schreibt sie fort, dann ist Nummer 2 am wahrscheinlichsten. Setzen sich nationale Egoismen durch und verlieren internationale Organisationen wie die UN an Boden, die für ein gewisses Maß an globaler Verantwortung stehen, dann ist Variante 3 nicht auszuschließen. Legt man aber die jüngsten Bemühungen der EU, die Ankündigungen aus China, den USA und anderen Ländern zu Grunde, dann wäre eine Variante zwischen Szenario 1 und 2 denkbar. Immerhin war die Bereitschaft der Weltgemeinschaft, der Regierungen, der Kapitalmärkte und der Unternehmen, etwas gegen die größte Menschheitsbedrohung zu unternehmen, nie höher als heute. Die Welt würde unter diesen Bedingungen mit zwei blauen Augen davonkommen. Für die Variante 1, das Szenario mit nur einem blauen Auge, müsste die Weltgemeinschaft Anstrengungen unternehmen, die sich bislang bestenfalls auf dem Papier abzeichnen.

KAPITEL 8

Vorsicht: Selbstbetrug

Fallstricke auf dem Weg zur Nachhaltigkeit

Angenommen, es klappt mit dem Klimaschutz. Länder von Deutschland über China bis zu den USA verkünden nicht nur Absichtserklärungen, sondern setzen sie auch um. Andere, anfangs zögerliche Staaten ziehen nach, weil die Vorbilder glänzen und sie nicht abgehängt werden wollen. Die Energiewirtschaft wird grün, die Bauern ackern bio, die Kohlegruben schließen, Ölkonzerne verkaufen regenerativ erzeugten Strom, Stahl- und Zementwerke lernen, CO_2-frei zu produzieren, alte Häuser werden perfekt isoliert und neue entstehen gleich als Plusenergiegebäude. Das alles kostet eine Menge Geld, ruiniert ein paar Unternehmen, lässt Millionen von Jobs verschwinden, aber dafür entstehen auch viele neue in ähnlicher Größenordnung. Eine politisch gesteuerte schöpferische Zerstörung fegt über die Lande.

Nehmen wir ferner an, die Privatpersonen in den reichen und halb reichen Ländern haben verstanden. Sie disziplinieren sich, schränken sich ein. Sie fliegen weniger, schütten kein Benzin mehr in ihre Autos und fahren auch mit ihren leichten E-Mobilen weniger als zuvor mit den schweren Spritsäufern. Sie reduzieren ihren Fleischkonsum, kaufen Kleidung, die jahrelang hält, lassen ihre Smartphones und Laptops reparieren, anstatt sich alle zwei

Jahre ein neues Gerät zu kaufen. Sie verzichten auf manches, was sie einst lieb gewonnen haben, um den Klimawandel zu stoppen. Aber sie spüren keinen Effekt. Die Erderwärmung geht weiter, als wäre nichts geschehen.

Auch daran werden wir uns gewöhnen müssen. Denn ein Runterfahren der Treibhausgasemissionen kann auf Grund der Trägheit des Klimasystems gar keinen unmittelbaren Einfluss auf den Erwärmungstrend haben. Der Anstieg der erdnahen Temperaturen wird über Jahrzehnte, wenn nicht gar Jahrhunderte anhalten, selbst wenn es zu einem radikalen Stopp der Emissionen käme. Wir haben lange drauflosgeheizt, was die Kohle hergab, ohne den Klimawandel zu spüren. Umgekehrt dürfen wir jetzt lange gar nichts mehr verbrennen, bevor er sich abstellen lässt. Seit Beginn der Industrialisierung hat die Menschheit über 1,5 Billionen Tonnen CO_2 in die irdische Lufthülle gefeuert. Bevor diese Menge nicht wieder einigermaßen verschwunden ist, kann sich das Klima nicht beruhigen.[1]

Hinter dieser Zwickmühle steckt die vielleicht größte Herausforderung beim Kampf um eine nachhaltige Zukunft: Wir müssen die Schulden der Vergangenheit begleichen, dafür erhebliche Abstriche bei unserem gewohnten Lebensstil machen, aber nicht einmal unsere Kinder und Kindeskinder werden vom Klimawandel verschont bleiben.

Auch wenn ein Vorsorgedenken über lange Zeiträume und über den eigenen Gartenzaun hinweg nicht zu den herausragenden Eigenschaften der Menschen gehört: Wir brauchen ein solches Denken und Handeln für den ganzen Planeten. Denn wenn wir nichts tun, werden unsere Nachkommen in einer sehr unangenehmen Welt leben.

Also tun wir besser etwas. Allerdings sind die Aufgaben größer, als die meisten sich vorstellen können. Denn in all den Energiewendeplänen, grünen Wachstumskonzepten, Ideen für eine Kreislaufwirtschaft und Aktionsprogrammen zum Klimaschutz stecken ein paar grundsätzliche Denkfehler.

Auslagern gilt nicht

Erstens denken wir in einem Land wie Deutschland bei der Minderung der Treibhausgasemissionen in der Regel nur an die »entstehungsseitigen« Emissionen, die auf dem nationalen Territorium stattgefunden haben. Innerhalb dieser Grenzen hat Deutschland durchaus einen Erfolg vorzuweisen: Gut 40 Prozent CO_2-Minderung seit 1990. 2020 wurden nach ersten Schätzungen »nur« noch 722 Millionen Tonnen CO_2-Äquivalenten ausgestoßen, wobei zwei Drittel der Minderung gegenüber 2019 auf Corona-Effekte zurückzuführen sind. Damit ist das Zwischenziel auf dem Weg bis 2050 erreicht.[2] Aber das ist kein Grund, sich zu heftig auf die eigenen Schultern zu klopfen.

Denn Deutschland importiert und konsumiert eine Menge Güter, Vorprodukte und Rohstoffe, für deren Bereitstellung in anderen Ländern Treibhausgase freigesetzt werden. Jedes Produkt hat seinen eigenen CO_2-Rucksack. Doch der wird bislang dem Land zugeschrieben, in dem es hergestellt wird, auch wenn der Konsum anderswo stattfindet. Auch das Pariser Klimaabkommen berücksichtigt nur die Emissionen auf nationalem Terrain und keine Importe.

Im Rahmen der Globalisierung haben sich in den vergangenen Jahren die Werkbänke vor allem für (Vor-)Produkte, deren Herstellung sich in den Industrienationen nicht mehr lohnt und die besonders treibhausgasintensiv sind, zunehmend in Schwellenländer verschoben. Unternehmen, die wachsenden Klimaschutzauflagen entfliehen wollen, lagern ihre Produktion häufig in Länder mit lascheren Gesetzen aus, etwa von Deutschland nach China.

Der Exportweltmeister Deutschland stellt allerdings auch eine Menge Produkte her und verkauft sie in den Rest der Welt. Bei deren Herstellung fallen ebenfalls Treibhausgase an, die wiederum den Emissionen der Importländer zuzuschlagen sind. Rechnet man den Handel in beiden Richtungen gegeneinander auf, ergeben sich Länder, die im Saldo CO_2 (also Produkte mit einem CO_2-Rucksack) einführen, und solche, die es ausführen. Die USA, die meisten europäischen, aber auch viele afrikanische Länder kaufen unterm Strich mehr Produkte mit einem CO_2-Rucksack, als sie verkaufen, das heißt, sie lassen die CO_2-intensiven Arbeiten anderswo erledigen oder können sie im eigenen Land gar nicht verrichten. Indien oder China machen es umgekehrt.

Deutschland etwa führte 2017 trotz seines hohen Handelsbilanzüberschusses mehr Waren mit CO_2-Rucksack ein als aus, T-Shirts aus Bangladesch, Autoteile und Elektrogeräte aus China oder Gewächshaustomaten aus den Niederlanden. Die bei der Herstellung dieser Güter anfallenden Emissionen sind in Wirklichkeit der hiesigen Klimabilanz zuzurechnen. Deutschlands Bilanz in Sachen Klimaschutz fällt somit deutlich schlechter aus, als es die offiziellen Zahlen widerspiegeln.

Noch schlechter steht die reiche Schweiz da. Sie importiert alles, was sich irgendwo auf der Welt billig und im Zweifel klimaschädigend herstellen lässt, und exportiert nur hochveredelte, teure Produkte, etwa Uhren oder Arzneimittel, bei deren Herstellung kaum Treibhausgase anfallen. Die Eidgenossen, die sich gerne mit einer relativ weißen Klimaweste präsentieren, weil sie viel regenerative Wasserkraft nutzen, sind in Wirklichkeit für mehr als doppelt so viel CO_2 verantwortlich wie offiziell vermeldet – Tendenz steigend. Weltweit rechnet sich nur Malta seine Klimabilanz schöner als die Schweiz. Umgekehrt ist China gar nicht so ein großer Verschmutzer, wie es scheint. Weil das Land die »Drecksarbeit« für den Rest der Welt erledigt, könnte es 13 Prozent seiner Emissionen aus der Buchhaltung streichen und anderen Ländern zuordnen.[3]

Auch der 2019 verkündete »Green Deal« der Europäischen Union ist in Teilen ein Verschiebebahnhof für CO_2, wie Wissenschaftler des Karlsruher Instituts für Technologie (KIT) schreiben. Nach dem Deal soll Europa bis 2050 zum ersten klimaneutralen Kontinent werden. Die EU will die Emissionen mindern, gleichzeitig aufforsten, den Düngemittel- und Pestizideinsatz reduzieren und die nachhaltige Landwirtschaft fördern. 2030 soll ein Viertel aller Agrarflächen organisch bewirtschaftet werden. Das aber würde nach Auffassung der KIT-Forscher bedeuten, dass die EU noch mehr Getreide, Soja und Fleisch importieren wird als heute schon, und zwar aus Ländern, die dafür Regenwald abholzen, mehr Pestizide und Düngemittel einsetzen und weniger scharfe Umweltregeln haben als die EU. Erst durch diese Einfuhren können europäische Bauern »klimaschonender« wirtschaften. Oder die Industrie kann aus importiertem Sojaöl »grünen« Biodiesel herstellen, der dann als »klimaneutral« deklariert wird. »Die EU-Länder sourcen ihren Umweltschaden in andere Länder aus und schreiben sich die Lorbeeren für ihre grüne Politik zuhause gut«, beklagt die KIT-Studie.[4]

Generell ist Vorsicht geboten, wenn der Begriff »klimaneutral« fällt. Es gibt klimaneutrale Kaffeebecher, klimaneutrale Unternehmen wie die Deutsche Bank und das Mineralölunternehmen Total verkauft, gegen Aufpreis, klimaneutrales Heizöl.[5] Der Einzelhändler Aldi bietet klimaneutrale Sneakers an, die zum Teil aus recycelten PET-Flaschen bestehen. Dummerweise müssen auch diese Produkte produziert, transportiert und vertrieben werden, was bis dato nicht ohne CO_2-Emissionen möglich ist. Diese »kompensieren« Aldi, Total und Co. über zertifizierte Klimaschutzprojekte, bei denen etwa Biogasanlagen für Kleinbauernhaushalte in China gebaut oder Wälder aufgeforstet werden. Mit dem Biogas können die Bauern dann kochen, ohne Holz oder Kohle verbrennen zu müssen.[6]

Das ist durchaus sinnvoll, aber nicht klimaneutral. Denn über die Kompensation gelangt zwar weniger CO_2 in die Atmosphäre, aber es werden keine CO_2-freien Schuhe hergestellt, was eigentlich nötig wäre. Das Gleiche gilt für das ganz gewöhnliche Heizöl von Total, das erst klimaneutral wäre, wenn es überhaupt nicht verfeuert würde.

Hinzu kommt, dass Kompensationen schwer zu berechnen und zu kontrollieren sind. Denn zunächst landet das CO_2 aus Heizöl oder Sneakerproduktion erst mal in der Atmosphäre. Im besten Fall schlucken dann die neu gepflanzten Bäume während ihres Wachstums die entsprechende CO_2-Menge. Aber sie bleiben nicht ewig im Wald, sondern enden irgendwann als Brennholz, in der Papierfabrik oder im Baumarkt und werden schlussendlich zu CO_2. Nur wenn das Holz über Jahrhunderte der Verrottung oder Verbrennung entzogen würde, was in den seltensten Fällen geschieht, wären die ursprünglichen Emissionen kompensiert.

Kompensationen sind eine Art Ablasshandel dafür, dass die Ablasszahler mit einer kleinen Gabe ihren alles andere als klimafreundlichen Lebensstil beibehalten wollen. Sie ändern nichts an Lebensstil und nicht nachhaltiger Wirtschaftsweise und verzögern den wirklichen Klimaschutz dort, wo die Emissionen stattfinden. Das gilt auch für jene Flugreisenden, die ihren Treibhausgasausstoß, in Wirklichkeit ihre Flugscham, »kompensieren«, indem sie Geld an Organisationen geben, die in Klimaschutzprojekte investieren. Wer das Klima wirklich schonen will, muss weniger oder gar nicht fliegen.

Ähnlich problematisch sind die Bilanzen, die hinter den Plänen für die »klimaneutrale Stadt« stehen. In Deutschland haben sich etwa Stuttgart, Bottrop, Münster, Jena, München oder Wunsiedel vorgenommen, bis 2050 keine Treibhausgase mehr zu emittieren. Sie wollen den CO_2-Austoß ihrer Stadtwerke auf null bringen, Bäume pflanzen, um CO_2 einzufangen, öffentliche Gebäude besser dämmen und Heizungen sanieren, den öffentlichen Nahverkehr ausbauen, Ladestationen für E-Autos bauen, den Radverkehr fördern und die Straßenbeleuchtung durch effizientere Lampen ertüchtigen. Sie wollen auch für einen nachhaltigen Lebensstil werben.[7] Auch das alles ist sinnvoll, lobenswert und dringend geboten. Alle Städte sollten so etwas tun, unter anderem, weil weltweit 55 Prozent aller Menschen in urbanen Räumen leben, bis 2050 dürften es 68 Prozent sein.[8]

Aber Städte sind keine Inseln. Sie hängen massiv von Produkten und Dienstleistungen ab, die außerhalb ihrer eigenen Grenzen hergestellt werden, von den Herstellungs- und Lieferketten jenseits der Stadtmauern. Nur etwa die Hälfte der zu verantwortenden Emissionen finden innerhalb der Stadt statt. In Berlin etwa entstehen sechs Tonnen CO_2 pro Kopf und Jahr auf eigenem Gelände, aber sieben außerhalb des Stadtstaates. Darin verstecken sich alle konsumbedingten Emissionen aus großen Treibhausgasschleudern wie Braunkohlekraftwerken, Stahlhütten oder Zementwerken, aus der Konsumgüterindustrie, aber auch aus der Landwirtschaft. Sie alle schlagen sich in der Regel nicht in der Klimabilanz der Städte nieder. So ist es relativ einfach, eine urbane Klimaneutralität auf dem Papier zu erreichen. Denn der Klimaschaden des Steaks, das in der Stadt konsumiert wird, wird dem Ort zugeschlagen, wo das Rind einmal gelebt hat.[9]

Wenn Sparen Mehrverbrauch bedeutet

Der zweite Denkfehler beruht auf der Vorstellung, der Klimawandel ließe sich allein mit technischen Mitteln stoppen. Also: Wind- und Solarenergie statt Kohle und Öl, E-Autos anstelle von Benzin- oder Dieselfahrzeugen, LED-Sparleuchten statt herkömmlicher Beleuchtung und alles wird gut. Das sind zwar wunderbare und notwendige technische Neuerungen, aber sie haben einen unliebsamen Nebeneffekt, der sich Rebound nennt. Das bedeutet nichts anderes als »Rückschlag« oder dass Einsparung häufig Mehrverbrauch nach sich zieht.

Das klingt absurd, ist aber als Phänomen seit über 150 Jahren bekannt. Damals hatte der englische Ökonom William Stanley Jevons am Beispiel der britischen Eisenindustrie gezeigt, dass der technische Fortschritt Verfahren lieferte, mit denen sich das Metall effizienter und unter weniger Kohleverbrauch herstellen ließ. Davon profitierten zunächst die Eisenproduzenten. Aber weil sie im Wettbewerb mit anderen Herstellern standen, denen es genauso ging, mussten sie die Preise senken, was wiederum die Nachfrage stimulierte. Es wuchs die Zahl der Güter aus Eisen wie auch der Gesamtkonsum an eisernen Gütern, zumal sich durch die Produktivitätssteigerung auch die Einkommen der Eisenarbeiter erhöhten, die sich dann mehr der billigeren Güter aus Eisen leisten konnten.[10] Alle hatten mehr. Fortschritt bedeutet Wirtschaftswachstum, bedeutet Mehrkonsum, bedeutet Mehrverbrauch.

Derartige Rebounds halten sich hartnäckig bis in die heutige Zeit: Kühlschränke werden zwar immer energiesparender, aber dafür finden sich in den Haushalten immer größere Geräte und Zweitgeräte wie Weinkühler, Froster und Eismaschinen. Und schon ist der Spareffekt futsch. Das Gleiche gilt für Fernsehgeräte, die immer häufiger innovationsbedingt ausgetauscht werden und langsam das Format von Plakatwänden erreichen. Vielleicht brauchen die Menschen deshalb immer größere Wohnungen: In Deutschland jedenfalls ist der durchschnittliche Energieverbrauch pro Quadratmeter Wohnfläche zwischen 2000 und 2015 um etwa 15 Prozent gesunken, während im gleichen Zeitraum die genutzte Pro-Kopf-Wohnfläche im Schnitt um 14 Prozent gewachsen ist. Auch hier zeigt sich unterm Strich kein Spareffekt.

LED-Lampen brauchen zwar deutlich weniger Strom als ihre Vorgänger, aber sie führen auch dazu, dass immer, wenn das Jahresende naht, in Vorgärten, Wohnzimmerfenstern und auf Balkonen LED-Lichterketten erscheinen, die jedes Jahr um ein paar hundert Kilometer länger werden. Auch der Energieverbrauch der Straßenbeleuchtung ist trotz effizienterer Lampen gestiegen, weil die Ansprüche an die Helligkeit gewachsen sind.[11] Der Material- und Energieverbrauch dieser Erleuchtung wäre ohne die schöne, neue Technik gar nicht möglich gewesen.

Das Tragische am Rebound ist, dass die Menschen, die ihn verursachen, sich oft sogar als Umweltschützer fühlen, weil sie ein »energiesparendes« Hybridauto, einen Kühlschrank oder eine LED-Lampe mit Ökosiegel gekauft haben. Dann dürfen die neu gekauften Produkte auch gerne mal eine Nummer größer sein. Es kann sogar passieren, dass der ökologisch motivierte Verzicht auf eine Flug- oder Autoreise zum indirekten oder Suffizienz-Rebound führen. Dann nämlich, wenn die Menschen von dem gesparten Reisegeld einen neuen Laptop oder eine Espressomaschine erwerben.

Eine andere Art von Rückschlag wohnt den Klimaanlagen inne. Die Geräte machen das Leben im Treibhaus Erde angenehmer und ermöglichen in vielen Ländern überhaupt erst, dass die Menschen einer geregelten Arbeit in Büros oder Werkhallen nachgehen können. Allerdings verschlingen die Maschinen eine Menge Strom, produzieren direkte Abwärme und heizen das Klima der glühenden Städte weiter auf. Nach Angaben der Internationalen Energieagentur sind Klimaanlagen weltweit für vier Milliarden Tonnen CO_2 im Jahr verantwortlich oder für zwölf Prozent der Gesamtemissionen. So werden die Kältebringer zu Wärmebringern und müssen fortan noch mehr kühlen, was den Treibhauseffekt weiter schürt, und so weiter.[12]

Einen ähnlich absurden Effekt haben die Schneekanonen in den Skigebieten, die im Klimawandel immer häufiger zum Einsatz kommen. Klimaanlagen wie Schneekanonen erreichen den Zustand der Perversion, wenn damit ganze Stadien auf der arabischen Halbinsel gekühlt werden, um Sportgroßveranstaltungen bei über 40 Grad im Schatten abzuhalten. Oder wenn in Dubai die *Mall of the Emirates* den Schnee für die Ski- und Snowbordfahrer in einer 85 Meter hohen Indoor-Skihalle produziert, in der zum Amusement der Besucher auch noch ein paar Königs- und Eselspinguine gehalten werden.[13]

Es ist also absurd, zu erwarten, dass Effizienzverbesserungen die Probleme des Klimawandels lösen können, die durch Effizienz oft überhaupt erst entstanden sind: Hätte sich der Wirkungsgrad der ersten Dampfmaschinen nicht verbessert, wäre es nie zu einer industriellen Revolution gekommen. Würden die Automobile noch immer so gebaut wie zu Zeiten von Carl Benz und Gottlieb Daimler Ende des 19. Jahrhunderts, gäbe es heute weltweit nicht 1,4 Milliarden Fahrzeuge.[14] Und sie könnten auch keine sechs Milliarden Tonnen CO_2 pro Jahr emittieren.[15]

Effizienzverbesserungen in allen Bereichen sind unerlässlich, um zu einer nachhaltigen Wirtschaftsform zu kommen. Aber sie haben nur einen Effekt in Kombination mit Suffizienz, also mit Genügsamkeit.

Die Kreislaufwirtschaft läuft nicht rund

Drittens steckt die viel gepriesene Kreislaufwirtschaft erst in den Kinderschuhen. Sie liefert nicht die gewünschten Ergebnisse und sie lässt sich rein praktisch gar nicht zu 100 Prozent verwirklichen. Nach wie vor produziert die Menschheit enorme Mengen an Müll, die nicht in den Kreislauf zurückfinden. Das Paradebeispiel dafür ist das CO_2, das sich genau deshalb in der Atmosphäre anreichert.

Eigentlich besteht unter Naturwissenschaftlern und Ökonomen weitgehend Einigkeit darüber, dass die Menschheit ihr lineares Wirtschaftssystem – in Massen produzieren, oft nur kurz nutzen, wegwerfen und vergessen – in ein zirkuläres System umwandeln muss, will sie mit ihrer Umwelt wieder ins Reine kommen. Eine funktionierende Kreislaufwirtschaft setzt schon am Beginn der Wertschöpfungskette an und nicht erst, wenn der Müll in der Tonne liegt.

Dafür müssten die Unternehmen die Zahl der produzierten Güter minimieren. Sie müssten ihre Produkte so designen, dass sie bei der Herstellung möglichst wenig Rohstoffe benötigen, lange im Gebrauch bleiben, dass sie sich reparieren oder auf den neuesten technischen Stand aufrüsten lassen, dass sie nach Gebrauch in ihre Einzelteile zerlegt werden und anschließend einer neuen Bestimmung zugeführt, also recycelt werden können. Nur so lässt sich verhindern, dass immer mehr Müll in jeder Form entsteht, dass in absehbarer Zeit mehr Plastik als Fische in den Ozeanen schwimmen und für neue Güter immer mehr Rohstoffe verbraucht werden.[16]

Die Kreislaufwirtschaft ist keine Erfindung schlauer Ökologen, sondern ein Prinzip der Natur. Dort gibt es keine Abfälle, sondern nur Produkte und Abbauprodukte, die irgendwo in den

Lebenskreisläufen eine neue Verwendung finden. Die Natur unterscheidet gar nicht zwischen Abfällen und Ressourcen. Gäbe es dieses Prinzip nicht, hätten sich über die Jahrhundertmillionen in den Ökosystemen Stoffe angereichert, die den Fortgang des Lebens behindert hätten. Das hat erst der Mensch in gerade mal 200 Jahren geschafft. Findet er nicht zur Kreislaufwirtschaft, kann er kein Teil der Natur bleiben und wird irgendwann auf natürliche Weise eliminiert. Wie die Bakterien in der Petrischale, die so lange weiterwachsen, bis sie an ihren eigenen Stoffwechselprodukten zugrunde gehen.

Das größte Problem der Kreislaufwirtschaft besteht darin, dass sie sich häufig nicht lohnt, weil die primär eingesetzten Rohstoffe zu billig und die Folgekosten der Wegwerfgesellschaft nicht internalisiert sind. »Entsorgen« ist günstiger als Wiederverwerten. Ein anderes Problem liegt darin, dass die Globalisierung nicht nur für Güter gilt, sondern auch für den Abfall. Viele Endprodukte des Konsums der reichen Länder landen über Müllexporte an einem ganz anderen Ort auf dem Globus, im Zweifel in armen Entwicklungsländern, wo sie weder ordnungsgemäß recycelt werden noch einen Weg zurück zu den produzierenden Unternehmen finden können. Dennoch gilt hierzulande allein der simple Export von Müll als »Recycling«, wenn dafür vom Importeur ein entsprechendes »Zertifikat« vorgelegt wird.[17] Manchmal reicht ein guter Farbdrucker im Ausland, um so eine Bescheinigung zu produzieren.

Ein weiteres Problem liegt in der Mülltrennung, die in Deutschland, der Erfindernation des Grünen Punktes und des Gelben Sacks, nicht immer so funktioniert wie eigentlich vorgesehen. Ein nicht repräsentativer Blick in einen Hinterhof in Berlin-Wedding offenbart in grauen, blauen, braunen und gelben Tonnen (oder daneben) ein buntes Durcheinander von Pappe, Fahrradreifen, Essensresten, Glasflaschen, Autoreifen, Campingstühlen, WC-Schüsseln, Windeln, Katzenstreu, geborstenem Porzellan, Plastikbechern, Konservendosen, Styropor- und Aluverpackungen, Inlineskates, Blumentöpfen, Farbdosen, Leuchtstoffröhren, Duschvorhängen, Möbelteilen oder Teppichresten. Da warten besondere Aufgaben auf die leiderprobten Berliner Müllwerker, wollen sie die erforderlichen Recyclingquoten erfüllen.

Bei vielen Produkten, bei Kleidung, Sport- und Freizeitgeräten oder Elektronik, werden die Innovationszyklen immer kürzer. Im Schnitt kaufen die Deutschen 60 neue Kleidungsstücke im Jahr, was dazu führt, dass an manchen Klamotten in der Altkleidersammlung noch das Preisschild klebt.[18] Nach zweieinhalb Jahren ist im Schnitt ein neues Handy fällig und aus dem gar nicht so alten Smartphone wird ein Schrottphone.[19] Mittlerweile besitzen weltweit rund fünf Milliarden Menschen mindestens eines dieser Telefone.[20] Für 2019 meldeten die Vereinten Nationen den weltweiten Rekordwert an Elektroschrott von 53,6 Millionen Tonnen, wovon nicht mal ein Fünftel recycelt wurde. Hinter dieser Art von Müll verbirgt sich alles, was Kabel oder Batterie hat und auf den Fachbegriff WEEE hört (Waste Electrical and Electronic Equipment). Auf jeden Deutschen, vom Kleinkind bis zur Greisin, entfielen 2019 knapp 23 Kilogramm WEEE.[21] Gut möglich, dass die Menge im Corona-und-Online-Bestell-Jahr 2020 noch einmal gestiegen ist. In den Jahren zuvor war das ohnehin immer der Fall.

Immerhin gehen in Europa 42,5 Prozent der nicht mehr genutzten Toaster, Bügeleisen, E-Bikes und Laptops ins Recycling im In- und Ausland. Dabei handelt es sich aber häufig um ein Downcycling, also um einen Prozess, bei dem Sekundärrohstoffe von minderer Qualität entstehen. So werden aus dem gesammelten Kunststoff aus Elektrogeräten oder der Gelben Tonne Abfälle, die oft nur schwer nach Sorten zu trennen sind. Sie lassen sich in der Regel nur mit anderem Plastikmüll zu Mischgranulaten verarbeiten, die zur Herstellung von Blumentöpfen, Parkbänken oder Bauelementen für Lärmschutzwälle dienen. Oder sie landen in der thermischen und energetischen Verwertung, also in Müllverbrennungsanlagen oder in Stahl-, Zement- und Kraftwerken und enden letztlich als CO_2 in der Atmosphäre.[22]

»Obwohl wir in Deutschland vergleichsweise viel wiederverwerten, gehen von dem Recycelgut im Schnitt nur 12 bis 14 Prozent als Rohstoff in Originalqualität wieder in die Neuverwendung. Der große Rest lässt sich nur in minderwertigen Produkten und Prozessen verwerten«, sagt der Rohstoff- und Energieexperte Martin Faulstich von der Technischen Universität Dortmund, der lange Vorsitzender des Sachverständigenrates für Umweltfragen der Bundesregierung war. Auf bessere Recyclingquoten käme man nur, so der Ingenieur, wenn den Herstellern vorgeschrieben würde, wie viel Recyclinggut sie in ihren Produkten einsetzen müssten. Dann würden sie sich selbst darum kümmern, dass mehr wiederverwendbare Abfälle sortenrein gesammelt würden und als Sekundärrohstoffe in der notwendigen Qualität bereitstünden.[23]

Viele Stoffe lassen sich gar nicht wiederverwerten, weil sie unterwegs »dissipieren«, sich also unauffindbar in der Umwelt verflüchtigen. So wiegt ein Autoreifen nach vier Jahren durchschnittlicher Lebenszeit ein bis anderthalb Kilogramm weniger als nach dem Kauf. 120 000 Tonnen Reifenabrieb verdünnisieren sich allein in Deutschland jedes Jahr als Mikroplastik in Wald, Flur und Gewässer.[24] »Auch metallhaltige Pigmente in Farben lassen sich niemals recyceln«, sagt Faulstich, »ebenso wenig die einige tausend Tonnen Schienenabrieb der Bahngleise in Deutschland.«

Moderne Elektrogeräte mit ihrer miniaturisierten Elektronik bestehen aus kleinsten Bauteilen wie Transistoren, Prozessoren, Grafikkarten, Mikrochips und Leiterplatten. Darin steckt mittlerweile das halbe Periodensystem, Edelmetalle wie Gold, Silber und Palladium, Metalle wie Kupfer, Zinn, Kobalt, Tantal, Lithium, Gallium, Indium, Niob, Wolfram und seltene Erden wie Neodym, Yttrium, Dysprosium oder Cer.[25] »Mit Ausnahme der Radionuklide werden heute fast alle Elemente verbaut, weil die Techniker für alle irgendeine Verwendung gefunden haben«, erklärt Faulstich. Diese Elemente aus dem Berg von E-Schrott wieder in reiner Form darzustellen, bedeutet einen gewaltigen Aufwand. Oftmals ist es gar nicht möglich oder es existieren noch keine Verfahren dazu, so dass nur in größeren Mengen verbaute Metalle wie Kupfer, Chrom, Nickel, Eisen oder Aluminium isoliert werden. Von seltenen Elementen wie Niob, Tantal oder Indium, die in Hightech-Produkten zum Einsatz kommen, bleiben über 99 Prozent im Müll.[26] Effizienz und Miniaturisierung, so sinnvoll sie sein können, sind die Feinde des Recyclings.

Auch wenn sich die meisten Verbraucher für Nachhaltigkeit interessieren, an einem Handy nur aus Recyclingmaterial können sie sich kaum begeistern, sondern kaufen dann doch das neueste Apple- oder Samsung-Smartphone: Das Modell »Remade« vom finnischen Mobiltelefon-Pionier Nokia jedenfalls, das zu 100 Prozent aus recycelten alten Getränkedosen, Plastikflaschen oder Autoreifen besteht, hat es über die Konzeptphase hinaus nie in den Markt geschafft.[27]

Grün gemeint ist nicht unbedingt grün gemacht

Viertens ist es ein Denkfehler, darauf zu bauen, dass sich die Kollateralschäden des Wachstums durch »grüne« Technologien vermeiden lassen. Das ist die Idee der »Green Economy«, bei der alles Angenehme (Wohlstand, Wachstum, Innovation) möglichst bleibt, wie es ist, dabei aber keine Ressourcen übernutzt, keine Tier- und Pflanzenarten ausrottet und keine Treibhausgase produziert werden. Wenn schon die meisten Ökonomen erklären, Wirtschaftswachstum sei aus verschiedenen Gründen existenziell für unsere Gesellschaften, dann wachsen wir eben nachhaltig, so die Idee.

Dafür müsste sich das Bruttoinlandsprodukt ohne unerwünschte Nebeneffekte erhöhen. Anders ausgedrückt: Die Wirtschaft müsste wachsen, Rohstoffverbrauch, Schadstoffemissionen und Umweltbelastung aber müssten sinken, beide Phänomene also vollständig entkoppelt werden. Eine Teilentkopplung funktioniert zwar in einzelnen Bereichen seit vielen Jahrzehnten, denn die Weltgesellschaft wird schneller reich, als etwa der CO_2-Ausstoß zunimmt: Das weltweite BIP ist von 1990 bis 2019 um 112 Prozent gewachsen, die CO_2-Emissionen aber »nur« um 60 Prozent.[28] Aber teilentkoppeln reicht nicht für eine nachhaltige Entwicklung: Auch 60 Prozent mehr CO_2 in 30 Jahren bedeuten den sicheren Weg in die Heißzeit.

Auf nationaler Ebene, etwa in Deutschland, Großbritannien oder den USA, sieht es auf den ersten Blick besser aus: Dort sind in der jüngeren Vergangenheit die Emissionen von CO_2, von Schwefeldioxid, Stickoxiden oder Staub trotz Wirtschaftswachstum gesunken. Nachhaltigkeit ist aber erst zu erreichen, wenn Umweltschädigung und Naturverbrauch in Relation zum BIP-Wachstum auf null abgesenkt würden, eigentlich müssten sie sogar noch tiefer fallen. Denn wir müssen uns bei der Natur mittlerweile entschulden, damit sie ein neues Gleichgewicht finden kann. Wir müssen den CO_2-Gehalt in der Atmosphäre nicht etwa stabilisieren, sondern reduzieren. Wir müssen das Bevölkerungswachstum umkehren, Biodiversitäts-Freiräume ohne menschlichen Einfluss einrichten und weite Teile der Ozeane sich selbst überlassen, damit sich die Tier- und Pflanzenvielfalt erholen kann.

Das aber ist auch mit »Green Growth« nicht machbar. Hubert Markl, der langjährige Präsident der Deutschen Forschungsgemeinschaft und der Max-Planck-Gesellschaft, hat nachhaltiges Wachstum einmal als Oxymoron bezeichnet, als Widerspruch in sich.[29] Denn ein Wachstum jedweder Färbung ist ohne Naturverbrauch aus physikalischen Gründen ausgeschlossen, weil jede wirtschaftliche Aktivität, die zu einer Wertschöpfung führt, mit einem Fluss von Energie und Materialien verbunden ist. Und jedes wirtschaftliche Wachstum hat einen Mehrerwerb von Geld zur Folge, das letztlich in Investitionen für weiteres Wachstum oder irgendeiner Form von Konsum mündet.

Warum grünes Wachstum zwar besser ist als graues, aber dennoch in eine Sackgasse führt, wird unter anderem an der deutschen Energiewende deutlich: Sie suggeriert, dass emissionsfreies Wirtschaften möglich wird, wenn wir unsere Energiewirtschaft erst einmal auf regenerative Quellen umgestellt haben. Dann, so heißt es, wäre Wirtschaftswachstum kein Problem mehr. Aber das ist eine Milchmädchenrechnung. Denn zunächst einmal bedeutet die Umsetzung der Energiewende, der Bau von Windrädern und Solaranlagen, von Stromspeichern und neuen Netzen einen erheblichen Aufwand. Der erzeugt zweifelsohne Wirtschaftswachstum – allerdings mit den üblichen Emissionen, die bei der Produktion von Stahltürmen, dem Schmelzen von Silizium oder dem Raffinieren von Kupfer anfallen.

Wenn die Energiewende einmal abgeschlossen ist, können die Wind- und Solarparks (sofern man Reparatur-, Erneuerungs- und Entsorgungsmaßnahmen ausklammert) allerdings Energie ohne wesentlichen Ressourcenverbrauch liefern. In diesem Punkt ist die regenerative Energieversorgung der kohlenstoffbasierten klar überlegen. Damit alleine wäre aber noch kein weiteres Wachstum verbunden, welches ja das Ziel von Green Growth ist. Dieses kann erst entstehen, wenn die Unternehmen mit der so gelieferten Energie eine steigende Zahl von Produkten und Dienstleitungen herstellen, die ihrerseits nicht ohne Ressourcen- und Naturverbrauch entstehen können. Green Growth ist ein idealisiertes Modell, das sich physikalisch nicht darstellen lässt. Der Versuch, grünes Wachstum ohne Naturverbrauch zu erzeugen, gleicht dem Hinaufrennen auf der falschen Rolltreppenseite. Der Traum vom grünen Wachstum mag bei manchen Menschen die Nerven beruhigen, er ist aber ein Selbstbetrug.

Selbst wenn die Wirtschaft durch regenerative Energiequellen klimaneutral umstrukturiert würde, stünde schon das nächste Problem vor der Tür. Denn die Volkswirtschaften sind nicht nur auf eine Energieversorgung angewiesen, sondern auch auf andere Rohstoffe, auf Zement oder kritische Metalle. Diese Güter lassen sich oft nur unter hohen Umweltschäden fördern beziehungsweise herstellen. Ihr Verbrauch wächst zum Teil exponentiell und eine Entkopplung von Wirtschaftswachstum und Naturverbrauch ist hier nicht in Sicht. Die weltweite Zementproduktion ist beispielsweise zwischen 1990 und 2015 um 250 Prozent gewachsen, etwa zweieinhalbmal so stark wie die Weltwirtschaft.

Der Klimaschutz verursacht zudem Problemverlagerungen: Für E-Autos muss zwar kein Erdöl mehr gefördert werden, aber sie brauchen Kupfer, Kobalt, Nickel, Mangan, Aluminium oder Lithium. Auch der Verbrauch dieser Metalle wächst schneller als die Wirtschaft. Das heißt, die Produktion von E-Autos macht die Wirtschaft materialintensiver und nicht ressourcenschonender, was eigentlich nötig wäre.[30]

Weniger ist schwer

Eine grüne Ökonomie, so sinnvoll sie ist, hat mit Nachhaltigkeit wenig zu tun, solange sie auf Wachstum baut. Was aber bedeutet das? Es sagt, dass die Weltwirtschaft deutlich langsamer wachsen sollte, als es derzeit der Fall ist. In den vergangenen vier Jahrzehnten hat sie im Schnitt um 2,5 bis 3 Prozent pro Jahr zugelegt. Das steht für eine Verdopplung aller hergestellten Güter und Dienstleistungen etwa alle 26 Jahre, bis Ende des Jahrhunderts wäre also mit einer weiteren Verachtfachung zu rechnen. Dieser Wachstumstrend würde es, allen grünen Technologien und Effizienzverbesserungen zum Trotz, wegen des Bevölkerungswachstums, wegen der steigenden Durchschnittseinkommen und der vielen Rebound-Effekte unmöglich machen, das 2-Grad-Ziel auch nur annähernd zu erreichen, heißt es in einem Papier der UN-Konferenz für Handel und Entwicklung.[31]

Hier kommt die alte Binsenweisheit auf den Tisch, wonach auf einem begrenzten Planeten unbegrenztes Wachstum von Wirtschaft und/oder Bevölkerung nicht möglich ist. Es muss irgendwann aus natürlichen Gründen enden. Wann das der Fall sein wird, ist zweitrangig. Viel wichtiger ist, dass es die Menschheit schon vorher von einem bestimmten Punkt an nicht reicher, sondern ärmer macht. Gut möglich, dass dieser Punkt längst erreicht ist.

Das bedeutet nichts anderes, als dass wir einen Weg finden müssen, unser Wohlergehen auch mit deutlich weniger oder gar ohne Wachstum zu sichern, weniger Autos zu bauen, weniger Flugzeuge zu produzieren, weniger zu verbrauchen, die Landwirtschaft umzukrempeln und so weiter. Also Konsummuster und Lebensstil in den wohlhabenden Ländern komplett auf den Kopf zu stellen und sie in den heute noch armen Ländern gar nicht erst nach dem Vorbild der reichen ausufern zu lassen. An Suffizienz, also im weitesten Sinne Genügsamkeit, führt zumindest im reichen Teil der Welt kein Weg vorbei.

Damit werden die Aufgaben gegen Ende dieses Buches nicht eben einfacher. Zumal von der Politik kaum zu erwarten ist, dass sie sich für weniger Wachstum, also für eine gewollte Rezession starkmacht. Selbst wenn sie es täte, fände sie dafür vermutlich keine demokratischen Mehrheiten. Deshalb gehört es nicht nur in Deutschland zu den Leitlinien praktisch aller Parteien, die Bedingungen für Wachstum zu verbessern. Beim Studium dieser Programme fällt auf, dass der Begriff »nachhaltig« geradezu inflationär zum Einsatz kommt.

»Wir schaffen die Voraussetzungen dafür, dass die Wirtschaft nachhaltig wachsen kann und zukunftsfähig ist«, findet die SPD.[32] Die CDU versucht sich an der gleichen Quadratur des Kreises: »Nachhaltigkeit, Wachstum und Wohlstand sind keine Gegensätze, sondern bedingen einander.«[33] Der Jahreswirtschaftsbericht 2020 der Bundesregierung aus CDU/CSU und SPD trägt den Titel: »Wachstum, Wettbewerbsfähigkeit und Produktivität stärken – In Deutschland und Europa.« Die Linke braucht Wachstum für die Umverteilung, für öffentliche Investitionen, für Klimaschutz und für mehr Daseinsvorsorge.[34] Bei der FDP hält man tapfer fest an alten Regeln: »Wir brauchen mehr Wirtschaft, mehr Wachstum und mehr Wohlstand.«[35] Nur die Grünen, die schon immer mit dem Wachstum gefremdelt haben, wollen »mehr Lebensqualität für alle, ohne dass der Verbrauch materieller Güter immer weiter steigen muss«.[36] Allerdings können auch sie nicht erklären, wie das funktionieren kann. Das Wirtschaftskonzept der AfD schließlich beschränkt sich auf Allgemeinforderungen wie Steuern senken oder Bürokratieabbau.[37]

Auch alle großen Institutionen und Bündnisse, von der Weltbank über den Internationalen Währungsfonds bis zur Gruppe der G7 oder G20, setzen auf nachhaltiges und starkes Wachstum zur Steigerung des Wohlstands. Die EU will bis 2050 klimaneutral werden und den Klimaschutz gleichzeitig zum Wachstumsmotor für die Union machen. Praktisch alle wollen es irgendwie besser machen, aber niemand hat ein überzeugendes Konzept, wie wir uns aus der Abhängigkeit vom Wachstum befreien könnten. In den Köpfen sitzt immer noch der alte Spruch: »Wachstum ist wie ein Fahrrad. Wenn es stoppt, fällst du runter.«

Aber stimmt das überhaupt? Ist ein Wohlergehen der Gesellschaften nicht auch ohne Wachstum denkbar? Oder gibt es im Kapitalismus nur die Alternative »Wachsen oder Untergehen«? Und ist Wirtschaftswachstum überhaupt wohlstandsfördernd?

Der britische Nachhaltigkeitsökonom Tim Jackson etwa meint, dass es den Menschen auch gut gehen kann, ohne dabei endlos mehr Geld und Güter anzuhäufen.[38] Das Ehepaar Abhijit Banerjee und Esther Duflo vom Massachusetts Institute of Technology, das 2019 den Nobelpreis für Wirtschaftswissenschaften erhielt, findet keine Belege dafür, dass ein besonders hohes Bruttoinlandsprodukt pro Kopf erstrebenswert sei, speziell, wenn es nicht gleichmäßig innerhalb der Bevölkerung verteilt wird.[39] Und es finden sich immer wieder Ökonomen, die bezweifeln, dass Wirtschaftswachstum zwangsläufig den Wohlstand mehrt. Der ehemalige Chef des Umwelt-Departments der Weltbank Herman Daly etwa hat den Begriff des »unökonomischen Wachstums« geprägt, das mehr Schaden anrichtet als Nutzen erbringt. Er plädiert für eine »stationäre Wirtschaft«, in der nur Unternehmen wachsen, die ohne Naturverbrauch existieren können, während jene schrumpfen, die zu Lasten der Umwelt produzieren, unterm Strich aber kein Wachstum stattfindet.[40] Ohnehin gibt es Zweifel am Bruttoinlandsprodukt als Wohlstandsindikator. Das BIP beziffert alles, was ein Land an wirtschaftlichen Leistungen vollbringt. Es war eigentlich nur zu diesem Zweck entwickelt worden. Es hat sich im allgemeinen Sprachgebrauch aber immer mehr zum Wohlstandsindikator entwickelt. Eine wirtschaftliche Leistung allein sagt jedoch nichts darüber aus, ob sie den Menschen dient oder nicht. Muss eine halbe Stadt nach einem Hurrikan oder Erdbeben neu aufgebaut werden, sind Covid-19-Patienten künstlich zu beatmen oder gehen stressgeplagte Arbeitnehmer zum Psychiater, steigt das BIP, aber das Wohlergehen der Menschen musste sich dafür erst einmal verschlechtern. Nach diesem Prinzip wäre ein verheerender Krieg mit anschließendem Wiederaufbau das beste Programm für ein BIP-Wachstum. Umgekehrt fließen unentgeltliche und ehrenamtliche Tätigkeiten im Haushalt oder in der Pflege nicht ins BIP ein, auch wenn sie definitiv das Wohlbefinden der Betroffenen erhöhen. Die Aufzucht von Schweinen erhöht das BIP, die von Kindern nicht. Vieles im Zusammenleben der Menschen hat einen Wert, aber keinen Preis.

Das Einzige, was für das BIP als Indikator spricht, ist, dass es keine praktischere messbare und international vergleichbare Kennzahl für wirtschaftliche Dynamik gibt, an der sich etwa Finanzmärkte und Investoren orientieren könnten. Aber das BIP misst nur bedingt den Wohlstand und beim besten Willen nicht das Glück einer Nation oder seiner Bewohner. Glück wäre ein besserer Indikator für das, was eine Volkswirtschaft, also eine Wirtschaft für das Volk, eigentlich leisten soll. Aber vom Glück haben die Menschen eine subjektive, sehr unterschiedliche Vorstellung. Es lässt sich nicht an einer Skala messen.

Für wenig entwickelte Länder allerdings hat ein steigendes BIP durchaus eine wohlstandssteigernde Wirkung. Denn es erlaubt den Regierungen – zumindest solange sie nicht in die eigene Tasche wirtschaften –, mehr Geld auszugeben für Schulen und Gesundheitsdienste, für die Schaffung von Arbeitsplätzen und den sozialen Ausgleich. In diesen Ländern macht mehr Geld die Menschen, die sonst damit zu kämpfen haben, ihre Grundbedürfnisse zu befriedigen, nachweislich glücklicher. Wohlstand erleichtert das Leben und lässt das Bevölkerungswachstum ausklingen. Arm zu sein, bedeutet Stress und Überlebensängste.

Aber warum klammern sich die Menschen im reichen Teil der Welt an das Wirtschaftswachstum, wenn sie immer häufiger erfahren müssen, dass dessen negative Begleiterscheinungen das Glück eher mindern als vergrößern? Es ist vor allem die Sorge vor der Arbeitslosigkeit, die mit jeder Krise und jedem Wachstumseinbruch einhergeht. Deshalb ist auch kaum zu erwarten, dass die Menschen sich freiwillig für ein Ende des Wachstums starkmachen.

Ein Umstand wird dabei gerne ausgeblendet: Das Wachstum in den Wohlstandsoasen hat aus strukturellen Gründen ohnehin die Tendenz, auszuklingen. Wäre es dann nicht besser, sich auf eine neue Normalität mit weniger oder gar keinem Wachstum einzustellen?

Sind wir unfreiwillig längst auf dem richtigen Pfad?

Tatsächlich geht das Wirtschaftswachstum in den weit entwickelten Ländern unabhängig von kurzfristigen Konjunkturzyklen seit Jahrzehnten kontinuierlich zurück. Ähnliches erleben seit einiger Zeit die ersten Schwellenländer wie China, Brasilien oder Indonesien. In Deutschland etwa hat sich die Wachstumsrate im Zehnjahresmittel seit den 1950er Jahren von acht auf derzeit weniger als 1,5 Prozent reduziert. Wohin man schaut, in die USA oder die anderen Länder der EU: überall das gleiche Bild. Der nachlassende Schwung der Weltwirtschaft ist insofern bemerkenswert, als er auch durch die Globalisierung, die digitale Revolution und die Zunahme der ausländischen Direktinvestitionen, die großen Wachstumstreiber der jüngeren Vergangenheit, nicht aufgehalten werden konnte.[41]

Der amerikanische Wirtschaftswissenschaftler, ehemalige Chefökonom der Weltbank und Ex-US-Finanzminister Lawrence Summers hat für den nachlassenden Wachstumsdrang den Begriff der »säkularen Stagnation« geprägt.[42] Er wollte damit die Probleme der US- und der Weltwirtschaft beschreiben, nach der Finanzkrise 2007/08 wieder zügig auf die Beine zu kommen. Tatsächlich zeigt sich, dass stabiles Wachstum keineswegs zu den Grundkonstanten weit entwickelter Gesellschaften gehört. Und dass es sich bei dem beobachteten Rückgang nicht um eine vorübergehende Schwäche handelt, sondern um ein grundlegendes Phänomen, das strukturelle Gründe haben muss.

Der erste Grund ist der demografische Wandel: In einer wachsenden Zahl von Ländern steigen die Bevölkerungszahlen nicht mehr oder nur noch mäßig aufgrund von Zuwanderung. Damit entfällt ein einstmals wichtiger Wachstumsfaktor. Gleichzeitig altern die Bevölkerungen rund um den Globus und die geburtenstarken Jahrgänge der Babyboomer ziehen sich aus dem Erwerbsleben zurück. Wirtschaftswachstumsraten von fünf Prozent und mehr, wie sie in den 1950er und 1960er Jahren in vielen Industrieländern üblich waren, gibt es heute nur noch in weniger entwickelten Ländern, die am Anfang ihres sozioökonomischen Aufstiegs stehen und über eine junge, wachsende Bevölkerung verfügen.

Der zweite Grund für eine säkulare Stagnation, oder wie immer man die Wachstumsanämie nennen mag, ist für die meisten Menschen höchst erstaunlich: Die Produktivität der weit entwickelten Volkswirtschaften nimmt nicht mehr in dem Maße zu, wie wir es aus der Vergangenheit gewohnt sind. Unter Produktivität verstehen Volkswirte das Verhältnis zwischen dem, was hergestellt wird, und dem, was im Herstellungsprozess an Mitteln notwendig ist.

Kurz gesagt: Ertrag je Aufwand. Produktivität ist die Grundlage unseres Reichtums. Ohne Produktivitätssteigerungen sind wachsende Pro-Kopf-Einkommen, mehr Freizeit und ein Zuwachs an materiellem Wohlstand nicht möglich.

Vor allem Maschinen haben die Produktivität in der Vergangenheit massiv erhöht: Mähdrescher haben den Bauer mit der Sense ersetzt, Lastwagen die Pferdefuhrwerke und Roboter die Fließbandarbeiter. Und weil sich die Innovationszyklen der Industrie in den letzten Jahrzehnten erheblich beschleunigt haben, sollte man annehmen, dass auch die Produktivität immer schneller ansteigt. Interessanterweise ist dies aber nicht der Fall.[43] Stieg die Arbeitsproduktivität je Erwerbstätigenstunde etwa in Deutschland in den 1970er Jahren noch um rund vier Prozent pro Jahr, so liegt der Zuwachs heute bei weniger als einem Prozent, und das, obwohl der menschliche Erfindergeist immer neue Ideen und Produkte auf den Markt wirft.[44] Der Fortschritt ist zu einer Schnecke geworden.

Der amerikanische Ökonom Robert J. Gordon erklärt den Rückgang damit, dass die wesentlichen, wachstumsfördernden Erfindungen lange zurückdatieren. Dampfmaschine, Elektrizität, Verbrennungsmotor und Computer hätten zu ihrer Zeit die Produktivität der Menschen in einem Umfang verbessert, wie es heutige Innovationen nicht mehr könnten.[45] Der Umstieg vom Auto mit Verbrennungsmotor zum autonom fahrenden E-Mobil beispielsweise ist im Vergleich zur Erfindung des Automobils nur ein winziger Sprung im Laufe der technischen Evolution. Er macht die Wirtschaft kaum produktiver. Zwar kennt niemand die Erfindungen der Zukunft und manche erwarten von der Digitalisierung und der Industrie 4.0 neue Produktivitätsschübe.[46] Schließlich haben sich auch bahnbrechende Erfindungen wie Dampfmaschine oder Elektrizität erst mit jahrelanger Verzögerung in Produktivitätswachstum umgesetzt. Aber sicher ist das bei der sich schon seit geraumer Zeit entfaltenden Digitalisierung nicht. Zumindest ist davon bis dato nichts zu sehen.

Der Rückgang der Produktivitätszuwächse liegt auch im Übergang von der Industrie- zur Dienstleistungsgesellschaft begründet. Während industrielle Fertigungsprozesse in hohem Maße automatisierbar sind und einen hohen Output mit wenig Arbeitseinsatz erlauben, lassen sich Dienstleistungen selten durch Maschinen ersetzen: Im Forschungsbereich etwa, bei Richtern und Anwälten, in der Gastronomie, im Fremdenverkehr oder bei der Pflege bleiben Menschen im Zentrum der Arbeit.

Das dritte Wachstumshemmnis für die Ökonomie sehen Wissenschaftler in der zunehmenden Ungleichheit in vielen Gesellschaften. Das schwäche die Wirtschaft, weil ein wachsender Teil der Bevölkerung nicht genug Geld habe, die Produkte der Unter-

nehmen zu kaufen, beklagt die OECD.[47] Die Reicheren wiederum
können ihr vieles Geld kaum ausgeben und sparen es stattdessen.
Normalerweise fließt Erspartes über Kredite in Investitionen. Interessanterweise investieren die Unternehmen aber seit Jahren
weitaus weniger Geld, als verfügbar wäre. Sie halten sich unter
anderem zurück, weil sie bei Investitionen zu geringe Produk-
tivitätsgewinne sehen. Der Innovationskreislauf der Wirtschaft
scheint zu erlahmen.

Der vierte wesentliche Punkt für weniger Wachstum beruht
auf Bremseffekten durch Schäden an der Umwelt. Sie verschlechtern die Lebens- und Wirtschaftsbedingungen, beeinträchtigen
die Gesundheit der Menschen und damit deren Leistungsfähigkeit. Der Klimawandel dürfte über kurz oder lang dicht besie-
delte Küstenregionen unter Wasser setzen, dort Industrieanlagen
und Agrarflächen unbrauchbar machen und Investitionen zerstö-
ren. Dürren, Überflutungen durch Starkregenfälle und Stürme
bedrohen die Landwirtschaft in vielen Teilen der Welt. Wie groß
die künftigen Schäden sind, ist umstritten. Einen groben Überblick liefert der »Stern-Report«, den Nicholas Stern, der ehemalige Chefökonom der Weltbank, 2006 im Auftrag der britischen
Regierung erarbeitet hat. Er beziffert die langfristigen jährlichen
Kosten eines ungebremsten Klimawandels auf mindestens fünf
Prozent des weltweiten BIP.[48] Dies wäre eine erhebliche Einbu-
ße und würde das globale Wirtschaftswachstum allein schon
deutlich unter die Nulllinie drücken. Die Kosten könnten aber
auch schon kurzfristig zu Buche schlagen: So haben Länder wie
Indien und Indonesien allein 2019 durch die Hitzewellen einen
Verlust an Arbeitskraft erlebt, der vier bis sechs Prozent des BIP
entspricht.[49]

Die Faktoren drei und vier, die wachsende Ungleichheit und
die Umweltschäden, ließen sich zwar politisch steuern, um das

Wachstum zu sichern, aber nicht von heute auf morgen. Die Faktoren eins und zwei, demografischer Wandel und Produktivitätsverlangsamung, sind so gut wie nicht zu beeinflussen. Und sie verstärken sich gegenseitig. So verknappt die Alterung der Gesellschaften die Zahl der Erwerbsfähigen, was dazu führt, dass die Unternehmen Personen einstellen, die für ihren Job nicht optimal qualifiziert sind. Dies wiederum lässt die Produktivität sinken.

Und jetzt?

Deshalb ist davon auszugehen, dass sich das Wachstum in den weit entwickelten Ländern künftig eher weiter abschwächen wird, als wieder auf den alten Hurrapfad zurückzukehren. Die Politik reagiert auf diesen Trend bisher relativ hilflos. Sie bedient sich der klassischen Instrumente der Konjunkturpolitik, obwohl es sich gar nicht um eine konjunkturelle, sondern eine strukturelle Schwäche handelt: Die Regierungen leihen sich Geld, erhöhen die öffentlichen Ausgaben und versuchen, die Zinsen zu senken, obwohl diese in vielen Ländern längst bei null liegen. Sie erfinden Subventionen und reduzieren Steuern, um den Konsum anzukurbeln.

Dieser Ansatz entspricht der klassischen antizyklischen, keynesianischen Wirtschaftspolitik: Rezessionen werden durch staatliche Intervention abgeschwächt, um den öffentlichen Haushalten in Boomphasen eine Konsolidierung zu erlauben. Aber das klappt erkennbar immer schlechter. Und es führt zu einer wachsenden, in der Corona-Krise sogar galoppierenden Staatsverschuldung, die jener gleicht, welche die Menschen gegenüber der Natur aufgetürmt haben.

Dass die politisch Verantwortlichen die Auseinandersetzung mit einem vermutlich unausweichlichen Wachstumsrückgang scheuen, hat einen guten Grund: Sie haben ihrer Wählerschaft lange genug eingetrichtert, dass es ohne Wachstum nicht geht. Sie brauchen es, um die Schulden nicht ins Unermessliche steigen zu lassen. Sie sind auf Wachstum angewiesen, um die Alterung der Gesellschaft zu finanzieren, die Gesundheits-, Pflege- und Rentensysteme zu sichern. Sie fürchten, dass bei nachlassender Konjunktur Menschen ihre Arbeit verlieren und in die Armut stürzen. Sie haben Angst davor, dass die Unternehmen weniger investieren, die Innovation versiegt, die Steuereinnahmen sinken und die politischen Handlungsmöglichkeiten schwinden. Sie geraten unter den Druck von Populisten, die auf jede Krise eine vermeintlich einfache Antwort haben. Sie wissen, dass Demokratien ins Wanken geraten können, wenn ihnen das Fundament des Wachstums wegbricht. Sie stecken in der Wachstumsfalle, aus der sie nur durch Wachstum herauszukommen glauben. Sie kennen keinen anderen Weg. Sie haben keinen Plan B.

Dummerweise sieht die Politik in dem faktischen Problem nicht die theoretische Chance. Sie müsste dazu lediglich Mittel und Wege finden, ein Wohlergehen der Gesellschaften ohne Wachstum zu garantieren, und könnte nebenbei noch eine ökologische Dividende einfahren. Doch das ist leichter gesagt als getan. Denn das Konzept des »einfachen Gesundschrumpfens« ist alles andere als trivial. Es existieren bisher keinerlei Ideen, wie sich etwa die Sozialsysteme in alternden Gesellschaften ohne Wachstum organisieren ließen. Wie Unternehmen ihre Innovationsfähigkeit behalten und die Beschäftigung besser verteilt werden kann, damit die Arbeitslosigkeit nicht um sich greift. Für die Wirtschaftswissenschaften war das Wachstum lange eine Grundkonstante, weshalb sie sich nie wirklich um den Umgang mit einer Alternative geschert haben. Auch sie haben keinen Plan B.

Weil es bisher keinen Masterplan für eine nachhaltige Existenz von fast acht Milliarden und bald schon mehr Menschen gibt, sind erste Schritte auf dem Weg dorthin wichtiger denn je. Es geht dabei sowohl um individuelle Verhaltensänderungen als auch um ordnungsrechtliche Vorgaben der Politik. Einen Überblick dazu gibt das nächste Kapitel.

KAPITEL 9

Was tun?

Stopp der Konsum- und Bevölkerungsexplosion

Es sind nur zwei Aufgaben, aber die sind groß und komplex. Manche würden sagen, sie sind unlösbar: Wir müssen die Weltwirtschaft, die Energiewirtschaft, letztlich unsere gesellschaftlichen Systeme binnen 30 Jahren auf einen sehr treibhausgasarmen, klimaneutralen, funktionsfähigen Betrieb umstellen. Und gleichzeitig das Bevölkerungswachstum auf dem Planeten reduzieren, damit auch die Menschen im armen Teil der Welt faire Entwicklungschancen bekommen. In 30 Jahren! Das heißt, von dem Verhalten einer einzigen Generation hängt die Zukunft der Menschheit ab. Mit solchen Herausforderungen war noch keine Generation zuvor je konfrontiert.

Ob das zu schaffen ist? Es wäre zumindest einen zweiten Versuch wert.

Beim ersten Versuch hat die Menschheit kläglich versagt. Das war vor drei Jahrzehnten, als die UN-Konferenz über Umwelt und Entwicklung in Rio de Janeiro ein mehr oder weniger identisches Aufgabenpaket erstellt hat. In der Erklärung der UN ist in Grundsatz 8 nachzulesen, dass die Staaten »nicht nachhaltige Produktionsweisen und Konsumgewohnheiten abbauen und beseitigen und eine geeignete Bevölkerungspolitik fördern« sollen.[1] Bereits damals war klar, dass sich der erste Teil der Forderungen auf die weit entwickelten Staaten bezog und der zweite auf die weniger entwickelten. 30 Jahre später sind die Aufgaben die gleichen. Sie sind lediglich größer geworden und die Zeit läuft.

Aufgabe Nummer 1

Vergleichsweise einfach ist die Aufgabe, das Bevölkerungswachstum zu reduzieren. Denn dafür gibt es gute Vorbilder. In mehr als 80 Ländern sind die Geburtenziffern bereits unter den bestandserhaltenden Wert von 2,1 gefallen und zahllose Studien belegen die wichtigsten Einflussfaktoren für diese Entwicklung. Stärkt man diese Faktoren, sollten auch jene Länder, in denen die Geburtenziffern heute noch auf hohem Niveau liegen, dem Weg zu kleineren Familien folgen.

Die Frage ist, ob diese Zusammenhänge überall bekannt sind, und wenn ja, ob die entsprechenden Regierungen bereit sind, sich auf das Thema einzulassen. Denn wie viele Kinder die Menschen bekommen, wie groß sie ihre Familie planen und wie stark sich letztlich eine Bevölkerung vermehrt, sind hochsensible Angelegenheiten. Kein Individuum und kein Land schätzt es, wenn sich Außenstehende in diese Fragen einmischen. Ob und wie viele Kinder die Menschen bekommen, ist eine rein persönliche Entscheidung. Auch aus diesem Grund gehört das Recht auf reproduktive Selbstbestimmung für die Vereinten Nationen zu den universellen Grundrechten. Dass ein Land wie China mit seiner rabiaten Bevölkerungspolitik dieses Recht mit Füßen getreten hat, macht die Frage nur noch heikler. Deshalb ist das Thema Bevölkerungswachstum in diplomatischen Gesprächen, beim politischen Austausch zwischen reichen und armen Ländern, stets der »Elefant im Raum«, das Problem, das jeder kennt, das aber keiner beim Namen nennt.

Die Erfahrungen aus Ländern, in denen die Kinderzahlen je Frau ähnlich schnell gesunken sind wie in China, aber ohne Verletzung von Menschenrechten, zeigen allerdings, wie eine sinnvolle Bevölkerungspolitik aussehen kann. Dabei spielen indirekte Faktoren eine Rolle, die auf den ersten Blick gar nichts mit großen Familien und Bevölkerungswachstum zu tun haben. Können sich diese Einflussgrößen erst einmal entfalten, werden sie zu Selbstgängern, weil sie das Leben der Menschen auf vielfältige Weise verbessern. Die Faktoren sind Gesundheit, Bildung, Jobs und Gleichberechtigung der Geschlechter.

Vor allem asiatische Länder, von denen manche vor 40, 50 Jahren weniger entwickelt waren als viele afrikanische heute, haben gezeigt, wie diese Faktoren ineinandergreifen und im besten Fall wahre Entwicklungsschübe auslösen können. Das gilt für die Tigerstaaten von Südkorea bis Thailand, aber auch für Vietnam und Laos, vor allem für Bangladesch, das nach der Staatsgründung 1971 zu den allerärmsten Staaten der Welt gehörte und obendrein mit widrigsten Umweltbedingungen zu kämpfen hat. Das Gebiet ist vor Urzeiten aus dem abgelagerten Himalajaschlamm der vagabundierenden Riesenflüsse Ganges und Brahmaputra entstanden. Große Teile liegen nur wenige Meter über dem Meeresspiegel. Bangladesch war nach seinem verheerenden Unabhängigkeitskrieg gegen Pakistan mit rund drei Millionen Toten ein Synonym für Überbevölkerung, Konflikte, Überschwemmungs- und Hungerkatastrophen.

Wenige Experten hatten dem Land damals irgendwelche Entwicklungschancen zugebilligt. Der ehemalige US-Außenminister Henry Kissinger bezeichnete das Land als »basket case«, als hoffnungslosen Fall, weil es für immer auf Hilfe von außen angewiesen sein werde.[2] Drei Viertel der über Siebenjährigen waren Analphabeten.[3] Die Kinderzahl lag bei fast sieben Kindern je Frau. In Bangladesch, das halb so groß ist wie die alte Bundesrepublik, lebten 1971 rund 66 Millionen Menschen.

1990, als ich zum ersten Mal das Land am Golf von Bengalen besuchte, drängten sich dort bereits 116 Millionen. Jeden Tag kamen rund 7000 weitere Bangladescher hinzu. Auf jeden Einwohner des Landes entfiel im Schnitt eine Ackerfläche von gerade mal dem Zehntel eines Fußballfeldes. Die Menschendichte war spürbar und beängstigend. Wo auch immer ich in dem Land unterwegs war, selbst in den entlegensten Gebieten, ich habe nie einen Moment erlebt, an dem ich nicht andere Menschen gesehen habe. »In unserem Land ist es so eng«, sagten die Bewohner sarkastisch, »dass du dich bei einer Flut immer noch auf den Kopf eines anderen stellen kannst, um nicht zu ertrinken.«

Heute hat sich die Bevölkerung auf 165 Millionen vergrößert und bis 2050 könnten es 200 Millionen sein. Zum Vergleich: In der EU leben 450 Millionen Menschen, haben dafür aber 28-mal mehr Fläche zur Verfügung. Und trotzdem hat Bangladesch das Problem des Bevölkerungswachstums inzwischen unter Kontrolle. Denn die Kinderzahl je Frau ist mittlerweile unter das bestandserhaltende Niveau von 2,1 gesunken. Die Zahl der Bangladescher wächst nur noch auf Grund des demografischen Trägheitseffekts, also weil die Bevölkerung noch jung ist und die Lebenserwartung steigt.

Heute absolvieren praktisch alle Kinder die Grundschule. 60 Prozent besuchen eine Sekundarschule, und zwar Mädchen und Jungen zu gleichen Teilen.[4] In der jüngeren Vergangenheit hat Bangladesch jährlich ein Wirtschaftswachstum von sechs bis acht Prozent erlebt und ist zum jüngsten asiatischen Tigerstaat erwachsen. 2019, bevor Covid-19 um den Globus zog, zählte die

Weltbank das Land zu den am stärksten wachsenden Volkswirtschaften der Welt.[5] Es gehört neben Mexiko, Vietnam oder der Türkei zu den »Next Eleven«, den Ländern mit dem weltweit größten Aufholpotenzial.[6] Und mitten in der Pandemie vermeldete der Internationale Währungsfonds, dass Bangladesch seinen mächtigen Nachbarn Indien beim Pro-Kopf-Bruttoinlandsprodukt überholt hat.[7]

Die Textilindustrie bietet rund vier Millionen Arbeitsplätze und damit Einkommen überwiegend für Frauen, was ihren Status innerhalb der Familie aufwertet. Daneben spielen Chemie- und Pharmaindustrie, Informationstechnologie, Schiffbau und vor allem die Landwirtschaft eine wichtige Rolle auf dem Arbeitsmarkt.[8] Bangladesch stellte im Jahr 2000 fast 7000 Streit- und Einsatzkräfte für die UN-Friedensmissionen bereit, mehr als jedes andere Land.[9] Die Vereinten Nationen haben Bangladesch, das nach Einwohnern drittgrößte muslimische Land der Welt, dafür ausgezeichnet, bei den Millennium-Entwicklungszielen herausragende Fortschritte erzielt zu haben.[10]

Das alles soll nicht heißen, dass Bangladesch ohne Probleme ist. Korruption ist weit verbreitet, Armut längst nicht ausgerottet, die Arbeitsbedingungen in den Fabriken sind nicht immer menschenfreundlich und religiöse sowie ethnische Minderheiten werden benachteiligt.[11] Aber wie gut es den Menschen mittlerweile geht, zeigt sich an der Lebenserwartung, die mittlerweile bei 74 Jahren liegt. Das sind fast vier Jahre mehr als im Nachbarland Indien und sieben Jahre mehr als in Pakistan, mit dem Bangladesch einst in einem Staat vereint war.[12]

Hoffnungslos gibt es nicht

Wie hat der »hoffnungslose Fall« von 1971 das geschafft? Das Land hat sich an die vier Grundregeln der Entwicklung gehalten, es hat in Gesundheit, Bildung, Jobs und Frauenrechte investiert. Die Regierung hat dabei wichtige Entwicklungsmaßnahmen großen Nichtregierungsorganisationen (NGOs) überlassen, die dem einst dysfunktionalen Land ein straffes Programm verpasst haben. Diese haben beispielsweise analphabetischen Erwachsenen Lesen, Schreiben und Rechnen beigebracht. »Gerade für Frauen bedeutet das einen großen Fortschritt«, hat mir einmal ein Lehrer einer Freiluftschule erklärt: »Sie können jetzt lesen, wohin der Bus fährt. Sie wissen, wie man ein Bankkonto eröffnet, und verstehen, was auf den Düngemittelsäcken und auf den Verhütungsmittelpackungen steht. Und natürlich kümmern sie sich darum, dass auch ihre Kinder zur Schule gehen.«[13]

In den 1990er Jahren, als die Entwicklung in Bangladesch an Fahrt aufnahm, haben die NGOs Straßen und Schulen gebaut, Krankenstationen eingerichtet, mit Impfprogrammen die Kindersterblichkeit gesenkt, Kredite für Kleinstunternehmen vergeben und damit den Armen eine Existenzgründung erlaubt. Auch davon konnten die Frauen am meisten profitieren. Ich konnte das in Chilmari, ganz im Norden an der Grenze zum indischen Bundesstaat Meghalaya gelegen, verfolgen: Dort hatten Frauen auf Kredit Nähmaschinen gekauft und bei der lokalen NGO Rangpur Dinajpur Rural Service (RDRS) einen halbjährigen Kurs im Schneidern absolviert. Zu viert hatten sie dann ihren ersten Laden eröffnet, mitten in der männerdominierten Marktstraße zwischen Barbieren, Schustern und Batterieverkäufern, und forsch ihr Firmenschild an den Eingang genagelt: »Confident Women Tailors«, die selbstbewussten Schneiderinnen.

Andere Frauen hatten sich einen RDRS-Kredit für die Anlage eines Fischteichs in Lalmonirhat besorgt. Zu elft kümmerten sie sich darum, das Gewässer sauber zu halten, Jungfische auszusetzen und mit Reisspelzen zu füttern. Nach sieben Monaten gingen die ersten fetten Karpfen ins Netz. Eine der Töchter, die lange genug die Schule besucht hatte, besorgte die Buchführung der Kleinkooperative. Nur zum Abfischen und zum Verkauf auf dem Markt holten sich die Frauen anfangs noch Männer zu Hilfe. »Es dauert wohl noch ein paar Jahre, bis wir auf dem Markt stehen«, sagte Shabitiri, die Chefin der Frauengruppe, »aber die Sitten verändern sich. Die Männer werden immer stiller, je mehr wir verdienen.«[14]

In einem unscheinbaren, kleinen Büro der Hauptstadt Dhaka traf ich damals einen Mann, der anderthalb Jahrzehnte später den Friedensnobelpreis erhalten sollte: Muhammad Yunus, der 1940 als drittes von vierzehn Kindern eines Juweliers im damaligen Ostbengalen zur Welt gekommen war. Fünf seiner Geschwister starben in jungen Jahren. Yunus konnte eine gute Schule besuchen, studierte Volkswirtschaft und kam über ein Stipendium in die USA. 1972 kehrte er in seine gerade unabhängig gewordene Heimat zurück, um beim Aufbau des Staates mitzuarbeiten. In der Hafenstadt Chittagong übernahm er an der Universität die Abteilung Wirtschaftswissenschaft und unterrichtete »elegante ökonomische Theorien zur Behebung sozialer Probleme«, wie er sagte.[15]

Doch bald wurde Yunus klar, dass diese Theorien wenig mit der Realität auf den Straßen zu tun hatten. Und warum sein Heimatland in der Falle aus Armut und Bevölkerungswachstum festhing: »Die Armen arbeiten und die Reichen streichen den Profit ein. Was den Armen fehlt, ist Startkapital, um ein noch so kleines Geschäft zu eröffnen. Bei den Banken bekommen sie keinen

Kredit, weil sich diese nicht mit Kleinbeträgen herumschlagen wollen.«[16]

Um das zu ändern, begann Yunus 1974 – eine große Hungersnot war wieder einmal über das Land gezogen –, an 42 Dorfbewohner aus eigener Tasche Geld zu verleihen, an Reisschälerinnen, Rikschafahrer oder Bambusflechterinnen, die für ihren Rohstoffeinkauf sonst bei den Geldverleihern Wucherzinsen zahlen mussten. Diese verlangten zehn Prozent – pro Woche. Yunus nahm keinen Zins für die umgerechnet 27 US-Dollar, die er insgesamt verliehen hatte. Zu seiner großen Überraschung bekam er von allen Leuten das Geld zurück.

Der Wirtschaftsprofessor wusste aber auch, dass er auf diese Art unmöglich Millionen Menschen helfen konnte. Nötig war ein geregeltes System mit klaren Konditionen. Weil die herkömmlichen Banken seine Idee von Minidarlehen an Arme zurückwiesen, gründete er mit ein paar seiner Studenten und der Unterstützung internationaler Geldgeber kurzerhand die »Grameen Bank«, die nach anderen Prinzipien funktionierte: »Wir wollten genau das Gegenteil von einer normalen Bank machen. Im Zentrum sollten nicht die Banker stehen, sondern die Kreditnehmer. Wir haben keine Bankschalter. Unsere Mitarbeiter gehen zu den Leuten in die Dörfer.«

Das Prinzip der »Dorfbank«, wie sie übersetzt aus Bengali heißt, war so einfach wie effizient: Sie verlieh das Geld nicht an Einzelpersonen, sondern an Gruppen von fünf Personen, und zwar zu einem Zins, der deutlich unter dem der privaten Geldverleiher lag, aber über dem von herkömmlichen Banken. Zunächst erhielten nur zwei der Gruppenmitglieder den Mikrokredit, aber haften mussten alle. »Die kennen einander, das erhöht die Disziplin, und wenn einer mal nicht zurückzahlen will, machen die anderen Druck«, sagte Yunus. Erst wenn die ersten Kreditnehmer pünktlich ihre Schulden in kleinen Schritten getilgt hatten, konnten sich auch die anderen Mitglieder etwas leihen. Außerdem mussten sich alle den »16 Grundprinzipien« des Grameen-Systems verpflichten. Unter anderem mussten sie versprechen, für gesunde Ernährung, Hygiene und sauberes Trinkwasser zu sorgen, hart zu arbeiten, ihre Kinder zur Schule zu schicken, keine Minderjährigen zu verheiraten und ihre Familie klein zu halten. In diesem System waren alle wichtigen Faktoren für Entwicklung gebündelt.

Schnell stellte sich heraus, dass die Grameen-Kundschaft überwiegend weiblich war. Die Frauen konnten mit dem Geld ein paar Hühner oder Ziegen kaufen und mit den Eiern und der Milch Geld verdienen. Sie pachteten ein Stück Land, um Gemüse anzubauen und es auf den Markt zu bringen. Mit dem Aufkommen von Mobiltelefonen eröffnete sich ein neues Geschäftsfeld für Grameen-Kundinnen: Sie kauften sich von dem geliehenen Geld ein Handy und zogen als »Telephone Ladies«, als mobile Telefonzellen, durch die Dörfer, denn kaum ein Bewohner besaß damals ein eigenes Handy. Frauen waren die großen Nutznießer der Mikrokredite: »Sie sind vom Haushalt her das Wirtschaften gewöhnt und gehen verantwortungsvoll mit dem Geld um«, erklärte Yunus, »Männer tragen ihr Geld eher in die Teestube. Frauen sind in Bangladesch benachteiligt, deshalb können sie umso mehr gewinnen.«

2006 erhielten Muhammad Yunus und die Grameen Bank zu gleichen Teilen den Friedensnobelpreis für ihre Bemühungen um »die wirtschaftliche und soziale Entwicklung von unten«. Für die Bank nahm Mosammat Taslima Begum den Preis in Oslo entgegen. Sie hatte sich einst mit ihrem ersten Mikrokredit eine Ziege gekauft, danach eine Plantage für Mangobäume angelegt sowie einen Fischzuchtteich und eine Riksha erworben, mit der ihr Mann Geld verdienen konnte. Später wurde sie in den neun-köpfigen Aufsichtsrat der Grameen Bank gewählt.[17]

2017 hatte die Grameen Bank neun Millionen Kreditnehmer in 97 Prozent aller Dörfer des Landes und insgesamt Kredite im Gegenwert von 21 Milliarden US-Dollar vergeben. Die Rückzahlungsquote lag bei 99,6 Prozent.[18] So etwas schafft keine traditionelle Bank. Neben dem Geldinstitut sind mittlerweile verschiedene nicht profitorientierte Geschäftszweige der »Grameen-Familie« entstanden, darunter Telekom-, Software- und Lebensmittelunternehmen, Fischzuchtbetriebe oder Grameen Shakti, eine Firma für nachhaltige Energiesysteme.[19]

Trotz der Erfolge hat sich Mohammad Yunus nicht nur Freunde gemacht. Für die Regierung wurde der Professor irgendwann zu einflussreich, vor allem, als er Pläne bekannt gab, eine eigene politische Partei namens »Nagorik Shakti« (Bürgermacht) zu gründen und 2008 bei den nationalen Wahlen anzutreten. Nach Anfeindungen der späteren Premierministerin Sheikh Hasina ließ er davon ab. Deren Regierung sorgte 2011 für Yunus' Entlassung als Geschäftsführer der Grameen Bank – offiziell aus Altersgründen – und überzog ihn mit verschiedenen Klagen.[20]

Grameen ist nur ein Beispiel dafür, mit welchen Ideen und Initiativen sich ein einst bettelarmes, vermeintlich hoffnungsloses Land mit Unterstützung von außen, aber letztlich aus eigener Kraft entwickeln kann. Bangladesch hat gezeigt, wie sich sozioökonomischer Fortschritt auf die Geburtenziffern und das Bevölkerungswachstum auswirkt. Das hatten andere Länder auch schon getan. Aber nie war es einem so armen Staat wie Bangladesch gelungen, die demografische Wende einzuleiten. Auch in Afrika scheint dieser Weg möglich. Das jedenfalls belegt ein Land, das einst ebenfalls ein Synonym für Hungersnöte, Krieg und extreme Wetterlagen war. Die Rede ist von Äthiopien, mit

115 Millionen Einwohnern das Land mit der zweitgrößten Bevölkerung des Kontinents.

Kein afrikanisches Land hat sich in den vergangenen 20 Jahren schneller entwickelt als Äthiopien. Und wieder wurden dabei die bewährten Hebel in Bewegung gesetzt: 2003 zum Beispiel startete das äthiopische Gesundheitsministerium das Health Extension Program. Dazu richtete die Regierung in allen rund 15 000 Gemeinden einfache Gesundheitsposten ein, in denen medizinisch geschulte Laien, in der Regel Frauen, Hygiene, Prävention und gesundheitliche Aufklärung unterrichteten. Zusätzlich kümmerten sie sich um die Gesundheit von Müttern, Kindern und Schwangeren. Zwölf Jahre später hatten sich die Mütter- und die Kindersterblichkeit halbiert und die Zahl der Frauen, die moderne Verhütungsmittel anwenden, hatte sich versechsfacht. Nebenbei hatte das Programm Zehntausende formell bezahlter Jobs geschaffen, Mangelware vor allem für Frauen.

In Sachen Bildung war Äthiopien bis in die 1990er Jahre Schlusslicht. Das Land am Horn von Afrika hatte die niedrigste Einschulungsrate der Welt. Nur knapp 20 Prozent der Kinder im entsprechenden Alter besuchten damals eine Primarschule.[21] 2000 wurden bereits 40 Prozent und 2015 fast 90 Prozent der Kinder eingeschult. Mädchen sind dabei nicht mehr gegenüber Jungen benachteiligt. Rund die Hälfte aller Kinder kann mittlerweile sogar eine einjährige Vorschule besuchen. Äthiopien steht damit neben Indien weltweit auf Platz eins der Bildungsaufholer.[22]

Damit ist Äthiopien vom Hungerland zum Hoffnungsträger für Afrika geworden: Das Bruttoinlandsprodukt pro Kopf hat sich seit 2003 etwa verdreifacht, während es sonst in Subsahara-Afrika nur geringe Fortschritte gegeben hat. Der Anteil der Menschen in absoluter Armut hat sich seit 1995 mehr als halbiert. Die Lebenserwartung hat sich seit der Jahrtausendwende von 51 auf 66 Jahre erhöht, also in jedem Jahr um neun Monate. Damit haben die Menschen in Äthiopien rund vier Jahre mehr vom Leben als der Schnitt von Subsahara-Afrika. Und wie zu erwarten, ist im Rahmen dieser Fortschritte auch die durchschnittliche Kinderzahl je Frau gesunken, von 7,4 im Jahr 1985 auf mittlerweile knapp über 4 – Tendenz weiter fallend. Je nachdem, wie sich Äthiopien weiterentwickelt, vor allem was die Bildung anbelangt, dürfte die Bevölkerung von heute 115 Millionen bis 2050 auf 230 Millionen, im besten Fall aber nur noch auf 150 Millionen wachsen.[23]

Doch wie in Bangladesch läuft auch in Äthiopien längst nicht alles ohne Probleme. Noch immer lebt rund ein Viertel der Bevölkerung in absoluter Armut, ähnlich wie der Bauer Tesfaye aus Kaffa im ersten Kapitel. Fast ein Drittel der Äthiopier ist von Unterernährung betroffen. Im Human Development Index der Vereinten Nationen rangiert das Land auf Platz 173 von 189 Kandidaten, allerdings mit steigender Tendenz seit dem Jahr 2000.[24] Ethnische Unruhen plagen das Land und der junge Präsident Abiy Ahmed, der noch 2019 den Friedensnobelpreis erhalten hat, geht mit Panzern und der Luftwaffe gegen seine Landsleute vor. Und niemand kann bislang die Auswirkungen der Corona-Pandemie auf Äthiopien abschätzen. Aber wenn es gelingt, die Anfangserfolge auf dem Entwicklungsweg zu verstetigen, für stabile politische Verhältnisse zu sorgen und genügend Arbeitsplätze für die nachwachsende Bevölkerung zu schaffen, dann kann Äthiopien, das in der jüngeren Vergangenheit viele Dinge richtig gemacht hat, zu einem Modell für andere afrikanische Staaten werden.

Aufgabe Nummer 2

Und jetzt zum wirklich schwierigen Teil der Zukunftsaufgaben: Wie lässt sich der reiche Teil der Welt und auch derjenige, der dabei ist, reich zu werden, auf Konsumdiät setzen, unter anderem mit dem Ziel, bei allem Wirtschaften den Ausstoß von Treibhausgasen so weit zu reduzieren, dass der bereits angeschobene Klimawandel auf ein verträgliches Maß begrenzt werden kann? Wie lässt sich gleichzeitig verhindern, dass der arme Teil der Welt bei seinem dringend notwendigen Aufholprozess zu einem neuen Mega-Emittenten wird?

Die Vorgabe ist klar: Um das 2-Grad-Ziel noch zu erreichen, müssen die Emissionen von Treibhausgasen in wenigen Jahrzehnten weltweit Richtung null zurückgefahren werden. Zwar können die natürlichen Systeme eine gewisse Menge an CO_2 schadlos in ihren Kreisläufen aufnehmen. Aber weil wir die irdische Lufthülle in der Vergangenheit hemmungslos mit Treibhausgasen überfrachtet haben, muss der Ausstoß auf null, damit die Atmosphäre wieder in ein Gleichgewicht kommen und sich die Temperaturen irgendwann stabilisieren können.[25] Kohlendioxid ist ein sehr langlebiges Gas und die Atmosphäre wird ihren vollgepackten CO_2-Rucksack über Jahrhunderte nicht mehr los. Deshalb ist der Klimawandel schon heute programmiert, nicht aber sein Ausmaß.

Weil der Temperaturanstieg mehr oder weniger proportional zu den kumulativen, also über die Jahre aufsummierten CO_2-Emissionen verläuft, lässt sich berechnen, wann beziehungsweise bei welcher CO_2-Konzentration in der Atmosphäre das 2-Grad-Ziel gerissen wird – zumindest solange nicht wichtige Kipppunkte erreicht werden, die eine Erwärmung zusätzlich beschleunigen. Daraus resultiert ein CO_2-Budget, das jene Emissionen beziffert, die gerade noch erlaubt sind, um das 2-Grad-Ziel mit 66,6-prozentiger Wahrscheinlichkeit* zu erreichen. Demzufolge darf die Menschheit, Stand 2020, insgesamt noch knapp 1000 Milliarden Tonnen CO_2 in die Atmosphäre entlassen (das Budget für das 1,5-Grad-Ziel ist schon fast aufgebraucht). Das heißt, die Weltgemeinschaft kann beim Vor-Corona-Stand ihrer Emissionen von jährlich 42 Milliarden Tonnen noch knapp 25 Jahre auf diesem Niveau weiter emittieren und müsste dann abrupt runter auf null.[26] Dies ist aber aus zwei Gründen unrealistisch: Erstens sind die Emissionen in der Vergangenheit Jahr für Jahr gestiegen und zweitens ist eine Vollbremsung im Jahr 2045, also eine vollständige Dekarbonisierung der Volkswirtschaften per Knopfdruck, aus praktischen Gründen unmöglich.

Deshalb ist es notwendig, sofort mit der CO_2-Minderung zu beginnen und die Einsparungen kontinuierlich auszuweiten. Vor allem von den nächsten 20 Jahren hängt es ab, in welches Klima der Planet taumelt. Je länger mit der Klimapolitik getrödelt wird, umso tiefgreifender müssen künftige Reduktionen sein. Bei einer schnellen CO_2-Minderung hält das Budget länger und es wären auch nach 2045 noch, wenngleich stark reduzierte, Emissionen zulässig. Und die sind notwendig, weil sich fossile Rohstoffe kaum vollständig aus unserem Leben tilgen lassen, denn Erdöl steckt in Kunstdünger, in Arzneimitteln, in allen Kunststoffen, im Goretex-Anorak wie auch im Gehäuse des Laptops, auf dem ich gerade schreibe. Zudem muss der arme Teil der Welt die Möglichkeit haben, seinen Entwicklungsrückstand aufzuholen. Auch eine Landwirtschaft für neun bis zehn Milliarden Menschen lässt

---

* Das IPPC gibt in seinen Berechnungen Wahrscheinlichkeiten für künftige Temperaturänderungen an. 66,6 Prozent Wahrscheinlichkeit kann im allgemeinen Sprachgebrauch als »vermutlich« übersetzt werden.

sich nicht klimaneutral betreiben. Agrarbedingte Treibhausgase wie Methan oder Lachgas lassen sich viel schwieriger auf null reduzieren als das CO_2.[27] Selbst wenn es gelingen sollte, über CO_2-Einsparungen dem 2-Grad-Ziel nahe zu kommen, würden die anderen Treibhausgase auf jeden Fall noch einmal 0,2 Grad hinzufügen.[28]

Weniger klar als die Vorgabe der radikalen Emissionsminderung ist der Weg, der zu diesem Ziel führt. Und was er für einzelne Staaten, Regierungen, Unternehmen und Einzelpersonen bedeutet. Sicher ist, dass er in eine komplett andere Welt führt, ungewohnte Eingriffe erfordert und massive strukturelle Brüche zur Folge haben wird, die aber unterm Strich gut sind für ein menschenfreundliches Klima und damit für die Weltgemeinschaft.

Wie aber sehen solche Brüche und Veränderungen aus? Einen kleinen Vorgeschmack darauf gab es Ende März 2020, als die Welt im Covid-19-Lockdown war und die Nachfrage nach Rohöl einbrach wie nie zuvor in der Geschichte. Zahllose Fabriken rund um den Globus lagen still. Hunderte von Millionen zu Hause Arbeitenden konnten sich die Fahrt zum Arbeitsplatz schenken. Allein in den USA verloren 40 Millionen Menschen ihren Job.[29] Die internationale Luftfahrt war praktisch zum Erliegen gekommen. Lufthansa-Chef Carsten Spohr klagte, das Flugaufkommen in Deutschland sei auf den Stand von 1955 gesunken, dem Jahr, in dem offiziell die Besatzungszeit in Österreich, der DDR und der Bundesrepublik zu Ende gegangen war und die Ferien- und Kurzurlaubsfliegerei noch nicht erfunden war.[30] Immerhin hatte die Pandemie der Menschheit 2020 auf diese Weise einen siebenprozentigen Rückgang der fossilen CO_2-Emissionen aufgezwungen.[31]

Dieser systemische Schock für die Weltwirtschaft ließ die Nachfrage nach dem schwarzen Gold dermaßen kollabieren, dass der Preis für die US-Leichtölsorte WTI am 20. März 2020 erstmals in der Geschichte in den negativen Bereich abstürzte.[32] Das heißt, die Produzenten mussten Geld dafür bezahlen, dass ihnen irgendwer das Öl überhaupt abnahm, eine Art Entsorgungsgebühr für einen Rohstoff, der zehn Jahre zuvor noch über 100 US-Dollar gekostet hatte. Denn Ölquellen lassen sich nicht einfach abstellen und es gab vor allem in den USA keine Lagerkapazitäten für den Brennstoff mehr. Riesentanker mussten als Zwischenlager herhalten und dümpelten ziellos auf den Ozeanen.

Schluss mit Kohle, Öl und Gas bis 2050

Aus Sicht der Ölförderer war das der größte anzunehmende Unfall – mit Aussicht auf weitere Verschlechterung. Denn 2019 könnte *peak demand* gewesen sein, der historische Höchststand der Nachfrage. Wenn Klimapolitik ernst gemeint ist, müssten Nachfrageeinbrüche, wie sie die Corona-Pandemie verursacht hat, zur Normalität werden, und zwar jedes Jahr aufs Neue. Auf das Gleiche müssten sich Kohleförderer einstellen sowie letztlich auch die Lieferanten von Erdgas, dem »saubersten« unter den fossilen Energieträgern. Sie alle müssten damit leben, Jahr für Jahr weniger von ihren Rohstoffen zu verkaufen und Mitte des Jahrhunderts so gut wie keine mehr. Das heißt, die Weltwirtschaft, die 2019 noch zu 84 Prozent an fossilen Energien hing, muss sich von dieser Abhängigkeit in drei Jahrzehnten komplett lösen oder zumindest Wege finden, die dann noch getätigten Emissionen aufzufangen, um sie dann elegant und ohne neue Gefahren für die Umwelt verschwinden zu lassen. Also etwa CO_2 aus fossilen Kraftwerken zu verflüssigen und in mindestens 1000 Metern Tiefe in leer gepumpten Öl- oder Erdgasförderstätten zu deponieren.[33]

Für Länder wie Norwegen oder Schweden, die einen erheblichen Teil ihres Energiebedarfs über Wasserkraft decken und nur zu gut 30 Prozent auf fossile Quellen angewiesen sind, erscheint dieser Umstieg noch machbar. Schwieriger wird es schon für Deutschland oder die USA, die 2019 noch zu 77 respektive 83 Prozent an Kohle, Öl und Gas hingen. In China waren es 85, in Australien 91 Prozent. Saudi-Arabien, Algerien und andere Ölstaaten betreiben ihre Gesellschaften sogar zu 100 Prozent fossil. Und sie können ohne Einnahmen aus dem Ölverkauf ihren Staatshaushalt nicht finanzieren. Aber alle müssen runter auf null Emissionen.[34]

Das ist ein ambitioniertes, um nicht zu sagen hochkompliziertes Ziel. Weniger zu verbrauchen oder effizientere Techniken einzusetzen, ist eine Sache. Gar nichts mehr zu emittieren, ist eine ganz andere.

Aber fangen wir einfach an: Wie teilt man das verbleibende globale Emissionsbudget von rund 1000 Milliarden Tonnen CO_2 auf nationale Emissionsbudgets auf? Wie viel darf beispielsweise Deutschland insgesamt noch in die Atmosphäre jagen? Wie kommt unser Land, das bei einem Prozent der Weltbevölkerung derzeit für zwei Prozent der globalen Emissionen verantwortlich ist und für 5,7 Prozent der kumulierten Emissionslast, runter auf null?[35]

Zumindest hat sich die Bundesregierung Ziele gesetzt. Laut Klimaschutzplan sollen die Emissionen, ausgehend vom Wiedervereinigungsjahr 1990 bis 2020, um 40 Prozent verringert werden, bis 2030 um 55 Prozent. Bis Mitte des Jahrhunderts soll »weitgehend Treibhausgasneutralität« erreicht sein, auf dem Wunschzettel stehen bislang 80 bis 95 Prozent Reduktion.[36]

Ende 2020 hat Deutschland seine anvisierte Emissionsminderung erreicht, und dafür gibt es vor allem drei Gründe: Den ersten Teil bekam die Umweltpolitik »geschenkt«, weil in der Nachwendezeit zahllose CO_2-intensive Staatsbetriebe der ehemaligen DDR dichtgemacht hatten. Ostdeutschlands Planwirtschaft war in Sachen Treibhausgasemissionen weltweit führend. Der Pro-Kopf-CO_2-Ausstoß lag zwischen Rügen und dem Erzgebirge fast doppelt so hoch wie zwischen Flensburg und dem Bodensee.[37]

Der zweite Teil beruht auf »echter« Klimapolitik: Heizungen sind modernisiert, Gebäude besser isoliert als noch 1990. Die Landwirtschaft stößt weniger klimaschädliche Gase aus. Die Industrie konnte dank Effizienztechniken Emissionen einsparen, die Energiewirtschaft durch den teilweisen Umstieg auf regenerative Quellen und von Kohle auf Erdgas, bei dessen Verbrennung deutlich weniger CO_2 entsteht. Vor allem der gestiegene Preis für CO_2 im Emissionshandel hat den Kraftwerksbetreibern den Spaß an der Kohle verdorben. Nur der Verkehrsbereich blieb unverändert, vor allem, weil die Deutschen mit ihren zwar immer sparsameren, aber immer größeren und schwereren Autos immer mehr herumfahren. 2019 lagen die Emissionen der Mobilität noch bei 163 Millionen Tonnen CO_2-Äquivalenten, praktisch unverändert zu dem Wert von vor 30 Jahren. Nach den Vorstellungen der Bundesregierung dürften es bis 2030 nur noch 95 Millionen sein.[38]

Zwar galt das gesamte Einsparziel für 2020 von 40 Prozent noch bis Ende 2018 als utopisch, als gerade mal 30 Prozent erreicht waren. Dann aber kam Teil 3 des CO_2-Minderungspakets zum Einsatz: der milde Winter 2019/20, der mit seinen starken Stürmen auch noch für Windstromrekorde sorgte, und vor allem der Corona-Lockdown.[39]

So weit, so gut. Nur leider waren die ersten 40 Prozent Einsparungen leichter zu erbringen, als es die angestrebten zweiten 40 Prozent sein werden, von den verbleibenden 20 Prozent ganz zu schweigen. Bisher sind lediglich die »niedrig hängenden Früchte« des Klimaschutzes geerntet. Alles, was höher hängt, ist deutlich schwieriger zu erreichen. Und niemand weiß, welchen Nachholbedarf die Deutschen in Sachen Konsum, Autofahren, Flug- und Fernreisen haben werden, wenn die Pandemie überstanden ist.

Kommt Klimaschutz international in Mode?

Das Pariser Abkommen hat gezeigt, dass sich der überwiegende Teil der Weltgemeinschaft der Dringlichkeit des Klimaschutzes durchaus bewusst ist. Das sieht man daran, dass sich auch andere Länder ehrgeizige Ziele gesetzt haben. Zum Beispiel China, der momentan größte Treibhausgasemittent der Welt. Staatspräsident Xi Jinping hat im September 2020 vor der UN-Generalversammlung – coronabedingt per Videoschalte – deutlich gemacht, dass sein Land noch vor dem Jahr 2060 klimaneutral zu werden gedenkt. Immerhin ist China weltführend beim Tempo der Digitalisierung und der Elektromobilität. Nirgendwo gehen mehr Sonnen- und Windkraftwerke ans Netz. Aber Ankündigungen sind noch keine Wirklichkeit und zu Xis werbewirksamem Auftritt vor der UN gibt es viele Fragezeichen. Etwa, warum China 2020 noch die Hälfte des Kohlestroms auf der ganzen Welt produziert hat. Weshalb die chinesische Regierung den Kauf von Elektroautos favorisiert, die dann mit Kohlestrom fahren und auf diese Weise deutlich mehr CO_2 emittieren als Autos mit Verbrennungsmotor.[40] Oder warum das Land noch immer neue Kohlekraftwerke plant und den Bau solcher Anlagen in vielen Entwicklungsländern finanziert.[41]

Angesichts der chinesischen Ankündigungen kann auch die EU

nicht zurückstehen und einiges ist bereits vollbracht. In den Mitgliedstaaten sinken die Treibhausgasemissionen seit vielen Jahren und sie sind in der Pandemie binnen eines Jahres noch einmal deutlich zurückgegangen. Der EU-Emissionshandel, der den Ausstoß von CO_2 Mitte 2020 mit 30 Euro je Tonne belegt hat und den Preis weiter erhöhen will, macht das Verbrennen von Kohle immer unwirtschaftlicher und die Erneuerbaren attraktiver. Die Gemeinschaft will den innereuropäischen Flugverkehr auf neue Schnellzüge verlagern und die durch Corona nötig gewordenen wirtschaftlichen Fördermaßnahmen zu rund einem Drittel für einen Green Deal nutzen. Die EU plant, ihre Emissionen bis 2030 um 55 Prozent gegenüber 1990 senken. Damit wären die Europäer weltführend im Klimaschutz, aber immer noch nicht auf der Spur, um das 2-Grad-Ziel zu erreichen. Dafür wären 65 Prozent nötig.[42]

Und selbst in den USA, dem kumulativ größten Klimakiller der Welt, dem Land der unbegrenzten Möglichkeiten und der spritschluckendsten SUVs, sinken seit 2007 tendenziell die Emissionen, schlicht und einfach, weil es unwirtschaftlich geworden ist, die Atmosphäre wie zu früheren Zeiten zuzumüllen. Doch möglich wäre sehr viel mehr. Die Abermilliarden, die in den wirtschaftlichen Nach-Corona-Wiederaufbau fließen sollen, haben unter der Trump-Administration keinerlei grünen Anstrich bekommen. Vielmehr war der Präsident bemüht, überall im Land Umweltschutzgesetze auszuhebeln, in der Hoffnung, das lasse die Wirtschaft wachsen. So ließ er die strategischen Öl-reserven für drei Milliarden Dollar aufstocken, um die darbende Ölindustrie aufzupäppeln. Nach der Wahl von Joe Biden zum neuen Präsidenten steht jedoch ein Strategiewechsel an. Biden ist in einer seiner ersten Amtshandlungen dem Pariser Abkommen wieder beigetreten und hat ein 2000-Milliarden-Dollar-Programm für saubere Energien und grüne Jobs angekündigt. Er will die Energiewirtschaft bis 2035 dekarbonisieren, vier Millionen Häuser auf den höchsten Energiesparstandard aufrüsten und die Wasserstoff- und Batterietechnologie voranbringen.[43] All das sind wichtige, wenngleich späte Schritte in die richtige Richtung. Um die entscheidenden nächsten Klimaziele zu erreichen, sind jedoch weitaus drastischere Schritte nötig. An dieser Stelle wird es heikel: Was geschehen müsste, kann die Wissenschaft rasch erklären. Aber was durchsetzbar ist, muss die Politik entscheiden. Und die ist umzingelt von Lobbygruppen gegen den Ausbau von Stromtrassen und den Bau von Windrädern, gegen eine Begrenzung des Luftverkehrs, gegen CO_2-Grenzwerte für Autos oder ein Tempolimit auf deutschen Autobahnen.

Die Politik steht dabei vor der schwierigen Frage, wie weit sie realistischerweise gehen kann, wann das Volk rebelliert und wann die Abwahl droht. Wobei bei dieser Frage immer ein paar Gegenfragen zu stellen sind: Gibt es ehrlicherweise eine Alternative zum radikalen Klimaschutz? Ist es realistisch, die Menschen in der Sommerhitze sterben und die Wälder verdorren zu lassen? Stört es keinen, wenn Bauern pleitegehen und Küstengebiete von den Meeren angefressen werden? Ist es sinnvoller, Millionen von Klimaflüchtlingen aus Afrika oder von überfluteten Inseln im Pazifik aufzunehmen oder die Leistung von PKW auf 150 PS zu begrenzen und Flugbenzin zu besteuern?

Alles auf Strom

Bei dieser schwierigen politischen Arbeit kann die Politik erstens auf technische Lösungen hoffen, zweitens aber muss sie sich mit dem Verhalten der Menschen auseinandersetzen. Für den ersten

Teil muss sie den erneuerbaren Energien den Weg bahnen und die fossilen in die Schranken weisen. Diese Maßnahmen sind nicht nur klimapolitisch notwendig, sondern zunehmend auch ökonomisch naheliegend. Denn die Gesamtkosten für die Bereitstellung einer Kilowattstunde Strom durch Solarzellen und Windturbinen über die gesamte Lebenszeit der Anlagen sind in den letzten zehn Jahren um 85 respektive 49 Prozent gesunken. Regenerative Quellen bieten heute in zwei Drittel aller Länder die billigste Methode, Elektrizität zu erzeugen. Bis 2030 dürften sie praktisch überall günstiger als Kohle und Erdgas sein.

Bei dieser Entwicklung hat Deutschland interessanterweise eine zentrale Rolle gespielt: Schon 1990 hatte die Bundesregierung mit ihrem »1000-Dächer-Photovoltaik-Programm« dafür gesorgt, dass sich Eigenheimbesitzer subventionierte Solarzellen aufs Dach montieren konnten. Von 1991 an ließ sich der so erzeugte Strom auch ins Netz einspeisen. Ab 2000 gab es dafür mit Hilfe des »Erneuerbare-Energien-Gesetzes« (EEG) üppiges Geld. Bald schossen im »Solar Valley« auf dem Gelände des ehemaligen DDR-Chemiedreck-Dreiecks von Bitterfeld die Solarunternehmen aus dem Boden und die Branche wuchs durch die Decke. Zeitweilig saßen in Sachsen-Anhalt die größten Photovoltaik-Hersteller der Welt. Das hatte auch China mitbekommen und lancierte eigene Förderprogramme. Und weil die Solarzellenproduktion technisch relativ simpel ist, konnten dortige Firmen ihre deutschen Konkurrenten im Preis bald unterbieten.

Praktisch alle deutschen Firmen verschwanden binnen kurzer Zeit in der Versenkung und hunderttausende Arbeitsplätze gingen schneller verloren, als sie entstanden waren. China ist heute Weltmarktführer in der Solartechnik. Im Oktober 2020 ging – nach einem Jahr Bauzeit – in der sonnenreichen Provinz Qinghai das weltweit zweitgrößte Solarkraftwerk ans Netz mit einer

Leistung von 2,2 Gigawatt, das ist anderthalbmal so viel, wie das größte deutsche Atomkraftwerk Isar 2 in Bayern leistet. Dieser schnelle Durchmarsch wäre ohne das oftmals gescholtene deutsche EEG vermutlich nicht zustande gekommen.[44]

Die Erneuerbaren haben bereits begonnen, die Kohle aus dem Markt zu drängen. Als Nächstes geht es dem Öl an den Kragen, zumindest dann, wenn es gelingt, deutlich mehr Elektroautos zum Laufen zu bringen. Konkret bedeutet die globale Energiewende, die gesamten Volkswirtschaften weitgehend auf Stromantrieb umzustellen. Also Stahl mit elektrisch erzeugtem Wasserstoff zu produzieren, die Wohnungen elektrisch zu heizen, die Industrie und den Verkehrssektor weitgehend mit Strom zu betreiben, wobei Letzteres bei bestimmten Vehikeln wie Panzern, Langstreckenflugzeugen, Kampfjets oder Hochseeschiffen kaum zu bewältigen ist.

Technische Utopien

Für die Elektrifizierung der Volkswirtschaften müsste die globale Stromerzeugungskapazität nach Angaben des Informationsdienstes Bloomberg New Energy Finance bis 2050 gegenüber 2018 vervierfacht werden. Weil der heutige Strom allerdings noch überwiegend aus fossilen Quellen stammt, müsste die regenerative Stromerzeugungskapazität bis Mitte des Jahrhunderts weitaus stärker ausgebaut werden. Sie müsste sich sage und schreibe vervierzehnfachen.

Theoretisch ist das kein Problem, denn die Sonne schickt rund 3000-mal so viel Energie zur Erdoberfläche, wie wir derzeit weltweit benötigen, also täglich den Weltenergiebedarf von acht Jahren. Auch wenn davon nur ein Teil technisch nutzbar ist, das reicht allemal.[45] Das bedeutet allerdings eine ziemliche Menge an Windmühlen und Solaranlagen, denn die Möglichkeit, die Flüsse der Welt aufzustauen und mit dem abfließenden Wasser Turbinen anzutreiben, ist bereits weitgehend erschöpft.[46]

Wo all die grünen Kraftwerke in einem Land wie Deutschland stehen sollen, ist jedoch noch offen. Die Deutschen wollen zwar mehrheitlich mehr Klimaschutz, aber keine Windturbinen in ihrer Nachbarschaft. Zusätzlich tragen Wind und Sonne ein bisher ungelöstes Problem mit sich herum: Sie wehen respektive scheinen keine 24 Stunden am Tag und keine 365 Tage im Jahr. In manchen Regionen auf der Welt, etwa entlang des Äquators oder in Sibirien, ist es monatelang wolkenverhangen oder dunkel und der Wind bläst selten. Anderenorts herrscht an windigen Sommertagen ein Überfluss an Strom, der sich bisher weder transportieren noch nutzen lässt. Der notwendige Ausbau der Erneuerbaren erfordert deshalb eine bessere Netzinfrastruktur, um die Elektronen über weite Strecken dorthin zu befördern, wo sie gerade gebraucht werden, sowie Speichermöglichkeiten für den Strom. Dafür eignen sich große Lithium-Ionen-Batterien, die sich modular erweitern lassen, aber auch die Akkus von Tausenden von E-Autos, die, mit geeigneter elektronischer Steuerung als Großspeicher für überschüssige Elektrizität genutzt werden können, immer dann, wenn sie am Ladekabel hängen.

Eine andere Möglichkeit, Strom speicherbar zu machen, ist es, Wasser auf dem Weg der Elektrolyse in seine Bestandteile Sauerstoff und Wasserstoff aufzuspalten und Letzteren aufzufangen. Der ist ein exzellenter Energieträger, er lässt sich unter Druck aufbewahren und, wenn er zum Einsatz kommt, »sauber« zu Wasser verbrennen.

Wasserstoff lässt sich auch auf chemischem Weg mit Kohlendioxid zu synthetischen Kohlenwasserstoffen zusammenbauen.

Die Verbrennung sogenannter SynFuels oder E-Fuels wäre klimaneutral, denn dabei entsteht nur so viel CO_2, wie zu deren Herstellung eingesetzt wurde. Die Synthese ist quasi die Umkehrung der Verbrennung von Öl oder Erdgas, sie ist technisch machbar, aber sehr energieaufwendig. Mit derartigen, bisher noch verboten teuren Kraftstoffen könnten industrielle Prozesse weiter betrieben werden, die sich nicht elektrifizieren lassen. Auch die heutigen Verbrennungsmotoren müssten nicht von den Straßen verschwinden. Und es ließen sich auch jene Fahr- und Flugzeuge bewegen, die mit Batterien kaum vom Fleck kämen, weil sie dann viel zu schwer wären.

All das erfordert gigantische Investitionen, sorgt für Wirtschaftswachstum und neue Arbeitsplätze. Die Internationale Agentur für Erneuerbare Energien, die interessanterweise in den ölreichen Vereinigten Arabischen Emiraten sitzt, schätzt, dass die Weltgemeinschaft bis 2050 jedes Jahr 800 Milliarden US-Dollar in die Erneuerbaren investieren müsste, um das 2-Grad-Ziel zu erreichen. Das entspricht dem Bruttoinlandsprodukt von Dänemark und Österreich zusammengerechnet.[47] 2019 lagen die Investitionen weltweit aber trotz eines massiven Ausbaus der Regenerativen erst bei 250 Milliarden US-Dollar, während die Öl- und Gasmultis doppelt so viel in ihr klimaschädliches, fossiles Geschäft investierten. Allein um die Stahlindustrie weltweit auf Klimaschutzkurs zu bringen und sie mit Wasserstoff anstelle von Kohle zu betreiben, wäre der Bau von 12 000 Windrädern der Vier-Megawatt-Klasse nötig.[48]

Absurderweise wurde das Verfeuern von fossilen Brennstoffen 2019 weltweit auch noch mit 400 Milliarden US-Dollar subventioniert, indem einzelne Länder Benzin oder Kohle künstlich verbilligten.[49] Rechnet man die indirekten Subventionen dazu, etwa die nicht berücksichtigten Gesundheits- und Klimafolgekosten des weltweiten Feuerwerks, die auf die Allgemeinheit abgewälzt werden, dann kommt man auf die unfassbare Summe von über 5000 Milliarden US-Dollar pro Jahr. Mit diesem Geld ließe sich jede Energiewende stemmen. Auch Deutschland beteiligt sich an dem Subventionsunfug: durch die Nichtbesteuerung von Flugbenzin, das Dienstwagenprivileg, die Pendlerpauschale oder die Unterstützungsleistungen für den Kohlebergbau.[50]

Es bleibt also bis 2050 einiges zu tun, um das Klima in einem menschenfreundlichen Zustand zu halten. Mit erneuerbaren Energien allein ist das nicht zu schaffen. Auch nicht mit Effizienzverbesserungen in allen Geräten, die wir nutzen, mit sparsameren Automotoren oder besser isolierten Häusern. Die Ingenieure allein können das Klima nicht retten.

Nur weniger ist mehr

Ein weiterer Ansatz ist deshalb entscheidend dafür, ob sich eine Klima- und Umweltkatastrophe vermeiden lässt: die Suffizienz. Der Begriff steht vereinfacht gesagt für Genügsamkeit und ist schon deshalb schwer politisch zu vermitteln. Suffizienz heißt, Energie und Material dadurch einzusparen, dass sie gar nicht erst zum Einsatz kommen. Sie bedeutet, bewusst etwas zu unterlassen, obwohl wir es tun könnten. Sie steht für Verzicht, Einschränkung, Bescheidenheit. Das aber klingt nach Frieren im Winter, Veggie Day die ganze Woche, nach kratzigem Wollpullover und dünnem Kaffee. Das wollen nur wenige und noch weniger möchten sich so einen Lebensstil von oben vorschreiben lassen.

Wenn Klimaschutz ernst gemeint ist, wäre es jedoch notwendig, in einem Hochverbrauchsland wie Deutschland den PKW-Verkehr um die Hälfte zu reduzieren, Parkplätze in Städten zu verteuern und einen Teil der Straßen zu Radwegen umzubauen. Überdimensionierte Autos wären zu verbieten. Die Pro-Kopf-Wohnfläche und damit der Heiz- und Kühlaufwand dürften nicht weiter wachsen, müssten im besten Fall sogar schrumpfen. Shoppen aus Spaß, also Dinge zu kaufen, die man gar nicht braucht, müsste aus der Mode kommen. Das alles sind Aussichten, die nicht allen Bürgern gefallen dürften.

Verzicht und zumindest ein zeitweises Leben in Bedürfnislosigkeit, Fastenzeiten und Askese gehören zu den Traditionen aller großen Religionen. Die Menschen sollten also Erfahrungen mit selbst auferlegten Einschränkungen haben. Doch sie passen nicht in die heutige Zeit. Zumindest hat die Politik schlechte Erfahrungen damit gemacht, den Bürgerinnen und Bürgern Suffizienz beizubringen. Den Grünen sind solche Vorschläge dermaßen um die Ohren geflogen, dass sich selbst die Umweltpartei mittlerweile dabei zurückhält, den Menschen Umweltvernunft einzutrichten. Umgekehrt haben sich die Bürger (stets nach anfänglichen Protesten) daran gewöhnt, dass ein friedliches Zusammenleben mit notwendigen Einschränkungen verbunden ist. Die Mehrheit der Deutschen raucht nicht mehr in öffentlichen Räumen, respektiert Parkverbote und Tempolimits in Städten, schnallt sich im Auto an oder beklagt sich nicht darüber, dass es an der Supermarktkasse keine Plastiktüten mehr geschenkt gibt.

Der Sozialwissenschaftler Manfred Linz vom Wuppertal Institut hat sich seit Jahren ausgiebig mit diesen Fragen beschäftigt und schreibt klipp und klar: »Zukunftsfähiges Leben und Wirtschaften wird ohne Suffizienz nicht gelingen.«[51] Er weiß aber auch, dass sich der Suffizienzgedanke nicht auf individueller Ebene, nicht durch einen allgemeinen Kulturwandel ausbreiten wird, weil die Deutschen (und alle anderen) kaum aus freien Stücken sagen werden: »Weniger ist besser, viel weniger ist am besten.«

Suffizienzdenken orientiert sich am langfristigen Gemeinwohl und kollidiert deshalb in der Regel mit kurzfristigen persönlichen Interessen und kommerziellen Zielen. Es bedarf deshalb einer Politik, der es gelingt, eine Begrenzung von Produktion und Konsum überzeugend zu vermitteln und regulativ umzusetzen, ohne Volksaufstände zu provozieren. Linz spricht in diesem Fall von »verpflichtender Suffizienz«.

Wie aber lässt sich Suffizienzdenken und -verhalten zu einer Volksbewegung machen? Zunächst gilt es, die Suffizienz vom Image des kratzigen Wollpullovers zu befreien beziehungsweise den »Gewinn im Verzicht erkennbar zu machen«, wie Manfred Linz sagt. Denn sie bedeutet nicht nur einen langfristigen Nutzen, sondern auch Befreiung von Konsumterror und Wegwerfgesellschaft, weniger Ausgaben, Entschleunigung in einer hektischen Zeit und Entspannung. Und vielleicht etwas Zeit zum Nachdenken über die Rolle des Menschen innerhalb der globalen Naturkreisläufe.

Dabei könnte man zum Beispiel auf die Idee kommen, dass unser heutiges Wohlergehen kein Modell für die ganze Welt sein kann. Dass es die Ungleichheit weiter verschärft und den Weltfrieden bedroht, wenn der eine Teil der Menschheit auf Kosten des anderen lebt. Trotzdem haftet dem Suffizienzdenken das Image eines elitären Konzepts jener Milieus an, die den Überfluss lange genug kennengelernt haben und jetzt auf einen Teil davon locker verzichten wollen.[52] »Suffizienz funktioniert nicht, sie ist arrogant«, sagt der ehemalige Umweltminister Klaus Töpfer mit Blick auf jene, die erst einmal genug für ein anständiges Leben haben müssen.[53]

Wohlorganisierte Suffizienzpolitik sollte deshalb schrittweise erfolgen, gut erklärt werden und für einen Ausgleich sorgen. Eine sukzessiv steigende Öko- oder CO_2-Steuer auf Benzin beispielsweise hätte den Sinn, Autofahrer dazu zu bewegen, nur notwendige Fahrten zu unternehmen, öfter den öffentlichen Verkehr zu nutzen oder das Rad zu nehmen und wenn, dann nur sparsame Fahrzeuge zu kaufen. Mobilität wird dadurch nicht teurer oder unterbunden, sondern nur anders und umweltschonender. Ob dabei ein Preis für den Liter Sprit von zwei, drei oder fünf Euro herauskommt, hängt allein von den Verbrauchern ab. Denn das Ziel der Ökosteuer ist es nicht, möglichst hohe Einnahmen für den Staat zu erzielen, sondern die Emissionen auf ein anvisiertes Niveau zu vermindern. Die Politik kann dann so lange an der Steuerschraube drehen, bis der Effekt erreicht ist. Und sie kann mit dem Aufkommen aus der Ökosteuer emissionsarme Mobilitätsformen unterstützen: Radwege bauen, den öffentlichen Nahverkehr verbessern, Bürgerbusse oder Ruftaxis in ländlichen Räumen fördern.

Wann kippt das Verhalten?

Genau wie es Kippelemente im Klimasystem gibt, bei denen sich etwa das Abschmelzen gigantischer Eisgebiete nicht mehr stoppen lässt, gibt es auch sozioökonomische Kippelemente, die eine positive oder negative Entwicklung in Gang setzen. Sie können zu massiven, sich selbst verstärkenden, nicht linearen Veränderungen in wirtschaftlichen Prozessen, im Konsumverhalten, in der Politik und in der Organisation von Gesellschaften führen – zu sogenannten disruptiven Systemwechseln.

Ein historisches Beispiel für ein solch soziales Kippelement war die Übersetzung der Bibel von Martin Luther in eine allgemein verständliche Sprache vor gut 500 Jahren. Die Heilige Schrift verbreitete sich in ungeahnter Weise, weil kurz zuvor der Buch-

druck erfunden worden war, eine technische Innovation der gleichen Epoche. Beide Kippelemente sorgten für die Reformation.
Die gedruckten Worte hatten eine Alphabetisierungskampagne
für die breiten Massen zur Folge, eine Bildungsrevolution in den
protestantischen Gebieten, die dann zu den westlich geprägten
Wissensgesellschaften und letztlich zur Vormacht der USA im
20. Jahrhundert geführt hat.[54]

Ein internationales Forscherteam, zu dem Hans Joachim
Schellnhuber vom Potsdam-Institut für Klimafolgenforschung
gehört, hat mittels einer weltweiten Onlinebefragung unter Experten nach möglichen Kippelementen gesucht, die dabei helfen könnten, das Null-Emissions-Ziel bis 2050 zu erreichen. Etwa
kleine Interventionen, die massive Folgen haben. Oder Nachrichten und Erkenntnisse, die sich über soziale Netzwerke verbreiten und irgendwann einen Wandel bewirken, der nicht mehr
gestoppt werden kann.

Ein mögliches Kippelement wären demnach die Finanzmärkte.
Sobald sie registrieren, dass die grüne Energieerzeugung billiger
und profitabler ist als die fossile, könnten sie das Geld aus letzteren Bereichen abziehen und in die lukrativere regenerative Branche stecken, ein Trend, der sich an den Märkten bereits abzeich-
net. Finanzmärkte reagieren schnell, sie können binnen Minuten
Milliardenbeträge vernichten und sind damit Vorboten einer
schöpferischen Zerstörung, die überholte Unternehmensstruktu-
ren aus dem Markt kegelt und Platz für Neues macht. Allerdings
tun sich neu zu errichtende Energiesysteme erst einmal schwer
gegen etablierte, bereits abgeschriebene, mit denen sich noch
gutes Geld verdienen lässt. Die Regierungen müssten den Umstieg also beschleunigen, etwa indem sie die Subventionen, die
heute noch in die fossilen Energien fließen, in die regenerativen
umlenken. Das kostet nichts, hätte aber einen enormen Effekt.

Auch die Schülerstreikbewegung Fridays for Future könnte ein Kippelement sein. Immerhin ist es der jungen Schwedin Greta Thunberg gelungen, mit ihrer ganz persönlichen »Klimapolitik« für Irritation zu sorgen. Sie hat viele zum Nachdenken über einen vermeintlich selbstverständlichen Lebensstil angeregt und wichtige Multiplikatoren für ihr Anliegen gefunden, von den Vereinten Nationen bis zum Papst.

Kippelemente könnten auch neue Allianzen, sogenannte Greencon-Bündnisse, zwischen konservativen und grünen Parteien sein, die sich klassischerweise als Wachstumsbefürworter beziehungsweise -kritiker gegenüberstanden. In Irland hat sich 2020 eine solche Koalition gebildet und mal eben beschlossen, die CO_2-Emissionen um sieben Prozent zu reduzieren – pro Jahr. Das österreichische Regierungsbündnis aus ÖVP und Grünen hat sich eines der wildesten Minderungsziele Europas vorgenommen: Klimaneutralität bis 2040. Linke und sozialistische Parteien, die oft an überkommenen Industrie- und Gesellschaftsstrukturen hängen, tun sich wesentlich schwerer mit dem Ökopragmatismus, weshalb etwa die Grünen in Deutschland die klassische Arbeiterpartei SPD in der Wählergunst abgehängt haben.[55] Die Grünen könnten sich vielerorts zu Königsmachern aufschwingen und die Konservativen sich auf ihren Auftrag im Wortsinne konzentrieren, nämlich bewahrend im Sinne der Umwelt zu handeln.[56] Letztlich könnte sich auch die Covid-19-Pandemie als Kippelement entpuppen. Sie hat vielen Menschen gezeigt, dass unser Umgang mit der restlichen Welt einer Neubewertung bedarf. Sie hat die Leugner der Krise als Lügner entlarvt und den USA einen Präsidenten beschert, der den Klimawandel bekämpfen will, anstatt Ölförderung in Naturschutzgebieten zu genehmigen.

Die ultimativen Kippelemente schließlich wären tatsächliche Klimakatastrophen: eine Serie von tropischen Wirbelstürmen, die Küstengebiete von Florida bis nach New York oder entlang der chinesischen Wirtschaftsboom-Regionen am Pazifik verwüsten. Dürreperioden, die Landwirte in großen Agrar-Exportländern wie den USA, Brasilien oder Australien ruinieren. Oder Hitzewellen, die zehntausende von Toten fordern. Aber selbst nach solchen Katastrophen ist nicht sicher, dass die betroffenen Länder daraus die richtigen Konsequenzen ziehen.[57]

Emissionsbudgets für die Armen der Welt

Unterstellen wir einmal, ein Land wie Deutschland würde, unter welcher Regierung auch immer, bis zur Mitte des Jahrhunderts auf den Null-Emissions-Pfad kommen. Gehen wir ferner davon aus, dass andere weit entwickelte Länder und die Schwellenländer das Gleiche schaffen. Dann bleibt noch jener Teil der Welt, der erst am Anfang seiner wirtschaftlichen Entwicklung steht, wo es an allem fehlt und wo die Bevölkerung noch stark wächst. Dort ist es dringend nötig, für alle Menschen eine vernünftige Infrastruktur aufzubauen mit Straßen und einer Elektrizitätsversorgung, Häuser zu errichten, Unternehmen zu fördern, die Jobs bieten, und vieles mehr. In den armen Ländern hat eine knappe Milliarde Menschen nicht mal einen Stromanschluss.[58] Ohne Steckdose gibt es keine Entwicklung, ohne Elektrizität keine Verarbeitung von landwirtschaftlichen Rohprodukten, ohne Strom entstehen keine Unternehmen, keine Arbeitsplätze. Um all das zu ermöglichen, sind erhebliche Rohstoffmengen nötig. Die Armen werden auf dem Weg zu mehr Wohlstand zwangsläufig zusätzliche Treibhausgase emittieren und das ist ihr gutes Recht. Immerhin haben sie bis dato so gut wie nichts zum menschengemachten Klimawandel beigetragen.

Wenn also im Rahmen einer globalen Klimagerechtigkeit zu akzeptieren ist, dass die einen ihre Emissionen erhöhen, während die anderen sie deutlich reduzieren müssen, welche konkreten Verschmutzungsrechte oder -budgets ergeben sich daraus für die einzelnen Länder? Diese Frage lässt sich nicht wissenschaftlich, sondern nur politisch beantworten und sie muss Teil der internationalen Klimaverhandlungen sein.

Die einfachste Lösung wäre, die globale Emissionsmenge, mit der sich das 2-Grad-Ziel noch erreichen lässt, durch die Zahl der Menschen zu teilen und daraus Budgets für jedes Land zu berechnen. Das wäre irgendwie »gerecht«, aber kaum praktikabel. Denn dann müssten die Schon-lange-Verschmutzer, also alle Industrienationen, sofort damit aufhören, CO_2 auszustoßen, beziehungsweise sie hätten es schon vor Jahren tun müssen. Und die Erst-morgen-Verschmutzer im wenig entwickelten Teil der Welt dürften noch viele Jahrzehnte weiter feuern. Dieser Vorschlag hat keine Chance auf Umsetzung.

Die nächste Frage ist der Stichtag für jede Budgetberechnung, also das Datum, ab dem die noch zulässigen Verschmutzungsrechte genutzt werden dürfen, solange bis die Null-Emissions-Grenze erreicht ist. Ein naheliegender Stichtag wäre Anfang 2016, als sich die Weltgemeinschaft auf das Pariser Klimaabkommen geeinigt hat. Demnach hätte Deutschland nach einer Überschlagsrechnung des Physikers Stefan Rahmstorf vom Potsdam-Institut für Klimafolgenforschung beispielsweise noch bis 2035 Zeit, um bei null Emission zu sein. Länder wie die Zentralafrikanische Republik oder Tschad aber hätten noch bis ins nächste Jahrhundert das Anrecht auf einen CO_2-Ausstoß.[59]

Das heißt, die weit entwickelten Länder, die den allergrößten Teil der menschengemachten Last an Treibhausgasen zu verantworten haben, müssten noch mehr, als sie es heute ahnen, in die Pflicht genommen werden und ihre Emissionen nicht nur zügig, sondern megaschnell reduzieren. Weil das aber praktisch gar nicht möglich ist, könnten sie den Entwicklungsländern deren vorerst gar nicht benötigten Emissionsrechte abkaufen oder als Gegenleistung bei dem Aufbau einer klimaschonenden Energieinfrastruktur helfen. Afrika beispielsweise benötigt nach Berechnungen der Internationalen Energieagentur bis 2040 jährlich rund 120 Milliarden US-Dollar, um eine sichere Energieversorgung aufzubauen, Mittel, die bisher nicht in Ansätzen bereitstehen.[60]

Mit diesem Geld ließen sich in Ländern mit zuverlässigem Windangebot, wie in Äthiopien, Kenia, Südafrika oder Senegal, Windparks errichten beziehungsweise weiter ausbauen. In ländlichen Gebieten, die bisher nicht einmal über Stromleitungen verfügen, ließen sich dezentrale Solaranlagen bauen, Paneele auf Hüttendächern oder auf Solarkiosken, bei denen die Menschen ihr Handy oder ihre Batterien aufladen können. Diese Kleinstkraftwerke könnte man zunächst über Mikronetze miteinander verbinden und sie später zu größeren Netzen erweitern. Die Internationale Agentur für Erneuerbare Energien geht davon aus, dass sich weite Teile Afrikas nur über dezentrale Anlagen werden versorgen lassen. Sie sind mittlerweile billig und in kürzester Zeit zu installieren, während herkömmliche, mit fossiler oder nuklearer Energie betriebene Großkraftwerke teuer sind und viele Jahre oder gar Jahrzehnte für Planung, Genehmigung und Bau benötigen – Jahre, in denen sich regenerative Energien weiter verbilligen werden.[61]

Wenig entwickelte Länder würden damit genau den umgekehrten Weg gehen, den einst die Industrienationen beim Aufbau ihrer Stromversorgung genommen haben. Sie könnten die fossile Phase der Elektrizitätsversorgung mit zentralen Kraftwerksblöcken und teuren Überlandleitungen quer durch das Land überspringen und sich direkt und dezentral mit regenerativer Energie versorgen. Sie könnten sich den aufwendigen Umbau ihrer Energielandschaft, vor dem die weit entwickelten Länder stehen, schenken, weil es gar nicht viel umzubauen gibt. Sie bräuchten ihren CO_2-Fußabdruck langfristig kaum zu reduzieren, weil er nie das Ausmaß erreicht, das die reiche Welt vorexerziert hat.

Und jetzt konkret

25 Punkte für die heile Welt

Das Konsumverhalten der Menschen hat einen massiven Einfluss auf die ökologische Zukunft des Planeten. Wer diesen Zusammenhang anerkennt, sollte versuchen, den eigenen Ressourcenverbrauch und den persönlichen Ausstoß von Treibhausgasen zu vermindern. Auch wenn es bei den meisten Einsparungen um niedrige Prozentbeträge geht, in der Summe läppert sich das. Der Klimawandel wird nicht durch einen Geniestreich oder eine Patentlösung gestoppt, vielmehr sind tausende von Einzelleistungen nötig.

Dennoch sind individuelle Verhaltensänderungen kein Ersatz für die richtige Rahmensetzung durch die Politik. Sie hat die Aufgabe, die ordnungsrechtlichen Vorgaben zu machen und sie überzeugend an die Bevölkerung zu vermitteln.

Deshalb hier eine Reihe von Empfehlungen an beide Seiten, ohne Anspruch auf Vollständigkeit. Sie können die beschriebenen Probleme nicht lösen, aber es sind wichtige Schritte in Richtung eines umweltverträglicheren Lebens. Weitere Ideen müssen und werden folgen.

Was einzelne Regierungen und die internationale Politik tun können

1. Echte Kosten offenlegen

Alles hat seinen Preis. Der eine Teil von Gütern wird an der Kasse bezahlt, den anderen, die negativen Externalitäten, also die unerwünschten Folgekosten, trägt in der Regel die Allgemeinheit. Die Gewinne werden privatisiert, die Schäden sozialisiert. Das verzerrt den Wettbewerb, ist unfair und das Gegenteil von Marktwirtschaft. Deshalb wäre es sinnvoll, die externen Kosten zu internalisieren und den Verursachern anzulasten. Sie tauchen dann auch in den Bilanzen der Unternehmen auf. Die Jahresergebnisse von Shell, Daimler oder Lufthansa sähen ganz anders aus und die Firmen müssten für ihre Produkte höhere Preise verlangen, um nicht pleitezugehen. Die Kunden zahlen dann die tatsächlichen Kosten für den Sprit, das Auto oder den Flug.

2. Emissionen besteuern oder handelbar machen

Um die wahren Kosten des Konsums besser sichtbar zu machen, sind zwei größere Vorschläge im Umlauf: der Emissionshandel und die CO_2-Steuer. Ersterer funktioniert nach dem Prinzip *Cap and Trade*, also limitieren und handeln. Zunächst wird eine zulässige Menge an CO_2-Steuern festgelegt. Bei dem bereits EU-weit organisierten Handel bekommt dann jeder Emittent, zum Beispiel ein Kohlekraftwerk oder ein Industrieunternehmen, eine limitierte Menge *(Cap)* an Emissionszertifikaten geschenkt. Will er mehr emittieren, muss er weitere Zertifikate ersteigern oder hinzukaufen *(Trade)*, etwa von einem Teilnehmer, der weniger CO_2 ausstoßen will. So entsteht ein Markt für die verbleibenden Emissionsrechte. Die erlaubte Gesamtmenge der Emissionen sinkt mit jedem Jahr EU-weit um 1,74 Prozent, ab 2021 um

2,2 Prozent. Der Preis für die Klimakiller steigt somit über die Zeit, ebenso der Anreiz, dort weniger zu emittieren, wo es am effizientesten ist. Der Preis steigt allerdings deutlich zu langsam, um das 2-Grad-Ziel zu erreichen. Zudem deckt der Emissionshandel bisher lediglich knapp 50 Prozent der EU-Klimagase ab. Der Verkehr, die Privathaushalte, die Landwirtschaft und viele Unternehmen werden zu lange verschont.[1] Wirklich erfolgreich wird der Handel erst, wenn er global ausgeweitet wird.

Bei dem zweiten Vorschlag werden jede Emission von CO_2 und damit CO_2-intensive Produkte wie Benzin, Heizöl, Kohle oder Erdgas schrittweise steuerlich verteuert. Wer Schaden anrichtet, muss dafür bezahlen und zwar von Jahr zu Jahr mehr, am meisten für jene Produkte, die den größten Treibhauseffekt bewirken. Das schafft Anreize für Unternehmen und Verbraucher und bedeutet einen Innovationsschub für emissionsarme Technologien. Die CO_2-Steuer muss allerdings von Beginn an hoch sein. Eine Preisdifferenz von 40 Cent pro Liter etwa beim Benzin sind die Autofahrer aus anderen Gründen gewöhnt. Sie hat keinerlei langfristige Spareffekte.

Beide Vorschläge haben Vor- und Nachteile. Bei der CO_2-Steuer wird ein Erfolg schneller sichtbar: Der Gesetzgeber kann so lange an der Steuerschraube drehen, bis der gewünschte Effekt eintritt. Wer tankt, bekommt dann einen Schreck an der Zapfsäule. Das ist zwar genau der Zweck der Veranstaltung, schreckt die Politik aber aus Angst vor aufgebrachten Bürgern ab. Der Gesetzgeber sollte deshalb die Einnahmen aufkommensneutral rückverteilen. Das heißt, alles, was ökologisch unerwünscht ist, etwa die Atmosphäre zu verschmutzen, kostet Geld. Was erwünscht ist, wird verbilligt, etwa die Arbeit durch eine entsprechend abgesenkte Lohnsteuer oder der Klimaschutz durch eine Prämie bei Gebäudeisolierungen. Wirklich funktionieren kann eine CO_2-

Steuer aber nur, wenn sie international einheitlich eingeführt wird, ansonsten verlagern sich die Emissionen schnell in jene Länder, wo es billiger ist, die Atmosphäre zu verschmutzen.

Beim Emissionshandel fließt das Geld dorthin, wo sich CO_2 am günstigsten einsparen lässt, auch über Ländergrenzen. Das ist sinnvoll, solange auf diesem Weg veraltete Kohlekraftwerke in Bulgarien oder Polen stillgelegt werden und die Unternehmen mit dem eingenommenen Geld etwa eine moderne Müllverbrennungsanlage mit Stromerzeugung bauen können. Um die Erderwärmung zu begrenzen, ist es schließlich egal, wo die Einsparungen vorgenommen werden. Allerdings ist der Emissionshandel mit mehr Bürokratie verbunden als die CO_2-Steuer.

3. Regionale Minderungsziele setzen

Um die Klimaziele zu erreichen, muss die Politik international planen, die unterschiedlichen Voraussetzungen in den einzelnen Ländern berücksichtigen und dann klare gesetzliche Vorgaben machen. Die Umsetzung muss aber auf der nationalen, regionalen und kommunalen Ebene erfolgen. Jede Kommune sollte sich deshalb an den nationalen Zielen orientieren und eine klare Minderungsstrategie für den Verkehr, die Bauleitplanung, den Wohnungsbau und die Energieversorgung erarbeiten. Damit die Strategie mehr wert ist als das Papier, auf dem sie geschrieben ist, muss die Kommune regelmäßig überprüfen, ob sie das erfüllt, was sie sich vorgenommen hat, und gegebenenfalls nachsteuern, um bis 2050 klimaneutral zu werden. Dabei sind stets auch die importierten Emissionen zu berücksichtigen, also jene, die außerhalb der kommunalen Grenzen stattfinden, aber auf dem Konsum innerhalb der Kommune beruhen.

4. Holz ins Haus

Gebäude verursachen rund 20 Prozent der globalen CO_2-Emissionen.[2] Die Bauwirtschaft ist ein enormer Rohstoffverbraucher. Zement, Ziegelsteine, Stahl, Isolierschäume sind große CO_2-Emittenten. Holz, ein uralter Baustoff, hat diese Negativeigenschaften nicht. Es bindet als Konstruktionsmaterial Kohlenstoff für viele Jahre und verursacht so negative CO_2-Emissionen. Das derzeit höchste Haus aus Verbundholz ist 85 Meter hoch, steht im norwegischen Brumunddal und beherbergt Appartments, ein Hotel, einen Swimmingpool und ein Restaurant. Holzbauten können feuer- und erdbebensicherer errichtet werden als herkömmliche Gebäude.[3] Würden nur zehn Prozent aller Neubauten weltweit aus diesem Material gebaut, ergäbe sich eine jährliche Negativemission von 734 Millionen Tonnen CO_2, das entspricht etwa dem Jahresausstoß von ganz Deutschland. Die doppelte Menge an Emissionen lässt sich zusätzlich vermeiden, weil in Holzhäusern kaum Stahl und Beton verbaut wird.[4] Kommunen sollten deshalb bei Baugenehmigungen darauf achten, dass möglichst ganze Neubaugebiete in Holzbauweise errichtet werden.

5. Wälder vergrößern, schützen und nachhaltig nutzen

Bäume sind große Kohlenstoffspeicher, ebenso die Waldböden, in denen sich tote Biomasse anreichert. Kahlschlag und erst recht Brandrodung setzen diesen Kohlenstoff als Kohlendioxid frei. Deshalb ist es ökologisch sinnvoller, bestehende Wälder zu bewahren und Holz nur zu entnehmen, wenn es möglichst langfristig genutzt wird, etwa für den Hausbau, als gerodete Wälder neu aufzuforsten, in denen eine Biodiversität erst entstehen muss. Das gilt insbesondere in den Tropen, wo die Wälder eine wichtige Funktion für die lokale Klimastabilität haben. Der größte Schaden entsteht, wenn solche Wälder abgefackelt werden, um auf den frei gewordenen Flächen Rinder zu halten, die dann noch Methan aus ihren Wiederkäuermägen freisetzen und das Klima im doppelten Sinne schädigen.

6. Umverteilung im öffentlichen Verkehrsraum

Der Ausbau des öffentlichen Nahverkehrs in den urbanen Räumen ist sinnvoll, hat aber einen unerwünschten Nebeneffekt: Wenn die Pendler auf Busse und Bahnen umsteigen, lassen die nervigen Staus nach, was viele Umsteiger wieder zurück in die Autos lockt. Deshalb gehört zu einer Verkehrswende eine Umverteilung der Wege und Flächen zugunsten emissionsarmer, am besten emissionsloser Fahrzeuge.[5] Kopenhagen oder die Niederlande haben vorgemacht, wie sich ein Teil des Verkehrs auf Radwege verlagern lässt. Die Pariser Bürgermeisterin Anne Hidalgo hat das Radwegenetz um 1000 Kilometer erweitert und plant, von der Ringautobahn der Hauptstadt eine Spur für Fahrräder abzuzweigen. Was immer an neuen Fortbewegungsmitteln auf den Markt drängt, E-Bikes, Elektroscooter oder E-Roller: Das klassische pedalgetriebene Rad ist und bleibt das umweltfreundlichste Mobil.

7. Tempolimit auf Autobahnen

Jeder Mensch, der einmal einen Blick auf den aktuellen Spritverbrauch am Armaturenbrett geworfen hat, weiß, dass ein Auto bei 160 km/h deutlich mehr schluckt als bei Tempo 120. Nur Politiker, die bisher ein Tempolimit auf Autobahnen ablehnen, allen voran der aktuelle Verkehrsminister, haben das vermutlich noch nie getan. Deshalb lassen sie sich auch nicht von Studien überzeugen, die diesen Zusammenhang immer wieder belegen. Ein Tempolimit von 120 km/h würde Angaben des Umweltbundesamtes zufolge in Deutschland immerhin 2,6 Millionen Tonnen

CO_2 pro Jahr einsparen, das sind 6,6 Prozent der Emissionen von PKW und leichten Nutzfahrzeugen auf Autobahnen.[6]

8. Strukturwandel befördern

Immer wieder verschwinden Produkte, Produktionsverfahren und ganze Industriebereiche, weil sie nicht mehr zeitgemäß sind. Kein Mensch baut mehr mechanische Schreibmaschinen, kein Kumpel holt mehr Steinkohle aus dem Erdreich unter dem Ruhrgebiet. Dieser technisch-wirtschaftliche Fortschritt kann Märkte im Sinne der Nachhaltigkeit verändern, überkommene Industrien zu Verlierern machen und innovative nach oben spülen. Die nächsten großen Verlierer in diesem Strukturwandel könnten die Ölindustrie und die klassische Automobilindustrie sein. Wenn sie sich nicht wandeln, sollten sie den Weg der schöpferischen Zerstörung gehen – und verschwinden. Die Politik sollte diesen Trend fördern und nicht bremsen, nur weil zunächst einmal Jobs verloren gehen. Schließlich entstehen erst durch den Wandel wechselseitig neue, zukunftsfähigere Arbeitsplätze.

9. Subventionen für Förderung und Verbrauch fossiler Energie beenden

Wenn bekannt ist, dass Kohlendioxid das Klima schädigt, warum verbilligen dann einzelne Regierungen künstlich Kohle, Öl und Gas? Das geschieht in den Ländern der EU und in weitaus größerem Maßstab in China, den USA oder Russland. Die externen Kosten des fossilen Feuerwerks wurden schon 2015 weltweit auf 5,3 Billionen US-Dollar geschätzt und sind seither weiter gestiegen.[7] Subvention fördert die Verschwendung, behindert die Erfindung sparsamer und nachhaltiger Techniken und belastet die Steuerzahler.

Was Sie als Einzelperson tun können

10. Machen Sie eine CO_2-Diät

Gehen Sie bitte einmal auf die Website des Umweltbundesamts *www.uba.co2-rechner.de* und ermitteln, für wie viel Treibhausgas Sie pro Tag und Jahr verantwortlich sind. Sie werden kaum auf null kommen, wie es das Pariser Abkommen mittelfristig verlangt. Danach verzweifeln Sie bitte nicht, sondern überlegen, an welcher Stelle Sie Emissionen vermeiden können. Rund ein Drittel Ihrer Emissionen können Sie selbst beeinflussen, für den Rest bedarf es staatlichen Handelns. Ihre Bilanz verbessert sich vor allem, wenn Sie weniger fliegen, öffentliche Verkehrsmittel und das Rad oder Ihre Füße anstatt eines Autos benutzen, um von A nach B zu kommen, wenn Sie weniger heizen und weniger Strom verbrauchen. Ich selbst habe nach der Arbeit an diesem Buch noch einmal Bilanz im Vergleich zu Kapitel 1 gezogen. Resultat: Ich konnte meine CO_2-Emissionen um fast die Hälfte gegenüber den Vorjahren reduzieren: weil ich praktisch nur zu Hause gearbeitet, so gut wie keine Dienstreisen unternommen, Urlaub nur auf dem Fahrrad verbracht habe und so viel Zeit für den Garten hatte, dass er fast zur Selbstversorgung taugte. Das war zugegebenermaßen eine Sondersituation wegen Corona. Aber immerhin.

11. Sparen Sie sich die Energie

»Mach doch das Licht aus, wenn du nicht im Zimmer bist«, haben uns die Eltern schon eingetrichtert. Und sie hatten recht. Aber es gibt noch viel mehr kluge Tipps, um Energie nicht dort zu vergeuden, wo sie weder Sinn noch Nutzen erbringt: Geräte nicht im Stand-by-Modus laufen lassen; Heizkörper entlüften; Waschmaschinen nicht mit halber Füllung starten; keine Viertelstunde unter der warmen Dusche stehen und so weiter und so fort. Auf der Internetseite des Umweltbundesamts finden Sie die Broschüre »Energiesparen im Haushalt«, verfügbar auf Deutsch und auf Türkisch.[8] Wenn Sie auch nur einen Teil der Ratschläge befolgen, ist Ihr CO_2-Rucksack um einiges leichter.

12. Vermeiden Sie Plastik

Kunststoffe sind tolle Materialien, die Alltagsgegenstände und Bauteile aller Art leichter und langlebiger machen und sichere Verpackungen ermöglichen. Aber sie haben in der Umwelt nichts zu suchen. Kaufen Sie Plastik nur, wenn es sich nicht vermeiden lässt, und befördern Sie es nach Gebrauch dorthin, wo es einer gefahrlosen Wiederverwertung zugeführt werden kann.

13. Teilen ist das neue Haben

Nicht jede nützliche Bohrmaschine, Heckenschere oder Kettensäge muss man auch besitzen, sie sind eh nur ein paar Stunden pro Jahr im Einsatz. Viele Gerätschaften, auch Autos oder ausgefallene Kleidungsstücke, lassen sich kollektiv nutzen, leasen oder teilen. Auf Onlineplattformen wie *nebenan.de* oder *fairleihen. de* kann man alles Mögliche ausleihen oder zur Leihe anbieten. Ganz nebenbei lernt man dabei neue Leute kennen.

14. Digital detox

Gehen Sie mal offline. Das World Wide Web macht zwar vieles einfacher und lässt sich kaum noch aus dem Leben wegdenken, aber der geräuschlose Datenverkehr für E-Mails, Internetrecherche, Tweets, WhatsApp-Nachrichten, Abspeichern in der Cloud oder Streaming frisst in den Rechenzentren, Datenspeichern und Knotenpunkten der Anbieter eine ungeahnte Menge Strom. Der Spaß verursachte weltweit (vor Corona!) deutlich mehr CO_2-Emissonen als der Flugverkehr, Tendenz: stark steigend. Schon

2018 emittierte das globale Videostreaming so viel CO_2 wie ganz Spanien. Eine Sendung direkt im Fernsehen zu verfolgen, statt in der Mediathek aufzurufen, klingt zwar etwas angestaubt, ist aber besser für die Umwelt. Fortschritt kann eben auch mal Rückschritt sein.[9] Das zeigt sich auch an der fortwährend »verbesserten« Technik, mit der wir uns medial umgeben: Bildschirme mit immer höherer Auflösung verbrauchen weit mehr Strom als ihre Vorgänger. Mit dem 5G-Netz wird die Datenfülle weiter explodieren. Am schlimmsten unter allen Internet-Anwendungen ist das Schürfen von Kryptowährungen wie Bitcoin. Es fraß schon Anfang 2020 dreimal so viel Strom wie ganz Irland.[10] Eine einzige Bitcoin-Transaktion verbraucht so viel Strom wie 23 US-amerikanische Durchschnittshaushalte an einem Tag und hinterlässt sage und schreibe 324 Kilogramm CO_2 in der Atmosphäre.[11]

Deshalb gilt auch hier: Weniger ist mehr. Löschen Sie überflüssige E-Mails, schicken Sie nicht jede Mail an einen großen Verteiler, bestellen Sie Newsletter ab, die Sie eh nie lesen, googeln Sie nicht jede Frage, die Ihnen einfällt, stellen Sie Alexa und Co. auf den Recyclinghof. Und speichern Sie nicht jedes Foto oder jedes Katzenvideo in der Cloud – für solche Zwecke taugt auch die gute, alte Festplatte.

15. Essen Sie CO_2-arm

Globalisierung hat gewisse Vorteile. Sie schafft Arbeitsplätze, ermöglicht besseren Handel und Informationsaustausch und zwingt die Staaten zu einer politischen Kooperation. Aber wollen Sie wirklich Saitlingspilze aus Südkorea, Spargel aus Peru oder Prinzessböhnchen aus Kenia essen oder tun es auch Pfifferlinge, Schwarzwurzeln oder Möhren aus der Region? Das ganze Exotenzeug kommt gemeinsam mit den Flugmangos (neue Tierart?) auf dem Luftweg in Ihren Supermarkt. Maximale CO_2-Emissionen ga-

rantiert. Das Nahgekaufte ist frischer und umweltfreundlicher. Zugegeben, dieser Ansatz klappt nicht bei allen Produkten, die wir lieben. Tee, Kaffee oder Kakao wachsen nun einmal nicht in unseren Breiten.

Ansonsten gilt in Sachen klimafreundliche Ernährung: Schmeißen Sie möglichst keine Lebensmittel weg. Leitungswasser ist besser und billiger als Flaschenwasser. Nutzen Sie saisonale Angebote und kaufen Produkte, die möglichst wenig industriell verarbeitet sind, denn das bedeutet immer Energieaufwand und viel Verpackung. Essen Sie weniger Fleisch, weniger tierische Produkte wie Milch und Käse, und wenn, dann lieber von Tieren aus Weidehaltung, weil diese kein Kraftfutter (meistens Soja aus Südamerika) brauchen. Rinder haben die schlechteste Klimabilanz, Hühner die beste. Wenn Sie weniger besseres, dafür aber teureres Fleisch essen als viel billiges, kostet das unterm Strich nicht mehr.

16. Werden Sie Teilselbstversorger

Wenn Sie in einem Haus mit noch so kleinem Garten leben: raus mit den Rhododendronsträuchern, mit der Thujahecke und dem überdüngten Zierrasen. Vor allem raus mit den Kies- und Schotterbeetfüllungen, den »gartengewordenen SUVs«, wie sie der Gartenbauer Tjards Wendebourg nennt.[12] Graben Sie den ganzen Mist um, bringen ordentlich Kompost ein und bauen etwas Obst und Gemüse selbst an. Das macht Spaß (und Arbeit), ist gesund und gut für die Umwelt. Fangen Sie mit den einfachen Dingen an, das verspricht die schnellsten Erfolgserlebnisse: Mangold, Salat, Radieschen, Zucchini, Kartoffeln, Johannisbeeren. Der Rest kommt von alleine. Beobachten Sie den Boden, das Wetter, Ihre Nahrungskonkurrenten (Schnecken, Blattläuse, Nematoden etc.), also die natürlichen Feinde des Gärtners, und lernen Sie, was

Ökologie bedeutet: Der Garten gehört Ihnen nie alleine. Dennoch können Sie auf 150 Quadratmetern einen Dreipersonenhaushalt mit Gemüse versorgen, wenn Sie es schlau anstellen, vielerorts in Deutschland zehn Monate lang. Nicht alles, was Sie der Scholle entringen, sieht genormt aus wie im Supermarkt. Aber es schmeckt besser. Und wenn Sie mitten in der Stadt wohnen: Jeder Balkon taugt zum Kleinstgarten.

17. Beziehen Sie nur Ökostrom

Das ist der einfachste Weg, die heimische Energiewende zu beschleunigen, denn Ihr Stromversorger muss dann regenerative Elektrizität einkaufen und treibt so den Ausbau der entsprechenden Anlagen voran, zu Lasten CO_2-speiender Kohlekraftwerke.

18. Dienstreisen sind auch möglich, ohne das Haus zu verlassen

Wir wollen hier jetzt nicht die Corona-Pandemie feiern. Aber zumindest eine Erkenntnis hat sie gebracht: Nicht jeder Flug zu einem Meeting mit Rückflug direkt danach ist nötig, nicht jede Konferenz bringt neue Erkenntnisse. Onlinetreffen, Webinare, Zoom- oder Teamviewer-Meetings und manches Kundengespräch per Skype haben sich in der Krise als effizient, einfach und zeitsparend erwiesen. Trotz eines höheren Stromverbrauchs und eines gestiegenen Materialverbrauchs durch zusätzliche Bildschirme und Software ist der ökologische Fußabdruck von virtuellen Treffen deutlich geringer als der von Dienstreisen.

19. Lassen Sie die Finger von überdimensionierten Autos

Mobilität ist ein Teil unseres Lebens. Und viele Leute sind dabei auf ein Auto angewiesen. Aber diese Gefährte müssen keine zwei, drei Tonnen wiegen, 200 PS und mehr haben oder Reifen, die

auf einen LKW passen. Panzerartige Spritschlucker, sogenannte *obesity cars*, sind peinlich und das darf man ruhig auch mal sagen. Auch kleinere Autos, ob mit Verbrennungs- oder Elektromotor, erfüllen perfekt ihren Zweck, nämlich Menschen von A nach B zu bringen. Wir brauchen Autos, die mit Strom, Wasserstoff oder synthetischen Kraftstoffen fahren, wesentlich leichter sind als heutige und deshalb weniger Energie zur Fortbewegung brauchen. Billiger sind sie allemal. Und jetzt VW, Daimler oder BMW, bitte weghören: Das beste Auto ist gar kein Auto.

20. Fliegen Sie weniger

Sich mit dem Flugzeug voranzubewegen, ist auf längeren Strecken die schnellste, aber auch klimaschädlichste Variante des Reisens, die noch dadurch befördert wird, dass es auf Flugbenzin keine Steuer gibt. Diese Subvention hat die absurde Folge, dass Fliegen oft billiger ist als das wesentlich umweltfreundlichere Bahnfahren. Fliegen ist überdies das Privileg einer weltweit kleinen, gut betuchten Elite, während die Mehrheit der Menschen die Klimafolgen des Luftverkehrs zu tragen hat. Das ist nicht gerecht. Natürlich lassen sich nicht alle Flüge vermeiden, aber vieles lässt sich reduzieren. Verzichten Sie auf Inlands- und Kurzstreckenflüge.

21. Konsumieren Sie weniger

Shoppen macht viele Menschen glücklich. Allerdings ist der Lustgewinn nur von kurzer Dauer, weshalb wir dann umso schneller weitershoppen. Die Möglichkeiten, online einzukaufen und mit Karte oder kontaktlos zu zahlen, statt die Scheine einzeln abzuzählen, haben den Kauftrieb weiter beschleunigt. Vermeiden Sie Spontan- oder Frustkäufe. Überlegen Sie vor jedem Besuch eines Geschäftes oder vor jedem Einkauf im Internet, was Sie eigent-

lich brauchen. Eine gute Übersicht zu überflüssigen Dingen bietet die Werbung im Fernsehen oder Internet, denn für den dort angepriesenen Kram müssen die Hersteller in einer Überflussgesellschaft den meisten Wirbel machen.

22. Wählen Sie klimafreundlich

Schauen Sie sich vor der nächsten Wahl genau an, welche Konzepte die Parteien und Kandidaten in Sachen Umwelt- und Klimaschutz haben. Machen Sie in Gesprächen und Diskussionen deutlich, dass Sie von der Politik klare Strategien für mehr Nachhaltigkeit erwarten. Die meisten Politiker wissen um die Dringlichkeit bei diesen Fragen. Aber sie brauchen den Rückhalt der Wählerschaft, damit sie dann auch mutig vorangehen. Auch Politiker muss man zum Jagen tragen. Vermitteln Sie anderen, in der Familie, im Freundeskreis, auf der Arbeit, dass uns beim Klimaschutz die Zeit davonläuft.

23. Beeinflussen Sie die Finanzmärkte

Die meisten Leute haben etwas Geld übrig, das sie für später auf die hohe Kante packen. Wo immer Sie diese Mittel anlegen, meiden Sie Investitionen in umweltgefährdende Branchen, vor allem in jene Unternehmen, die ihr Geschäft auf fossilen Energien aufbauen, von der Mineralölindustrie bis zu den Autoherstellern, welche die dicksten Karossen verkaufen. Sagen Sie Ihrem Bankberater, dass Sie kein Interesse an solchen Aktien haben. Sie werden staunen, welche Macht die Märkte haben. Institutionelle und private Investoren haben bereits Billionen aus derartigen Branchen abgezogen und manches Unternehmen, etwa die alten deutschen Versorgerriesen RWE oder E.ON, gezwungen, zumindest teilweise auf regenerative Energien umzusteigen.

24. Entdecken Sie die Nähe

Viele Menschen, und ich gehöre dazu, haben die Zeit der Corona-Krise genutzt, sich intensiv in deutschen Landen umzuschauen. Nicht jeder kennt Churfranken, das Rothaargebirge, den Kellerwald oder die Vulkaneifel. Diese Orte haben vielleicht eine andere Exotik als Bali oder Puerto Rico, aber ungeahnte Reize. Reisen heißt, Neues kennenzulernen, und davon gibt es eine ganze Menge im Umkreis von 500 bis 1000 Kilometern. Am besten erschließt sich diese Binnenexotik auf die langsame Art: mit dem Rucksack zu Fuß oder per Fahrrad. Und wenn Sie trotzdem mal weiter weg in Urlaub fliegen wollen: Bleiben Sie ein paar Wochen dort und nicht nur ein paar Tage.

25. Machen Sie einmal gar nichts

Legen Sie sich aufs Sofa, auf die sommerliche Wiese oder auf die Parkbank und schalten Ihr Gehirn aus. Nichtstun ist die umweltverträglichste Form des Daseins.

Epilog
War das ein Lehrjahr?

Dieses Buch ist 2020 entstanden. Ein Jahr, das viele Menschen als *annus horribilis* verbucht haben dürften. Scheinbar aus dem Nichts war ein neues Virus über die Erdbewohner hergefallen. Es legte vielerorts das öffentliche Leben lahm, stürzte die Weltwirtschaft in ihre schwerste Wirtschaftskrise seit dem Zweiten Weltkrieg und schickte mindestens 1,8 Millionen Menschen in den vorzeitigen Tod.[1] Das ist, als wäre eine Stadt wie Hamburg oder Warschau in einem Jahr ausradiert worden.

Doch unterhalb des Pandemie-Radars ereigneten sich Dinge, die kaum weniger bedrohlich waren: Der Gehalt an Treibhausgasen in der Atmosphäre hat sich, der Corona-Krise und dem Pariser Klimaabkommen zum Trotz, weiter erhöht. Die Folgen dieses Großexperiments konnten Meteorologen akribischer vermessen als je zuvor. Sie vermeldeten Ende 2020 das mit Abstand wärmste Jahrzehnt seit Beginn der Aufzeichnungen.

Geologen gehen davon aus, dass auch in diesem Jahr zwischen 36 und 52 Milliarden Tonnen fruchtbare Ackerkrume verloren gegangen sind, also rund fünf Tonnen der vielleicht wichtigsten Lebensgrundlage für den Menschen pro Kopf der Weltbevölkerung.[2] Biologen schätzen, dass binnen zwölf Monaten 10 000 bis 100 000 Tier- und Pflanzenarten ausgestorben sind. Genauer ist

das nicht zu sagen, denn die meisten dieser Wesen dürften sich von der evolutionären Bühne verabschiedet haben, bevor sie irgendein Taxonom katalogisieren konnte.[3]

Überaus erfolgreich war hingegen jene Spezies, die für alle diese Desaster verantwortlich ist und die mitunter die absurdesten Verschwörungstheorien bemüht, um davon abzulenken: Sie hat sich 2020 um rund 80 Millionen Exemplare vermehrt.

2020 war aber nicht nur ein Jahr des Schreckens und der Finsternis, in dem die Ökosysteme dem einen oder anderen Kipppunkt bedrohlich nahe gekommen sind. Es hat auch gezeigt, dass mit Populisten kaum ein Staat zu machen ist. Dass deren Vertreter mit ihren vermeintlich einfachen Antworten auf komplexe Fragen ihren politischen Zenit womöglich erst einmal überschritten haben. Dass vergleichsweise langweilige Präsidenten mehr für ihr Land tun können als diplomatische Abrissbirnen, die zum Höhepunkt einer Pandemie der Weltgesundheitsorganisation die Mittel streichen. Und dass Demokratien auch eine vierjährige Nahtoderfahrung überwinden können. Optimisten würden sagen, das *annus horribilis* habe doch noch als *annus mirabilis* geendet, als Jahr der besonderen Ereignisse, die das Zeug für eine Zeitenwende haben.

Das Jahr der Pandemie hat womöglich auch den *Homo sapiens* an einen Kipppunkt gebracht, an dem er oder sie ins Grübeln gekommen ist: Haben jene Waldbrände, die gefühlt einmal um den Erdball loderten, die Hitzerekorde, die das Leben mancherorts zur Qual machten, die Wirbelstürme, die sich den Küsten näherten, und die polaren Eismassen, die zu Wasser gerannen, haben diese »Naturkatastrophen« vielleicht irgendetwas miteinander zu tun? Und haben sie am Ende gar keinen natürlichen Ursprung? Könnten die vielfältigen Umweltveränderungen, die neuen und alten Seuchen, die sich unter den Menschen und ihren Nutztie-

ren ausbreiten, in einem Zusammenhang mit unseren Lebensgewohnheiten stehen?

Dass dies der Fall ist, gilt unter der großen Mehrheit der Wissenschaftler als ausgemacht. Auch, dass sich mittlerweile die einzelnen Katastrophenpfade kreuzen und sich die Desaster gegenseitig hochschaukeln. Wenn etwa die Erderwärmung Buschfeuer in Australien wahrscheinlicher macht und diese in einem Jahr mehr Kohlendioxid in die Atmosphäre pumpen, als es normalerweise die Bewohner des ganzen Kontinents tun, dann lässt sich an fünf Fingern abzählen, dass die Flammen der Zukunft ein noch leichteres Spiel haben werden.[4]

Welche Schlüsse die Menschen letztlich aus den ernüchternden Erkenntnissen des Jahres 2020 ziehen werden, ist ungewiss. In der Vergangenheit jedenfalls waren sie nicht sonderlich gut darin, ihr Wissen in entsprechendes Handeln umzusetzen. Doch immerhin, auch das hat die Covid-19-Pandemie gezeigt, sind sie in der Lage, akute lebensbedrohliche Gefahren zumindest einzuhegen: einerseits durch ein kollektiv verändertes, zu einem guten Teil politisch verordnetes Verhalten, durch (selbst) auferlegte Einschränkungen. Und andererseits durch die Schwarmintelligenz von abertausend international kooperierenden Wissenschaftlern, die den neuen Erreger in zuvor unbekannter Geschwindigkeit identifizieren und eine ganze Batterie von Impfstoffen als Bollwerk quasi aus dem Boden stampfen konnten.

Change by Desaster nennen Experten solch einen Wandel unter dem Druck der Ereignisse. Solch ein Wandel durch Unheil ist der gängige Prozess, mit dem sich die Menschen seit jeher von einer schlechten Erfahrung zur nächsten hangeln. Warum sollte man etwas ändern, solange es gut läuft? Wir löschen erst, wenn es brennt! Doch *Change by Desaster* bedeutet, ein Unheil erst mal ertragen zu müssen, bevor sich etwas reparieren lässt.

Das Problem ist, dass dies bei einer akuten Bedrohung durch eine Pandemie funktionieren kann und »lediglich« die Kollateralschäden von ein paar Millionen Opfern zu tragen sind, danach aber alles wieder gut wird. Der Klimawandel, das Artensterben oder das Bevölkerungswachstum bedeuten aber gar keine unmittelbaren Gefahren für unseren Lebensalltag. Sie entwickeln sich gemächlich zu Katastrophen, von denen unsere Kinder und Kindeskinder mehr spüren werden als wir selbst. Sie sind aber nicht mehr rückgängig zu machen, wenn sie einmal an Fahrt gewinnen. Sie verursachen mehr als nur Kollateralschäden.

Diese Schäden lassen sich nur durch einen *Change by Design* vermeiden, durch einen Wandel, der auf vorausschauender, wissenschaftlich abgesicherter Planung beruht. Er erfordert im Vorfeld Vorsichtsmaßnahmen, die dazu beitragen, dass größere Probleme gar nicht erst entstehen. Das Jahr 2020 hat auch gezeigt, dass es nicht ausreicht, zu wissen, wie sich ein Problem verhindern lässt, sondern dass man es auch rechtzeitig tun muss.

Die größte Aufgabe des 21. Jahrhunderts besteht somit darin, vom Wissen zum Handeln zu kommen. Und zwar schnell. Verdammt schnell.

Dank

Ein Buch wie dieses schreibt man nicht isoliert im stillen Kämmerlein. Der Inhalt beruht auf den Erfahrungen meiner beruflichen Tätigkeit der letzten 45 Jahre, bei der ich zahllose Experten kennenlernen konnte. Von ihrem Wissen habe ich profitiert, ohne sie gäbe es dieses Buch nicht. Dazu zählen vor allem meine ehemaligen Kollegen vom Berlin-Institut für Bevölkerung und Entwicklung wie auch die Fellows vom Stellenbosch Institute for Advanced Studies in Südafrika, wo ich mehrere Forschungsaufenthalte verbringen konnte. Mein besonderer Dank gilt jenen, mit denen ich mich für dieses Projekt (einmal mehr) getroffen habe, die meisten persönlich, andere wegen Corona nur virtuell: George Chaplin, Abdallah Daar, Martin Faulstich, Ian Goldin, Hartmut Graßl, Nina Jablonski, Stefan Kaufmann, Lukas Klingholz, Mojib Latif, Wolfgang Lutz, Klaus Töpfer, Manuel Slupina und Sabine Sütterlin. Der Lektor Bernd Martin hat in diesen pandemischen Zeiten erfreulicherweise den Überblick behalten.

Anmerkungen

1. Die doppelte Überbevölkerung

1 Nina Jablonski, persönliche Mitteilung, 10.03.2020.

2 https://www.derstandard.at/story/2000101892033/paedagogin-fortpflan-zung-ist-eine-egoistische-handlung (zuletzt aufgerufen am 15.12.2020).

3 https://www.idowa.de/inhalt.regensburger-lehrerin-im-interview-verena-brunschweiger-herzlos-oder-weltretterin.dcd8f563-3efe-4864-8e84-c6f-94c4e7fc4.html (zuletzt aufgerufen am 15.12.2020).

4 Brunschweiger, V. (2020): Die Childfree-Rebellion: Warum »zu radikal« gerade radikal genug ist. Marburg. Brunschweiger, V. (2019): Kinderfrei statt kinderlos: Ein Manifest. Marburg.

5 https://www.theguardian.com/lifeandstyle/2019/mar/12/birthstrikers-meet-the-women-who-refuse-to-have-children-until-climate-change-ends (zuletzt aufgerufen am 15.12.2020).

6 Wynes, S., Nicholas, K. A. (2017): The climate mitigation gap: Education and government recommendations miss the most effective individual actions. Environmental Research Letters 12 (7).

7 https://ec.europa.eu/eurostat/tgm/table.do?tab=table&init=1&language=de&pcode=t2020_rd300&plugin=1 (zuletzt aufgerufen am 15.12.2020).

8 https://ourworldindata.org/co2/country/germany?country=DEU~USA~QAT (zuletzt aufgerufen am 15.12.2020).

9 Alle Bevölkerungsdaten dieses Buches entstammen, wenn nicht anders vermerkt, den World Population Prospects 2019 der Vereinten Nationen: population.un.org/wpp/ (zuletzt aufgerufen am 15.12.2020).

10 https://study.com/academy/lesson/what-is-ipat-factors-of-the-human-impact-on-the-environment.html (zuletzt aufgerufen am 15.12.2020).

11 https://theshiftproject.org/wp-content/uploads/2019/07/2019-02.pdf (zuletzt aufgerufen am 15.12.2020).

12 https://uba.co2-rechner.de/de_DE/ (zuletzt aufgerufen am 15.12.2020).

13 Gössling, S. (2019): Celebrities, air travel, and social norms. Annals of Tourism Research 79.

14 https://strom-report.de/strom/ (Stand 2019) (zuletzt aufgerufen am 20.12.2020).

15 https://www.co2online.de/energie-sparen/strom-sparen/strom-sparen-stromspartipps/stromverbrauch-im-haushalt/ (zuletzt aufgerufen am 15.12.2020).

16 https://www.umweltbundesamt.de/presse/pressemitteilungen/bilanz-2019-co2-emissionen-pro-kilowattstunde-strom (zuletzt aufgerufen am 15.12.2020).

17 https://www.welt-in-zahlen.de/laendervergleich.phtml?indicator=43 (zuletzt aufgerufen am 15.12.2020).

18 https://d-nb.info/1014439604/34 (zuletzt aufgerufen am 15.12.2020).

19 https://www.wwf.de/fileadmin/fm-wwf/Publikationen-PDF/Klimawandel_auf_dem_Teller.pdf (zuletzt aufgerufen am 15.12.2020).

20 Meier, T., Christen, O. (2012): Gender as a factor in an environmental assessment of the consumption of animal and plant-based foods in Germany. International Journal of Life Cycle Assessment 17 (5).

21 https://www.oeko.de/oekodoc/328/2007-011-de.pdf (zuletzt aufgerufen am 15.12.2020).

22 Bonner, S., Weiss, A. (2019): Generation Weltuntergang: Warum wir schon mitten im Klimawandel stecken, wie schlimm es wird und was wir jetzt tun müssen. München.

23 https://www.independent.co.ug/museveni-ugandas-age-structure-saved-us-from-covid-19/ (zuletzt aufgerufen am 15.12.2020).

24 https://www.independent.co.uk/news/world/africa/tanzania-president-ovaries-children-birth-rate-john-magufuli-a8999281.html (zuletzt aufgerufen am 15.12.2020).

25 https://www.afdbundestag.de/bevoelkerungsexplosion-afrikas-ist-die-groesste-herausforderung-unsere-zeit-markus-frohnmaier-afd/ (zuletzt aufgerufen am 15.12.2020).

26 https://www.afdbundestag.de/wp-content/uploads/sites/156/2019/07/Dresdener-Erkla%CC%88rung-V7.pdf (zuletzt aufgerufen am 15.12.2020).

27 MacArthur, R., Wilson, E.O. (1967): The Theory of Island Biogeography. Princeton.

28 https://www.sciencemag.org/news/2010/01/human-ancestors-were-endangered-species (zuletzt aufgerufen am 15.12.2020).

29 Sjödin, P. et al. (2012): Resequencing data provide no evidence for a human bottleneck in Africa during the penultimate glacial period. Molecular Biology and Evolution 29(9).

30 https://www.smithsonianmag.com/history/the-seeds-of-civilization-78015429/ (zuletzt aufgerufen am 15.12.2020).

31 Zohary, D. et al. (2013): Domestication of Plants in the Old World. New York.

32 https://www.prb.org/howmanypeoplehaveeverlivedonearth/ (zuletzt aufgerufen am 15.12.2020).

33 Heinlein, R. (1966): The Moon is a Harsh Mistress. New York.

34 Friedman, M. (1975): There's No such Thing as a Free Lunch. Chicago.

35 Scott, J.C. (2019): Die Mühlen der Zivilisation: Eine Tiefengeschichte der frühesten Staaten. Berlin.

36 https://www.prb.org/howmanypeoplehaveeverlivedonearth/ (zuletzt aufgerufen am 15.12.2020).

37 Overmans, R. (1990): 55 Millionen Opfer des Zweiten Weltkriegs? Zum Stand der Forschung nach mehr als 40 Jahren. Militärgeschichtliche Mitteilungen 48.

38 https://www.worldometers.info/world-population/ (zuletzt aufgerufen am 15.12.2020).

39 Ehrlich, P. (1968): The Population Bomb. New York.

40 Meadows, D.L. et al. (1972): The Limits to Growth. New York.

41 https://ourworldindata.org/world-population-growth (zuletzt aufgerufen am 15.12.2020).

42 https://www.worldometers.info/world-population/#pastfuture (zuletzt aufgerufen am 15.12.2020).

43 Süßmilch, J.P. (1741): Die göttliche Ordnung in den Veränderungen des menschlichen Geschlechts aus der Geburt, dem Tode und der Fortpflanzung desselben. Berlin.

2. Never waste a good crisis

1 https://www.forbes.com/sites/davidcarlin/2019/09/17/roosevelt-churchill-and-the-creation-of-the-united-nations/#766086a528e7 (zuletzt aufgerufen am 02.01.2021).

2 https://www.nytimes.com/2020/04/11/us/politics/coronavirus-trump-response.html (zuletzt aufgerufen am 02.01.2021).

3 https://www.researchgate.net/publication/287956440_Wildlife_markets_in_South_China (zuletzt aufgerufen am 02.01.2021).

4 https://www.sozialministerium.at/Themen/Gesundheit/Uebertragbare-Krankheiten/Infektionskrankheiten-A-Z/SARS-(Schweres-Akutes-Respiratorisches-Syndrom).html (zuletzt aufgerufen am 02.01.2021).

5 https://www.nytimes.com/2020/06/02/health/coronavirus-profile-covid.html (zuletzt aufgerufen am 02.01.2021).

6 https://www.newscientist.com/article/mg24532723-900-china-has-shut-all-of-its-wild-animal-markets-it-was-long-overdue/ (zuletzt aufgerufen am 02.01.2021).

7 https://www.ncbi.nlm.nih.gov/pmc/articles/PMC7180649/ (zuletzt aufgerufen am 27.12.2020).

8 Holshue, M.L. et al. (2020): First Case of 2019 Novel Coronavirus in the United States. N Engl J Med 382.

9 Wang, C. et al. (2020): A novel coronavirus outbreak of global health concern. The Lancet 395.

10 https://www.businessinsider.de/wissenschaft/gesundheit/biontech-chef-ugur-sahin-spricht-ueber-seinen-corona-impfstoff-c/ (zuletzt aufgerufen am 27.12.2020).

11 https://www.marketwatch.com/investing/stock/bntx (zuletzt aufgerufen am 27.12.2020).

12 https://www.wissenschaft.de/gesundheit-medizin/ischgl-antikoerper-test-enthuellt-ausmass-der-infektionen/ (zuletzt aufgerufen 27.12.2020).

13 https://www.washingtonpost.com/graphics/2020/politics/trump-corona-virus-statements/ (zuletzt aufgerufen 27.12.2020).

14 https://www.pbs.org/newshour/health/surge-in-deaths-overwhelms-new-yorks-morgues-hospitals (zuletzt aufgerufen 27.12.2020).

15 https://www.nationalgeographic.com/animals/2020/04/tiger-coronavirus-covid19-positive-test-bronx-zoo/#close (zuletzt aufgerufen 27.12.2020).

16 https://www1.nyc.gov/site/doh/covid/covid-19-data.page (zuletzt aufgerufen 27.12.2020).

17 Goldin, I., Muggah, R. (2020): Terra Incognita. 100 Maps to Survive the Next 100 Years. New York.

18 https://www.tagesschau.de/ausland/trump-who-117.html (zuletzt aufgerufen 02.01.2021).

19 https://www.nytimes.com/2020/05/21/opinion/trump-coronavirus-dow. html (zuletzt aufgerufen 02.01.2021).

20 https://www.scientificamerican.com/article/how-chinas-bat-woman-hunted-down-viruses-from-sars-to-the-new-coronavirus1/ (zuletzt aufgerufen 02.01.2021).

21 https://www.ncbi.nlm.nih.gov/pmc/articles/PMC7180649/ (zuletzt aufgerufen 02.01.2021).

22 Andersen, K. G. et al. (2020): The proximal origin of SARS-CoV-2. Nature Medicine 26.

23 https://www.nytimes.com/2020/11/04/health/covid-mink-mutation. html; https://www.spektrum.de/news/die-wahre-gefahr-durch-das-nerz-coronavirus/1790780?utm_source=pocket-newtab-global-de-DE (zuletzt aufgerufen am 01.01.2021).

24 https://coronavirus.jhu.edu/map.html (zuletzt aufgerufen am 01.01.2021).

25 https://www.cdc.gov/coronavirus/2019-ncov/more/science-and-research/ scientific-brief-emerging-variants.html (zuletzt aufgerufen am 01.01.2020).

26 https://pubmed.ncbi.nlm.nih.gov/?term=coronavirus+covid-19 (zuletzt aufgerufen am 01.01.2020).

27 https://www.weforum.org/agenda/2020/08/pandemic-fight-costs-500x-more-than-preventing-one-futurity/ (zuletzt aufgerufen am 01.01.2020).

28 https://www.imf.org/en/Publications/WEO/Issues/2020/06/24/WEOUp-dateJune2020 (zuletzt aufgerufen am 01.01.2020).

29 https://www.kansas.com/news/local/article200880539.html (zuletzt aufgerufen am 02.01.2020).

30 https://www.ncbi.nlm.nih.gov/pmc/articles/PMC2720273/ (zuletzt aufgerufen am 02.01.2021).

31 Stefan Kaufmann, persönliche Mitteilung, 12.11.2020.

32 http://www.ipbes.net/pandemics (zuletzt aufgerufen am 02.01.2021).

33 https://infekt.ch/2009/05/kleine-influenza-historie/ (zuletzt aufgerufen am 02.01.2021).

34 https://www.netdoktor.de/krankheiten/chikungunya/ (zuletzt aufgerufen am 02.01.2021).

35 Wilson, E. O. (2016): Half Earth. Our Planet's Fight for Life. New York.

36 https://www.nature.com/articles/d41586-020-02189-5 (zuletzt aufgerufen am 02.01.2021).

37 Brooks, D. R. et al. (2019): The Stockholm Paradigm: Climate Change and Emerging Disease. Chicago.

38 Smil, V. (2008): Global Catastrophes and Trends: The Next Fifty Years. Cambridge.

39 https://dipbt.bundestag.de/dip21/btd/17/120/1712051.pdf?fbclid=IwAR3-cGMFtZWXZdqkE5O_j%E2%80%93YFA4BoMWjo125CJc_40jUsKG9SWt31 5L8nTuY (zuletzt aufgerufen am 02.01.2021).

40 https://www.wsj.com/articles/bill-gates-coronavirus-vaccine-covid-19-11589207803?mod=tech_lead_pos2 (zuletzt aufgerufen am 03.01.2021).

41 https://www.who.int/activities/prioritizing-diseases-for-research-and-development-in-emergency-contexts (zuletzt aufgerufen am 03.01.2021).

42 http://www.fao.org/antimicrobial-resistance/en/ (zuletzt aufgerufen am 26.12.2020).

43 https://www.germanwatch.org/de/19459 (zuletzt aufgerufen am 26.12.2020).

44 Kaufmann, S. H. E. (2010): Wächst die Seuchengefahr? Globale Epidemien und Armut: Strategien zur Seucheneindämmung in einer vernetzten Welt. Frankfurt am Main.

45 https://www.economist.com/europe/2020/04/16/covid-19-has-emboldened-italys-fauna (zuletzt aufgerufen am 26.12.2020).

46 https://www.ipsos.com/de-de/die-positiven-folgen-der-corona-krise-mehrheit-glaubt-dass-die-pandemie-familie-und-freunde (zuletzt aufgerufen am 26.12.2020).

47 https://sites.google.com/site/florinbilbiie/openletterswisseconomists (zuletzt aufgerufen am 26.12.2020).

48 https://www.sciencealert.com/greta-thunberg-wants-you-to-listen-to-scientists-not-her (zuletzt aufgerufen am 26.12.2020).

49 https://www.faz.net/aktuell/feuilleton/debatten/seuche-im-anthropozaen-die-lehren-der-corona-krise-16726494.html (zuletzt aufgerufen am 26.12.2020).

50 https://www.carbonbrief.org/global-carbon-project-coronavirus-causes-record-fall-in-fossil-fuel-emissions-in-2020 (zuletzt aufgerufen am 03.01.2021).

51 https://www.iea.org/reports/global-energy-review-2020/global-energy-and-co2-emissions-in-2020 (zuletzt aufgerufen am 03.01.2021).

52 Liu, Z. et al. (2020): Near-real-time monitoring of global CO_2 emissions reveals the effects of the COVID-19 pandemic. Nature Communication 11.

53 https://www.handelsblatt.com/technik/it-internet/onlinehaendler-amazon-profitiert-von-coronakrise-und-verdoppelt-quartalsgewinn/26053530.html?ticket=ST-22373365-keV0cEC0zbufBnFxyFPh-ap2 (zuletzt aufgerufen am 03.01.2021).

54 https://www.economist.com/international/2020/06/22/covid-19-has-led-to-a-pandemic-of-plastic-pollution (zuletzt aufgerufen am 03.01.2021).

55 https://www.manager-magazin.de/unternehmen/autoindustrie/automobil-deutsche-kaufen-weiter-ps-starke-neuwagen-im-schnitt-166-ps-a-1308077.html#ref=rssPlastic%20Epidemie%20durch%20Corona (zuletzt aufgerufen am 03.01.2021).

56 https://www.tagesschau.de/wirtschaft/suv-millionen-marke-101.html (zuletzt aufgerufen am 03.01.2021).

57 https://www.faz.net/aktuell/technik-motor/motor/neue-suv-von-aston-martin-bentley-und-lamborghini-16906932.html?printPagedArticle=true #pageIndex_2 (zuletzt aufgerufen am 03.01.2021).

58 https://www.theguardian.com/business/2020/oct/13/co2-emissions-covid-iea (zuletzt aufgerufen am 03.01.2021).

59 Sussmann, R., Rettinger, M. (2020): Can We Measure a COVID-19-Related Slowdown in Atmospheric CO_2 Growth? Sensitivity of Total Carbon Column Observations, Remote Sensing 12.

3. Fähig – aber zu dumm

1 Nina Jablonski, persönliche Mitteilung, 10.03.2020.

2 Bongaarts, J., Blanc, A.K. (2015): Estimating the current mean age of mothers at the birth of their first child from household surveys. Population Health Metrics 13 (25).

3 http://www.laborundmore.com/archive/102412/Kognition-Wie-Honigbienen-die-Welt-erleben.html (zuletzt aufgerufen am 16.12.2020).

4 https://www.spektrum.de/magazin/hirngroesse-und-menschliche-evolution/822523 (zuletzt aufgerufen am 16.12.2020).

5 https://www.mpg.de/synapse (zuletzt aufgerufen am 16.12.2020).

6 Jerison, H. (1969): Brain Evolution and Dinosaur Brains. The American Naturalist, 103 (934).

7 https://www.mpg.de/8953555/mpi_evan_jb_2014 (zuletzt aufgerufen am 16.12.2020).

8 https://iho.asu.edu/about/lucys-story (zuletzt aufgerufen am 16.12.2020).

9 Johanson, D. E., Edgar, B. (2006): Lucy und ihre Kinder. München.

10 Bozek, K. et al. (2014): Exceptional Evolutionary Divergence of Human Muscle and Brain Metabolomes Parallels Human Cognitive and Physical Uniqueness. PLoS Biol 12 (5).

11 Johanson, D. E., Blake, E. (1996): From Lucy to Language, New York.

12 Leakey, M. (1984): Disclosing the Past. An Autobiography. London.

13 Gunz, P. et al. (2020): Australopithecus afarensis endocasts suggest ape-like brain organization and prolonged brain growth. Science Advances 6 (14).

14 Leakey, R., Lewin, R. (1992): Origins Reconsidered. In Search of What Makes Us Human. New York.

15 https://www.mpg.de/8953555/mpi_evan_jb_2014 (zuletzt aufgerufen am 16.12.2020).

16 https://www.dasgehirn.info/denken/intelligenz (zuletzt aufgerufen am 16.12.2020).

17 Calvin, W. H. (1996): How Brains Think, Evolving Intelligence, Then and Now. New York.

18 https://www.sciencemag.org/news/2015/04/world-s-oldest-stone-tools-discovered-kenya (zuletzt aufgerufen am 16.12.2020).

19 Klingholz, R. (1998): Evolution morgen. Auf neuen Wegen. In: GEO-Wissen: Die Evolution des Menschen.

20 Morris, I. (2020): Beute, Ernte, Öl. Wie Energiequellen Gesellschaften formen. München.

21 Binswanger, H. C. (2013): Die Wachstumsspirale. Geld, Energie und Imagination in der Dynamik des Marktprozesses. Marburg.

22 Klingholz, R., Slupina, M. (2017): Was tun, wenn das Wachstum schwindet? Warum auf Staat, Bürger und Wirtschaft eine neue Normalität zukommen wird. Berlin.

23 Malthus, T. R. (1798): An essay on the principle of population as it affects the future improvement of society. Deutsche Übersetzung: Das Bevölkerungsgesetz (1977). München.

24 Morris, I. (2020): Beute, Ernte, Öl. Wie Energiequellen Gesellschaften formen. München.

25 Schumpeter, J. A. (2018): Kapitalismus, Sozialismus und Demokratie. Tübingen.

26 Klingholz, R., Slupina, M. (2017): Was tun, wenn das Wachstum schwindet? Warum auf Staat, Bürger und Wirtschaft eine neue Normalität zukommen wird. Berlin.

27 https://www.britannica.com/science/acid-rain/History (zuletzt aufgerufen am 16.12.2020).

28 https://link.springer.com/chapter/10.1007/978-94-009-3385-9_6 (zuletzt aufgerufen am 16.12.2020).

29 https://www.ludwigshafen.de/lebenswert/stadt-am-rhein/stadtgeschichte/ (zuletzt aufgerufen am 16.12.2020).

30 Ebd.

31 Meadows, D. et al. (1972): Die Grenzen des Wachstums, Bericht des Club of Rome zur Lage der Menschheit. Stuttgart.

32 Klingholz, R. (2014): Sklaven des Wachstums. Die Geschichte einer Befreiung. Frankfurt an Main.

33 Klingholz, R., Slupina, M. (2017): Was tun, wenn das Wachstum schwindet? Warum auf Staat, Bürger und Wirtschaft eine neue Normalität zukommen wird. Berlin.

34 https://data.worldbank.org/indicator/NY.GDP.MKTP.CD (zuletzt aufgerufen am 16.12.2020).

35 https://seedscientific.com/how-much-data-is-created-every-day/ (zuletzt aufgerufen am 16.12.2020).

36 https://fowid.de/meldung/kreationismus-in-den-usa-1982-2019 (zuletzt aufgerufen am 16.12.2020).

37 https://www.platon-heute.de/seelenlehre.html (zuletzt aufgerufen am 16.12.2020).

38 Aristoteles (1909): Nikomachische Ethik. Jena.

39 Kant, I. (2015): Die drei Kritiken – Kritik der reinen Vernunft. Kritik der praktischen Vernunft. Kritik der Urteilskraft. Köln.

40 Roth, G. (2003): Fühlen, Denken, Handeln. Wie das Gehirn unser Verhalten steuert. Frankfurt am Main.

41 http://www.persens.com/qg/uploads/article_pdfs/118_1367930820.pdf (zuletzt aufgerufen am 16.12.2020).

42 Wilson, E.O. (2016): Half Earth. Our Planet's Fight for Life. New York.

43 Marshall, G. (2014): Don't Even Think About It. Why Our Brains Are Wired to Ignore Climate Change. New York.

44 Habel, J.C. et al. (2013): Mind the gaps when using science to address conservation concerns. Biodiversity and Conservation, 22.

45 Gorski, P. (2020): Am Scheideweg. Amerikas Christen und die Demokratie vor und nach Trump. München.

46 Hardin, G. (1968): The Tragedy of the Commons. Science 162.

47 Amato, P.R. (1983): Helping behavior in urban and rural environments: Field studies based on a taxonomic organization of helping episodes. Journal of Personality and Social Psychology, 45(3).

48 https://www.destatis.de/DE/Presse/Pressemitteilungen/2020/02/PD20_061_46241.html (zuletzt aufgerufen am 16.12.2020).

49 https://wupperinst.org/a/wi/a/s/ad/3749/ (zuletzt aufgerufen am 16.12.2020).

4. Die (Negativ-)Folgen des Erfolgs

1 https://www.umweltbundesamt.de/themen/klima-energie/klimawandel/klima-treibhauseffekt#grundlagen (zuletzt aufgerufen am 18.12.2020).

2 https://history.aip.org/history/climate/co2.htm (zuletzt aufgerufen am 18.12.2020).

3 http://www.pik-potsdam.de/~stefan/Publications/Other/angstroems_denkfehler.pdf (zuletzt aufgerufen am 18.12.2020).

4 https://www.bbc.com/news/world-europe-49918719 (zuletzt aufgerufen am 18.12.2020).

5 Sherwood, S. et al. (2020): An assessment of Earth's climate sensitivity using multiple lines of evidence. Reviews of Geophysics 58(4).

6 Graßl, H., Klingholz, R. (1991): Wir Klimamacher. Auswege aus dem globalen Treibhaus. Frankfurt am Main.

7 https://www.co2.earth/daily-co2 (zuletzt aufgerufen am 18.12.2020).

8 https://www.climate.gov/news-features/understanding-climate/climate-change-atmospheric-carbon-dioxide (zuletzt aufgerufen am 18.12.2020).

9 https://www.climate.gov/news-features/understanding-climate/climate-change-atmospheric-carbon-dioxide (zuletzt aufgerufen am 18.12.2020).

10 https://www.noaa.gov/education/resource-collections/ocean-coasts/ocean-acidification (zuletzt aufgerufen am 18.12.2020).

11 Friedlingstein, P. et al. (2020): Global Carbon Budget 2020. Earth System Science Data 12.

12 https://unfccc.int/cop4/resource/cop1.html (zuletzt aufgerufen am 18.12.2020).

13 https://archive.ipcc.ch/ipccreports/1992%20IPCC%20Supplement/ IPCC_1990_and_1992_Assessments/English/ipcc_90_92_assessments_ far_full_report.pdf (zuletzt aufgerufen am 18.12.2020).

14 https://www.wri.org/blog/2019/12/co2-emissions-climb-all-time-high-again-2019-6-takeaways-latest-climate-data (zuletzt aufgerufen am 18.12.2020).

15 https://www.mcc-berlin.net/forschung/co2-budget.html (zuletzt aufgerufen am 21.12.2020).

16 https://www.bmu.de/themen/klima-energie/klimaschutz/internationale-klimapolitik/pariser-abkommen/ (zuletzt aufgerufen am 18.12.2020).

17 https://treaties.un.org/Pages/ViewDetails.aspx?src=TREATY&mtdsg_ no=XXVII-7-d&chapter=27&clang=_en (zuletzt aufgerufen am 18.12.2020).

18 https://scilogs.spektrum.de/klimalounge/deutschland-ist-schon-2c-waermer-geworden/?utm_source=pocket-newtab-global-de-DE (zuletzt aufgerufen am 18.12.2020).

19 IPCC (2014): Climate Change 2014: Synthesis Report. Geneva.

20 https://wedocs.unep.org/bitstream/handle/20.500.11822/30798/EGR19E-SEN.pdf?sequence=13 (zuletzt aufgerufen am 19.12.2020).

21 https://www.unenvironment.org/emissions-gap-report-2020 (zuletzt aufgerufen am 19.10.2020).

22 https://climateactiontracker.org/ (zuletzt aufgerufen am 19.12.2020).

23 https://www.whitehouse.gov/briefings-statements/statement-president-trump-paris-climate-accord/ (zuletzt aufgerufen am 19.12.2020).

24 Rockström, J. et al. (2017): A roadmap for rapid decarbonization. Science 355.

25 Friedlingstein, P. et al. (2019): Global Carbon Budget 2019. Earth System Science Data 11.

26 http://aktuell.nationalatlas.de/klimawandel-5_05-2008-0-html/ (zuletzt aufgerufen am 19.12.2020).

27 https://www.klimareporter.de/landwirtschaft/wenn-der-riesling-dem-chardonnay-weichen-muss (zuletzt aufgerufen am 19.12.2020).

28 https://www.ncei.noaa.gov/news/projected-ranks (zuletzt aufgerufen am 19.12.2020).

29 https://www.dwd.de/DE/presse/pressemitteilungen/DE/2020/20200702_ dach_news.html (zuletzt aufgerufen am 19.12.2020).

30 https://public.wmo.int/en/media/press-release/2019-concludes-decade-of-exceptional-global-heat-and-high-impact-weather (zuletzt aufgerufen am 19.12.2020).

31 http://media.bom.gov.au/social/blog/2359/the-201920-summer-australias-summer-of-extremes/ (zuletzt aufgerufen am 19.12.2020).

32 https://nhess.copernicus.org/preprints/nhess-2020-69/ (zuletzt aufgerufen am 19.12.2020).

33 https://www.worldwildlife.org/stories/3-billion-animals-harmed-by-australia-s-fires (zuletzt aufgerufen am 19.12.2020).

34 https://www.unicef.org/mozambique/en/cyclone-idai-and-kenneth (zuletzt aufgerufen am 19.12.2020).

35 https://www.reuters.com/article/us-climatechange-drought-zimbabwe/victoria-falls-shrink-to-a-trickle-feeding-climate-change-fears-idUSKBN1Y-A1HC (zuletzt aufgerufen am 19.12.2020).

36 https://earthobservatory.nasa.gov/images/146015/drought-threatens-millions-in-southern-africa (zuletzt aufgerufen am 19.12.2020).

37 https://www.faz.net/aktuell/gesellschaft/54-4-grad-im-death-valley-extreme-hitze-und-flaechenbraende-in-amerikas-westen-16908687.html (zuletzt aufgerufen am 19.12.2020).

38 https://www.faz.net/aktuell/gesellschaft/ungluecke/kalifornische-feuerwehrfrau-man-erlebt-wie-das-zuhause-der-menschen-nieder-brennt-16929295.html (zuletzt aufgerufen am 19.12.2020).

39 https://www.tagesschau.de/ausland/kalifornien-321.html (zuletzt aufgerufen am 19.12.2020).

40 https://www.fire.ca.gov/daily-wildfire-report/ (zuletzt aufgerufen am 11.09.2020).

41 https://climate.nasa.gov/vital-signs/sea-level/ (zuletzt aufgerufen am 19.12.2020).

42 Graßl, H., Klingholz, R. (1991): Wir Klimamacher. Auswege aus dem globalen Treibhaus. Frankfurt am Main.

43 https://nsidc.org/cryosphere/quickfacts/icesheets.html (zuletzt aufgerufen am 19.12.2020).

44 https://www.nsf.gov/geo/opp/antarct/science/icesheet.jsp (zuletzt aufgerufen am 19.12.2020).

45 King, M. D. et al. (2020): Dynamic ice loss from the Greenland Ice Sheet driven by sustained glacier retreat. Communications Earth & Environment 1.

46 The IMBIE team, Shepherd, A. et al. (2018): Mass balance of the

Antarctic Ice Sheet from 1992 to 2017. Nature 558. Mouginot, J. et al. (2019): Forty-six years of Greenland Ice Sheet mass balance from 1972 to 2018. PNAS 116(19).

47 https://www.awi.de/im-fokus/meereis/meereis-vorhersage.html (zuletzt aufgerufen am 19.12.2020).

48 Mouginot, J. et al. (2014): Sustained increase in ice discharge from the Amundsen Sea Embayment, West Antarctica, from 1973 to 2013. Geophys. Res. Lett. 41(5).

49 http://www.antarcticglaciers.org/antarctica/antarctic-peninsula-2/ (zuletzt aufgerufen am 19.12.2020).

50 IPCC (2019): Special Report on the Ocean and Cryosphere in a Changing Climate.

51 Rintoul, S.R. (2018): The global influence of localized dynamics in the Southern Ocean, Nature 558.

52 Latif, M. (2020): Heißzeit: Mit Vollgas in die Klimakatastrophe – und wie wir auf die Bremse treten. Freiburg im Breisgau.

53 https://www.gfdl.noaa.gov/global-warming-and-hurricanes/ (zuletzt aufgerufen am 19.12.2020).

54 Kossin, J.P. et al. (2020): Global increase in major tropical cyclone exceedance probability over the past four decades. PNAS 117(22).

55 https://www.nhc.noaa.gov/ (zuletzt aufgerufen am 19.12.2020).

56 https://wmo.asu.edu/Arctic_Circle_temperature (zuletzt aufgerufen am 19.12.2020).

57 https://www.spektrum.de/wissen/die-5-wichtigsten-fragen-zum-jetstream/1654992 (zuletzt aufgerufen am 19.12.2020).

58 https://denver.cbslocal.com/2020/04/13/colorado-weather-omega-block/ (zuletzt aufgerufen am 19.12.2020).

59 Mann, M.E. et al. (2018): Projected changes in persistent extreme summer weather events: The role of quasi-resonant amplification. Science Advances 4(10).

60 https://www.munichre.com/de/risiken/klimawandel-eine-herausforderung-fuer-die-menschheit.html#-1935326866 (zuletzt aufgerufen am 19.12.2020).

61 Noah, S., Diffenbaugh, N.S. (2020): Verification of extreme event attribution: Using out-of-sample observations to assess changes in probabilities of unprecedented events Science Advances 6(12).

62 https://www.youtube.com/watch?v=9aohY1nEpBc (zuletzt aufgerufen am 20.12.2020).

63 https://www.theguardian.com/environment/climate-consensus-97-percent/2018/jun/25/30-years-later-deniers-are-still-lying-about-hansens-amazing-global-warming-prediction (zuletzt aufgerufen am 20.12.2020).

64 Latif, M. (2020): Heißzeit. Mit Vollgas in die Klimakatastrophe – und wie wir auf die Bremse treten. Freiburg im Breisgau.

65 Mojib Latif, persönliche Mitteilung, 30.07.2020.

66 Gemeinsamer Aufruf von DPG und der DMG (1987): Warnung vor drohenden weltweiten Klimaveränderungen durch den Menschen. Physikalische Blätter 43(8).

67 Hartmut Graßl, persönliche Mitteilung, 09.09.2020.

68 Lenton, T.M. et al. (2008): Tipping elements in the Earth's climate system. PNAS 105(6).

69 https://www.nature.com/articles/d41586-020-02716-4 (zuletzt aufgerufen am 20.12.2020).

5. Die (Positiv-)Folgen des Erfolgs

1 https://www.economist.com/leaders/2020/05/09/the-global-food-supply-chain-is-passing-a-severe-test (zuletzt aufgerufen am 20.12.2020).

2 https://www.bbc.com/news/world-africa-53887947 (zuletzt aufgerufen am 20.12.2020).

3 https://www.economist.com/leaders/2018/11/24/why-suicide-is-falling-around-the-world-and-how-to-bring-it-down-more (zuletzt aufgerufen am 20.12.2020).

4 Portrait Urs Hölzle (2017): Credit Suisse Bulletin 3.

5 https://www.gapminder.org/videos/hans-rosling-and-the-magic-washing-machine/ (zuletzt aufgerufen am 20.12.2020).

6 Preston, S.H. (1977): Mortality Trends. Annual Review of Sociology 3.

7 Hobbes, T. (1651): Leviathan, or the Matter, Forme, and Power of a Common-Wealth, Ecclesiasticall and Civill. London.

8 https://ourworldindata.org/life-expectancy#twice-as-long-life-expectancy-around-the-world (zuletzt aufgerufen am 20.12.2020).

9 https://www.destatis.de/DE/Themen/Gesellschaft-Umwelt/Bevoelkerung/Sterbefaelle-Lebenserwartung/_inhalt.html (zuletzt aufgerufen am 20.12.2020).

10 United Nations Development Programme (2019): Human Development Report. New York.

11 World Health Organization (2020): World health statistics 2020: monitoring health for the SDGs, sustainable development goals. Geneva.

12 https://ourworldindata.org/grapher/distribution-of-population-poverty-thresholds?stackMode=relative (zuletzt aufgerufen am 20.12.2020).

13 https://www.dandc.eu/de/article/die-erfolgsbilanz-der-millenniumsentwicklungsziele (zuletzt aufgerufen am 20.12.2020).

14 http://www.lachsprojekt.de/main/Rheinlachs.html (zuletzt aufgerufen am 20.12.2020).

15 https://www.regionalgeschichte.net/bibliothek/aufsaetze/stumme-floesserei-rhein.html (zuletzt aufgerufen am 20.12.2020).

16 Blackbourn, D. (2006): Die Eroberung der Natur – Eine Geschichte der deutschen Landschaft. München.

17 http://flussgebiete.hessen.de/fileadmin/dokumente/4_oeffentlichkeitsbeteiligung/111123reinhard.pdf (zuletzt aufgerufen am 20.12.2020).

18 http://www.lebendiger-rhein.de/pdf/2010-12%20Abschlussbericht%20Flussufer%20im%20urbanen%20Raum.pdf (zuletzt aufgerufen am 20.12.2020).

19 https://www.wfbw.de/fileadmin/user_upload/WFBW-Files/Infothek-Berichte/Rhein-und_-Lachs-2020.pdf (zuletzt aufgerufen am 20.12.2020).

20 http://archiv.nationalatlas.de/wp-content/art_pdf/Band2_134-135_archiv.pdf (zuletzt aufgerufen am 20.12.2020).

21 Mani, T. et al. (2016): Microplastics profile along the Rhine River. Scientific Reports 5.

22 Mani, T. et al. (2019): Microplastic pollution in benthic mid-stream sediments of the Rhine River. Environ. Sci. Technol. 53 (10).

23 https://ourworldindata.org/plastic-pollution (zuletzt aufgerufen am 20.12.2020).

24 Napper, I. E. et al. (2020): Reaching New Heights in Plastic Pollution – Preliminary Findings of Microplastics on Mount Everest. One Earth 3 (5).

25 Klaus Töpfer, persönliche Mitteilung, 26.08.2020. Gilt auch für die folgenden Töpfer-Zitate.

26 https://www.faz.net/aktuell/wirtschaft/klima-energie-und-umwelt/umweltbundesamt-menge-an-verpackungsmuell-steigt-weiter-17021739.html (zuletzt aufgerufen am 20.12.2020).

27 https://www.bmvi.de/SharedDocs/DE/Artikel/G/fahrzeugbestand.html

(zuletzt aufgerufen am 20.12.2020). https://www.destatis.de/DE/Presse/Pressemitteilungen/2020/07/PD20_265_46241.htm (zuletzt aufgerufen am 20.12.2020).

28 https://www.landdergesundheit.de/praevention/ueberleben-zwingen (zuletzt aufgerufen am 20.12.2020).

29 https://www.spiegel.de/geschichte/einfuehrung-der-gurtpflicht-a-946925.html (zuletzt aufgerufen am 20.12.2020).

30 https://freedomhouse.org/report/nations-transit/2020/dropping-democratic-facade (zuletzt aufgerufen am 28.12.2020).

31 Hyde, S.D. (2020): Democracy's backsliding in the international environment. Science 369.

32 https://www.unicef.cn/en/figure-29-poverty-rate-19902015 (zuletzt aufgerufen am 20.12.2020).

33 https://www.worldbank.org/en/topic/poverty/overview (zuletzt aufgerufen am 20.12.2020).

34 FAO (2020): The State of Food Security and Nutrition in the World 2020. Rome.

35 Mwongera, C. et al. (2020): Scaling climate-smart agriculture for agricultural transformation in Southern Africa. In: Sikora, R. et al. (2020): Transforming Agriculture in Southern Africa. London/New York.

36 Crutzen, P.J. (2002): Geology of mankind. Nature 415(23).

37 Dahrendorf, R. (2009): Vom Sparkapitalismus zum Pumpkapitalismus. Cicero 7.

38 https://ec.europa.eu/eurostat/statistics-explained/index.php/Fertility_statistics (zuletzt aufgerufen am 20.12.2020).

39 https://globalriskinsights.com/2019/10/population-decline-in-central-and-eastern-europe/ (zuletzt aufgerufen am 20.12.2020).

40 Klingholz, R. et al. (2020): Schnell, bezahlbar, nachhaltig. Wie in Afrika große Entwicklungssprünge möglich werden. Berlin.

41 Lutz, W., Klingholz, R. (2016): Wer überlebt? Bildung entscheidet über die Zukunft der Menschheit. Frankfurt am Main.

42 Klingholz, R. et al. (2016): Krisenregion Mena. Wie demografische Veränderungen die Entwicklung im Nahen Osten und Nordafrika beeinflussen und was das für Europa bedeutet. Berlin.

43 United Nations (2004): World Population to 2300. New York.

6. Das Trilemma des Wachstums

1 Bochuan, H. (1991): China on the edge: The crisis of ecology and development in China. San Francisco. Greenhalggh, S. (2008): Just one Child: Science and Policy in Deng's China. Berkeley.

2 https://data.worldbank.org/indicator/NY.GDP.PCAP.CD?locations=CN (zuletzt aufgerufen am 21.12.2020). https://dataservices.gfz-potsdam.de/pik/showshort.php?id=escidoc:3842934 (zuletzt aufgerufen am 21.12.2020).

3 https://chinapower.csis.org/china-greenhouse-gas-emissions/ (zuletzt aufgerufen am 21.12.2020).

4 https://ourworldindata.org/co2-and-other-greenhouse-gas-emissions (zuletzt aufgerufen am 21.12.2020).

5 UNDP (2020): Human Development Report 2020. The next frontier. Human Development and the Anthropocene. New York.

6 Klingholz, R., Töpfer, K. (2012): Das Trilemma des Wachstums. Bevölkerungswachstum, Energieverbrauch und Klimawandel – drei Probleme, keine Lösung? Berlin.

7 https://www.minneapolisfed.org/article/2002/interview-with-robert-solow (zuletzt aufgerufen am 21.12.2020).

8 https://www.bp.com/content/dam/bp/business-sites/en/global/corporate/pdfs/energy-economics/statistical-review/bp-stats-review-2020-full-report.pdf (zuletzt aufgerufen am 21.12.2020).

9 Ebd.

10 https://worlddata.io/portfolio/world-poverty-clock (zuletzt aufgerufen am 21.12.2020).

11 https://africacheck.org/wp-content/uploads/2019/02/q4_2017_-_q3_2018_unemployment_report-1.pdf#page=24 (zuletzt aufgerufen am 21.12.2020).

12 https://www.statcompiler.com/en/index.html (zuletzt aufgerufen am 21.12.2020).

13 http://documents1.worldbank.org/curated/en/882091485440895147/pdf/WPS7956.pdf (zuletzt aufgerufen am 21.12.2020).

14 https://worldpoverty.io/map (zuletzt aufgerufen am 21.12.2020).

15 https://www.theguardian.com/inequality/2017/jul/18/shameful-nigeria-doesnt-care-about-inequality-corruption (zuletzt aufgerufen am 21.12.2020).

16 https://acleddata.com/2018/10/05/fulani-militias-in-nigeria-declining-

violence-not-a-sign-of-lasting-peace/ (zuletzt aufgerufen am 21.12.2020).
https://www.ispionline.it/en/pubblicazione/herders-and-farmers-nigeria-coexistence-conflict-and-insurgency-25447 (zuletzt aufgerufen am 21.12.2020).

17 https://www.eia.gov/todayinenergy/detail.php?id=41433 (zuletzt aufgerufen am 21.12.2020).

18 https://ourworldindata.org/energy (zuletzt aufgerufen am 21.12.2020).

19 https://www.iea.org/reports/world-energy-balances-overview#data-service (zuletzt aufgerufen am 21.12.2020).

20 https://www.who.int/news-room/fact-sheets/detail/household-air-pollution-and-health (zuletzt aufgerufen am 21.12.2020).

21 https://ourworldindata.org/energy-access (zuletzt aufgerufen am 21.12.2020).

22 Falchetta, G. et al. (2020): Satellite observations reveal inequalities in the progress and effectiveness of recent electrification in sub-Saharan Africa. One Earth 2 (4).

23 https://www.iea.org/articles/global-co2-emissions-in-2019 (zuletzt aufgerufen am 21.12.2020).

24 https://www.globalcarbonproject.org/ (zuletzt aufgerufen am 21.12.2020).

25 https://www.bmu.de/fileadmin/Daten_BMU/Download_PDF/Klimaschutz/klimaschutzplan_2050_bf.pdf (zuletzt aufgerufen am 21.12.2020).

7. Panik oder Entwarnung?

1 https://www.eia.gov/todayinenergy/detail.php?id=41433 (zuletzt aufgerufen am 22.12.2020).

2 The World Bank (2017): Beyond Scarcity. Water Security in the Middle East and North Africa. Washington DC.

3 Taleb, N. N. (2012): Der schwarze Schwan – Konsequenzen aus der Krise. München.

4 Rumsfeld, D. (2013): Known and Unknown. A Memoir. New York.

5 https://www.horx.com/48-die-welt-nach-corona/ (zuletzt aufgerufen am 22.10.2020). https://www.zukunftsinstitut.de/fileadmin/user_upload/Whitepaper-Der-Corona-Effekt-Zukunftsinstitut.pdf (zuletzt aufgerufen am 22.10.2020).

6 McAfee, A. (2020): Mehr aus weniger. München.

7 https://population.un.org/wpp2019/Publications/Files/WPP2019_
Highlights.pdf (zuletzt aufgerufen am 22.12.2020).

8 https://population.un.org/wpp/ (zuletzt aufgerufen am 22.12.2020).

9 KC, S., Lutz, W. (2017): The human core of the shared socioeconomic
pathways: Population scenarios by age, sex and level of education for
all countries to 2100. Global Environmental Change 42.

10 https://www.shell.com/promos/forty-years-of-shell-scenarios/_jcr_
content.stream/1448557479375/a0e75f042fee5322b72780ee36e5ba-
17c35a4fc6/shell-scenarios-40yearsbook080213.pdf (zuletzt aufgerufen
am 22.12.2020).

11 Chermack, T.J. (2017): Foundations of Scenario Planning: The Story of
Pierre Wack. London.

12 https://stooq.com/q/?s=cb.f (zuletzt aufgerufen am 22.12.2020).

13 https://www.mckinsey.com/solutions/energy-insights/global-oil-supply-
demand-outlook-to-2035/~/media/231FB01E4937431B8BA070CC55AA57
2E.ashx (zuletzt aufgerufen am 22.12.2020).

14 https://www.iea.org/reports/oil-2020 (zuletzt aufgerufen am
22.12.2020).

15 https://www.energy-tomorrow.eu/wp-content/uploads/sites/15/2019/11/
world-oil-outlook_executive-summary_2019.pdf (zuletzt aufgerufen am
22.12.2020).

16 https://www.nrdc.org/sites/default/files/gulfspill-impacts-summary-IP.pdf
(zuletzt aufgerufen am 22.12.2020).

17 https://www.bp.com/en/global/corporate/news-and-insights/press-
releases/from-international-oil-company-to-integrated-energy-company-
bp-sets-out-strategy-for-decade-of-delivery-towards-net-zero-ambition.
htm (zuletzt aufgerufen am 22.12.2020).

18 https://www.bp.com/content/dam/bp/business-sites/en/global/corporate/
pdfs/energy-economics/energy-outlook/bp-energy-outlook-2020.pdf
(zuletzt aufgerufen am 22.12.2020).

19 https://www.eia.gov/todayinenergy/detail.php?id=41433 (zuletzt
aufgerufen am 22.12.2020).

20 https://www.worldenergy.org/assets/downloads/World-Energy-Scenarios_
Composing-energy-futures-to-2050_Executive-summary.pdf (zuletzt
aufgerufen am 22.12.2020).

21 https://www.wetter.de/klima/europa/deutschland-c49.html (zuletzt aufgerufen am 22.12.2020).

22 https://www.iea.org/reports/africa-energy-outlook-2019 (zuletzt aufgerufen am 22.12.2020).

23 Bastin, J. F. et al. (2019): Understanding climate change from a global analysis of city analogues. PLoS ONE 14(7).

24 https://www.ipcc.ch/report/ar5/wg1/ (zuletzt aufgerufen am 22.12.2020).

25 https://climateanalytics.org/what-we-do/climate-action-tracker/ (zuletzt aufgerufen am 22.12.2020).

26 Klingholz, R. et al. (2020): Schnell, bezahlbar, nachhaltig. Wie in Afrika große Entwicklungssprünge möglich werden. Berlin.

27 World Bank Group (2016). High and Dry: Climate Change, Water, and the Economy. Washington DC.

28 O'Neill, B. C. et al. (2017): The roads ahead: narratives for Shared Socioeconomic Pathways describing world futures in the 21st century. Global Environmental Change 42.

29 https://www.unece.org/fileadmin/DAM/energy/se/pdfs/CSE/PATHWAYS/2019/ws_Consult_14_15.May.2019/supp_doc/SSP2_Overview.pdf (zuletzt aufgerufen am 22.12.2020).

30 https://www.carbonbrief.org/explainer-how-shared-socioeconomic-pathways-explore-future-climate-change (zuletzt aufgerufen am 22.12.2020). Fricko, O. et al. (2017): The marker quantification of the Shared Socioeconomic Pathway 2: A middle-of-the-road scenario for the 21st century. Global Environmental Change 42.

31 https://www.agora-energiewende.de/fileadmin2/Projekte/2020/_ohne_Projekt/2020-03_Corona_Krise/178_A-EW_Corona-Drop_WEB.pdf (zuletzt aufgerufen am 15.01.2021).

32 https://chinapower.csis.org/energy-footprint/ (zuletzt aufgerufen am 22.12.2020).

33 Klingholz, R. et al. (2020): Schnell, bezahlbar, nachhaltig. Wie in Afrika große Entwicklungssprünge möglich werden. Berlin.

34 Warren, R. et al. (2018): The projected effect on insects, vertebrates, and plants of limiting global warming to 1.5° C rather than 2° C. Science 360.

8. Vorsicht: Selbstbetrug

1 https://ourworldindata.org/co2-emissions (zuletzt aufgerufen am 23.12.2020).

2 https://www.agora-energiewende.de/fileadmin2/Projekte/2020/_ohne_ Projekt/2020-03_Corona_Krise/178_A-EW_Corona-Drop_WEB.pdf (zuletzt aufgerufen am 15.01.2021).

3 https://ourworldindata.org/consumption-based-co2 (zuletzt aufgerufen am 23.12.2020).

4 https://www.nature.com/articles/d41586-020-02991-1 (zuletzt aufgerufen am 23.12.2020).

5 https://www.heizoel.total.de/produkte/klimaneutrales-heizoel/ (zuletzt aufgerufen am 23.12.2020).

6 https://nachhaltigkeit.aldi-sued.de/klimaneutrale-produkte/ (zuletzt aufgerufen am 23.12.2020).

7 https://blog.wwf.de/deutsche-staedte-klimaschutz/ (zuletzt aufgerufen am 23.12.2020).

8 https://www.un.org/development/desa/publications/2018-revision-of-world-urbanization-prospects.html (zuletzt aufgerufen am 23.12.2020).

9 Pichler, P.P. et al. (2017): Reducing Urban Greenhouse Gas Footprints. Scientific Reports 7.

10 Jevons, W.S. (1865): The Coal Question: An Inquiry Concerning the Progress of the Nation, and the Probable Exhaustion of Our Coal-Mines. London. Polimeni, J.M. et al. (2008): The Jevons Paradox and the myth of resource efficiency improvements. London.

11 https://blogs.nabu.de/rebound-effekt/ (zuletzt aufgerufen am 23.12.2020).

12 https://www.economist.com/international/2018/08/25/air-conditioners-do-great-good-but-at-a-high-environmental-cost (zuletzt aufgerufen am 22.12.2020).

13 https://www.skidxb.com/about-ski-dubai (zuletzt aufgerufen am 22.12.2020).

14 https://www.carsguide.com.au/car-advice/how-many-cars-are-there-in-the-world-70629 (zuletzt aufgerufen am 22.12.2020).

15 https://ourworldindata.org/co2-emissions-from-transport (zuletzt aufgerufen am 22.12.2020).

16 https://epub.wupperinst.org/frontdoor/deliver/index/docId/6672/ file/6672_Wilts.pdf (zuletzt aufgerufen am 22.12.2020). https://www.

pwc.de/de/nachhaltigkeit/pwc-circular-economy-study-2019.pdf (zuletzt aufgerufen am 22.12.2020).

17 https://www.nabu.de/umwelt-und-ressourcen/abfall-und-recycling/26205.html (zuletzt aufgerufen am 22.12.2020).

18 https://www.quarks.de/umwelt/so-wenig-tragen-wir-unsere-kleidung/ (zuletzt aufgerufen am 22.12.2020).

19 https://www.umweltbundesamt.de/themen/ein-langes-leben-fuers-smartphone (zuletzt aufgerufen am 22.12.2020).

20 https://www.pewresearch.org/global/2019/02/05/smartphone-ownership-is-growing-rapidly-around-the-world-but-not-always-equally/ (zuletzt aufgerufen am 22.12.2020).

21 https://globalewaste.org/ (zuletzt aufgerufen am 22.12.2020).

22 http://dip21.bundestag.de/dip21/btd/19/110/1911077.pdf (zuletzt aufgerufen am 22.12.2020).

23 Martin Faulstich, persönliche Mitteilung, 21.11.2020. Gilt auch für die folgenden Faulstich-Zitate.

24 https://www.quarks.de/technik/mobilitaet/das-passiert-mit-dem-abrieb-von-reifen/ (zuletzt aufgerufen am 22.12.2020).

25 https://www.swisscom.ch/de/magazin/digitalisierung-im-alltag/gold-rohstoffe-smartphone/ (zuletzt aufgerufen am 22.12.2020).

26 https://www.verbraucherzentrale.nrw/wissen/digitale-welt/mobilfunk-und-festnetz/smartphonerecycling-11540 (zuletzt aufgerufen am 22.12.2020). Faulstich, M. (2020): Circular Economy. Herausforderungen und Perspektiven. Nachhaltige Industrie 1.

27 https://inhabitat.com/nokia-remade-concept-phone-made-from-recycled-materials/ (zuletzt aufgerufen am 22.12.2020).

28 https://data.worldbank.org/indicator/NY.GDP.MKTP.KD (zuletzt aufgerufen am 22.12.2020).

29 Markl, H. (2007): Kulturzwang und angeborene Freiheit. In: Miegel, M. (Hrsg.): Für eine zukunftsfähige Natur. Bonn.

30 https://www.usgs.gov/centers/nmic/historical-statistics-mineral-and-material-commodities-united-states (zuletzt aufgerufen am 22.12.2020).

31 https://unctad.org/system/files/official-document/osgdp2015d4_en.pdf (zuletzt aufgerufen am 22.12.2020).

32 https://www.spdfraktion.de/themen/nachhaltige-wirtschaftspolitik (zuletzt aufgerufen am 22.12.2020).

33 https://www.cdu.de/system/tdf/media/dokumente/2019-09-30-soziale-

marktwirtschaft-antragsfassung-mit-zeilennumerierung_1.pdf?file=1 (zuletzt aufgerufen am 22.12.2020).

34 https://www.linksfraktion.de/themen/a-z/detailansicht/ wirtschaftspolitik/ (zuletzt aufgerufen am 22.12.2020).

35 https://www.fdp.de/mehr-wirtschaft-mehr-wachstum-mehr-wohlstand (zuletzt aufgerufen am 22.12.2020).

36 https://www.gruene.de/themen/investitionen (zuletzt aufgerufen am 22.12.2020).

37 https://www.afd.de/steuern-finanzen-wirtschaft-arbeit/ (zuletzt aufgerufen am 22.12.2020).

38 Jackson, T. (2016): Prosperity Without Growth: Foundations for the Economy of Tomorrow. Milton Park.

39 Banerjee, A. V., Duflo, E. (2019): Good Economics for Hard Times: Better Answers to Our Biggest Problems. London.

40 Daly, H. E. (1997): Beyond Growth: The Economics of Sustainable Development. Boston.

41 Klingholz, R., Slupina, M. (2017): Was tun, wenn das Wachstum schwindet? Berlin.

42 Summers, L. H. (2014): U.S. Economic Prospects. Secular Stagnation, Hysteresis, and the Zero Lower Bound. Business Economics, 49 (2).

43 Gordon, R. J. (2012): Is U.S. Economic Growth Over? Faltering Innovation Confronts the Six Headwinds. NBER Working Paper Series.

44 https://www.destatis.de/DE/Themen/Wirtschaft/Volkswirtschaftliche-Gesamtrechnungen-Inlandsprodukt/_inhalt.html?__blob=publication File (zuletzt aufgerufen am 22.12.2020).

45 Gordon, R. J. (2016): The Rise and Fall of American Growth. The U.S. standard of living since the civil war. Princeton.

46 Brynjolfsson, E., McAfee, A. (2011): Race against the machine. How the revolution is accelerating innovation, driving productivity, and irreversibly transforming employment and the economy. Lexington.

47 www.oecd.org/social/Focus-Inequality-and-Growth-2014.pdf. (zuletzt aufgerufen am 22.12.2020).

48 Stern, N. H. (2008): The Stern review. On the economics of climate change. Cambridge.

49 https://www.thelancet.com/journals/lancet/article/PIIS0140-6736(20)32290-X/fulltext (zuletzt aufgerufen am 26.12.2020).

9. Was tun?

1 https://www.un.org/depts/german/conf/agenda21/rio.pdf (zuletzt aufgerufen am 23.12.2020).

2 https://yaleglobal.yale.edu/content/bangladesh-basket-case-no-more (zuletzt aufgerufen am 26.12.2020).

3 http://en.banglapedia.org/index.php?title=Literacy (zuletzt aufgerufen am 26.12.2020).

4 https://ourworldindata.org/country/bangladesh (zuletzt aufgerufen am 26.12.2020).

5 https://data.worldbank.org/indicator/NY.GDP.MKTP.KD.ZG?locations=BD (zuletzt aufgerufen am 26.12.2020).

6 https://www.lexas.org/n/n-11/ (zuletzt aufgerufen am 26.12.2020).

7 https://www.imf.org/external/datamapper/NGDP_RPCH@WEO/OEMDC/ADVEC/WEOWORLD (zuletzt aufgerufen am 26.12.2020).

8 https://bangladesch.org/bangladesch/wirtschaft-und-armut/textilindustrie.html (zuletzt aufgerufen am 26.12.2020).

9 https://www.dhakatribune.com/bangladesh/foreign-affairs/2020/09/12/bangladesh-is-largest-contributor-of-troops-to-un-peacekeeping-missions (zuletzt aufgerufen am 26.12.2020).

10 https://bangladesch.org/fileadmin/redaktion/Bilder/B_Globales_Lernen/B3.2_Oeffentlichkeitsarbeit/Bangladesch/Entwicklung/UN_Milleniumsziele/MDGs_Bangladesh_Progress_Report_Sept.2015.pdf (zuletzt aufgerufen 26.12.2020).

11 https://www.bti-project.org/de/berichte/country-report-BGD-2020.html (zuletzt aufgerufen am 26.11.2020).

12 https://data.worldbank.org/indicator/SP.DYN.LE00.IN?locations (zuletzt aufgerufen am 26.11.2020).

13 Persönliche Mitteilung, Mai 1994.

14 Shabitiri, persönliche Mitteilung, Mai 1994.

15 http://www.londoni.co/index.php/71-history-of-bangladesh/biography/muhammad-yunus/404-muhammad-yunus-childhood-economically-driven-brilliant-student-family-life-biography-of-muslim-and-bengali (zuletzt aufgerufen am 26.12.2020).

16 Muhammad Yunus, persönliche Mitteilung, Mai 1994. Gilt auch für die folgenden Yunus-Zitate.

17 http://archive.thedailystar.net/2006/12/11/d6121101011.htm (zuletzt aufgerufen am 26.12.2020).

18 https://www.theguardian.com/sustainable-business/2017/mar/29/we-are-all-entrepreneurs-muhammad-yunus-on-changing-the-world-one-microloan-at-a-time (zuletzt aufgerufen am 26.12.2020).

19 http://www.grameencommunications.com/gfamily.html (zuletzt aufgerufen am 26.12.2020). http://www.gdrc.org/icm/grameen-institutions.html (zuletzt aufgerufen am 26.12.2020).

20 https://www.bbc.com/news/world-south-asia-12734472 (zuletzt aufgerufen am 26.12.2020).

21 https://frontieri.com/?p=2209 (zuletzt aufgerufen am 26.12.2020).

22 Klingholz, R. et al. (2020): Schnell, bezahlbar, nachhaltig. Wie in Afrika große Entwicklungssprünge möglich werden. Berlin.

23 Kaps, A. et al. (2018): Vom Hungerland zum Hoffnungsträger. Wird Äthiopien zum Vorbild für den afrikanischen Aufschwung? Berlin.

24 http://hdr.undp.org/en/content/latest-human-development-index-ranking (zuletzt aufgerufen am 26.12.2020).

25 https://ourworldindata.org/co2-and-other-greenhouse-gas-emissions (zuletzt aufgerufen am 26.12.2020).

26 https://www.mcc-berlin.net/forschung/co2-budget.html (zuletzt aufgerufen am 26.12.2020).

27 Rogelj, J. et al. (2018): Mitigation Pathways Compatible with 1.5° C in the Context of Sustainable Development. In: Global Warming of 1.5° C. An IPCC Special Report on the impacts of global warming of 1.5° C above pre-industrial levels and related global greenhouse gas emission pathways, in the context of strengthening the global response to the threat of climate change, sustainable development, and efforts to eradicate poverty.

28 http://eprints.whiterose.ac.uk/154082/ (zuletzt aufgerufen am 26.12.2020).

29 https://www.theguardian.com/business/2020/may/28/us-job-losses-unemployment-coronavirus (zuletzt aufgerufen am 26.12.2020).

30 https://www.aerotelegraph.com/lufthansa-mit-flugplan-wie-1955 (zuletzt aufgerufen am 26.12.2020).

31 Friedlingstein, P. et al. (2020): Global Carbon Budget 2020. Earth System Science Data 12.

32 https://www.worldoil.com/news/2020/4/20/wti-crude-price-goes-negative-for-the-first-time-in-history (zuletzt aufgerufen am 26.12.2020).

33 https://ourworldindata.org/energy-mix (zuletzt aufgerufen am 26.12.2020).

34 https://ourworldindata.org/fossil-fuels (zuletzt aufgerufen am 26.12.2020).

35 https://ourworldindata.org/co2/country/germany?country=~DEU#what-share-of-global-co2-emissions-are-emitted-by-the-country (zuletzt aufgerufen am 26.12.2020).

36 https://www.bmwi.de/Redaktion/DE/Artikel/Industrie/klimaschutz-klimaschutzplan-2050.html (zuletzt aufgerufen am 26.12.2020).

37 https://de.irefeurope.org/Diskussionsbeitrage/Artikel/article/Umweltdesaster-DDR-Bitteres-aus-Bitterfeld (zuletzt aufgerufen am 26.12.2020).

38 https://www.bmu.de/fileadmin/Daten_BMU/Pools/Broschueren/klimaschutz_zahlen_2020_broschuere_bf.pdf (zuletzt aufgerufen am 26.12.2020).

39 https://www.bmwi-energiewende.de/EWD/Redaktion/Newsletter/2019/06/Meldung/direkt-erfasst_infografik.html (zuletzt aufgerufen am 26.12.2020).

40 https://www.economist.com/briefing/2020/12/03/the-dirtiest-fossil-fuel-is-on-the-back-foot (zuletzt aufgerufen am 16.12.2020).

41 https://climateactiontracker.org/countries/china/ (zuletzt aufgerufen am 26.12.2020).

42 https://climateactiontracker.org/countries/eu/ (zuletzt aufgerufen am 26.12.2020).

43 https://joebiden.com/climate-plan/ (zuletzt aufgerufen am 26.12.2020).

44 https://www.golem.de/news/erneuerbare-energien-groesstes-solarkraftwerk-chinas-geht-ans-netz-2010-151274.html (zuletzt aufgerufen am 26.12.2020).

45 https://www.greenpeace.de/sites/www.greenpeace.de/files/greenpeace_hintergrund_solargeneration_fahrplan_1.pdf (zuletzt aufgerufen am 26.12.2020).

46 https://about.bnef.com/new-energy-outlook/ (zuletzt aufgerufen am 26.12.2020).

47 https://data.worldbank.org/indicator/NY.GDP.MKTP.CD (zuletzt aufgerufen am 26.12.2020).

48 https://www.faz.net/aktuell/wirtschaft/reduzierung-der-co2-emissionen-zeitenwende-fuer-die-stahlindustrie-16816303.html?premium (zuletzt aufgerufen am 26.12.2020).

49 https://irena.org/-/media/Files/IRENA/Agency/Publication/2019/Apr/
IRENA_Global_Energy_Transformation_2019.pdf (zuletzt aufgerufen
am 26.12.2020).

50 https://www.imf.org/en/Publications/WP/Issues/2019/05/02/Global-
Fossil-Fuel-Subsidies-Remain-Large-An-Update-Based-on-Country-Level-
Estimates-46509 (zuletzt aufgerufen am 26.12.2020).

51 Linz, M. (2017): Wie Suffizienzpolitiken gelingen. Wuppertal
Spezial 52.

52 Linz, M. (2017): Wie Suffizienzpolitiken gelingen. Wuppertal
Spezial 52.

53 Klaus Töpfer, persönliche Mitteilung, 28.08.2020.

54 Klingholz, R., Lutz, W. (2016): Wer überlebt? Bildung entscheidet über
die Zukunft der Menschheit. Frankfurt am Main.

55 https://www.wahlrecht.de/umfragen/ (zuletzt aufgerufen am
26.12.2020).

56 https://www.economist.com/europe/2020/06/28/greencons-are-a-
new-political-alliance-for-an-uncertain-age (zuletzt aufgerufen am
26.12.2020).

57 Otto, I. O. et al. (2020): Social tipping dynamics for stabilizing Earth's
climate by 2050. PNAS 4.

58 https://ourworldindata.org/energy-access (zuletzt aufgerufen am
26.12.2020).

59 http://www.realclimate.org/index.php/archives/2019/08/how-much-co2-
your-country-can-still-emit-in-three-simple-steps/ (zuletzt aufgerufen am
26.12.2020).

60 https://www.iea.org/reports/africa-energy-outlook-2019 (zuletzt
aufgerufen am 26.12.2020).

61 Woellert, F., Klingholz, R. (2016): Jobs für Afrika. Wie Nahrungsmittelproduktion und erneuerbare Energien Entwicklung
beschleunigen können. Berlin und Mebratu D., Swilling M. (ed.) 2019:
Transformational Infrastructure for Development of a Wellbeing in
Africa. Stellenbosch.

Und jetzt konkret

1 https://www.umweltbundesamt.de/daten/klima/der-europaeische-emissionshandel#teilnehmer-prinzip-und-umsetzung-des-europaischen-emissionshandels (zuletzt aufgerufen am 27.12.2020).

2 https://www.stiftung-mercator.de/media/downloads/3_Publikationen/Klimafakten.de_Klimawandel_-_Bausektor_201409.pdf (zuletzt aufgerufen am 27.12.2020).

3 https://www.vox.com/energy-and-environment/2020/1/15/21058051/climate-change-building-materials-mass-timber-cross-laminated-clt (zuletzt aufgerufen am 27.12.2020).

4 Churkina, G. et al. (2020): Buildings as a global carbon sink. Nature Sustainability 3.

5 https://www.faz.net/aktuell/wirtschaft/auto-verkehr/verkehrswende-braucht-elektromobilitaet-und-genug-strom-17003557.html?premium (zuletzt aufgerufen am 27.12.2020).

6 https://www.umweltbundesamt.de/presse/pressemitteilungen/tempolimit-auf-autobahnen-mindert-co2-emissionen (zuletzt aufgerufen am 27.12.2020).

7 https://www.eesi.org/papers/view/fact-sheet-fossil-fuel-subsidies-a-closer-look-at-tax-breaks-and-societal-costs (zuletzt aufgerufen am 27.12.2020).

8 https://www.umweltbundesamt.de/publikationen/energiesparen-im-haushalt (zuletzt aufgerufen am 27.12.2020).

9 https://theshiftproject.org/wp-content/uploads/2019/07/Excutive-Summary_EN_The-unsustainable-use-of-online-video.pdf (zuletzt aufgerufen am 27.12.2020).

10 Plöger, S. (2006): Zieht Euch warm an, es wird heiß. Den Klimawandel verstehen und aus der Krise für die Welt von morgen lernen. Frankfurt am Main.

11 https://digiconomist.net/bitcoin-energy-consumption/ (zuletzt aufgerufen am 03.01.2021).

12 Wendebourg, T. (2020): Der Kies muss weg. Gegen die Verschotterung unserer Vorgärten. Stuttgart.

Epilog

1 https://coronavirus.jhu.edu/map.html (zuletzt abgerufen am 01.01.2021).

2 Borrelli, P. et al. (2020): Land use and climate change impacts on global soil erosion by water (2015–2070). PNAS 117 (36).

3 https://wwf.panda.org/discover/our_focus/biodiversity/biodiversity/? (zuletzt abgerufen am 01.01.2021).

4 https://www.theguardian.com/australia-news/2020/apr/21/summers-bushfires-released-more-carbon-dioxide-than-australia-does-in-a-year (zuletzt abgerufen am 01.01.2020).

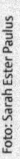

Körber
Stiftung

Gesellschaft
besser machen

Mehr Bäume.
Weniger CO$_2$.

www.cpibooks.de/klimaneutral

MIX
Papier aus verantwor-
tungsvollen Quellen

FSC® C083411

FSC
www.fsc.org